ABITUR

Prüfungsaufgaben
mit Lösungen

2013

Geschichte

Gymnasium
Baden-Württemberg
2007–2012

STARK

ISBN 978-3-8490-0172-8

10. ergänzte Auflage
www.stark-verlag.de

Inhalt

Das Neigungsfach Geschichte – Informationen und Tipps

Übungsaufgaben zur schriftlichen Abiturprüfung im Fach Geschichte 2013

Abiturprüfungsaufgaben

Abiturprüfung 2009

Abiturprüfung 2010

Abiturprüfung 2011

Abiturprüfung 2012

Autoren:

Lösungen der Abituraufgaben: Wolf-Rüdiger Größl, Harald Müller
Übungsaufgaben 1, 2, 5 und 10: Wolf-Rüdiger Größl
Hinweise zur Prüfung und Übungsaufgaben 3, 4 und 6 bis 9: Harald Müller

Vorwort

Liebe Schülerinnen, liebe Schüler,

das vorliegende Buch bietet Ihnen die Möglichkeit, sich optimal auf Ihre Abiturprüfung 2013 im Neigungsfach Geschichte vorzubereiten.

Das einführende Kapitel „**Das Neigungsfach Geschichte – Informationen und Tipps**" fasst wichtige Informationen zum **Ablauf** des schriftlichen und mündlichen Abiturs sowie zur **Struktur der Aufgaben** zusammen. Darüber hinaus erhalten Sie konkrete Tipps zu den **Anforderungsbereichen** und Arbeitsanweisungen (**Operatoren**) sowie methodische Hinweise zum Umgang mit **Materialien**, die Ihnen in der Prüfung vorgelegt werden können.

Dieser Band enthält die **Original-Prüfungsaufgaben** der Jahre 2007 bis 2012 sowie **Übungsaufgaben** zu den aktuellen Schwerpunktthemen 2013. Mithilfe dieser Aufgaben können Sie sowohl Ihre im Unterricht erworbenen Kenntnisse wieder auffrischen als auch die Bearbeitung der Aufgaben unter Prüfungsbedingungen trainieren und optimieren.

Zu allen Aufgaben finden Sie nicht nur ausführliche Lösungsvorschläge, sondern auch **konkrete Bearbeitungshinweise**, die Ihnen ein gezieltes Vorgehen bei der Beantwortung der einzelnen Aufgaben vermitteln und Sie so zu einer optimalen Musterlösung hinführen.

Ein **Stichwortverzeichnis** erleichtert Ihnen die gezielte Nutzung dieses Bandes und ermöglicht Ihnen einen schnellen Zugriff auf zentrale Inhalte.

Sollten nach Erscheinen dieses Bandes noch wichtige Änderungen in der Abiturprüfung 2013 vom Kultusministerium bekannt gegeben werden, finden Sie aktuelle Informationen dazu im Internet unter: www.stark-verlag.de/info.asp?zentrale-pruefung-aktuell.

Verlag und Autoren wünschen Ihnen eine gute Vorbereitungsphase und viel Erfolg in der Abiturprüfung!

Stichwortverzeichnis

Das Neigungsfach Geschichte – Informationen und Tipps

1 Die schriftliche Abiturprüfung im Neigungsfach Geschichte

1.1 Rahmenbedingungen

Im Abitur müssen Sie sich in den drei Kernkompetenzfächern Deutsch, den Fremdsprachen und Mathematik schriftlich prüfen lassen. Dazu müssen Sie noch ein viertes schriftliches Prüfungsfach aus Ihren vierstündigen Kursen wählen, entweder Ihr sog. Profilfach oder Ihr Neigungsfach, in unserem Fall also Geschichte.
Die **Aufgabenstruktur** zum Schwerpunktthema „Die Entwicklung der politischen Kultur im Kaiserreich und in der Weimarer Republik" trägt den **Wahlmodulen** Rechnung. Dabei werden die Aufgaben so gestellt, dass Sie sie auch dann lösen können, wenn nur eines der drei Wahlmodule in Ihrem Unterricht behandelt wurde. Es können drei Alternativaufgaben gestellt werden oder auch nur eine Aufgabe, zu deren Lösung ein Wahlthema durch **frei zu wählende Beispiele** ausreicht.
Sie bekommen in Geschichte **zwei Aufgaben** vorgelegt. Diese beziehen sich auf folgende Schwerpunktthemen:

- **Aufgabe I:**
  Die demokratische und nationale Bewegung in der Auseinandersetzung mit dem Obrigkeitsstaat
  Die Entwicklung der politischen Kultur im Kaiserreich und in der Weimarer Republik
- **Aufgabe II:**
  Die politische und gesellschaftliche Entwicklung in der Bundesrepublik Deutschland und in der DDR
  Die bipolare Welt nach 1945

Bitte beachten Sie: Das für die Abiturprüfung 2008 bis 2010 festgelegte Schwerpunktthema „Die Zerstörung der Demokratie durch den Nationalsozialismus" wird seit der Abiturprüfung 2011 durch das Thema „Die demokratische und nationale Bewegung in der Auseinandersetzung mit dem Obrigkeitsstaat" ersetzt. Die **folgenden Teilaufgaben der Original-Prüfungsaufgaben** sind somit für Ihre Vorbereitung auf die schriftliche Abiturprüfung 2013 **nicht mehr relevant:** Aufgabe I (2008), Teilaufg. 3–6; Aufgabe I (2009), Teilaufg. 4–6; Aufgabe I (2010), Teilaufg. 3–6. Diesem neuen Schwerpunktthema entsprechen die Übungsaufgaben 1 bis 3.

Schwerpunktthema bedeutet allerdings nicht, dass Ihre Kompetenzen ausschließlich in dieser Lehrplaneinheit überprüft werden, sondern die Aufgaben können auch Aspekte anderer Lehrplaneinheiten einbeziehen. Sie wählen eine dieser Aufgaben zur **Bearbeitung** aus und haben, einschließlich Auswahlzeit, dafür **270 Minuten** zur Verfügung.

Von Ihnen als Schüler wird erwartet, dass Sie „Transfer"-Leistung (s. u.) erbringen und übergreifende Gedanken erörtern können. Möglich sind auch **offenere Themenstellungen**, die der insgesamt offeneren Unterrichtsgestaltung entsprechen, z. B.: „Erläutern Sie … anhand zweier Beispiele Ihrer Wahl“. Die zu untersuchenden Materialien können Bilder, Karikaturen, Statistiken, Grafiken und Karten sein. Aus diesem Grund finden Sie auf den folgenden Seiten Hinweise zum Umgang mit derartigen Materialien.

1.2 Verrechnungspunkte (EPA)

Eine Prüfungsaufgabe im Abitur hat **60 Verrechnungspunkte**, die auf **sechs Teilaufgaben** verteilt sind. In der Regel stehen diese Teilaufgaben in einem thematischen Zusammenhang. Die Verrechnungspunktezahl liegt üblicherweise zwischen ca. sechs und ca. zwölf Verrechnungspunkten. Daraus können Sie auf den **Arbeits-/Schreibumfang** und das **Anforderungsniveau** schließen. Das Nachzählen in als „sehr gut“ bewerteten Leistungskursklausuren hat ergeben, dass **ca. zwei Sätze mittlerer Länge pro Verrechnungspunkt** eine gute Richtschnur dafür abgeben, wie umfangreich Sie schreiben sollen. In einigen Lösungsvorschlägen wird diese Länge deutlich überschritten, was nicht bedeutet, dass Sie nicht auch mit weniger Text die maximale Punktzahl erreichen können. Wir wollten die Lösungstexte so gestalten, dass sie Anregungen und vielleicht in manchen Fällen auch Zusatzinformationen vermitteln, die nicht unbedingt in jedem Schulbuch enthalten sind.

Verrechnungspunkte	Notenpunkte	Note
60–57	15	
56–54	14	sehr gut
53–51	13	
50–48	12	
47–45	11	gut
44–42	10	
41–39	9	
38–36	8	befriedigend
35–33	7	
32–30	6	
29–27	5	ausreichend
26–23	4	
22–19	3	
18–15	2	mangelhaft
14–11	1	
10–0	0	ungenügend

Tipp: Achten Sie auf eine **saubere Darstellung** und auf die **Sprachrichtigkeit**, sonst können ein bis zwei Notenpunkte abgezogen werden. Planen Sie mindestens zehn Minuten zum Korrekturlesen ein! Die Lösung der Aufgaben erfolgt in der Regel in Form eines zusammenhängenden Textes; die Bewertung berücksichtigt die Einhaltung standardsprachlicher Normen und die fachspezifische sowie stilistische Angemessenheit mit.

Ganz wichtig ist, dass Sie in Ihrer Klausur die **Fachsprache und -begriffe** sicher anwenden. Unter Umständen verlangt die Fragestellung auch einmal eine Begriffsdefinition, wenn beispielsweise Begriffe wie „deutscher Sonderweg“ oder „Kalter Krieg“ erörtert werden sollen.

1.3 Operatoren und Anforderungsbereiche

Die **Anforderungsstufen** reichen von der Wiedergabe von Wissen (Reproduktion) über die vertiefende Bearbeitung (Reorganisation) bis zur generalisierenden Betrachtung und Bewertung (Transfer). Um Ihnen Sicherheit zu geben, was in einer Teilaufgabe von Ihnen erwartet wird, finden Sie in der Teilaufgabe eine Arbeitsanweisung, die als Aufforderung formuliert ist – eben einen sog. **Operator**.
Operatoren sind **handlungsinitiierende Verben**, die signalisieren, welche Tätigkeiten beim Bearbeiten von Prüfungsaufgaben erwartet werden. In der Regel sind sie den einzelnen **Anforderungsbereichen** zugeordnet. Die empfohlene Basisoperatorenliste und die jeweilige Zuordnung zu den Anforderungsbereichen sind Grundlage für die schriftliche Abiturprüfung. Darüber hinaus bestimmen im Einzelfall Fachspezifika, der Schwierigkeitsgrad des Inhalts bzw. die Komplexität der Aufgabenstellung die Zuordnung zu den Anforderungsbereichen. Pro Teilaufgabe sollte nur ein Operator verwendet werden.

Anforderungsbereich I
umfasst das **Wiedergeben** und **Beschreiben** von fachspezifischen Sachverhalten aus einem abgegrenzten Gebiet und im gelernten Zusammenhang unter reproduktivem Benutzen eingeübter Arbeitstechniken. Dies erfordert vor allem **Reproduktionsleistungen**.

- Wiedergeben von grundlegendem Fachwissen unter Verwendung der Fachterminologie
- Bestimmen der Art des Materials
- Entnehmen von Informationen aus unterschiedlichen Materialien
- Benennen und Anwenden von Arbeitstechniken und Methoden

Anforderungsbereich II
umfasst das **selbstständige Erklären**, **Bearbeiten und Ordnen** bekannter fachspezifischer Inhalte und das **Anwenden** gelernter Methoden auf andere Sachverhalte. Dies erfordert vor allem **Reorganisations- und Transferleistungen**.

- Erklären kategorialer, struktureller und zeitlicher Zusammenhänge
- sinnvolles Verknüpfen und Einordnen unterschiedlicher, z. B. politischer, ökonomischer, soziologischer, historischer, raumspezifischer Sachverhalte
- Unterscheiden zwischen Sach- und Werturteil

Anforderungsbereich III
umfasst den **reflexiven Umgang** mit neuen Problemstellungen, den eingesetzten Methoden und gewonnenen Erkenntnissen, um zu eigenständigen Begründungen, Folgerungen, Beurteilungen und Handlungsoptionen zu gelangen. Dies erfordert vor allem Leistungen der **Reflexion und Problemlösung**.

- selbstständiges Erörtern unterschiedlicher Sachverhalte
- Entfalten einer strukturierten, multiperspektivischen und problemorientierten Fragestellung, Bestimmen der Art des Materials
- Reflektieren der eigenen Urteilsbildung
- problemorientiertes Umsetzen von Kenntnissen und Erkenntnissen in gestaltender Form

Tipp: Die kursiv gedruckten Lösungshinweise zu den Aufgaben geben Ihnen Hilfestellungen zu den Anforderungen und unterstützen Sie auch beim Umgang mit den genannten Arbeitsanweisungen.

Die Operatoren im Einzelnen

Die folgende Liste umfasst die derzeit gültigen Operatoren und verweist auf deren Anwendung in den Prüfungen der letzten Jahre, die im Übungsteil dieses Buches enthalten sind. Dabei bedeutet beispielsweise der Zusatz 2012/I/1, dass dieses Beispiel aus den Abiturprüfungsaufgaben des Jahres 2012 stammt. Man findet es dort unter Aufgabe I, Teilaufgabe 1.

AFB I (Reproduktion):

Operator(en)	Erklärung der Arbeitsanweisung	Beispiel
nennen	Entweder Informationen aus vorgegebenem Material entnehmen oder Kenntnisse ohne Materialvorgabe anführen.	
herausarbeiten	Informationen und Sachverhalte unter bestimmten Gesichtspunkten aus vorgegebenem Material entnehmen, wiedergeben und/oder gegebenenfalls berechnen.	2011/I/1 2012/II/1
beschreiben	Wesentliche Informationen aus vorgegebenem Material oder aus Kenntnissen zusammenhängend und schlüssig wiedergeben.	2011/II/4a 2012/I/5
charakterisieren	Sachverhalte und Vorgänge mit ihren typischen Merkmalen beschreiben und in ihren Grundzügen bestimmen.	2008/II/5 2012/II/2

AFB II (Reorganisations- und Transferleistungen):

Operator(en)	Erklärung der Arbeitsanweisung	Beispiel
erstellen	Sachverhalte inhaltlich und methodisch angemessen graphisch darstellen und mit fachsprachlichen Begriffen beschriften (z. B. Fließschema, Diagramm, Mind Map, Wirkungsgefüge).	
darstellen	Strukturen und Zusammenhänge beschreiben und verdeutlichen.	2011/I/2
analysieren	Materialien und Sachverhalte systematisch und gezielt untersuchen und auswerten.	2011/I/5 2012/II/4a
ein-/zuordnen	Sachverhalte, Vorgänge begründet in einen vorgegebenen Zusammenhang stellen.	2008/II/2
begründen	Komplexe Grundgedanken argumentativ schlüssig entwickeln und im Zusammenhang darstellen.	
erklären	Informationen durch eigenes Wissen und eigene Einsichten begründet in einen Zusammenhang stellen (z. B. Theorie, Modell, Gesetz, Regel, Funktionszusammenhang).	2009/I/6 2011/II/4b
erläutern	Sachverhalte im Zusammenhang beschreiben und anschaulich mit Beispielen oder Belegen erklären.	2011/II/2 2012/I/2
vergleichen	Gemeinsamkeiten und Unterschiede gewichtend einander gegenüberstellen und ein Ergebnis formulieren.	2009/II/6 2012/II/4b

AFB III (Reflexion und Problemlösung):

Operator(en)	Erklärung der Arbeitsanweisung	Beispiel
überprüfen	Vorgegebene Aussagen bzw. Behauptungen an konkreten Sachverhalten und innerer Stimmigkeit messen.	2011/I/4 2012/I/3
beurteilen	Aussagen, Behauptungen, Vorschläge oder Maßnahmen im Zusammenhang auf ihre Stichhaltigkeit bzw. Angemessenheit prüfen und dabei die angewandten Kriterien nennen.	2009/II/4
bewerten	Aussagen, Behauptungen, Vorschläge oder Maßnahmen beurteilen, eine persönliche Stellungnahme abgeben und dabei die eigenen Wertmaßstäbe offen legen.	
erörtern	Zu einer vorgegebenen Problemstellung durch Abwägen von Für- und Wider-Argumenten ein begründetes Urteil fällen.	2011/II/3 2012/I/6 2012/II/3
gestalten	Sich produkt-, rollen- bzw. adressatenorientiert mit einem Problem durch Entwerfen z. B. von Reden, Streitgesprächen, Strategien, Beratungsskizzen, Szenarien oder Modellen auseinander setzen.	

Die meisten Operatoren verlangen, dass Sie in einer durchgehend formulierten Antwort die Aufgabe lösen. Empfehlenswert ist der klassische Aufbau mit Einleitungssatz, in Absätzen gegliedertem Hauptteil und Schlusssatz. Bitte meiden Sie „Stichwortbrocken“ hinter Pfeilen oder in Klammern ebenso wie unverbundene Auflistungen hinter Spiegelstrichen bei diesen Operatoren. Letztere erlauben nur wenige Operatoren wie „nennen“ oder „herausarbeiten“.

2 GFS – G(leichwertige) F(eststellung von) S(chülerleistungen)

Mit der neuen Kursstufe wurde die Zahl der Klausuren reduziert. Dafür müssen Sie aber **in drei Fächern** Ihrer Wahl **im Lauf der vier Semester je eine GFS leisten**. Wenn Sie Geschichte als mündliches Prüfungsfach (siehe 4.1) wählen, sollten Sie die Chance wahrnehmen, mit einer GFS im Neigungsfach Geschichte schon für das mündliche Prüfungsfach zu „trainieren“.
Hilfreich ist hierbei, ein **GFS-Thema einem der W(ahl)-Themen** zu **entnehmen**. So wäre es z. B. denkbar, ein GFS-Thema aus der Lehrplaneinheit „Individuum und Gesellschaft im Wandel“ oder aus der Einheit „Brennpunkte und Entwicklungen der Gegenwart in historischer Perspektive“ zu entnehmen. Dabei ist es wichtig, dass diese GFS sich an den Vorschriften zum mündlichen Prüfungsfach ausrichtet. GFS-Themen können dann allerdings keine Themen der Präsentationsprüfung im Abitur mehr sein.

3 Umgang mit Materialien

Die schriftlichen Abituraufgaben beziehen sich in der Regel auf **Texte, Bilder bzw. Karikaturen und Statistiken**. Sie können dabei **nicht** davon ausgehen, dass neben den üblichen Texten immer nur Karikaturen Gegenstand der Aufgaben sind. Zunehmend werden auch **andere Materialien** herangezogen werden, vor allem Statistiken, aber auch Gedichte oder Karten u. a. Mit deren Interpretation kann man einen beträchtlichen Teil der möglichen Punktzahl erreichen. Es empfiehlt sich daher, schon bei der Vorbereitung auf das Abitur einen Schwerpunkt auf die Interpretation von Materialien zu legen.
Wenn Sie über die nachfolgenden Hinweise hinaus speziell Ihre methodischen Fähigkeiten und Fertigkeiten trainieren möchten, sei Ihnen das folgende Buch empfohlen:

Johannes Werner: Abitur-Training Geschichte: Grundlagen, Arbeitstechniken und Methoden. Stark Verlag 2011 (Best.-Nr. 94789)

3.1 Erschließung von Texten

Texte bilden eine wesentliche Arbeitsgrundlage für Historiker, deshalb erhalten Sie hier wichtige Tipps zur Texterschließung.

1. **Lesestrategien:** Beim Lesen oder direkt danach können die Reaktionen, Assoziationen und spontanen Gedanken zum Text stichpunktartig notiert werden, z. B. in Form einer Mindmap.

Tipp: Es empfiehlt sich, bei mehrfachen Lesedurchgängen, die unerlässlich sind, den Text optisch aufzubereiten, indem Sie unverstandene Fremdwörter, zentrale Begriffe und Leitwörter oder Kerninformationen markieren.

2. **Bestimmung des Charakters des Textes, seines Aufbaus und seiner Hauptaussagen:** Der Text soll zunächst auf seinen Charakter, seine logische Struktur und seine Hauptaussagen hin untersucht werden.

Tipp: Nehmen Sie zunächst eine formale Analyse des Textes vor, indem Sie beispielsweise nach der Art des Textes, den Adressaten, den Verfasser, Anlass und Intention und der Wirkung des Textes fragen. Diese Informationen helfen Ihnen, in einem weiteren Schritt die Argumentation und die Aussage des Textes zu erkennen.

3. **Formulierung von Arbeitshypothesen:** Jetzt geht es darum, Thema, Fragestellung, zentrale Aussage(n) und vorläufige Hypothese(n) zu formulieren.

Tipp: Die Formulierung einer Arbeitshypothese gibt der weiteren Textuntersuchung eine klare Ausrichtung, auch wenn sie noch auf „ersten Eindrücken“ beruht und beim nochmaligen Lesen korrigiert werden muss.

4. **Geordnete, strukturierte Wiedergabe**

Tipp: Um den Text strukturiert und vollständig wiedergeben zu können, ist es hilfreich, den Gesamttext in Sinnabschnitte einzuteilen und diese jeweils mit Überschriften zusammenzufassen.

5. **Textbeschreibung (Analyse)**: Sie zielt auf die inhaltliche und formale Erfassung und Charakterisierung des Textes. In diesem Schritt ist zu zeigen, wie der Autor seine Argumentation aufbaut, entwickelt und entfaltet.

Tipp: Kennzeichnen Sie wichtige Aufbauelemente des Textes (Einleitung, Hauptteil, Schluss, Fragestellung, Zusammenfassung, Lösung usw.), Argumentationselemente (These, Gegenthese, Beispiel, Beleg, Definitionen, Erläuterungen usw.) und sprachliche Gestaltungsmittel (Wortschöpfungen, Sprachgebrauch, Stilmittel). Aus diesen Bausteinen können Sie dann die Argumentationsstruktur entwickeln.

6. **Textdeutung (Interpretation)**: Sie will auf der Grundlage der Textbeschreibung den Sinn des Textganzen erschießen und die Aussage- und Wirkungsabsicht (Intention) begründet feststellen.

Tipp: Lesen Sie den Text mehrfach intensiv zum Ende und wieder zum Anfang und überprüfen Sie, inwieweit der Text die aufgestellte Arbeitshypothese abdeckt.
Bei der Deutung sollten Sie neben textimmanenten Faktoren auch auf textexterne wie die Einordnung des Textes in den geschichtlichen Kontext, den Stellenwert des Textes oder die (mögliche) Wirkung auf die (zeitgenössischen Adressaten) eingehen.

7. **Textbewertung (Erörterung)**: Bei dieser persönlichen Sicht und Stellungnahme zu den Textaussagen geht es um eine begründete Auseinandersetzung mit den im Text vertretenen Argumenten und verwendeten Beispielen, den Auffassungen, Urteilen und Wertungen.

Tipp: Mögliche Leitfragen, die Sie Ihrer Erörterung zugrunde legen könnten, sind:
- Welche Argumente überzeugen mich? Welche erscheinen anfechtbar?
- Wie schätze ich die Zahl, Eigenart und Wirkung der Beispiele ein?
- Wo denke ich anders?
- Wie beurteile ich die Art der Darstellung? die Vorgehensweise? die Angemessenheit zur Erreichung der Absichten?

3.2 Die Interpretation von Karikaturen

Karikaturen gehören zu den **Bildquellen**. Ihre Auswertung ist eine sehr gute Erarbeitungsmethode innerhalb des historisch-politischen Unterrichts. Karikaturen sind zum einen **bildliche Satiren**, zum anderen **gezeichnete Kommentare**. Daher sind sie einerseits Quellen, indem sie Produkte ihrer Zeit sind und die zeitgenössische Sichtweise zeigen, andererseits sind sie hauptsächlich Darstellungen, denn sie interpretieren Ereignisse und Handlungen. Sie gehen von einem realen Vorgang, Ereignis oder einer realen Person aus, die sie jedoch subjektiv **verfremden** – zumeist vereinfachen und verzerren –, um einen zentralen Aspekt hervorzuheben (**Reduktion**, **Verdichtung** und **Verknappung**). Karikaturen arbeiten zudem mit dem Stilmittel der **Hyperbel**, der „Übertreibung“, der „Überzeichnung“. Man unterscheidet in der Regel zwischen **personenbezogenen** und **handlungs-** bzw. **ereignisbezogenen Karikaturen**.
Karikaturen sind stets **kritisch:** Sie zeigen **pointiert** Charaktereigenschaften und/oder Schwächen von Personen; sie deuten in überzeichneter Form (**hyperbolisches Prinzip**) auf Probleme hin, um aufzuklären (**didaktische Funktion**). Daher sind sie stets **auf ein Publikum hin orientiert**. Sie sind zudem auf aktuelle Ereignisse oder Prozesse bezogen (**Prinzip der zeitlichen Nähe**).
Die **Interpretation** von Karikaturen erfolgt in der Regel auf **vier Ebenen**, die zum Teil auch ineinander übergehen:

1. auf der **Inhaltsebene**, d. h. Beschreibung der dargestellten Details, Personen usw.;
2. auf der **Bedeutungsebene**, d. h. Erklärung und Erläuterung des Inhalts und dessen Zusammenhang durch Einordnung und Aufzeigen von Traditionen und Verbindungen;
3. auf der **methodisch-künstlerischen Ebene**, d. h. Betrachtung der Stilelemente;
4. auf der **Urteilungs- bzw. Wertungsebene**, d. h. Fällen eines begründeten Sach- bzw. Werturteils, das über den unmittelbaren Zusammenhang der Karikatur hinausgeht und die persönliche Meinung beinhaltet.

Analyseraster zur systematischen Interpretation einer Karikatur

1./2. Inhalte und Bedeutung

Was ist das Thema?	Um welche historische Situation handelt es sich? Zu welchem Aspekt dieser Situation bezieht die Karikatur Stellung?
Welche inhaltlichen Details sind erkennbar?	Klärung der konkreten Inhalte. Es handelt sich meist um: • Personen- oder Personengruppen • Gegenstände unterschiedlicher Art
Auf welchen historischen Hintergrund beziehen sich die Details?	Die erkannten Fakten sollten erläutert werden, so z. B. die Rolle der abgebildeten Personen, die in der Karikatur genannten Begriffe etc.
Wie ist der Standpunkt der Karikatur in der historischen Situation?	Durch genauere Fragen kommt man der Quellenperspektive schnell auf die Spur: • Welche Funktion hatte die Quelle innerhalb der kulturellen, politischen oder wirtschaftlichen Gegebenheiten ihrer Zeit? • Welche Positionen, Gruppen oder Personen werden kritisiert?
Welche kulturellen Traditionen werden aktiviert? Sind zeitübergreifende Verbindungen sichtbar?	In diesen Bereich gehören alle Motive, Bilder und intertextuellen Verweise in der Karikatur, die als durch Traditionen festgelegt bezeichnet werden können. Ihr Anspielungsgehalt sollte geklärt und in die Interpretation eingebunden werden.
Von wem stammt die Karikatur?	• Was wissen wir über den Produzenten? • In welcher Zeitschrift oder anderem Medium wurde die Karikatur abgedruckt? Was wissen wir über deren politische Tendenz?

3. Gestaltungsmittel

Was ist der bildliche Kern der Karikatur?	Diese Frage bezieht sich auf das zentrale Bild der Quelle und ist eng mit der Aussageabsicht verknüpft.
Welche künstlerischen Gestaltungsmittel verwendet der Produzent der Karikatur?	Interessant sind alle künstlerischen Gestaltungsmittel, die wichtig für die Erschließung der Quelle sind. Fragen kann man z. B. nach: • der Bildkomposition, etwa der Gruppierung der Personen oder Gegenstände • der besonderen Gewichtung von Einzelheiten • dem künstlerischen Stil der Darstellung
Welche Grundhaltung nimmt die Karikatur ein?	Ist die Karikatur beschreibend, kommentierend, analytisch oder agitatorisch?

4. Bewertung

Welche Bedeutung hat die Karikatur für das grundlegende Verständnis der historischen Situation?	• Treffen die Inhalte den Kern einer wesentlichen Problematik? • Sind die Positionen typisch oder bezeichnend für die Situation? • Ist die Gestaltung besonders interessant, typisch oder wichtig für den Kontext der Karikatur?
Welche Bedeutung hat die Karikatur über ihren Situations-Kontext hinaus?	• Bezeichnet die Quelle eine für ihre Zeit besonders wichtige Situation? • Verweist die Karikatur auf eine zentrale Kontinuität oder einen historischen Prozess?

3.3 Tabellen und Grafiken

In den Abituraufgaben kann auch statistisches Material als Tabelle oder Grafik vorkommen. Damit Sie diese Aufgaben aus dem Bereich der Methodenkompetenz erfolgreich lösen können und nichts Wesentliches außer Acht lassen, empfehlen wir Ihnen ein Vorgehen in **drei Schritten**, das aber nicht bei allen Operatoren so ausführlich angewandt werden muss.

Formale Analyse

1. Welches sind Thema/Erhebungsgegenstand und Zweck (Überschrift, Begleittext) der Tabelle/Grafik?
2. Was ist der Erhebungsraum und Erhebungszeitraum (Momentaufnahme, Entwicklung, Prognose)?
3. Wie und durch wen wurden die Werte ermittelt?
4. Wer hat die Statistik verfasst (verfassen lassen)?
5. Auf welchen Quellen beruht die Tabelle/Grafik?
6. Welche Darstellungsform wurde gewählt (Tabelle, Kurven-/Linien-, Säulen-/Balken-, Kreis-, Flächen-, Block- und Figuren-Diagramm)?
7. Was sind die Bezugsgrößen: Zahlenarten (absolute Zahlen, Prozentzahlen, Indexzahlen), Zahlenwerte (gerundet, geschätzt, vorläufig), Maßeinheiten und Intervalle?
8. Welche Kategorien werden miteinander in Beziehung gesetzt (z. B. bei Tabellen in Kopfzeile, Spalten und Vorspalten)?
9. Wie ist die grafische Gestaltung: Symbole, Farben, (Hintergrund-)Bilder?

Inhaltliche Analyse

1. Welche Besonderheiten weist das Material auf? Bestimmen Sie wesentliche Auffälligkeiten!
2. Welche Hauptaussagen lassen sich formulieren (Trends, Tendenzen)?
3. Welche Teilaussagen in Bezug auf Einzelaspekte lassen sich machen? (Minima, Maxima, Zunahme, Abnahme, Stagnation, Zahlensprünge, Anomalien, Gleichmäßigkeiten und regelhafte Verläufe, unterschiedliche Phasen, Wechselbeziehungen zwischen verschiedenen Variablen/Merkmalen, …)

Aussageabsicht, Interpretation und Kritik

1. Welche Antwort gibt die Tabelle/Grafik auf die Fragestellung? Zu welchen Teilbereichen lassen sich keine Aussagen treffen?
2. Welche Aussagen, Empfehlungen oder Handlungen werden durch die Statistik/Grafik nahe gelegt?
3. Welche neuen Fragen werden durch die Informationen der Tabelle/Grafik aufgeworfen?
4. Was sind mögliche Ursachen für die der Tabelle/Grafik entnommenen Sachverhalte?
5. Beurteilung der Aussagekraft der Tabelle/Grafik:
   - Sind die Daten repräsentativ und korrekt?
   - Ist die Darstellungsform angemessen?
   - Gibt es Unklarheiten in Bezug auf die Daten, Bezugsgrößen, Quellen, …?
   - Fehlen Informationen im Schaubild?
   - Besteht Verdacht auf Interessengebundenheit/Manipulation? (Datenauswahl, Auftraggeber, grafische Darstellung, …)

4 Die mündliche Abiturprüfung im Neigungsfach Geschichte (5. Prüfungsfach)

Sie **müssen** im Abitur **eine mündliche Prüfung** ablegen, nämlich die Prüfung im mündlichen Prüfungsfach. Darüber hinaus können Sie **freiwillig eine weitere mündliche Prüfung** (sog. Zusatzprüfung) in einem der vier schriftlichen Prüfungsfächern ablegen. Tipps dazu finden Sie auch unter www.schule-der-rhetorik.de.

4.1 Geschichte als mündliches Prüfungsfach: Die Präsentationsprüfung

Als mündliches Prüfungsfach können Sie Geschichte nur wählen, wenn Sie **Geschichte nicht als viertes schriftliches Prüfungsfach** gewählt haben. Die Schüler/-innen des zweistündigen Kurses können Geschichte ohne Einschränkungen als mündliches Prüfungsfach wählen.

In den Vorschriften wird diese Prüfung als „vorbereitete Präsentation mit Prüfungsgespräch“ definiert. Sie ist **in der Regel eine Einzelprüfung**, die Durchführung als Gruppenprüfung ist aber möglich. Spätestens zwei Wochen vor der Prüfung müssen Sie im Einvernehmen mit Ihrem Geschichte-Kursleiter **vier Themen** schriftlich vorlegen. Sie erfahren dann etwa eine Woche vor der Prüfung, welches Thema der Leiter des Fachausschusses ausgewählt hat. Logischerweise haben Sie dann direkt vor der Prüfung keine Vorbereitungszeit wie bei der Zusatzprüfung. Die Prüfung selbst dauert als Einzelprüfung insgesamt zwanzig Minuten, der Vortrags- bzw. **Präsentationsteil** ca. zehn Minuten. Das anschließende **Prüfungsgespräch** beschäftigt sich zunächst mit den präsentierten Inhalten, wobei Sie mit Rückfragen, vertiefenden und problematisierenden sowie weiterführenden Fragen rechnen müssen. Sie können auch zu angewandten **Methoden**, z. B. der Recherche oder der Präsentationstechnik, befragt werden. Schließlich ist nach den Vorschriften noch eine **kontextbezogene Ausweitung** des Prüfungsgesprächs auf weitere Lehrplanthemen einschließlich der W-Themen (vertieft vermutlich nur die der Schwerpunktthemen) erwünscht.

Themen

Die Themen für Ihre vier Vorschläge müssen Sie den Themenbereichen (einschließlich der W-Themen, aber kein GFS-Thema[1]) des Lehrplans Geschichte für die Kursstufe entnehmen. Da Sie diese im Einvernehmen mit dem Kursleiter einreichen müssen und die Auswahl und Formulierung der Themen sehr anspruchsvoll ist, benötigt dies eine lange Vorlaufzeit. Ihr Kursleiter sollte Ihnen Kriterien zur Auswahl und Formulierung an die Hand geben und sie mit Ihnen durchsprechen. Die Themen sollten geeignet sein, Methodenkompetenz zu zeigen. Außerdem sollten sie hinreichend komplex und kontrovers sein (z. B. Die Deutschen 1933–1945 – „Hitlers willige Vollstrecker?").

In Anbetracht dieser Vorgaben kann eine „Last-Minute"-Themenfindung leicht schiefgehen. Sie sollten deshalb schon sehr frühzeitig und damit entspannt die Themenauswahl angehen. Ab dem ersten Semester der Kursstufe sollten Sie die Lehrplaneinheiten aufmerksam nach möglichen Themen abklopfen und einen möglichen Vorschlag auch gleich bei Ihrem Kursleiter ansprechen. Wichtig ist zusätzlich zu den oben genannten Kriterien, dass ein **Thema relativ stark eingegrenzt** (Ihre Präsentation ist auf etwa zehn Minuten beschränkt!) **und „spannend" formuliert** wird, z. B. als Frage. Ein ungeeignetes Thema wäre z. B.: „Der Weg zur Deutschen Einheit". Es ist zu umfangreich und verbleibt auf der reinen Beschreibungsebene. Das Thema „Die Deutsche Einheit, Ergebnis der friedlichen Revolution in der DDR?" ist dagegen genügend eingeschränkt, erlaubt eine interessante, erörternde Präsentation und womöglich ein spannendes Prüfungsgespräch. Eine ähnliche Funktion kann auch eine vergleichende Themenstellung haben. Die Prüfungsvorsitzenden sind angewiesen, auf eine **problemorientierte** Fragestellung zu achten.

Themen frühzeitig zu **finden** reicht aber noch nicht aus. Einerseits ist es ein viel zu großes Risiko, mit der Strukturierung, der Recherche und der Ausarbeitung erst nach der Mitteilung des ausgewählten Themas zu beginnen – die Zeit wäre mit großer Sicherheit viel zu knapp. Andererseits ist es unökonomisch, vier Themen schon weitgehend perfekt auszuarbeiten, und bei drei davon war es dann „für die Katz".

Tipp: Legen Sie sich bereits **weit im Vorfeld**, wenn Sie ein Thema gefunden und mit Ihrem Kursleiter vorbesprochen haben, eine **strukturierte**, **ausführliche Stichwortsammlung** an und ergänzen Sie diese **laufend** durch passende, aktualisierende, von Ihnen schon bearbeitete (z. B. in Thesen zusammengefasste) **Materialien** und präzise **Quellenverweise**. Dann haben Sie zwei Wochen vor der Prüfung vier Themen mit inhaltlicher Strukturierung und dem notwendigen durchgearbeiteten Material zur Verfügung, und die noch zu erfolgende Ausarbeitung des ausgewählten Themas in etwa einer halben Woche sowie die Vorbereitung des anschließenden Prüfungsgesprächs hat ihren Schrecken verloren.

4.2 Die Präsentation

Dazu sagt die Vorschrift: „Eine Präsentation kann ohne Qualitätsverlust auch aus einem entsprechend vorbereiteten und gestalteten Vortrag bestehen." Ob dieser Hinweis für Sie persönlich ratsam ist, müssen Sie selbst entscheiden. Können Sie ohne Visualisierung, ohne Medienunterstützung sicherstellen, dass alles bei Ihrem Prüfungsausschuss so ankommt, wie Sie es sich vorgenommen haben? Deshalb wird in der Vorschrift auch eingeräumt, die Präsentation **könne mediengestützt sein**. Übliche Techniken der Medienunterstützung werden weiter unten kurz skizziert.

1 Die diesbezügliche Regelung ist nicht ganz eindeutig. Sie müssen mit Ihrem Prüfer klären, wie groß die Überschneidungen mit Ihren bisherigen GFS-Themen sein dürfen.

Tipp: Bei Ihrem Vortrag sollten Sie auf folgende Punkte achten:

- Tragen Sie **addressatenorientiert** vor, d. h., wenden Sie sich an die Mitglieder des Prüfungsausschusses, sprechen Sie nicht zu Bildschirm, Tafel, Flipchart, Projektionswand oder Folie auf dem Tageslichtprojektor.
- Sprechen Sie im Stehen, das erleichtert Ihnen eine **angemessene Körpersprache** und Dynamik.
- Sprechen Sie **frei**, wenn möglich sogar ohne Karten oder Blätter mit gegliederten Stichwörtern. In der Hand können Sie evtl. einen Zeigestab/Laserpointer halten, dem Sie für manche Formen der Medienunterstützung gut gebrauchen können.
- Natürlich können Sie Ihre Vortragsnotizen als eine Art Notnagel auf dem Tisch deponieren, aber **lesen Sie auf keinen Fall ab**. Eine kluge Medienunterstützung ermöglicht Ihnen das freie Sprechen, da Sie dort Ihren „roten Faden“ ja vorfinden.
- Vermeiden Sie eine reine Aufzählung, die langweilig wirkt, das Verständnis erschwert und Ihre mangelnde Fähigkeit, Zusammenhänge deutlich darzustellen, zeigt.
- Denken Sie auch an die Quellenangaben. Am besten geben Sie diese – unabhängig von der gewählten Präsentationsform – auf einem gesonderten, bereits zuhause vorbereiteten Blatt den Fachausschussmitgliedern.
- Für das **abschließende Prüfungsgespräch** empfiehlt es sich, dass Sie sich an die Tischgruppe des Prüfungsfachausschusses setzen. So wird auch vom Arrangement her für eine hoffentlich gute Gesprächsatmosphäre gesorgt.

Medienunterstützung durch eine Tischvorlage

Solch ein Papier von ein bis **maximal zwei Seiten** wäre die einfachste Form der Medienunterstützung. So können Sie dafür sorgen, dass der Fachausschuss den Gang Ihres Vortrages verfolgen kann und Ihre wesentlichen Punkte schwarz auf weiß vor sich liegen hat. Denken Sie daran, mindestens drei **Kopien** mitzubringen, also **für jedes Mitglied** eine.

Medienunterstützung durch die Wandtafel/das Whiteboard

Sie können einen Sachverhalt durch eine knappe Tafelskizze verdeutlichen. Aber denken Sie daran, dass dies **Zeit kostet**, Zeit, in der Sie weniger oder nichts vortragen können. Dazu brauchen Sie Erfahrung und eine ruhige und sichere Hand mit guter Darstellung – und Sie müssen das Ganze natürlich vorher gut geübt haben.
Alternativ können Sie von zu Hause **plakatähnliche Papiere** mit Ihren Visualisierungen mitbringen und vor oder während der Präsentation mit Magneten auf der Tafel anordnen. Dazu müssen Sie sich aber in der Vorbereitung ein Layout zurechtgelegt haben und eine Probe an einem Nachmittag vor der Prüfung durchführen, ob alles passt, die Magnete das Gewicht halten können und das Ganze gut, übersichtlich und aussagefähig aussieht.

Medienunterstützung durch ein Flipchart

Diese Methode hat den Vorteil, dass Sie schon **zu Hause Blätter eines Flipchart-Blocks beschriften und gestalten** und diese zur Prüfung mitbringen können.

Neben einem Deckblatt mit dem Thema und einem Übersichtsblatt mit den Hauptaspekten sollten Sie für jeden dieser zentralen Aspekte ein Blatt beschriften und das Ganze dann mit einem Schlussblatt z. B. mit einer abschließenden These beenden. Achten Sie darauf, dass Sie die einzelnen Blätter nicht mit Schrift und/oder Grafik überfrachten und jedes Blatt übersichtlich (maximal sieben, besser weniger Punkte pro Blatt) und gut lesbar gestalten. Insgesamt lautet wie beim Folienvortrag die Empfehlung, bei einer zehnminütigen Präsentation mit **vier bis sechs Blättern** (ohne Deck- und Schlussblatt) auszukommen.

Medienunterstützung durch Karten auf einer Pinnwand oder an der Tafel

Diese Form ermöglicht Ihnen, **farbige (Metaplan-)Karten zu Hause zu beschriften** und während Ihrer Präsentation so an eine Pinnwand zu heften oder an die Tafel zu kleben, dass sich ein gut strukturiertes Bild ähnlich einem Tafelanschrieb ergibt. Das Layout dazu müssen Sie natürlich in der Vorbereitung entwerfen und während Ihrer Präsentation im Kopf haben. Das Anheften der Karten müssen Sie vorher üben, sodass das gewünschte Gesamtbild zustande kommt.

Ein Problem ist auch, dass Sie die Nadeln mit Schwung und so gezielt einstechen müssen, dass die Karten nicht schräg wegkippen. Wenn Sie mit dieser Präsentationstechnik nicht vorher genügend Erfahrungen gesammelt haben, besteht die Gefahr, dass Sie sich zu sehr mit dem Anheften beschäftigen müssen und so der Ablauf Ihrer Präsentation gestört wird.

Medienunterstützung durch Folien (Tageslichtprojektor oder Präsentationssoftware)

Eine gute Darstellung dieser Präsentationstechnik finden Sie auf einer Website für Studenten, die auch für Sie geeignet ist (www.inf.ethz.ch/vs/publ/slides/Vortragshinweise.pdf).

Hier dennoch einige wichtige **Ratschläge:**

Führen Sie nicht die berüchtigte „Folienschlacht" durch. Als Richtschnur gilt: **Pro Folie etwa zwei Minuten sprechen**, sodass Sie ohne Einstiegs- und Schlussfolie **vier bis sechs Folien** verwenden können. Wenn Sie die Folien für den Tageslichtprojektor handschriftlich oder mit einer Textverarbeitungssoftware erstellen, verwenden Sie am besten das Querformat mit breitem Rand rechts und links. Dies passt besser auf die Auflagefläche des Tageslichtprojektors als das Hochformat. Wir empfehlen Ihnen, die Folien mit einer Präsentationssoftware zu schreiben. So stimmen die Maße automatisch und auch die Schriftgröße wird richtig (in keinem Falle zu klein!) gewählt.

Ähnlich den Flipchart-Blättern sollten Sie bei einer folienunterstützten Präsentation **pro Folie** maximal **sieben**, **besser weniger Punkte** unterbringen. Noch ein Hinweis für den Vortrag mit dem Tageslichtprojektor: Das auch „Striptease-Technik" genannte allmähliche Aufdeck-Verfahren ist „out". Entweder Sie zeigen kurz mit einem Zeigestab auf die gewünschte Stelle an der Projektionswand oder Sie legen einen Kugelschreiber oder eine kleine Zeigehand auf diese Stelle auf der Folie.

„Haben Sie **Powerpoint** oder haben Sie etwas zu sagen?" lautet ein wenig schmeichelhaftes Bonmot über die bekannte Präsentationssoftware. Dies ist eine begründete Warnung davor, sich technischen Spielereien hinzugeben, ohne auf den Inhaltsbezug und die Adressatenorientierung zu achten. Wir haben aber bereits so viele famose Schülerpräsentationen mit Powerpoint erlebt, dass wir den Erfahrenen unter Ihnen auf keinen Fall davon abraten wollen. Gerade diese Präsentationstechnik erlaubt es, komplexe Zusammenhänge oder schwierige Erläuterungen kompetent zu visualisieren.

Abschließend zu allen Techniken der Medienunterstützung möchten wir noch darauf hinweisen, dass Sie Ihre gewählte Technik auf jeden Fall rechtzeitig mit Ihrem Kursleiter besprechen müssen.

Besonders wichtig erscheint es uns schließlich, dass Sie möglichst viele Erfahrungen für eine erfolgreiche Präsentation sammeln. Deshalb sollten Sie nicht nur eine Ihrer GFS in Geschichte durchführen, sondern auch sonst **die Präsentation üben**. Besonders wichtig ist es für Sie, ein Gefühl dafür zu entwickeln, wie umfangreich eine Präsentation von etwa zehn Minuten Dauer sein muss. Lassen Sie sich nicht verführen, Ihre Präsentation von einem möglicherweise entstehenden „**Präsentationsmarkt**" zu beziehen. Dies ist ohne Quellenangabe ein Täuschungsvorgang und hält dem Prüfungsgespräch bestimmt nicht stand. Von daher gilt: Trainieren Sie Ihre Präsentationskompetenz und erarbeiten Sie Ihre Präsentationen selbst, dann ist Ihnen der Erfolg sicher!

4.3 Die Beurteilung der Präsentation

Da Sie eine längere und eigenständige Vorbereitungszeit haben, sind laut Vorschrift **höhere Maßstäbe als in der mündlichen Zusatzprüfung** anzusetzen. Bewertet werden Inhalt und Präsentation mit einer gemeinsamen Note, wobei bei mangelhafter Fachkompetenz (voraussichtlich) keine ausreichende Note mehr erteilt werden kann. In der Vorschrift und den Handreichungen zur Beurteilung werden beispielhaft einige Kriterien zur Beurteilung aufgeführt. Es ist aber möglich, dass in den Schulen eigene Kriterienkataloge zur Beurteilung entwickelt werden. Bitte fragen Sie Ihren Kursleiter danach.

Kriterien für die Beurteilung bei der Präsentationsprüfung

1. Sachliche Richtigkeit der präsentierten Inhalte
2. Hinreichende Differenziertheit und Vollständigkeit der relevanten Inhalte
3. Deutliche Trennung des Wesentlichen vom Unwesentlichen, d. h. eine eindeutige und begründete Schwerpunktsetzung
4. Klarheit der Gedankenentwicklung und innere Logik der Argumentation
5. Erreichen einer Reflexionsebene, die
   a) den Gesamtaspekt des präsentierten Themas erfasst und
   b) die Einzelelement logisch in den Gesamtzusammenhang einordnet
6. Sinnvolle und anschauliche Unterstützung der Ausführungen durch Medieneinsatz; Kriterien:
   - Übersichtlichkeit
   - Funktionalität
   - Ökonomie
   - Ästhetik
7. Beherrschung der Präsentationstechniken; angemessene Sprache, Mimik, Gestik
8. Korrekte Anwendung der Fachsprache
9. Im anschließenden Gespräch gelten die Kriterien der mündlichen Prüfung

Organisatorische Fragen

1. Themenwahl:
   Nach Möglichkeit vier unterschiedliche Themen aus mindestens zwei Lehrplaneinheiten mit deutlichem **Lehrplanbezug**, sinnvoller **Themenbegrenzung**, eindeutiger **Problemorientierung**; Das Thema darf nicht schon als GFS bearbeitet worden sein!
2. Problemorientierung unter Berücksichtigung der EPA-Anforderungsbereiche (Vgl. S. III–V)
3. Selbstständiges Arbeiten des Schülers/der Schülerin
   Offenlegen der Quellen (Zitierregeln)
4. Vorherige Absprache des Fachlehrers/der Fachlehrerin mit dem/der Vorsitzenden
5. Die Note „ausreichend“ kann nur dann erteilt werden, wenn der Inhalt „ausreichend“ ist (der **Inhalt bestimmt die Note**!).
6. Im Colloquium geht es um kontextbezogene Lehrplaninhalte.

Abschließend, liebe Schülerinnen und Schüler, hoffen wir, dass wir Ihnen mit dieser Einführung und den Übungsklausuren ein gutes Stück weiterhelfen können. Wir wünschen Ihnen Freude und Interesse im Geschichtsunterricht und viel Erfolg bei der Abiturprüfung.

Ihr Autorenteam

Schriftliche Abiturprüfung Geschichte (Baden-Württemberg): Übungsaufgabe 1: Die Revolution von 1848; Das Kaiserreich

M 1: Petition Mannheimer Bürger an die Zweite Kammer der badischen Ständeversammlung

Hohe Kammer!

Eine ungeheure Revolution hat Frankreich umgestaltet. Vielleicht in wenigen Tagen stehen französische Heere an unseren Grenzmarken, während Russland die seinigen im Norden zusammenzieht. Ein Gedanke durchzuckt Europa. Das alte System wankt und zerfällt in Trümmer. Aller Orten haben die Völker mit kräftiger Hand die Rechte sich selbst genommen, welche ihre Machthaber ihnen vorenthielten.

Deutschland darf nicht länger geduldig zusehen, wie es mit Füßen getreten wird. Das deutsche Volk hat das Recht zu verlangen:

Wohlstand, Bildung und Freiheit für alle Klassen der Gesellschaft ohne Unterschied der Geburt und des Standes.

Die Zeit ist vorüber, die Mittel zu diesen Zwecken lange zu beraten. Was das Volk will, hat es durch seine gesetzlichen Vertreter, durch die Presse und durch Petitionen deutlich genug ausgesprochen. Aus der großen Zahl von Maßregeln, durch deren Ergreifung allein das deutsche Volk gerettet werden kann, heben wir hervor:

1. Volksbewaffnung mit freien Wahlen der Offiziere.
2. Unbedingte Pressfreiheit.
3. Schwurgerichte nach dem Vorbilde Englands.
4. Sofortige Herstellung eines deutschen Parlaments.

Diese vier Forderungen sind so dringend, dass mit deren Erfüllung nicht länger gezögert werden darf.

Vertreter des Volkes! Wir verlangen von Euch, dass Ihr diese Forderungen zu ungesäumter Erfüllung bringt. Wir stehen für dieselben mit Gut und Blut ein und mit uns, davon sind wir durchdrungen, das ganze deutsche Volk.

Mannheim, den 27. Februar 1848

(aus: Obermann, Karl (Hrsg.): Flugblätter der Revolution 1848/49, dtv 4111, München 1970, S. 41)

M 3: Der Historiker Golo Mann über die Grundlagen des deutschen Kaiserreiches

Bismarcks Werk erscheint kompliziert, wenn man es herkömmlichen staatspolitischen Begriffen unterordnen will. Das neue Reich war kein Reich. Es war auch kein echter Bundesstaat, weil es über den „Verbündeten Regierungen" keine Zentralgewalt gab und das Machtgewicht eines der Verbündeten die Ebenbürtigkeit der andern zur bloßen Höflichkeitsformel machte. Es war auch kein Nationalstaat, insofern ein beträchtlicher Teil der Nation außerhalb blieb und es nach dem Willen des Gründers auch bleiben sollte. Es war, was es war; schwierig zu benennen, aber einfach seiner Entstehung nach. Der Gründung der Amerikanischen Union sind die prachtvollsten theoretischen Erörterungen […] vorausgegangen. Der Gründung des Deutschen Reiches gingen nichts als – wie man es damals sagte – „große Erfolge" Bismarcks voraus; der Krieg gegen Österreich, die Annexionen, der Norddeutsche Bund, die Militär-Allianzen mit den Südstaaten, das durch Erpressung erzwungene „Zollparlament", schließlich die während des Siegestaumels von 1870 geschlossenen „Bündnisverträge". Zuviel kunstvolle Theorie mag einer Sache schaden, wie sie dem amerikanischen Verfassungsleben wohl bis heute geschadet hat. Aber zuviel gewalttätiger Pragmatismus[1] aber auch: das hastig-rohe Zusammenwerfen von Stücken, die kein Ganzes ergaben, preußisches Soldatenkönigtum, Staatenbund und allgemeines Wahlrecht. Bismarck hat die Theorie verachtet und sich auf die Macht der Tatsachen verlassen, des Wachsens und Werdens, das sich theoretischen Formeln entzieht. Es ist dann aber so gekommen, dass das, was in Deutschland *wurde*, sich der Konstruktion von 1870 nicht einfügen konnte, wodurch die schädlichsten Spannungen entstanden. […]

Er handelte unter Zwang. Irgendeine Art von Einigung war unvermeidlich, weil die Leute es so wollten und zu wollen nie aufgehört hätten; es war, wie sich zeigen sollte, eine Kraft in deutschen Landen, die nach Organisation, nach freier expansiver Tätigkeit gebieterisch verlangte. Bismarck gab das Minimum: das Bündnis des alten Preußen mit den liberalen Mittel- und Kleinstaaten. Wenn in dieser Lösung etwas verkrampftes, undauerhaftes lag, so war ihr auch wieder die leidliche Ordnung zu verdanken, die nun vierzig Jahre lang in Mittel- und Osteuropa herrschen sollte; die friedliche Koexistenz der drei Kaiserreiche und der mannigfachen, von ihnen behausten Völker.

1 Pragmatismus: dem augenblicklichen Nutzen folgend

(aus: Mann, Golo: Deutsche Geschichte des 19. und 20. Jahrhunderts, S. Fischer Verlag, Frankfurt 1967, S. 393f.)

M 2: Caspar Braun: „Neue Wrangelsche Straßenreinigungsmaschine" Berlin, „Fliegende Blätter", 1848

Aufgaben:

1. a) Ordnen Sie die Forderungen der Petition (M 1) nach übergeordneten Gesichtspunkten und zeigen Sie, in welcher ideengeschichtlichen Tradition der Text steht. 8 VP
   b) Beschreiben Sie das in M 1 angesprochene „alte System" unter einem leitenden Gesichtspunkt. 8 VP
2. Stellen Sie dar, inwieweit die in der Petition erhobenen Forderungen in der Paulskirchenverfassung ihren Niederschlag gefunden haben. 8 VP
3. Beschreiben Sie die Karikatur M 2 und beurteilen Sie davon ausgehend die Behauptung, die Revolution von 1848/49 sei am Widerstand der alten Mächte gescheitert. 10 VP
4. a) Arbeiten Sie aus dem Text heraus, wie Golo Mann die Entstehung des deutschen Kaiserreiches von 1871 beurteilt. 6 VP
   b) Erläutern Sie ausgehend von M 3 Etappen auf dem Weg zur Reichsgründung 1871. 8 VP
5. Golo Mann bezieht auch Stellung zur Verfassung von 1871. Beurteilen Sie, ob sich mit dieser Verfassung die freiheitlich-demokratischen Hoffnungen vieler Deutscher erfüllt hatten. 12 VP

60 VP

Lösungsvorschlag

1. a) *Die Aufgabe verlangt, die in der Petition erhobenen Forderungen in Kategorien zusammenfassen. (AFB II)*

   - **Politische Forderungen**: Freiheit und Gleichheit; Volksbewaffnung; Pressefreiheit; Schwurgerichte; Volksvertretung.
   - **Soziale Forderungen**: Recht auf Bildung; Wegfall der Standesschranken.
   - **Wirtschaftliche Forderungen**: Wohlstand.
   - **Nationale Forderungen**: ein deutsches Parlament.

   Die Verfasser der Petition stehen mit ihren Forderungen in der **Tradition der europäischen Aufklärung** und ihrer auf dem Naturrecht gegründeten Forderungen nach Freiheit, Gleichheit, nach Menschenrechten und nach Durchsetzung und verfassungsmäßig abgesicherter Volkssouveränität.
   Ihre Forderungen sind liberal-demokratisch, d. h. sie spiegeln wesentliche Forderungen des deutschen Liberalismus seit 1815 wider und sie stehen in der Tradition des liberalen Nationalstaates der ersten Hälfte des 19. Jahrhunderts.

   b) *Bei dieser Aufgabe können Sie das „alte System" zum einen organisatorisch, zum anderen politisch beschreiben. (AFB I)*

   Organisatorisch gesehen war Deutschland eher ein geografischer Begriff, geschaffen als Folge der napoleonischen Herrschaft und des Wiener Kongresses 1815. An die Stelle der über 1 700 Einzelstaaten war kein Nationalstaat getreten, sondern in der Form des Deutschen Bundes ein **lockerer Staatenbund aus 39 souveränen Einzelstaaten**, dessen Bundestag aus 17 ständig tagenden Gesandten der wichtigsten Einzelstaaten unter Vorsitz Österreichs bestand. Es handelte sich um keine Volksvertretung, sondern um eine Vertretung der Regierungen („Gesandtenkongress"), in der Einstimmigkeit erforderlich war. In allen entscheidenden Fragen wie in der Rechts-, Wirtschafts- und

Finanzpolitik, in Verkehrsangelegenheiten und bei Maßen und Gewichten entschieden die einzelnen Mitglieder souverän. Der **Deutsche Bund** war ein unauflösbares militärisches Defensivbündnis, letztlich aber diente er der Wahrung der Souveränität der Einzelstaaten und der Aufrechterhaltung der auf dem „monarchischen Prinzip" aufbauenden obrigkeitsstaatlichen inneren Ordnung.
Politisch gesehen befanden sich einzelne Staaten wie Baden, Bayern oder Württemberg in einem Stadium des „**Frühkonstitutionalismus**". Ihr Kennzeichen war, dass sie die Forderungen der Aufklärung und des aufstrebenden Liberalismus (vgl. M 1) nach Volkssouveränität rundweg ablehnten, vielmehr die Verfassung als ein Geschenk des Fürsten als Souverän betrachteten. Der liberal-demokratischen Forderung nach einem allgemeinen Wahlrecht wurde ebenfalls nicht entsprochen, stattdessen ein Zensuswahlrecht eingeführt, womit sich ein Teil der deutschen Liberalen allerdings zufrieden gab. Die zumeist Zwei Kammern des „Parlaments", wobei die zweite Kammer eine Ständekammer war und nur die erste gewählt wurde, besaßen lediglich geringe Rechte, einzig das Budgetrecht ließ eine gewisse Kontrolle der Regierungen zu. Eine Ausnahme hiervon war die **badische Verfassung**, damals eine der modernsten der Welt. Hier war die zweite Kammer von den Bezirken, und nicht ständisch besetzt. Nicht umsonst wurde Baden zum **Kernland des deutschen Liberalismus**. Die großen Staaten Preußen und Österreich hatten ihren Untertanen keine Verfassungen gegeben.

Eingegangen werden sollte auch auf das „**Metternich'sche System**" mit seiner strikten Unterdrückungspolitik und seinen Polizeistaatmethoden, wie sie sich vor allem in und als Folge der „**Karlsbader Beschlüsse**" zeigten. Die „Karlsbader Beschlüsse" sollten gemäß dem Grundsatz der „Legitimität" die „innere Sicherheit" in den Staaten des Deutschen Bundes sichern. Dazu wurden polizeistaatliche Methoden angewendet, für die sich vor allem Metternich stark gemacht hatte. Zu ihnen zählten die „Säuberung" der Universitäten von Professoren und Studenten, die das obrigkeitsstaatliche System in Frage stellten und liberale bzw. nationale Forderungen erhoben. Außerdem wurden die Universitäten durch Staatskommissare überwacht, ein Spitzelsystem eingerichtet, die Burschenschaften unterdrückt, Vereine kontrolliert. Schließlich schuf man eine Vorzensur für Zeitungen, Zeitschriften und andere Druckerzeugnisse unter 20 Bogen (rund 320 Seiten), um so der Verbreitung liberaler und nationaler Ideen entgegenzuwirken. Eine eigens eingerichtete Zentraluntersuchungskommission in Mainz untersuchte politische Straftaten. Eine Folge waren die „**Demagogenverfolgungen**", wesentliches Merkmal dieser reaktionären Epoche der Restauration.

2. Die Verfassung von 1849 wollte die **liberal-demokratischen Forderungen** nach Volkssouveränität, gesicherten Grund- und Menschenrechten, nach nationaler Einheit im kleindeutschen Rahmen und nach Berücksichtigung föderativer Traditionen realisieren.
Erreicht wurde, dass eine Verfassung Rechte und Pflichten von Regierung und Parlament regelte, eine alte Forderung der Verfassungsbewegung. Der neue Staat sollte eine konstitutionell-parlamentarische Monarchie sein mit weitgehenden Volksrechten, die sich v. a. in den gesetzlich gesicherten Grundrechten wieder finden. Allerdings erhielt der **Kaiser, dessen Thron erblich war,** eine starke Stellung, da er über ein „suspensives Vetorecht" verfügen sollte, das Volkshaus auflösen und die Diplomatie bestimmen konnte. Darüber hinaus war er Befehlshaber der Streitkräfte.
Der Grundsatz der Volkssouveränität fand seinen Ausdruck in **demokratischen Wahlen zum Volkshaus** (ohne Frauenwahlrecht) sowie in den Rechten dieses Teils der Legislative, durch welche die Möglichkeiten der Exekutive erheblich eingeschränkt wurden. Das Volkshaus hatte das Budgetrecht und das Gesetzgebungsrecht, wobei allerdings die andere Kammer des Reichstages, das „Staatenhaus", benannt nach den Parlamenten und Regierungen der 39 Einzelstaaten, ein Mitspracherecht besaß. Damit war die angestrebte **Parlamentarisierung** erreicht, zumal die Minister der Volksvertretung verantwortlich waren.

Ein Reichsgericht sollte Konflikte zwischen den Verfassungsorganen, den Einzelstaaten und der Einzelstaaten mit dem Gesamtstaat regeln. Es entsprach den liberalen Forderungen, wenn es daneben auch die Aufgabe des Verfassungsschutzes sowie der Rechtsaufsicht über die Regierung übernahm. Ferner urteilte es bei Hoch- und Landesverrat.

3. *Die Beschreibung sollte ergeben, dass der Zeichner in karikierender, d. h. überspitzt-pointierter Weise zeigt, wie die alten Mächte, hier Preußen, mithilfe der militärischen Macht die Straßen von den Revolutionären freimachen. Bürger und Studenten, Träger der Revolution, fliehen offensichtlich ohne große Gegenwehr vor der Ordnungsmacht (AFB I).*
In der Beurteilung sollte die These, dass die Revolution am Widerstand der alten Mächte gescheitert sei, als monokausal zurückgewiesen werden. Vielmehr haben eine Reihe von Faktoren und deren teilweises Zusammenspiel zu ihrem Scheitern beigetragen (AFB III).

Sicherlich scheiterten die Revolutionäre auch am Widerstand der alten, monarchisch-legitimistischen Kräfte. Nicht umsonst hat man den Revolutionären vorgeworfen, sie seien „vor den Thronen" stehen geblieben, hätten es versäumt, sich eine eigene Exekutivgewalt aufzubauen. So blieben Bürokratie und vor allem das Militär den Fürsten in den meisten Staaten, v. a. in Österreich und Preußen, treu. Die Paulskirche verfügte demnach nicht über eine eigene militärische Macht, sondern war vom guten Willen der eigentlich bekämpften Obrigkeiten abhängig.
Angeführt wird auch der Sinn für Legalität und die monarchische Tradition und das v. a. im deutschen Protestantismus weit verbreitete Untertanenbewusstsein. Zudem war das Bürgertum gespalten. Es gab den Teil des Bürgertums, der sich mit dem Staat arrangiert hatte, in seine Dienste getreten war und der keine Revolution wollte. Ein anderer Teil war mit der nationalen Einheit und der Verfassung zufrieden, und nur ein kleiner Teil strebte nach mehr, nach sozialem Ausgleich, nach einer Republik. Diese Spannungen unter den Revolutionären wirkte sich in den Beratungen der Nationalversammlung z. T. lähmend aus. Nachteilig war sicher auch, dass Teile des Bürgertums bereit waren, auf politische Forderungen zu verzichten, um ihren sozialen und wirtschaftlichen Status zu sichern. Hinzu kam, dass die Masse der Bevölkerung, vor allem die Bauern, eigentlich keine politische Revolution wollten.
Erschwerend für eine Revolution kam in Deutschland das Fehlen eines gemeinsamen Zentrums und die regionale Zersplitterung als Folge des politischen Partikularismus' hinzu.
Der preußisch-österreichische Dualismus verhinderte den deutschen Nationalstaat ebenso wie der Widerstand der europäischen Großmächte, die, geleitet vom traditionellen Gleichgewichtsdenken des 18. Jahrhunderts, einen deutschen Nationalstaat in der Mitte Europas nicht dulden wollten. Vor allem der Vielvölkerstaat Österreich wollte und konnte einen deutschen Nationalstaat, ob groß- oder kleindeutsch, aus existentiellen Gründen nicht zulassen. Die Deutsche Frage war eben, anders als es die Liberalen glaubten, kein rein deutsches Problem, sondern ein gesamteuropäisches.

4. a) Herausgearbeitet werden sollte, dass Golo Mann das Deutsche Reich als „kompliziert" beurteilt, da es sich „herkömmlichen staatspolitischen Begriffen" weitgehend entziehe. Es sei weder ein einheitliches „Reich" noch ein „echter Bundesstaat" gewesen, und die „Ebenbürtigkeit der anderen" Bundesstaaten mit Preußen sei eine bloße „Höflichkeitsformel" gewesen, in der Realität habe Preußen die anderen dominiert. Das Reich sei auch kein wirklicher Nationalstaat gewesen, denn mit dem deutschen Teil Österreich-Ungarns stand ein großer Teil außerhalb und das sollte auch so bleiben.
Schon die **Entstehung** sei ungewöhnlich: Das Reich kam zustande durch Kriege, Annexionen, Militärallianzen und die Lösung des preußisch-österreichischen Dualismus zugunsten des triumphierenden Preußens. Dies war der große Unterschied etwa zur Entstehung der USA, an deren Anfang zwar auch ein Krieg stand, der aber verfassungsrechtliche Diskussionen und Rechtfertigungen vorausgegangen seien. Bismarcks Politik sei nicht von Staatsrechtsfragen bestimmt gewesen, sondern von bloßem „Pragmatis-

mus“; dies sei schon daran zu merken, dass das neue Reich in sich zahlreiche Widersprüche besitze wie den süddeutschen Liberalismus, „preußisches Soldatenkönigtum“ oder „Staatenbund und allgemeines Wahlrecht“; das Reich sei keine wirkliche Einheit gewesen, vielmehr „das Bündnis des alten Preußen mit den liberalen Mittel- und Kleinstaaten“. Bismarck habe „unter Zwang“ gehandelt, denn die deutsche Einheit sei unvermeidlich gewesen, weil „die Leute“ sie gewollt hätten.
Zugleich habe Bismarck eine neue Friedensordnung in Europa geschaffen, die von der friedlichen „Koexistenz der drei Kaiserreiche“ getragen worden sei, und die vierzig Jahre Frieden garantiert habe.

b) Als Etappen könnten dargestellt werden:
- Der Zusammenbruch der alten Ordnung und das Ringen um eine Neuordnung.
  Dabei könnte eingegangen werden auf folgende Ereignisse:
  - die staatliche „Flurbereinigung“ durch Mediatisierung und Säkularisation ab 1802/03;
  - die Auflösung des Alten Reiches als Folge des „Rheinbundes“ (Höhepunkt des Partikularismus);
  - die Befreiungskriege gegen Napoleon und das Aufleben von Nationalismus und Chauvinismus;
  - die Gründung des Deutschen Bundes 1815 als antiliberaler und antinationaler Staatenbund, geprägt vom preußisch-österreichischen Dualismus, dem europäischen Gleichgewichtsdenken; Scheitern der Einheitsidee.
- Das „Metternich'sche System“: reaktionäre Restauration gegen Liberalismus und Nationalismus und der Versuch der ökonomischen Einheit
  In die Betrachtung einbezogen werden könnten:
  - die Gründung der „Deutschen Burschenschaften“ in Jena (1815);
  - das Wartburgfest als nationaler Tag (1817);
  - das Hambacher Fest mit seinen Forderungen nach Volkssouveränität und nationaler Einheit (1832);
  - die Gründung des Deutschen Zollvereins unter Führung Preußens (1834);
  - die „Rheinkrise“ 1840, die zu einer großen nationalen Begeisterung führte.
- Der Versuch einer liberal-demokratischen Einigung 1848/49, der v. a. am Widerstand Österreichs, Preußens und der europäischen Großmächte scheiterte.
- Die Einigung durch Preußen als „Revolution“ des europäischen Mächtesystems (Disraeli) 1850–1871.
  Eingegangen werden könnte dabei auf
  - den Versuch Preußens 1850, der am Widerstand Russlands und Österreichs scheiterte;
  - die Erneuerung der preußisch-russischen Freundschaft 1863 als „Rückendeckung“;
  - den Krieg des Deutschen Bundes gegen Dänemark mit seiner nationalen Begeisterung 1864;
  - den preußisch-österreichischen Krieg 1866, der den alten Dualismus zugunsten Preußens löste und Österreich aus Deutschland hinausdrängte;
  - die Gründung des Norddeutschen Bundes durch Preußen 1867;
  - den deutsch-französischen Krieg 1870/71 als nationaler Krieg;
  - die Gründung des zweiten Kaiserreichs als Bundes- und „Fürstenstaat“ 1871.

5. *Die Beurteilung sollte auf die folgende Aspekte eingehen, wobei eine solch ausführliche Betrachtung nicht erwartet werden kann. (AFB III)*

Das Kaiserreich, wie es 1871 geschaffen wurde, erfuhr schon von den Zeitgenossen eine unterschiedliche Beurteilung. Vor allem die **Liberalen** spalteten sich in dieser Bewertung.

Dem größten Teil des liberalen Bürgertums bedeutete die Reichsgründung die Erfüllung seiner alten Forderung nach Errichtung eines deutschen Nationalstaates, und viele sahen in der Verfassung von 1871 einen bedeutenden Fortschritt „im Vergleich zu der die Bundesverfassung von 1815 beherrschenden, bis 1866 festgehaltenen dynastisch-partikularistischen Tradition" (E. R. Huber). Aber die Gründung des Deutschen Reiches, und das zeigte die Verfassung deutlich, war das Ergebnis einer „Revolution von oben", und als das Deutsche Reich proklamiert wurde, waren nur die Fürsten und Militärs anwesend, die Vertreter des Norddeutschen Bundes blieben ausgeschlossen.
Aber auch bei den **Konservativen** waren die Gründung des Reiches und besonders die Verfassung, die ihrer Ansicht nach Gedanken der Revolution von 1848/49 enthielt, heftig umstritten. Vor allem die reaktionären Kräfte um die Gebrüder Gerlach witterten „Verrat an Preußen" und seinen Ideen. Für sie war die Verfassung ein Verstoß gegen den Grundsatz der Legitimität und gegen das monarchische Prinzip schlechthin. Für die **Demokraten** zementierte die Verfassung den Obrigkeitsstaat im preußisch-militaristischen Sinne, der nichts mit den Ideen von 1848/49 gemein hatte.

In der Tat war das Deutsche Reich von 1871 ein **Bund der deutschen Fürsten** und kein Staat, der aus einer freien Willensäußerung des Volkes hervorgegangen war. Wesentliches Kennzeichen der Verfassung ist daher im Gegensatz zu der von 1849 das Übergewicht des **„monarchischen Prinzips"**, denn der Kaiser, zugleich König des den Fürstenbund dominierenden Einzelstaates Preußen, besaß die politische und militärische Führung, und er war der Chef eines nicht kontrollierbaren Staatsapparates (Armee, Bürokratie, Diplomatie). Anders als 1849 besaß das **Parlament**, der Reichstag, keine Möglichkeit einer wirksamen Kontrolle der Regierung – Minister gab es 1871 ohnehin keine – durch ein Misstrauensvotum. Damit entbehrte der **Reichstag** eine wirksame Kontrollmöglichkeit in Bezug auf die Exekutive – gerade dies aber war eine zentrale Forderung der Liberalen vor und während der Revolution von 1848/49 gewesen.
Deutlich wurde auch ein Übergewicht der Ländervertretung, des **Bundesrates**, sodass man von einer „Fürstensouveränität in einem Fürstenbund" sprechen kann, denn der Bundesrat übernahm Regierungsfunktionen, da er allein über die zur Durchführung der Gesetze notwendigen Verwaltungsvorschriften bestimmte. Auch war er notwendiger Teil der Legislative, da er dem Reichshaushalt und den vom Reichstag verabschiedeten Gesetzen zustimmen musste. Zudem entschied er zusammen mit dem Kaiser über Krieg und Frieden.
Das Deutsche Reich war, anders als 1849 angestrebt, keine parlamentarische, sondern eine **konstitutionelle Monarchie** (H. Sybel). Zwar sicherte die Verfassung die Gewaltenteilung, die Rechenschafts- und Informationspflicht der Regierung gegenüber dem Reichstag, die Wahl der Reichstagsabgeordneten nach dem demokratischen Wahlrecht (Mehrheitswahl) für Männer und die Beteiligung des Reichstages an der Gesetzgebung und v. a. an der Verabschiedung des Haushalts, aber der Grundsatz der Volkssouveränität war nicht gewahrt. Nicht das Volk war Träger der Souveränität, sondern die deutschen Fürsten und v. a. der preußische König und deutsche Kaiser. Damit bedeutete die Verfassung von 1871 gegenüber dem Vorschlag von 1849 einen Rückschritt, da das Übergewicht des monarchischen Prinzips gewahrt blieb.
Anders als die Verfassung von 1849 enthielt die von 1871 **keinen Grundrechtskatalog**. Immerhin gab es eine große Zahl von Einzelgesetzen, die wichtige Grundrechte sicherten (Freizügigkeit beim Reisen, Gewerbefreiheit, Glaubensfreiheit, Verbot rückwirkender Gesetze seit 1870, Briefgeheimnis, Pressefreiheit 1874, außer bei „Majestätsbeleidigung", die Unabhängigkeit der Gerichte 1877 usw.). Vor allem aber das **demokratische Wahlrecht** für Männer zum Reichstag, eine Grundforderung der Demokraten 1848/49, hob Deutschland von den übrigen europäischen Staaten ab. Bismarck hatte dieses Wahlrecht allerdings aus anderen Motiven eingeführt, als sie für die Liberalen zählten: Für ihn war es eine Waffe gerade gegen die Liberalen und auch gegen die partikularen Kräfte. So war das Wahlrecht das unitarische Band, ein Mittel zur Integration und zur Identifikation. (E. Jäckel)

Schriftliche Abiturprüfung Geschichte (Baden-Württemberg): Übungsaufgabe 2: Die demokratische und nationale Bewegung, Die Entwicklung der politischen Kultur im Kaiserreich und in der Weimarer Republik

M 1: Der Historiker Hans-Ulrich Wehler schrieb 1989 über die Revolutionen 1848/49:

Jeder Versuch, das Scheitern einer Revolution mit stichhaltigen Argumenten zu erklären, sollte von einer wichtigen methodischen Unterscheidung ausgehen, die auch im Hinblick auf die deutsche Revolution von 1848/49 geboten ist. Zu unterscheiden sind die Grenzen und Schwächen dieser Revolution – einschließlich ihrer Überforderung durch die Schwierigkeit der zu lösenden Aufgaben – von der Stärke und den auf längere Sicht mobilisierbaren Ressourcen der Gegenrevolution. [...]
Am Beginn steht ein paradoxer Effekt: Die unstreitig verblüffenden Anfangserfolge bildeten nicht den Auftakt zum Sieg der Revolution, sondern wirkten sich auf verschiedenen Gebieten alsbald kontraproduktiv aus. Der Triumph der Märzbewegung nährte, verständlich gewiß, aber doch mit fatalen Folgen, die weitverbreitete Überschätzung der eigenen Kraft. Die Illusion, daß die zeitweilige Überlegenheit von Dauer sein werde, verband sich mit ungehemmtem Wunschdenken und hoffnungsfrohem Pläneschmieden, die auf voreiliger Selbstzufriedenheit anstatt auf realistischer Lagebeurteilung beruhten. Der eigenen Überschätzung korrespondierte[1] eine mindestens ebenso gefährliche Unterschätzung der konservativen Resistenzkraft, insbesondere der Hauptgegner in Österreich und Preußen.
Von dem unerwartet schnellen Erfolg ging außer dem Hochgefühl eine weitaus schwerer wiegende Polarisierung innerhalb der Revolutionsbewegung aus. Während noch alles von einer relativ einheitlichen Schwungkraft abhing, verstärkte sie die Heterogenität[2] der Ziele und Verhaltensweisen der Trägerschichten. Die meisten Liberalen wollten sich mit den Märzerfolgen zufrieden geben. Sie bauten auf die nunmehr initiierte parlamentarische Systemreform in engem Schulterschluß mit einer verständigen Regierung und innovationswilligen Verwaltung, wobei die liberale Federführung vorausgesetzt wurde. Die Demokraten und Republikaner dagegen wollten die Gunst der Stunde nutzen, die Revolution vorantreiben und ihre Ziele möglichst rasch selber sicherstellen. Die Divergenz[3] der strategischen Absichten vertiefte die ohnehin schon scharf ausgeprägten Gegensätze zu einer kaum überwindbaren Kluft.

1 korrespondieren: entsprechen
2 Heterogenität: Verschiedenartigkeit
3 Divergenz: Auseinandergehen

(aus: Wehler, Hans Ulrich: Deutsche Gesellschaftsgeschichte. Bd. 2: Von der Reformära bis zur industriellen und politischen „Deutschen Doppelrevolution“: 1815–1848/49, C. H. Beck Verlag: München 2/1989, S. 759f.)

M 2: Aus einer Rede im Deutschen Reichstag vom 23. Februar 1932:

Die Entwicklung, die seit der Machtübernahme durch Brüning in Deutschland eingesetzt hat, kam nicht von ungefähr. Sie stellt das zwangsläufige Ergebnis der Entwicklung dar, die in Deutschland seit dem 9. November 1918 Platz gegriffen hat. Von dem Augenblick an, als das deutsche Volk in den verhängnisvollen Irrtum verfiel, es könne auf Grund der 14 Wilsonschen Punkte sein neues politisches Dasein begründen, von dem Augenblick an, als das deutsche Volk sich dazu verführen ließ, auf Grund dieser vagen Versprechungen praktisch die Entwaffnung durchzuführen, von dem Augenblick an, als die deutsche Regierung Versailles und die Kriegsschuldlüge unterschrieb, hat es in Deutschland keinen Aufstieg mehr gegeben, sondern der Weg ging weiter und weiter nach unten. […] Es kam die Inflation, es kamen die Tributdiktate der ehemaligen Kriegsgegner, es kam der Dawes-Vertrag, von dem das amtliche Deutschland annahm, das sei endlich ein silberner Streifen am Horizont. Tatsächlich haben wir seit Annahme dieses Verdiktes[1] Milliarden über Milliarden Kredite nach Deutschland hereingenommen, um damit den aussichtslosen Versuch zu unternehmen, eine Tributpolitik zur Durchführung zu bringen, die in *keiner* Weise dem wahren Tatsachenverhalt der deutschen Lage gerecht zu werden vermochte. Man hat versucht, den Dawes-Plan durch das sogenannte Young-Verdikt abzulösen. Wir haben uns damals aufs leidenschaftlichste gegen die Annahme dieses Vertrages zur Wehr gesetzt. […] Minister standen am Radio und prangerten die Führer der nationalen Oppositionsbewegung als wirtschaftliche und politische Landesverräter an […], die nichts anderes getan hatten, als das Volk […] über die furchtbare Tragweite des hier zur Annahme kommenden Tributdiktats aufzuklären. […] Am 14. September 1930 erhielt das amtliche Deutschland für diese zwölfjährige Politik des Verfalls und des Verzichtes vom Volke die Quittung. […] Damit war die Möglichkeit geboten, in Deutschland ein nationales Regiment ans Ruder zu bringen und jenem verhängnisvollen Kurs ein Ende zu bereiten, der von der amtlichen Politik seit zwölf Jahren eingeschlagen wurde und Deutschland von *einer* politischen Niederlage in die andere hineingeführt hatte. Die Regierung Brüning hat diese Möglichkeit unterbunden.

1 Verdikt: Urteilsspruch, Strafurteil

(aus: Heiber, Helmut (Hrsg.): Goebbels-Reden. Bd. 1: 1932–1939, Droste Verlag: Düsseldorf 1971, S. 9f.)

Aufgaben:

1. a) Arbeiten Sie aus M 1 heraus, wie Hans-Ulrich Wehler den Ausgang der Revolutionen 1848/49 beurteilt und wie er sein Urteil begründet. — 8 VP

   b) Nennen und erläutern Sie weitere Faktoren, die in M 1 nicht genannt sind. — 8 VP

2. Die Verfassung von 1849 genießt in Deutschland ein weitaus höheres Ansehen als die Reichsverfassung von 1871. Begründen Sie unter Berücksichtigung wichtiger Verfassungsprinzipien diese Meinung. — 12 VP

3. a) Arbeiten Sie aus M 2 heraus, wie der Redner die Entwicklung der Weimarer Republik bis zum Zeitpunkt der Rede beschreibt, und charakterisieren Sie seinen politischen Standort. — 8 VP

   b) Überprüfen Sie die Behauptung in M 2 (Z. 7 ff.), „von dem Augenblick an, als die deutsche Regierung Versailles und die Kriegsschuldlüge unterschrieb, hat es in Deutschland keinen Aufstieg mehr gegeben, sondern der Weg ging weiter und weiter nach unten.“ — 12 VP

4. Der Historiker Hagen Schulze verortet die wesentlichen Ursachen für das Scheitern der Weimarer Demokratie im Bereich der vordemokratischen Einstellungen und des konservativen Denkens. Beurteilen Sie diese These. Ziehen Sie dazu auch M 2 heran. — 12 VP

60 VP

Lösungsvorschlag

1. a) *Gemäß dem Operator „herausarbeiten" sollen die wertenden Inhalte des Textes in eigenen Worten wiedergeben werden. Dabei müssen Sie die einzelnen Aspekte sinnvoll und schlüssig miteinander verbinden (AFB I). Eine bloße Paraphrasierung des Textes und eine Aneinanderreihung von Zitaten werden der Aufgabenstellung nicht gerecht.*

Hans-Ulrich Wehler geht in dem Textauszug auf die **Gründe für das Scheitern der Revolutionen von 1848/49** ein. Er führt zunächst Aspekte an, die die revolutionäre Bewegung an sich betreffen. Hierzu zählt er die Überforderung der Paulskirchenversammlung durch die enormen Schwierigkeiten, die sich bei der Bewältigung der zu lösenden Aufgaben ergaben. Wehler gibt zwei Gründe für das Scheitern der **revolutionären Kräfte** in Deutschland an: Zum einen nennt er die „**Überschätzung der eigenen Kraft**" (Z. 10 f.) nach den raschen Erfolgen der Märzrevolution, die zu einem unrealistischen Wunschdenken und zur Selbstzufriedenheit beigetragen hätten. Zum anderen führt er die **Spaltung der revolutionären Kräfte** in gemäßigte Liberale auf der einen sowie in Demokraten und radikale Republikaner auf der anderen Seite an. Durch diese Polarisierung sei eine nahezu unüberbrückbare „Kluft" (Z. 27) innerhalb der Revolutionsbewegung entstanden, die deren Durchschlagskraft erheblich geschwächt habe.
Er macht aber auch die **Gegenrevolution** für das Scheitern verantwortlich. Denn die reaktionären Kräfte und die alten Gewalten – insbesondere die bedeutenden Staaten Österreich und Preußen – blieben stark und hätten „auf längere Sicht" über große „Ressourcen" verfügt (Z. 5 f.), die sie letztlich mobilisieren konnten.

b) *Die Operatoren „nennen" (AFB I) und „erläutern" (AFB II) weisen auf eine zweigeteilte Aufgabenstellung hin. So sollen die weiteren Gründe für das Scheitern der Revolutionen nicht einfach nur aufgezählt, d. h. thesenhaft „genannt", sondern auch erläutert werden. Dadurch sollen Sie zeigen, dass Sie die angeführten Inhalte auch verstanden haben („Erklärungskompetenz").*

Das **Scheitern der Revolutionen** von 1848/49 kann nicht monokausal erklärt werden, vielmehr lässt sich dieses auf ein **Geflecht von Ursachen** zurückführen.
Wehler hebt zu Recht die Probleme der Paulskirchenversammlung bei der Lösung der anstehenden Aufgaben hervor. Hierzu trug vor allem der **Mangel an parlamentarischen Instrumenten** bei. Es gab noch keine festen Parteien mit klar umrissenen politischen Programmen, keine Fraktionen, deren Rechte und Pflichten hätten festgelegt werden können. Die Grundrechtsdebatte kostete viel Zeit und war erst beendet, als die Nationalversammlung durch das Erstarken der reaktionären Kräfte bereits deutlich an Autorität eingebüßt hatte.
Der „Paulskirche" mangelte es an einer eindeutigen und anerkannten Zentralgewalt. Die Exekutive in Gestalt des zum **Reichsverweser** bestimmten Erzherzogs Johann von Österreich **verfügte über keinen Verwaltungsapparat und keine Armee**; die Exekutive war ein „Kopf ohne Körper". Zudem konnte die Exekutive keine außenpolitischen Interessen umsetzen; vom Ausland wurde sie nicht einmal anerkannt.
Die Herstellung der deutschen Einheit, die eines der Hauptziele der Revolution war, musste scheitern, denn der Vielvölkerstaat Österreich konnte aus Gründen der Selbsterhaltung weder einer großdeutschen noch einer kleindeutschen Lösung zustimmen. Durch die Entscheidung der Nationalversammlung für eine **kleindeutsche Lösung unter Führung Preußens** wurde Österreich herausgefordert und der alte **preußisch-österreichische Dualismus neu belebt**, der eine nationale deutsche Einheit verhinderte. Auch mussten die Revolutionäre erkennen, dass die „**deutsche Frage**" keine rein deutsche, sondern eine **gesamteuropäische Angelegenheit** war. Denn die übrigen europäischen Großmächte wollten aus Gründen des **europäischen Mächtegleichgewichts** keinen deutschen Nationalstaat in der Mitte Europas dulden.

Die **Ablehnung der Kaiserkrone** durch den preußischen **König Friedrich Wilhelm IV.** war ein Signal für das **Wiedererstarken der reaktionären Kräfte** nicht nur in Preußen angesichts der Uneinigkeit und Unentschlossenheit der Revolutionäre.
Die **zentrale Reichsverfassung konkurrierte** zudem auf partikularistischer Ebene **mit den Verfassungen der Einzelstaaten**. Da die Fürsten letztlich aber nur die eigenen Verfassungen akzeptierten, die daher das reale politische Leben der Bürger bestimmten, blieb die Paulskirchenverfassung für die meisten Menschen eher abstrakt.
Das scheinbare Nachgeben der Fürsten im März und April 1848 wurde zu schnell als Erfolg gewertet, sodass die **Machtstrukturen nicht angetastet** wurden. Die Revolutionäre beließen den Monarchen deren Staatsapparat (Bürokratie und Armee) und verließen sich mehrheitlich auf deren guten Willen. Hinzu kam, dass die **Bourgeoisie** aus **Furcht vor sozialen Umwälzungen** und vor Eingriffen in das Eigentumsrecht zum **Bündnis mit den Monarchen** bereit war und so die „totale“ Revolution verhinderte.

2. *Der Operator „begründen“ verlangt eine in sich schlüssige Darstellung von Sachverhalten (AFB II). So sollen Argumente für eine These, hier für das höhere Ansehen der Reichsverfassung von 1849, im Zusammenhang dargestellt werden. Eine detaillierte Betrachtung des Regelwerks der Verfassungen ist nicht verlangt und entspricht nicht der Aufgabenstellung.*

Die **Paulskirchenverfassung** von 1849 war im Gegensatz zu der von 1871 das Ergebnis einer **mehrmonatigen Verfassungsdiskussion in einem frei gewählten gesamtdeutschen Parlament**, das durch revolutionäre Volkserhebungen zustande gekommen war. Die Beratungen zur Verfassung waren von einem leidenschaftlichen Ringen verschiedener parlamentarischer Gruppierungen um den richtigen Weg zu einem national geeinten und liberalen deutschen Verfassungsstaat geprägt, wobei Pro und Kontra gegeneinander abgewogen und mehrheitlich entschieden wurden.
Dagegen war die **Verfassung von 1871** Ergebnis einer **Reichsgründung „von oben“**, die sich durch den „Anschluss“ der süddeutschen Staaten an den Norddeutschen Bund vollzog. Als das Deutsche Reich proklamiert wurde, waren nur die Fürsten und Militärs anwesend; die Vertreter des Norddeutschen Reichstages blieben außen vor. Die Reichsverfassung entsprach der des Norddeutschen Bundes von 1867, ergänzt durch **Reservatrechte** für die süddeutschen Fürsten. Die **Verfassung** war nicht **Ausdruck** des Volkswillens, sondern **des Willens der souveränen Fürsten**, die noch während des Krieges mit Frankreich den preußischen König Wilhelm I. zum deutschen Kaiser ausriefen.
In der **Verfassung von 1849** finden sich moderne Verfassungsgrundsätze: So sind die **Menschen- und Bürgerrechte** verfassungsrechtlich ebenso verankert wie die Prinzipien der **Volkssouveränität** und der **Gewaltenteilung und -kontrolle** durch Ministerverantwortlichkeit. Die Verfassung verband nationalstaatliche und demokratische Elemente. Zudem fand sie einen Ausgleich zwischen dem historisch gewachsenen föderativen Recht der Einzelstaaten und dem Wunsch nach einer handlungsfähigen Zentralgewalt. Als erste Verfassung der Welt erlaubte sie die **Verfassungsbeschwerde**. Danach konnte jeder Bürger das Reichsgericht anrufen, wenn die gewährleisteten Rechte verletzt wurden. Erst im Grundgesetz der Bundesrepublik Deutschland taucht dieses Recht wieder auf.
Die **Reichsverfassung von 1871** dagegen war vom **Übergewicht des monarchischen Prinzips** geprägt. Der Kaiser, zugleich König von Preußen, besaß die politische und militärische Führung; der Staatsapparat war nahezu unkontrollierbar, ebenso die Außenpolitik. Der **Reichskanzler** war nur gegenüber dem Kaiser verantwortlich. Der **Reichstag**, die nach allgemeinem und gleichem Wahlrecht für Männer über 25 Jahre gewählte **Volksvertretung**, hatte gegenüber dem Reichskanzler keine wirksamen Kontrollmöglichkeiten, z. B. durch ein Misstrauensvotum.
Die Verfassung stärkte den **föderativen Gedanken** gegenüber dem Unitarismus, denn die Einzelstaaten, verkörpert durch ihre Fürsten, bildeten das Fundament des Reiches, nicht das Volk. Daher war die Ländervertretung, der **Bundesrat**, und nicht wie 1849 die Volksver-

tretung, der eigentliche **Träger der staatlichen Souveränität** („Fürstensouveränität" statt „Volkssouveränität").
Im Gegensatz zur 1849 geplanten Staats- und Regierungsordnung war das **Deutsche Reich nach 1871 keine parlamentarische Monarchie**, wenn auch Gewaltenteilung, Rechenschafts- und Informationspflicht der Regierung, die Wahl der Reichstagsabgeordneten nach dem demokratischen Wahlrecht für Männer und die Beteiligung des Reichstages an der Gesetzgebung samt Budgetrecht gesichert waren. Aber der **Grundsatz der Volkssouveränität**, die Basis einer jeden Demokratie, wurde **1871 nicht verwirklicht:** Nicht das Volk, sondern die Fürsten waren die Träger der Souveränität. Gegenüber dem Verfassungsentwurf von 1849 bedeutete die Verfassung von **1871** daher einen **Rückschritt** und konnte nicht Vorbild für die weitere Verfassungsentwicklung in Deutschland sein.

3. a) *Die Aufgabenstellung ist zweigeteilt. Zunächst sollen Sie herausarbeiten, wie der Redner die Entwicklung der Weimarer Republik beurteilt, und anschließend daraus seinen politisch-ideologischen Standort ableiten. (AFB I)*

Der Redner (M 2) bezeichnet die Krise Deutschlands während der Regierung Brüning als Ergebnis der bisherigen Entwicklung der Weimarer Republik seit der Revolution 1918. Das Vertrauen auf das Vierzehn-Punkte-Programm des amerikanischen Präsidenten Wilson sowie die Unterzeichnung des Versailler Friedensvertrages waren für ihn der Beginn eines **kontinuierlichen politischen Niedergangs Deutschlands**. Weder mithilfe des Dawes-Plans noch mithilfe des Young-Plans zur Regelung der Reparationen habe sich Deutschland von seiner Abhängigkeit von den Alliierten befreien können. Das **Wahlergebnis vom September 1930** war nach Ansicht des Redners ein **Signal** und eine Aufforderung, die **verfehlte bisherige Politik zu ändern**. Aber Reichskanzler Brüning habe die Chance, eine nationale Regierung zu bilden, durch die ein solcher politischer Kurswechsel möglich gewesen wäre, nicht genutzt.
Die Wortwahl des Redners – „Kriegsschuldlüge" (Z. 8), „Tributdiktate" (Z. 10), „Young-Verdikt" (Z. 17), „nationales Regiment" (Z. 24 f.) – weist ihn als Angehörigen der politischen Rechten aus. Die alleinige Schuldzuweisung an Politiker des „Novembers 1918", also die Revolutionskräfte, und die völlige Ablehnung der bisher von den Regierungen der Weimarer Republik verfolgten Politik („das amtliche Deutschland", Z. 11) sprechen für eine extreme politische Position des Redners. Der von ihm erwähnte Widerstand gegen die Annahme des Young-Plans (vgl. Z. 17 f.) wurde von der DNVP, dem Stahlhelm und der NSDAP getragen.
Der angesprochene Erfolg bei den Reichstagswahlen am 14. September 1930 lässt darauf schließen, dass es sich bei dem Redner um einen Reichstagsabgeordneten der NSDAP handelt.

b) *Hier gilt es, die in M 2 aufgestellte Behauptung zu überprüfen und an konkreten Sachverhalten exemplarisch zu messen. (AFB III)*

Der Redner betrachtet die Entwicklung der Weimarer Republik aus einer **Perspektive der Fundamentalopposition** heraus und stellt sie daher als eine Reihe von Misserfolgen dar. Für ihn ist die Weimarer Demokratie gescheitert. Seine Argumentation ist verzerrend und besteht aus Halbwahrheiten, wobei er die Fakten, die seiner Interpretation widersprechen, unterschlägt. Dass es unter Brüning zur Krise gekommen ist, liegt für den Redner in den Ereignissen vom November 1918, also in der Novemberrevolution, begründet sowie in der durch den Versailler Vertrag völkerrechtlich fixierten Abhängigkeit Deutschlands von den Siegermächten des Ersten Weltkrieges.
Der Redner übergeht dabei jedoch wichtige positive Entwicklungsschritte, durch die das bislang geächtete Deutsche Reich seine Isolation überwinden konnte und wieder in die internationale Staatengemeinschaft aufgenommen wurde, so z. B. den **Beitritt Deutschlands in den Völkerbund** 1926.

Auch verschweigt er, dass Deutschland seit 1930 sehr unter den Folgen der von Amerika ausgehenden **Weltwirtschaftskrise** zu leiden hatte, an deren Ursachen das Reich selbst nicht unmittelbar beteiligt war. Deutschland war durch seine **Kreditabhängigkeit**, vor allem von den USA, für die Wirtschaftskrise besonders anfällig, zumal es auch noch auf den Export angewiesen war.
Der Redner deutet die nach 1924 gegebenen internationalen Kredite (Dawes-Plan, Young-Plan) einseitig in seinem Sinn. Er übergeht dabei die Tatsache, dass diese wesentlich zur Blüte der „Goldenen Zwanziger" beigetragen haben. Dieser allerdings nur kurze wirtschaftliche Aufschwung in der Stresemann-Ära widerlegt die Behauptung vom angeblich kontinuierlichen Niedergang der Weimarer Republik. Auch die Inflationskrise war nicht ausschließlich auf die Reparationslasten zurückzuführen, sondern hatte ihren Ursprung bereits in der Kriegswirtschaft des Kaiserreiches, die mithilfe von Krediten finanziert wurde und so zur Überschuldung des Reiches geführt hatte.
So entpuppt sich die Argumentation des Redners als einseitige Schwarz-Weiß-Malerei, die einer kritischen Überprüfung nicht standhält. Der Redner verurteilt pauschal die Politik der Weimarer Regierungen. Dadurch und durch die Wortwahl zeigt er nicht nur seine **radikale nationalistische Gesinnung**, sondern auch seine grundsätzliche **Gegnerschaft zum politischen demokratischen System**. Für die Chancen, die sich der Weimarer Demokratie boten, und für die Erfolge der demokratischen Regierungen ist bei seiner Argumentation kein Platz.

4. *Die Beurteilung sollte ergeben, dass das Scheitern der Weimarer Demokratie nicht monokausal erklärt werden kann, sondern dass eine Vielzahl von Faktoren zusammengewirkt hat. Es könnte auch gezeigt werden, dass das Scheitern nicht zwangsläufig war. Verdeutlicht werden sollen die Zusammenhänge des Scheiterns der Weimarer Demokratie. (AFB III)*

Das Ende der Weimarer Demokratie ist **nicht auf eine einzelne Ursache**, etwa die fehlenden demokratischen Einstellungen und Denkmuster, zurückzuführen. Zwar war die Demokratie für viele ein **von außen aufgezwungenes „System" der Siegermächte**. Und sicher trugen nationalistische, „völkisch-rassistische", autoritäre, obrigkeitsstaatliche und militaristische Traditionen aus dem untergegangenen Kaiserreich, besonders stark vertreten im Staatsapparat und bei zahlreichen Intellektuellen, dazu bei, dass es vielen Deutschen an einem **positiven demokratischen Bewusstsein mangelte**. Aber dies allein hätte die Demokratie nicht in die Knie gezwungen, vielmehr waren dafür weitere Faktoren und Belastungen verantwortlich.
Von Anfang an befand sich die Republik in einer **ökonomischen, sozialen und politischen „Dauerkrise"**, durch die sie kaum an Stabilität gewinnen konnte. Der Makel der Entstehung der demokratischen Republik aus der Kriegsniederlage und unter dem Druck der Siegermächte förderte vor allem im Bürgertum eine **antidemokratische Grundstimmung**. Der Versailler Vertrag mit seinen den Nationalstolz treffenden und die Wirtschaft belastenden Bestimmungen („Kriegsschuld", Reparationen, Gebietsabtretungen) wurde in allen politischen Lagern als „**Diktatfrieden**" empfunden und belastete so die deutsche Innenpolitik. Die politischen Kräfte, die den Waffenstillstand und den Versailler Vertrag hatten unterzeichnen müssen und die ein demokratisches Deutschland wollten, wurden von den Rechten als „**Novemberverbrecher**" diffamiert („**Dolchstoßlegende**").
Im Laufe der Zwanzigerjahre wurde ein **fortschreitender Delegitimierungsprozess** sichtbar. Seit 1920 besaßen die demokratischen Parteien im Volk praktisch keine Mehrheit mehr („Republik ohne Republikaner"). Die Republik wurde nach einer kurzen Beruhigung zwischen 1924 und 1929 immer mehr zum Opfer eines „negativen", destruktiven Zusammenspiels der extremen **antidemokratischen Flügelkräfte von links und rechts**.
Die Perspektivlosigkeit, unter der vor allem die Generation der Frontkämpfer litt, wurde verstärkt durch die Folgen der **Inflationskrise** 1923 und der **Weltwirtschaftskrise** ab 1930. Der Mittelstand versagte sich in zunehmendem Maße der Demokratie, die er für die Misere

verantwortlich machte. Die politische Rechte, insbesondere die NSDAP, nutzte diese Stimmung für ihre antidemokratischen Ziele aus. Die Demokratie wurde als „jüdisches" System, als Herrschaft der „Vaterlandsverräter" und der „Novemberverbrecher" bekämpft. Die **alten Eliten**, die noch immer verantwortliche Positionen innehatten, waren **republikfeindlich** und haben willentlich die durch die Weltwirtschaftskrise angeschlagene Demokratie zerstört. Diese Entwicklung begann 1930 mit der **Politik der „autoritären Wende"** („**Präsidialkabinette**") des Reichspräsidenten Hindenburg und seiner konservativ-reaktionären Ratgeber. Die alten Eliten, auf der Suche nach einer Massenbasis zur Durchsetzung ihrer autoritär-restaurativen Politik, verbanden sich im Januar 1933 mit Hitler und dessen NSDAP. Diesem Bündnis verdankte Hitler die Kanzlerschaft.

Die **formale Verfassungsordnung** wies eine Reihe von **Strukturschwächen** auf. Dazu zählte der fehlende normative Charakter der Verfassungsordnung („**Wertneutralität**"), die keine Abwehrmaßnahmen gegen Verfassungsfeinde vorsah – Weimar war im Gegensatz zur heutigen Bundesrepublik **keine „wehrhafte Demokratie"**. Die Weimarer Verfassung (WRV) ließ die legale Aushöhlung der Verfassung zu und begünstigte so die „autoritäre Wende" in der Endphase der Republik. Auch die Stellung des **Reichspräsidenten** als „**Ersatzkaiser**" wirkte sich negativ aus, besonders weil der seit 1925 amtierende Reichspräsident Hindenburg kein Demokrat war. Die direkte Wahl durch das Volk (Art. 41 WRV) verschaffte ihm ein hohes Maß an Legitimität. Seine Machtbefugnisse, vor allem Artikel 48 WRV (**Notverordnungsrecht**), hätten wirksam gegen den Extremismus eingesetzt werden können. Hindenburg aber ernannte 1930 Brüning zum Reichskanzler mit dem Auftrag, die demokratische Verfassungsordnung auf formal legalem Weg aufzuheben.

Das **Verhältniswahlrecht ohne Sperrklausel** führte zu einer Parteienzersplitterung im Reichstag und zu instabilen Mehrparteienkoalitionen mit häufigen Regierungswechseln und Neuwahlen. Diese erweckten im Volk das Gefühl, das Parlament sei letztlich unfähig. Die Forderung nach Einheit wurde wieder populär und von den Antidemokraten des rechten Parteienspektrums wirkungsvoll gegen die Demokratie eingesetzt.

Mit zum Scheitern beigetragen haben aber auch die **Parteien** selbst, da sie sich Kompromissen weitestgehend verschlossen. Sie fühlten sich mehr den eigenen Interessen und Grundsätzen verpflichtet als dem demokratischen Gemeinwohl. Sie stellten den „**Parteienpatriotismus" über den „Verfassungspatriotismus**", boten ab 1930 keine parlamentarische Alternative zu den Präsidialkabinetten und flohen letztlich aus der Verantwortung. Sie waren weder mehrheits- noch regierungsfähig.

Die **wirtschaftlichen Bedingungen** beschleunigten die Zerstörung der demokratischen Ordnung: Nach 1918 hatte man versäumt, Banken, Schlüsselindustrien und den agrarischen Grundbesitz zu sozialisieren, wodurch die Arbeiterschaft mit dem neuen Staat hätte versöhnt werden können. Die durch den Krieg eingeleitete und 1923 ins Uferlose gestiegene **Inflation** hatte den Mittelstand radikalisiert und für autoritäre Lösungen empfänglich gemacht. Die **Weltwirtschaftskrise** vergrößerte die Massenarmut und führte zum Zusammenbruch des Sozialstaates, was den radikalen Feinden der Demokratie nützte, die die Schuld daran den demokratischen Parteien gaben. Bedeutungsvoll wurde der **Einfluss antidemokratischer wirtschaftlicher Interessengruppen** wie der der Großagrarier, die einen enormen Einfluss auf die Entscheidungen Hindenburgs ausübten.

All diese Faktoren bildeten ein **Ursachengeflecht**, das zum Scheitern der Weimarer Demokratie führte. Die **verhängnisvolle Politik der Präsidialkabinette** zerstörte ab 1930 bewusst die demokratische Ordnung und schuf ein Machtvakuum, angesichts dessen auch die autoritären Pläne der alten Eliten scheiterten. 1933 löste das Elitenkartell durch das Bündnis mit Hitler eine „zerstörerische Dynamik" (Detlev J. K. Peukert) aus, wodurch sich die „deutsche Krise" zur „**deutschen Katastrophe**" ausweitete.

Schriftliche Abiturprüfung Geschichte (Baden-Württemberg): Übungsaufgabe 3: Die demokratische und nationale Bewegung, Die Entwicklung der politischen Kultur im Kaiserreich und in der Weimarer Republik

M 1: Antrag des Zentralkomitees für Arbeiter in Berlin an die Nationalversammlungen in Berlin und Frankfurt vom 10. Juni 1848

1. Bestimmung des Minimums des Arbeitslohnes und der Arbeitszeit durch Kommissionen von Arbeitern und Meistern oder Arbeitgebern.
2. Verbindung der Arbeiter zur Aufrechterhaltung des festgesetzten Lohnes.
3. Aufhebung der indirekten Steuern, Einführung progressiver Einkommensteuer mit Steuerfreiheit derjenigen, die nur das Nötigste zum Leben haben.
4. Der Staat übernimmt den unentgeltlichen Unterricht und, wo es nötig ist, die unentgeltliche Erziehung der Jugend mit Berücksichtigung ihrer Fähigkeiten.
5. Unentgeltliche Volksbibliotheken.
6. Regelung der Zahl der Lehrlinge, welche ein Meister halten darf, durch Kommissionen von Meistern und Arbeitern.
7. Aufhebung aller für Reisen der Arbeiter gegebenen Ausnahmegesetze, namentlich der in den Wanderbüchern ausgesprochenen.
8. Herabsetzung der Wählbarkeit für die preußische Kammer auf das 24. Jahr.
9. Beschäftigung der Arbeitslosen in Staatsanstalten, und zwar sorgt der Staat für eine ihren menschlichen Bedürfnissen angemessene Existenz.
10. Errichtung von Musterwerkstätten durch den Staat und Erweiterung der schon bestehenden öffentlichen Kunstanstalten zur Heranbildung tüchtiger Arbeiter.
11. Der Staat versorgt alle Hilflosen und also auch alle Invaliden der Arbeit.
12. Allgemeine Heimatsberechtigung und Freizügigkeit.
13. Schranken gegen Beamtenwillkür in bezug auf die Arbeitsleute. Dieselben können nur durch das entscheidende Urteil einer Kommission von ihren Stellen entlassen werden.

(aus: Mommsen, Wilhelm (Hrsg.), Deutsche Parteiprogramme, München: Isar Verlag 1960, S. 293 f.)

M 2: John Tenniel: A Wise Warning (Ein weiser Rat), 1888 – Karikatur der englischen Satirezeitschrift „Punch" zum Machtwechsel in Deutschland

Punch, London, Oktober 1888

Begleittext (dt. Übersetzung):
Dädalus (= Bismarck, der politische Vater Wilhelms = Ikarus): Halte, mein Sohn, beim Flug immer die Mitte der Bahn. Hüte dich davor, zu tief zu sinken und wage dich nicht zu hoch, damit nicht entweder die Sonne deine Flügel versengt oder Wasserdampf sie schwerfällig macht. Zwischen beiden Extremen nimm deinen Weg. Blicke nicht auf den großen Bären oder den Stier und vermeide die gefährlichen Strahlen des schwerttragenden Orion. Folge mir, ich werde dein Führer sein und über dir wachen. Unter meiner Lenkung setze vorsichtig zum Flug an. (Ovid, Metamorphosen, Buch VIII, Fabel 3 [Vers 203 ff.])

M 3: Der Historiker Hans-Ulrich Wehler über die „Untertanenmentalität" im Kaiserreich

Im Falle des Verstoßes gegen die herrschenden Normen stand dem Staat der Apparat des Justizwesens zur Verfügung, um Konflikte autoritativ entscheiden zu lassen. Zugleich konnte er aber auch bei seinen Bewohnern einer verinnerlichten Reaktionsweise gewiß sein, die als Untertanenmentalität bestimmten Auseinandersetzungen einseitig ihre Schärfe nahm. Als diese jedoch nicht mehr überall ausreichte, sah er sich zu knapp kalkulierten Kompensationsleistungen gezwungen, um die Massenloyalität zu erhalten oder zurückzugewinnen. [...]

Eine Art psychisches Pendant[1] zu dieser Institution des Obrigkeitsstaats bildete die Untertanenmentalität. Sie gebot, Willensakte, auch Übergriffe der Staatsgewalt passiv hinzunehmen, mit übervorsichtigem Stillschweigen auf die kleinen Schikanen des Alltags zu reagieren, dem Leutnant auf dem Bürgersteig mit gezogener Kappe auszuweichen, noch auf dem kleinen Dorfgendarmen den Abglanz des Staates ruhen zu sehen, mithin sich eher zu fügen als zu protestieren. Diese vornehmlich ostelbische Mentalität, die im freieren Rheinland oder Südwesten nicht selten Verachtung erregte, bildete das Produkt jahrhundertealter politischer und religiöser Traditionen. Weber[2] hat einmal davon gesprochen, daß ein geköpfter Fürst eine befreiende Emanzipationswirkung in der gesamten folgenden Geschichte auslösen könne, denn der Nimbus der großen Vaterfigur könne dann nicht mehr wie vorher ungebrochen fortbestehen. Auch hier spürte Deutschland, daß es das Land ohne Revolution blieb. Denn in anderen Ländern wurde „das Entstehen oder der Fortbestand jener verinnerlichten, auf den fremden Beschauer als Würdelosigkeit wirkenden Hingabe an die Autorität gehindert oder zerbrochen, welche in Deutschland ein schwerlich auszurottendes Erbteil der ungehemmten patrimonialen[3] Fürstenherrschaft geblieben ist. Politisch betrachtet war und ist der Deutsche in der Tat", schloß Weber, „der spezifische ‚Untertan' im innerlichsten Sinne des Wortes und war daher das Luthertum die ihm gemäße Religiosität." 1919 sprach dann Albert Einstein verächtlich davon, daß „gegen die angestammte Knechts-Seele ... keine Revolution" helfe. Gewiß hatten rationalistische Theologie und politischer Liberalismus [...] einen freien selbständigen Menschen heranzubilden gesucht. Gewiß sind gerade auch in diesem Sinne Sozialdemokratie und Gewerkschaften Emanzipationsbewegungen mit unendlich mühsamer Aufklärungsarbeit gewesen. Aber nach der fatalen konservativen „Neugründung" seit 1878 hatte die „ganze innere Politik", wie Hintze scharfsichtig beobachtete, „unverkennbare Züge von dem Friderizianischen System[4] an sich".[5] Damit aber machte sich das ganze bleierne Schwergewicht der Tradition weiter geltend – le mort saisit le vif[6]. Und dagegen war in einem Staat, der sowohl vor harter Repression keineswegs zurückscheute, als auch Ordenssegen und Nobilitierung zielstrebig einsetzte, schwer anzukommen. Sogar auf seine schärfsten Gegner färbte dieser Verhaltensstil – vielleicht sogar notwendig – ab. Nicht ganz zu Unrecht warfen die Kritiker in der „Zweiten Internationalen"[7] der deutschen Sozialdemokratie die „Prussifizierung" im Inneren ihrer Organisation vor [...].

1 Pendant: (passendes) Gegenstück
2 Max Weber: deutscher Soziologe, Jurist, Nationalökonom (1864 –1920)
3 patrimonial: durch den Grundherrn ausgeübt
4 Friderizianisches System: aufgeklärter Absolutismus in Preußen, benannt nach Friedrich II. (1712–1786)
5 O. Hintze: Die Industrialisierungspolitik Friedrich d. Gr. In: ders.: Historische u. Politische Aufsätze. II, Berlin ^{7}o. J., S. 132.
6 „le mort saisit le vif ": der Tote macht zum Erben den Lebendigen
7 Zweite Internationale: internationaler Zusammenschluss sozialistischer und sozialdemokratischer Parteien, gegründet 1889 in Paris.

(aus: Wehler, Hans-Ulrich: Das deutsche Kaiserreich: 1871–1918, Göttingen: Vandenhoeck und Ruprecht ^{7}1994, S. 133 f.)

Aufgaben:

1. Ordnen Sie die Forderungen in M 1 nach übergeordneten Gesichtspunkten und charakterisieren Sie das dahinter stehende Staatsverständnis. 9 VP
2. Stellen Sie dar, inwieweit die Forderungen des Zentralkomitees für Arbeiter in der Paulskirchenverfassung verwirklicht wurden. Begründen Sie, warum das so war. 10 VP
3. a) Beschreiben Sie die Karikatur (M 2) und erläutern Sie ihre Aussage. 10 VP
   b) Überprüfen Sie knapp, ob sich die Aussage der Karikatur im Nachhinein als berechtigt erwiesen hat. 11 VP
4. Arbeiten Sie die Kernaussagen des Textes (M 3) heraus. 8 VP
5. Erläutern Sie anhand von Beispielen aus der Verfassungsnorm und der Verfassungswirklichkeit des Kaiserreiches den Begriff „Obrigkeitsstaat. 12 VP

60 VP

Lösungsvorschlag

1. *Die Aufgabe verlangt, die Forderungen des Zentralkomitees für Arbeiter in Kategorien zusammenzufassen und das dahinter stehende Staatsverständnis zu bestimmen. (AFB I)*

Die **Forderungen** der Berliner Arbeiter (M 1) an die Nationalversammlung zeigen eindeutig einen Schwerpunkt **im sozialen Bereich** und spiegeln damit die konkreten Nöte der arbeitenden Klasse zur Zeit der Revolution von 1848. Zunächst geht es um unmittelbar **arbeitsrechtliche Bestimmungen** hinsichtlich der Festsetzung von Arbeitslohn und Arbeitszeit (vgl. Z. 1 f.). Der Staat solle „alle Hilflosen“ (Z. 18) unterstützen, Beschäftigung in staatlichen Musterwerkstätten bieten und prinzipiell für kostenlose Volksbildung, Erziehung und Ausbildung sorgen. Zur Finanzierung der Staatsausgaben wird auf die Einführung einer „progressive[n] Einkommensteuer“ (Z. 4) bei Steuerfreiheit des Existenzminimums verwiesen. Die dahinterstehende **Staatsvorstellung** ist die eines eingreifenden **Sozial- bzw. Wohlfahrtsstaates**, wie er heute z. T. verwirklicht ist, damals aber nur aus der radikalen Phase der Französischen Revolution bekannt war. Charakteristisch für dieses Staatsverständnis ist, dass die liberale Forderung nach „Freiheit vom Staat“, also beispielsweise nach einem „**Nachtwächterstaat**“, der nur für den Schutz der persönlichen Freiheit und des Eigentums zuständig ist, durch die Forderung nach der Verwirklichung sozialer Grundrechte durch den Staat, also nach einer „Freiheit zum Staat bzw. durch den Staat“ ersetzt wird.
Der zweite, größere Komplex beschäftigt sich mit **persönlichen Freiheiten** wie „[a]llgemeine[r] Heimatsberechtigung und Freizügigkeit“ (Z. 19), der Abwehr von „Beamtenwillkür“ (Z. 20) und dem Recht, sich zu kollektiven Interessenvertretungen in „Kommissionen“ (Z. 9 f.) und „Verbindung[en]“ (Z. 3) zusammenzuschließen und zu betätigen (**Koalitionsrecht**). Obwohl diese Ansprüche als Ergänzung zu den sozialstaatlichen Forderungen gedacht waren, zeigte sich hier eine Übereinstimmung mit der liberalen Auffassung eines **Rechtsstaates**, in dem private Autonomie gilt, d. h., jeder seinen Willen frei bilden, äußern und diesem entsprechend handeln kann. Die Freiheit nimmt somit beim Individuum ihren Ausgang, ihre Gefährdung wird durch den Staat vermutet.
Einen geringeren Umfang zeigt der letzte Punkt, die „Herabsetzung der Wählbarkeit für die preußische Kammer“ (Z. 13). Das damit angesprochene **passive Wahlrecht** ist ein **demokratisches Mitwirkungsrecht**. Die Bürger wollen an der politischen Gestaltung des Staates, also allgemein an der „Regierung“, stärker beteiligt werden. Das Prinzip der Demokratie steht gegen die Ausgrenzung größerer Bevölkerungsgruppen durch Zensus oder wegen des Alters oder Geschlechts. Historisch hielten sich das preußische Dreiklassenwahlrecht und die Reduzierung der Demokratie auf das Männerwahlrecht bis 1919.

2. *Der Operator „darstellen" bedeutet in diesem Zusammenhang, dass Sie Informationen aus M 1 mit solchen abgleichen müssen, für die Sie keine Materialvorgabe haben (AFB I), nämlich mit Ihren Kenntnissen über die Paulskirchenverfassung. Anschließend sollen Sie begründen, warum die einen Forderungen erfüllt wurden, andere dagegen nicht (AFB II).*
Die Frankfurter Nationalversammlung schaffte es, in dem knappen Jahr vom 18. Mai 1848 bis zum 27. März 1849 eine Reichsverfassung zu verabschieden. Diese wurde jedoch am 3. April 1849 vom preußischen König Friedrich Wilhelm IV. abgelehnt. „Erfüllte Forderungen" sind in diesem Falle also solche, die in die Reichsverfassung aufgenommen wurden, nicht solche, die wirklich unmittelbar umgesetzt wurden.

Ganz allgemein kann man sagen, dass die „Paulskirchenverfassung" einen **liberalen Rechtsstaat mit Grundrechten** und eine **eingeschränkte Demokratie**, **aber keinen Sozialstaat** vorsah. Entsprechend finden sich im Verfassungstext die Forderungen des Zentralkomitees für Arbeiter nach dem **Koalitionsrecht** (M 1, Punkt 2: „Verbindung der Arbeiter [...]", Z. 3) und nach der **freien Wahl des Wohn- und Aufenthaltsortes** (M 1, Punkt 12: „Allgemeine Heimatberechtigung und Freizügigkeit", Z. 19) wieder.
In Ansätzen zeigt sich, indem sich die Paulskirche z. B. für unentgeltliche Erziehung und Volksbibliotheken aussprach, dass sie sich nicht ganz sozialstaatlichen Gedanken verschloss. Allerdings sollte der Staat nicht als Beschäftigungsgeber und Wirtschaftssubjekt tätig werden. Betreffs der Wirtschaftsordnung heißt es lapidar: „Das Eigenthum ist unverletzlich".
Bei der Frage nach den **Ursachen** dieser einseitig auf einen liberalen Rechtsstaat orientierten Verfassung muss vor allem die **Zusammensetzung der Nationalversammlung** berücksichtigt werden. Die revolutionäre Bewegung war gespalten in Liberale und Demokraten, wobei Letztere durchaus geneigt waren, sozialstaatliche Forderungen zu übernehmen. Sie waren aber in der Paulskirche in der Minderheit. Schlüsselt man die soziale Herkunft der 812 Abgeordneten auf, so zeigt sich, dass 439 Beamten lediglich vier Handwerker gegenüberstanden. Arbeiter oder Angehörige der Unterschichten waren nicht vertreten. Besonders stark überrepräsentiert waren die Vertreter geistiger und freier Berufe: Professoren, Advokaten, höhere Verwaltungsbeamte etc. In Ermangelung politischer Parteien und Programme waren diese Personengruppen schon allein deshalb weit überproportional vertreten, weil sie als Honoratioren bekannt waren und als befähigt galten, sodass auch Angehörige unterer Schichten sie wählten. Die Kehrseite war, dass diese Volksvertreter mit den elementaren Sorgen der kleinen Handwerker und der Arbeiter nicht unmittelbar vertraut waren. Zudem fürchteten die Liberalen eine soziale, demokratische Revolution, die auch die wirtschaftliche Stellung der Bourgeoisie bedrohen würde. 17 000 Petitionen an die Nationalversammlung und der Septemberaufstand von 1848 zeigten, dass diejenigen, die nicht repräsentiert waren, sich durchaus Gehör verschaffen wollten.

3. a) *Der Erläuterung der Aussage sollte unbedingt eine genaue Beschreibung der Bildelemente vorausgehen. Zudem ist die Bildunterschrift zum Verständnis der Karikatur unerlässlich. (AFB I und II)*

Die in der englischen Satirezeitschrift „Punch" erschienene Karikatur von John Tenniel mit dem Titel „A Wise Warning" zeigt **Bismarck** im antikisierten Gewand, durch die Pickelhaube als Preuße erkennbar. Er wendet sich beschwörend einem offensichtlich wesentlich jüngeren Mann zu, der durch Uniform und Krone als **Wilhelm II.** erkennbar ist. In affektiert-tänzerischer Haltung reckt Wilhelm II. ein Flügelpaar in die Luft, offenbar in der Absicht, unmittelbar zum Flug abzusetzen. Die Szenerie spielt sich auf einem Felsen vor einem Abgrund ab. Die Sonne im Hintergrund, die die Inschrift „Caesarism", also kaiserliche Alleinherrschaft, trägt, ist halb von Wolken verdeckt, sodass sie ihre volle Kraft noch nicht entfalten kann.
Setzt man die Szene in **Bezug zum antiken Mythos von Dädalus und Ikarus**, so stellt Bismarck den vielseitigen Bildhauer, Architekt und Künstler Dädalus dar. Dieser hat durch die kunstvolle Herstellung zweier Flügelpaare die Flucht von Vater und Sohn aus

der Gefangenschaft beim kretischen König Minos ermöglicht. Da sich sein Sohn Dädalus aber nicht an den väterlichen Ratschlag, der Sonne fernzubleiben, hielt, stürzte dieser ab. Er kam den warmen Sonnenstrahlen zu nahe, worauf das Wachs seiner Flügel zu schmelzen begann.
Das Datum 1888 verweist auf das „**Dreikaiserjahr**", in dem nacheinander Wilhelm I., sein schwerkranker Sohn Friedrich III. (99 Tage) und schließlich dessen Sohn Wilhelm II. regierten. Aufgrund unüberbrückbarer Differenzen zwischen dem jungen Kaiser Wilhelm II. und dem Reichskanzler schied Bismarck 1890 aus dem Amt und machte seinem Nachfolger Caprivi („**Neuer Kurs**") Platz.

Übertragen auf die Bedeutungsebene heißt das, dass der junge Kaiser Wilhelm II. die Warnung des erfahrenen Bismarck, sich als Alleinherrscher zu gebärden, wohl in den Wind schlagen und vorhersehbar an seinem übersteigerten Selbstbewusstsein und seiner Selbstherrlichkeit scheitern wird. Der Kaiser scheint nicht bereit zu sein, sich beraten zu lassen. Damit ist die Intention des Karikaturisten klar: Er warnt vor einer **unkalkulierbaren Gefahr**, die von einem **persönlichen Regiment Wilhelms II.** in Deutschland ausgehen könnte. Die Folge wäre, so Tenniel, ein durch die unbeschränkte und despotische Machtausübung verursachter Absturz.

3. b) *Der Operator „überprüfen" verlangt von Ihnen die kritische Auseinandersetzung mit der Warnung bzw. Prognose des Karikaturisten (AFB III). „Knapp" heißt, dass kein Anspruch auf Vollständigkeit erhoben wird. Sie sollen also die wichtigsten Tatsachen nennen und bewerten, die für oder gegen die intendierte Aussage der Karikatur sprechen.*

Zunächst spricht gegen die Aussage der Karikatur, dass eine Alleinherrschaft am Ende des 19. Jahrhunderts in einem hoch entwickelten Land wie Deutschland nicht mehr denkbar war. Zu komplex waren die gesellschaftlichen und ökonomischen Verhältnisse im „organisierten Kapitalismus", als dass einer allein, und sei es der Kaiser mit seiner ganzen in der Verfassung verankerten Machtfülle, hätte regieren können. Die Interessenvertretungen der Agrarier, der Nationalen, der Industrie und der Arbeiterschaft waren Machtfaktoren, die jede Regierung ins Kalkül nehmen musste. Hinzu kam, dass die jeweiligen Reichskanzler durchaus eigene politische Vorstellungen hatten, für die sie wiederum im Reichstag Mehrheiten suchen mussten. Allein das kontinuierliche Anwachsen der Sozialdemokratie erforderte eine permanente Reaktion, sei es nun eine Fortsetzung oder eine Liberalisierung der Sozialistengesetze und der Sozialgesetzgebung, welche beide unter Bismarck begonnen wurden.
Wesentliche politische Maßnahmen, die sich im Laufe der Zeit oder im heutigen Rückblick als Fehler darstellten, können mit den Reichskanzlern der Regentschaft Wilhelms II. in Verbindung gebracht werden: Caprivi verzichtete 1890 auf die Erneuerung des Rückversicherungsvertrages mit Russland; von Bülow forcierte die Flottenrüstung und prägte den Slogan vom „Platz an der Sonne", den Deutschland durch eine verstärkt imperialistische Politik einnehmen sollte; Bethmann Hollweg stellte den „Blankoscheck" aus, der Österreich-Ungarn in der Julikrise 1914 zum Krieg ermunterte. Auch der „Panthersprung nach Agadir" in der zweiten Marokkokrise und das expansionistische „Septemberprogramm" von 1914, das die Kriegsziele der Reichsleitung zu Beginn des Ersten Weltkrieges beinhaltete, gehen auf sein Konto.
Dieser außenpolitische Kurs sowie **zahlreiche ungeschickte Äußerungen und Maßnahmen**, die letztlich auf Merkmale seiner Persönlichkeit zurückzuführen sind, haben wesentlich dazu beigetragen, dass **Wilhelm II. als „Störenfried" und despotischer Herrscher im europäischen Mächtegleichgewicht wahrgenommen** wurde. Bei vielen Anlässen hielt er Reden, gab Interviews und nahm Stellung in einer Art und Weise, die internationales Aufsehen erregte und die Angst schürte, Deutschland könne als unberechenbarer und aggressiver Faktor das **europäische Gleichgewicht zerstören** und sei von **germanischem Chauvinismus**, **Militarismus** und **Weltherrschaftsansprüchen**

geprägt. Beispiele hierfür sind: die „Hunnenrede“ anlässlich des Auslaufens eines deutschen Expeditionskorps nach China zur Niederschlagung des Boxeraufstands 1900; die „Daily-Telegraph-Affäre“, bei der Wilhelm II. 1908 durch ein unbedachtes Interview die englische Öffentlichkeit gegen sich aufbrachte; die „Zabern-Affäre“ 1913, die zeigte, dass das Militär als Staat im Staat vor Strafverfolgung geschützt wurde usw. In der Julikrise 1914 wies Wilhelm II. einen letzten englischen Vermittlungsversuch barsch zurück und stärkte den harten Kurs Österreichs gegen Serbien. Im Weltkrieg selbst zog er sich immer mehr auf rein repräsentative Aufgaben zurück und überließ das Tagesgeschäft zunehmend der Obersten Heeresleitung, die sich unter Hindenburg und Ludendorff zu einer Quasi-Regierung verselbstständigte. Sein „**Absturz**“, wie ihn der Karikaturist vorhersah, erfolgte schließlich mit seiner **Abdankung** 1918 nach dem verlorenen Ersten Weltkrieg.
Die Determinanten seines Verhaltens waren Selbstüberschätzung, Sprunghaftigkeit und Lernunfähigkeit bzw. Beratungsresistenz. Wilhelm II. umgab sich mit einer opportunistischen Clique zweifelhafter Berater, der „Hofkamarilla“, die maßgebend die Berufungen in hohe Staatsämter mitbestimmte. Mit derartigen Persönlichkeitsmerkmalen war er denkbar ungeeignet, eine mäßigende und weitblickende politische Rolle zu spielen. Er blieb im Grunde immer das trotzige „Kind“ als das ihn der Karikaturist darstellte.

Nicht zuletzt ist auch das Bismarck-Bild des Karikaturisten zu überprüfen. Am Ende seiner Kanzlerschaft sprachen zeitgenössische liberale Kritiker von einer „**Kanzlerdiktatur**“. **Bismarck** stand in der Innenpolitik einer Aussöhnung mit Liberalen und Sozialdemokraten im Wege und die außenpolitische Zurückhaltung in der Kolonialfrage wurde schon zu seiner Zeit und nicht erst unter seinen Nachfolgern aufgegeben. Viele in Deutschland, wie beispielsweise der Liberale Friedrich Naumann, setzten große Hoffnung auf ein „soziales Kaisertum“ Wilhelms II.

4. *Der Operator „herausarbeiten“ verlangt eine selbstständige, gegliederte Textwiedergabe, die die Kernaussagen des Textes enthält; eine reine Textparaphrase wird dem Operator nicht gerecht. (AFB I)*

Hans-Ulrich Wehler befasst sich in dem vorliegenden Text (M 3) mit der von ihm konstatierten deutschen „**Untertanenmentalität**“ (Z. 4). Diese sei das **psychische Gegenstück zum Obrigkeitsstaat** und zeichne sich durch Passivität, Stillschweigen sowie Unterwürfigkeit gegenüber der Staatsgewalt und Angehörigen des Militärs aus (vgl. Z. 8 ff.). Er differenziert die Untertanenmentalität im weiteren Text, indem er diese vornehmlich in **ostelbischen Regionen** (vgl. Z. 13), also in Gegenden, die von Großlandwirtschaft und Grundherrschaft geprägt waren, ansiedelt (vgl. Z. 14). Im „freieren Rheinland oder Südwesten“ (Z. 14) sei diese Mentalität nicht selten sogar verachtet worden.
Als erste wesentliche **Ursache** für das obrigkeitshörige Verhalten nennt er das **Fehlen einer (gelungenen) Revolution** in Deutschland. Die befreiende Wirkung einer erfolgreichen Emanzipation habe somit gefehlt, womit die fortdauernden patrimonialen Herrschaftsverhältnisse zu erklären seien (vgl. 19 ff.). Bezug nehmend auf Weber macht Wehler zudem den Protestantismus lutherischer Prägung als freiheitsfeindliche Kraft aus (vgl. Z. 23 ff.).
Rationalistische Theologie und politischer Liberalismus seien zwar ebenso wie die Sozialdemokratie und die Gewerkschaften **emanzipatorische Gegenbewegungen** gewesen (vgl. Z. 28 ff.). Deren Erfolg sei jedoch durch zwei Entwicklungen eingeschränkt worden: zum einen durch die „fatale[…] konservative[…] ‚Neugründung‘ seit 1878“ (Z. 31), womit das Ende der Zusammenarbeit mit den Liberalen gemeint ist. Stattdessen habe sich Bismarck auf eine neue konservative Mehrheit im Reichstag gestützt, sodass das „ganze bleierne Schwergewicht der Tradition“ (Z. 33 f.) weiter Geltung hatte. Zum anderen durch eine verhaltensprägende Last der preußischen Tradition, die sogar auf ihre Gegner abgefärbt habe. So seien auch die Sozialdemokraten im Inneren ihrer Organisation „prussifiziert“ gewesen (vgl. Z. 37 ff.).

5. *Der Operator „erläutern" gibt Ihnen die Möglichkeit, anhand selbstgewählter Beispiele den Begriff „Obrigkeitsstaat" zu erklären. Sie sollen bei Ihrer Betrachtung sowohl die Reichsverfassung von 1871 als auch die Verfassungswirklichkeit des Kaiserreiches berücksichtigen. (AFB II)*

Bezogen auf die **Verfassung** zeigt sich der Charakter des „Obrigkeitsstaates" des Kaiserreiches vor allem in folgenden Punkten: Die Verfassung von 1871 enthielt **keinen Grundrechtekatalog**, wie ihn etwa die Paulskirchenverfassung kannte. Zumindest auf Reichsebene war der freie Bürger, dessen Rechte in Abgrenzung vom Staat und gegen den Staat definiert sind, also nicht vorgesehen.
Das Deutsche Reich war ein **Bundesstaat**. Die **Staatsgewalt** lag nicht bei einer „Nation" oder beim Volk, sondern **bei den deutschen Fürsten**. Wesentliches Kennzeichen der Verfassung war darüber hinaus das Übergewicht des „**monarchischen Prinzips**". Der Kaiser verfügte über das Heer und die Außenpolitik und besaß mit dem Auflösungsrecht gegenüber dem Reichstag gemäß Artikel 24 der Reichsverfassung ein starkes disziplinarisches Mittel gegen die einzige vollständig demokratisch legitimierte Institution. Das Parlament hatte dagegen nicht die Möglichkeit, die Regierung zu kontrollieren, z. B. durch ein Misstrauensvotum. Es gab eine **übermächtige Exekutive**, die preußische und deutsche Ämter in Personalunion von preußischem König und deutschem Kaiser bzw. von preußischem Ministerpräsidenten und Reichskanzler verband. Ob im Einzelfall der Kanzler – wie bei Bismarck – oder der Kaiser dominierte, spielte in diesem Zusammenhang keine Rolle: Die Exekutive war immer mächtiger als die Legislative. Hinzu kommt, dass der **Bundesrat**, bestehend aus **Vertretern der 25 Bundesstaaten**, preußisch dominiert war und dass eben dieses vorherrschende Land das undemokratischste in Deutschland war, da es am Dreiklassenwahlrecht festhielt.

Die **Verfassungswirklichkeit** verstärkte den Eindruck des Obrigkeitsstaates zusätzlich. Durch eine geschickt manipulierte (bzw. nicht an die Bevölkerungsentwicklung angepasste) Wahlkreiseinteilung waren die ländlichen Kreise mit ihren Stimmenmehrheiten für die staatstragenden konservativen bzw. nationalliberalen Parteien deutlich überrepräsentiert, während die systemkritischen Sozialdemokraten benachteiligt wurden.
Der Geist des **Militarismus** wurde in der Praxis zum beherrschenden Element einer ganzen Gesellschaft: Wert- und Ehrvorstellungen des Militärs (z. B. Disziplin, Gehorsam, Hierarchie und Unterordnung), Kriegerdenkmäler, Sedantag, Militärvereine, Uniformen usw. prägten die Öffentlichkeit; der Reserveoffizier war das gesellschaftliche Leitbild einer ganzen Epoche. Drei Viertel des Reichshaushaltes wurden für militärische Zwecke ausgegeben. Das Militär bzw. der Militarismus war sozusagen die **Schule der Nation** und funktionierte nach dem Prinzip von Befehl und Gehorsam bzw. von Über- und Unterordnung.
Staatliche Eingriffe in die Pressefreiheit waren an der Tagesordnung, jeder kritische Journalist, Schriftsteller oder Karikaturist musste mit Anzeigen wegen „Majestätsbeleidigung", „Ehrverletzung" und dergleichen rechnen.
Die bewusste **innenpolitische Differenzierung** nach dem Freund-Feind-Schema führte bei den „**Reichsfreunden**" zu einer freiwilligen Identifizierung mit der Obrigkeit, bei den „**Reichsfeinden**" aber zu Ausgrenzung und Abwendung von einem als feindlich empfundenen Staat. Dies betraf die nationalen Minderheiten der Polen, Elsässer, Lothringer und Dänen genauso wie die offiziell emanzipierten Juden, die gesellschaftlich nach wie vor ausgegrenzt wurden, von staatlicher Seite aber erst durch die „Judenzählung" im Militär (1916). Gegenüber den Katholiken mischte sich der Obrigkeitsstaat im „**Kulturkampf**" 1871 mit dem sogenannten **Kanzelparagraphen** in die Freiheit der Predigt ein und versuchte so, kritische politische Äußerungen der Geistlichkeit, der mangelnde Loyalität zum Staat vorgeworfen wurde, zu unterbinden. Auch das **Sozialistengesetz**, das von 1878 bis 1890 Gültigkeit hatte, stellte eine große Bevölkerungsgruppe kollektiv unter Verdacht und erlaubte umfassende staatliche Überwachung, Bespitzelung und Verbote gegen sozialdemokratische Vereine und Aktivitäten, ohne die Partei als solche zu verbieten.

Selbst dort, wo die Staatsgewalt des Kaiserreiches fortschrittliche Ziele vertrat, wie bei der Einführung der Zivilehe, der Sozialversicherung und des Bürgerlichen Gesetzbuches, geschah dies von oben herab, möglichst unter Ausschluss der Beteiligten und teilweise sogar gegen deren Willen.
Es liegt auf der Hand, dass sich daraus ein Verhältnis von Obrigkeit und Untertan, ein **patriarchalisches Bild vom „Vater Staat"** prägte, das womöglich bis heute nachwirkt. Die Vorstellung, dass letztlich der Staat für das Befinden des Einzelnen zuständig sei, prägte das Bewusstsein der Bürger in Deutschland stärker als beispielsweise das der Bevölkerung der angelsächsischen Länder.

M 1: George F. Kennan (1944–46 US-Botschaftsrat in Moskau, Chef des außenpolitischen Planungsausschusses unter Präsident Truman): Unseren Teil von Deutschland sichern (Sommer 1945)

Die Idee, Deutschland gemeinsam mit den Russen regieren zu wollen, ist ein Wahn. Ein ebensolcher Wahn ist es, zu glauben, die Russen und wir könnten uns eines schönen Tages höflich zurückziehen, und aus dem Vakuum werde ein gesundes und friedliches, stabiles und freundliches Deutschland steigen. Wir haben keine andere Wahl, als unseren Teil von Deutschland, den Teil, für den wir und die Briten die Verantwortung übernommen haben, zu einer Form von Unabhängigkeit zu führen, die so befriedigend, so gesichert, so überlegen ist, dass der Osten sie nicht gefährden kann.

Das ist eine gewaltige Aufgabe für die Amerikaner. Aber sie lässt sich nicht umgehen; und hierüber, nicht über undurchführbare Pläne für eine gemeinsame Militärregierung, sollten wir uns Gedanken machen.

Zugegeben, dass das Zerstückelung bedeutet. Aber die Zerstückelung ist bereits Tatsache, wegen der Oder-Neiße-Linie. Ob das Stück Sowjetzone wieder mit Deutschland verbunden wird oder nicht, ist jetzt nicht wichtig. Besser ein zerstückeltes Deutschland, von dem wenigstens der westliche Teil als Prellbock für die Kräfte des Totalitarismus wirkt, als ein geeintes Deutschland, das diese Kräfte wieder bis an die Nordsee vorlässt […].

Wenn wir auch unsere bereits übernommenen Verpflichtungen bei der Kontrollkommission loyal erfüllen sollten, so dürfen wir uns doch über die Möglichkeiten einer Dreimächtekontrolle keine Illusionen machen […].

Im Grunde sind wir in Deutschland Konkurrenten der Russen. Wo es in unserer Zone um wirklich wichtige Dinge geht, sollten wir in der Kontrollkommission keinerlei Zugeständnisse machen.

[Rückblickend äußert der Verfasser an gleicher Stelle:]

Es versteht sich […], dass ich die Arbeit der Konferenz von Potsdam mit Skepsis und Entsetzen verfolgte. Ich kann mich an kein Dokument erinnern, das mich je so deprimiert hätte wie das von Truman unterzeichnete Kommuniqué am Ende dieser wirren und verwirrenden Verhandlungen. Nicht nur, weil ich wusste, dass die Idee einer gemeinsamen Vier-Mächte-Kontrolle, die man jetzt zur Grundlage für die Regierung Deutschlands gemacht hatte, abwegig und undurchführbar sei. Auch die unpräzise Ausdrucksweise, die Verwendung so dehnbarer Begriffe wie „demokratisch", „friedlich", „gerecht" in einem Abkommen mit den Russen lief allem zuwider, was siebzehn Jahre Russlanderfahrung mich […] gelehrt hatten.

(aus: Kennan, George F.: Memoiren eines Diplomaten, Stuttgart 1968, S. 262 ff.)

M 2: Oppositionsführer Rainer Barzel[1] (CDU) im Deutschen Bundestag zur bevorstehenden Verabschiedung des Grundlagenvertrages mit der DDR (15. 12. 1972)

[…] Ich muß ein Wort zu der Ankündigung des Herrn Bundeskanzlers sagen, am 21. Dezember, also in der kommenden Woche, den *Grundvertrag* unterschreiben zu lassen, also eine Unterschrift zu leisten, obwohl der *Schießbefehl* andauert, obwohl sich die DDR an den *Verkehrsvertrag*, dem wir zugestimmt hatten, nicht hält. Trotz dieser Erfahrung wollen Sie einen so weitgehenden Vertrag ohne verbindlich gesicherte, ausreichende menschliche Erleichterungen unterschreiben. Dies bleibt festzuhalten: Dieser Vertrag – schlecht und eilig ausgehandelt, ohne angemessene Leistung und Gegenleistung – soll, so wird gesagt, dem Frieden dienen. Frieden aber [...] ist doch nach einem berühmten Wort des Präsidenten Kennedy eine Sache der *Menschenrechte*. Ebenso sieht es doch die Satzung der Vereinten Nationen, auf die dieser schlechte Vertrag vielfach Bezug nimmt. Über dieses Problem wird später im einzelnen zu sprechen sein wie über Ihre neue *Formel von den zwei deutschen Staaten*. Es hieß vor kurzem noch: zwei Staaten in Deutschland. Wieder ein anderer Anfang, wieder genau wie 1969. Darüber wird im einzelnen zu sprechen sein.

Was wir Ihnen vorwerfen, Herr Bundeskanzler, ist dies: Mit der Unterschrift unter den Grundvertrag bereiten Sie der DDR den *Weg in die UNO*, ohne daß diese auch nur die mindesten Zusicherungen gemacht hätte – ganz zu schweigen von Verbindlichkeiten –, den Bürgern der DDR die in der UNO-Charta beschworenen Menschenrechte zu gewährleisten. Diesen Vorwurf müssen wir Ihnen heute und rechtzeitig machen. [...]

Demokraten, wenn sie wie dieses ganze Haus zum Frieden entschlossen sind, müssen oft und manchmal für lange Zeit Unrecht hinnehmen. Aber Demokraten sollten dies nie bestätigen. Sonst verwischen sie die Grundlage der Grundsätze, auf denen sie selbst stehen. Der geistige Kampf um das ganze Deutschland hört doch mit diesem Vertrag nicht auf, der politische auch nicht. Wer soll den geistigen und politischen gewinnen, wenn in diesen Grundansätzen und Grundlagen Verwischung statt Klarheit eintritt?

1 Rainer Barzel: 1964 –1973 Vorsitzender der CDU/CSU-Bundestagsfraktion, 1971–1973 Bundesvorsitzender der CDU

(aus: Wilharm, Irmgard (Hrsg.): Deutsche Geschichte 1962–1983. Dokumente in zwei Bänden. Bd. 2. Frankfurt/Main: Fischer Taschenbuch Verlag 1985, S.68ff.)

M 3: Karikatur von Walter Hanel, September 1989

Walter Hanel/ CCC, www.c5.net

Aufgaben:

1. Erläutern Sie Kennans Haltung zur Besatzungspolitik der drei bzw. vier Mächte (M 1). 8 VP

2. Stellen Sie dar, wie es von der gemeinsamen Besatzungspolitik zur deutschen Teilung gekommen ist. 12 VP

3. Arbeiten Sie aus M 2 die Kritikpunkte des Oppositionsführers Barzel am Grundlagenvertrag mit der DDR heraus. 6 VP

4. Erläutern Sie bezugnehmend auf M 2 die Problematik des Grundlagenvertrages mit der DDR und stellen Sie diesen in den Zusammenhang der Neuen Ostpolitik. 12 VP

5. Beschreiben Sie die Karikatur M 3 und erläutern Sie ihre Aussage im historischen Zusammenhang des Jahres 1989. 10 VP

6. Erörtern Sie den nach 1989 von konservativer Seite erhobenen Vorwurf gegen Egon Bahr, die Neue Ostpolitik habe die Existenz der DDR unnötig verlängert. 12 VP

60 VP

Lösungsvorschlag

1. *Der Operator „erläutern" verlangt hier ausgehend von M 1 eine Beschreibung der Haltung Kennans zur Besatzungspolitik, die Sie mit weiteren Beispielen oder Belegen veranschaulichen sollen. (AFB II)*

George F. Kennan, der Vater der sogenannten **Containment-Politik** zur Eindämmung des sowjetischen Einflusses (vgl. auch **Truman-Doktrin**), hält die Idee, „Deutschland gemeinsam mit den Russen regieren zu wollen" (Z. 1), für einen „Wahn" (Z. 1). Er sieht die Amerikaner (und die Briten) in einer Konkurrenz zur Sowjetunion, die er mit den „Kräfte[n] des Totalitarismus" (Z. 14 f.) identifiziert. Zu einer Zeit, als die offizielle Politik der Alliierten noch auf eine gemeinsame Verantwortung für das besetzte Deutschland als Ganzes abzielt, gibt er zu erkennen, wohin die zukünftige Deutschlandpolitik zu gehen habe: Deutschland solle zu einem „Prellbock" (Z. 14) gegen den Osten ausgebaut werden, die Deutsche Teilung („Zerstückelung", Z. 11) werde dabei in Kauf genommen. Kennan hält aus seiner Moskauer Erfahrung mit der sowjetischen Politik die Vorstellung für naiv, man könne sich darauf verlassen, dass die Russen mit Begriffen wie „demokratisch", „friedlich" oder „gerecht" (Z. 30 f.) dasselbe meinten wie der Westen.

Kennan bezieht sich dabei auf das **stalinistische System**, das sich zwar grundsätzlich als Demokratie, sogar als die einzig wahre Demokratie („Volksdemokratie"), verstehe, aber vor dem Hintergrund eines marxistischen Gesellschaftsverständnisses die gesellschaftlichen Widersprüche für überwunden ausgebe. Deshalb sei es in diesem Modell scheinbar logisch, auf Mehrparteiensystem, Opposition und Pluralismus zu verzichten, da es keine gesellschaftlichen Interessendifferenzen mehr gebe, die auf der politischen Ebene zu repräsentieren wären.

Mit seiner Vorstellung, im westlichen Teil Deutschlands, also zunächst in der amerikanischen und der britischen Zone – die französische kommt erst noch dazu –, Verhältnisse zu schaffen, die „so befriedigend, so gesichert, so überlegen" (Z. 6 f.) seien, dass der Osten sie nicht gefährden könne, nimmt er die spätere Politik vorweg. Tatsächlich waren die Umorientierung der westlichen Besatzungspolitik und die Errichtung des westlichen Teilstaates Bundesrepublik Deutschland eine Folge der neuen „Erkenntnis" Kennans und seiner

Denkschule. Neben seiner Kenntnis der sowjetischen Gepflogenheiten aus der diplomatischen Tätigkeit konnte er sich auf die tatsächlichen Ereignisse in Ost-, Südost- und Mitteleuropa stützen. So äußerte Churchill bereits am 12. Mai 1945 gegenüber Truman, dass Europa durch einen „**eisernen Vorhang**" getrennt werde, hinter dem die Sowjetunion ihre eigene Politik mache.

2. *Der Operator „darstellen" verlangt die Beschreibung des Wegs von der Besatzungspolitik zur deutschen Teilung. Dabei sollen nicht nur die Fakten und Ereignisse aufgezählt, sondern auch die Zusammenhänge berücksichtigt und verdeutlicht werden. (AFB II)*

Die von Kennan erwähnte **Potsdamer Konferenz** war die letzte der großen Kriegskonferenzen, in denen die Behandlung Deutschlands nach dem Sieg der Alliierten geregelt werden sollte. 1943 in Teheran war noch von einer „Zerstückelung" Deutschlands in fünf selbstständige Staaten die Rede. Im selben Jahr wurden auf der **Moskauer Konferenz** konkrete Pläne für drei Besatzungszonen gemacht, wobei die Sowjetunion die „Ostzone" übernehmen sollte. Das Protokoll definiert, was unter Deutschland verstanden werden sollte: „Deutschland [...] innerhalb seiner Grenzen, wie sie am 31. Dezember 1937 bestanden". Damit war klar, dass der Anschluss Österreichs und des Sudetenlandes sowie des Memellandes rückgängig gemacht werden sollten. Im Februar 1945 fand die Konferenz von Jalta statt, anlässlich derer die Ergebnisse der vorigen Konferenz bekräftigt sowie die vollständige Demilitarisierung und Entnazifizierung Deutschlands angestrebt wurden. Frankreich sollte eine eigene Besatzungszone erhalten.
Während der Potsdamer Konferenz im Juli/August 1945 kam es zu den Bombenabwürfen auf Hiroshima und Nagasaki, der Krieg in Asien war noch nicht beendet. Bereits im Vorfeld hatte die Sowjetunion ihre Position in der Frage der Teilung Deutschlands geändert. Stalin verzichtete darauf, „Deutschland zu zerstückeln oder zu vernichten". Auf amerikanischer Seite hatte es einen Wechsel vom verstorbenen Präsidenten Roosevelt zu seinem Nachfolger Truman gegeben. Während Roosevelt im Interesse einer Zusammenarbeit mit der Sowjetunion zu größeren Zugeständnissen bereit war, traten nun die Interessenunterschiede zwischen West und Ost, die Risse in der „**unnatürlichen Allianz**", deutlicher zutage. Der amerikanische Außenminister notierte, das Ergebnis des Krieges werde „lediglich die Übertragung von totalitärer Diktatur und Macht von Deutschland und Japan auf Sowjetrussland sein".
Teilnehmer der Konferenz von Potsdam waren die „großen Drei", die Regierungschefs Truman, Churchill (durch Attlee abgelöst) und Stalin. Die Franzosen als „Sieger zweiter Klasse" saßen nicht am Tisch, bekamen aber auf Kosten der Amerikaner und Briten eine Zone zugesprochen. Der völkerrechtliche Status des Potsdamer Abkommens (oder auch: „Protokolls") war umstritten. Die östliche Lesart besagte, dass es sich um einen völkerrechtlichen Vertrag handle. Die westliche bestritt dies mit dem Hinweis, dass es erstens eine Abmachung ohne Beteiligung der betroffenen Deutschen und zweitens ohne Ratifizierung durch die Parlamente der Siegermächte sei.
Die Ergebnisse der von Kennan so gescholtenen Konferenz in Bezug auf den Umgang mit Deutschland lassen sich unter den **vier Ds** zusammenfassen: **Denazifizierung**, **Demilitarisierung**, **Demokratisierung** und **Dezentralisierung**.

Diese Grundsätze wurden in den Besatzungszonen höchst unterschiedlich und nicht immer konsequent verfolgt. So wurden in den westlichen Zonen beispielsweise nur einige Großkonzerne entflochten, und der Wiederaufbau des Staatswesens begann bei den Kommunen und den Ländern. In der Ostzone hingegen wurden die Großbetriebe enteignet, und bereits im Juni 1945 wurden wieder überregionale Parteien zugelassen.
Jede der vier Besatzungszonen wurde von einem Befehlshaber der jeweiligen Besatzungsmacht regiert, wobei ein **Alliierter Kontrollrat** die Einheitlichkeit der Besatzungspolitik herstellen und das in vier Sektoren geteilte Berlin regieren sollte. Stalin hatte die deutschen Gebiete östlich von Oder und Neiße eigenmächtig verteilt: Das Königsberger Gebiet ging

an die Sowjetunion, der Rest wurde unter polnische Verwaltung gestellt. Es fand also eine **Westverschiebung Polens** statt, das Gebiete östlich der Curzon-Linie an Russland abtreten musste und dafür auf Kosten Deutschlands entschädigt wurde. Wider besseres Wissen wurde behauptet, in diesem Gebiet gebe es keine deutsche Bevölkerung mehr, da diese geflohen sei.

Die Frage der **Reparationen** spaltete die Alliierten: Die Sowjetunion forderte die Hälfte der Gesamtsumme von 20 Mrd. Dollar, zudem sollten Reparationsforderungen durch Entnahmen aus der laufenden Produktion bedient werden. Dem stand die Befürchtung der Westalliierten gegenüber, die notwendigen Importe in ihre Zonen nicht mehr bezahlen zu können und eine hungernde deutsche Bevölkerung ernähren zu müssen.

Der Kompromiss trug maßgeblich zur späteren Teilung bei: Die Sowjetunion bekam ihre Gebietsforderungen unter dem Vorbehalt einer späteren friedensvertraglichen Regelung zugestanden. Dafür wurde ihr der direkte Zugriff auf die Produktion der Westzonen versperrt. Im Ergebnis bedeutete das, dass die Ostzone ein Vielfaches von den Reparationen und Demontagen ertragen musste, die den Westzonen entnommen wurden. Auf beiden Seiten begann man, sich mit dem Gedanken an eine deutsche Teilung abzufinden:

- Im Osten fand bereits im Herbst 1945 eine **Bodenreform** statt. Die großen landwirtschaftlichen Einheiten wurden zerschlagen und in kaum existenzsichernde Stücke von durchschnittlich 5 Hektar an Kleinbauern verteilt. Damit wurde einerseits eine ganze gesellschaftliche Elite („Junker") entmachtet, andererseits die Voraussetzung zur späteren (1952) Kollektivierung nach sowjetischem Muster geschaffen. Die **Schwer- und Schlüsselindustrien wurden verstaatlicht**. Die sowjetische Militäradministration förderte mit Nachdruck den **Zusammenschluss der SPD mit der KPD zur SED**. Die Volkskongress-Bewegung der SED bereitete schließlich die Staatsgründung der DDR unter Führung der SED vor, obwohl sie als „gesamtdeutsches Angebot" immer auch die Westparteien einlud, die aber dem Demokratieverständnis der Kommunisten nichts abgewinnen konnten. Vermutlich hatte sich die Sowjetunion bereits 1946 von der Vorstellung einer gesamtdeutschen Lösung verabschiedet und wollte nun ihre Zone nach ihrem Gesellschaftsmodell umgestalten. Die Verantwortung für die Teilung sollte der Westen übernehmen.
- Die Besatzungspolitik im Westen erfuhr 1946 durch eine **Rede von Außenminister Byrnes in Stuttgart** eine entscheidende Wende. Er stellte den Deutschen die Rückgabe von Kompetenzen an Länderregierungen und die wirtschaftliche Einheit, gegebenenfalls auch ohne Beteiligung der Sowjetzone, in Aussicht. 1947 wurden dann tatsächlich zunächst die britische und amerikanische Zone zur **Bizone** zusammengeschlossen. Später kam die französische Zone dazu. Im selben Jahr setzte sich in der amerikanischen Außenpolitik die Linie Kennans durch („Riga-Schule" gegen „Jalta"-Schule), die unter Verzicht auf die deutsche Einheit (vgl. M 2) eine härtere Linie gegenüber der Sowjetunion und deren Eindämmung forderte. Truman übernahm diese Vorstellungen in seiner „Truman-Doktrin". Mit dem **Frankfurter Wirtschaftsrat** wurde eine Institution geschaffen, die geeignet war, die Westzonen zu verwalten. 1948 wurde durch die **Währungsreform** die wirtschaftliche Spaltung Deutschlands in zwei Teile besiegelt.
  Schon 1947 hatte die **Londoner Sechs-Mächtekonferenz** (Westalliierte und Benelux-Länder) die Ministerpräsidenten der Länder zur Bildung einer verfassunggebenden Versammlung und zur Ausarbeitung einer westdeutsch-föderalistischen Teilverfassung autorisiert. Mit der Annahme dieser Verfassung durch die Länderparlamente entstand 1949 die **Bundesrepublik**.
  Auch auf westlicher Seite ging es weniger darum, die Teilung zu verhindern, als vielmehr darum, die Schuld daran der Obstruktionspolitik des Ostens zu geben und die Vorläufigkeit des westdeutschen Separatstaates zu betonen. Daher hieß das Grundgesetz nicht Verfassung und die verfassunggebende Versammlung nur parlamentarischer Rat. Die östliche Seite zog noch im selben Jahr (1949) nach und gründete die **DDR**.

Insgesamt bestätigt der Prozess der deutschen Teilung die von Stalin bereits 1945 gegenüber einem jugoslawischen Gesprächspartner geäußerte Ansicht: „Dieser Krieg ist nicht wie in der Vergangenheit; wer immer ein Gebiet besetzt, erlegt ihm auch sein eigenes gesellschaftliches System auf."

3. *Der Operator „herausarbeiten" gehört in den Bereich der „Reproduktionsleistungen" (AFB I). Er verlangt keine reine Textparaphrase, sondern eine Wiedergabe der Inhalte unter bestimmten Gesichtspunkten. Bei dieser Aufgabe sollen Sie die Kritikpunkte Barzels am Grundlagenvertrag zusammentragen.*

Rainer Barzel stellt in dieser Rede (M 2) Ende des Jahres 1972, das von harten Auseinandersetzungen um die **Ostpolitik der sozialliberalen Koalition** geprägt war, noch einmal klar, warum seine Fraktion die bevorstehende **Verabschiedung des Grundlagenvertrages** mit der DDR ablehnt. Barzel selbst war am 27. April 1972 mit dem Versuch eines Misstrauensvotums gegen die Regierung Brandt gescheitert, und seine Partei hatte bei der darauf folgenden Bundestagswahl, die von der SPD zum Plebiszit über die Ostverträge gemacht wurde, am 19. November 1972 eine historische Niederlage erlitten.
Seine Kritik setzt zunächst am seiner Meinung nach falschen Verhältnis von Leistung und Gegenleistung an. Die Bundesregierung habe den **Grundlagenvertrag schlecht ausgehandelt** und der **DDR damit den Weg in die UNO geebnet**, **ohne** dafür entsprechende **verbindliche Zugeständnisse in Sachen menschlicher Erleichterungen** erreicht zu haben (vgl. Z. 5 ff., 16 ff.). Denn es gelte weiterhin der Schießbefehl an der innerdeutschen Grenze und auch der (erst kurz zuvor in Kraft getretene) Verkehrsvertrag werde von der DDR nicht eingehalten (Z. 4 f.). Letztlich seien die Wertvorstellungen der Regierung falsch: Nicht „Frieden" um jeden Preis sei **das höchste Gut**, sondern die „**Menschenrechte**", zitiert er indirekt den ehemaligen US-Präsidenten Kennedy und die Charta der Vereinten Nationen (vgl. Z. 9 ff.).
Zudem bemerkt er kritisch, dass sich mittlerweile die Sprachregelung der Regierung in Bezug auf Deutschland geändert habe: Man rede jetzt von „**zwei deutschen Staaten**" (Z. 13) **statt wie bisher von „zwei Staaten in Deutschland**" (Z. 14).
Diese Akzeptanz von Unrecht durch die Bundesregierung stelle auch eine schlechte Basis für die Zukunft dar, in der der „geistige Kampf um das ganze Deutschland" (Z. 24) erst noch zu führen sei.

4. *Bei dieser Aufgabe sollen Sie auf die Problematik des Grundlagenvertrages eingehen. Wichtig ist, dass Sie dabei auch zentrale in M 2 genannte Aspekte berücksichtigen und den Grundlagenvertrag in den Zusammenhang der Neuen Ostpolitik stellen. (AFB II)*

Der Grundlagenvertrag zwischen der Bundesrepublik Deutschland und der DDR war äußerst umstritten, weil er einen Bruch mit den bisherigen Gepflogenheiten westdeutscher Ostpolitik darstellte. Die **Regierungen Erhard und Kiesinger** hatten noch versucht, im Einklang mit der Hallstein-Doktrin den Alleinvertretungsanspruch der Bundesregierung für alle Deutschen zu wahren. Nach der erfolgreichen Einbindung Deutschlands in die westliche Staatengemeinschaft war die Bundesrepublik aber nicht länger bereit, auf eine Ostpolitik zu verzichten. Deshalb versuchte man diese so gut es ging, „um die DDR herum" zu bauen, um die Regierung der DDR nicht anerkennen zu müssen. Allein schon durch die Einrichtung von Handelsvertretungen in den Ostblockstaaten, im Falle Rumäniens sogar durch die Aufnahme voller diplomatischer Beziehungen, wurde die Hallstein-Doktrin aber zunehmend verwässert. Gemäß dieser Doktrin sollten Staaten, die mit der DDR diplomatische Beziehungen hatten, durch die Bundesrepublik gemieden werden.
Durch direkte Gespräche und Verträge mit der DDR-Regierung hatte die **sozialliberale Koalition** sich schließlich über ein Tabu hinweggesetzt und die DDR de facto als Staat anerkannt. Darauf nimmt Barzel Bezug, wenn er sich an der neuen Formel von den „**zwei deutschen Staaten**" stört. Offensichtlich war auch, dass die zweite von Barzel prognosti-

zierte Folge, nämlich die Aufnahme beider deutschen Staaten in die UNO, nach einer Quasi-Anerkennung durch die Bundesrepublik nicht mehr zu vermeiden war.
Verfassungsrechtlich galt es, das Gebot des Grundgesetzes, wonach eine Einheit Deutschlands in Selbstbestimmung anzustreben sei, einzuhalten. Die Regierung behalf sich damit, in **Begleitbriefen zu den Ostverträgen** deren Übereinstimmung mit diesem Verfassungsgebot zu betonen. Außerdem vereinbarten beide Seiten nur die Einrichtung von „**Ständigen Vertretern**“ anstelle von Botschaftern. Das von der Bayerischen Staatsregierung erwirkte Urteil des Bundesverfassungsgerichts vom 31. Juli 1973 zu diesem Thema stellte fest, dass die Verträge zwar im Rahmen der Verfassung zulässig seien, das Wiedervereinigungsgebot der Verfassung aber weiterhin für alle Bundesregierungen gelte.
Barzels Kritik am schlechten Verhältnis von Leistung und Gegenleistung lässt sich darauf zurückführen, dass die „Leistung“ der Bundesrepublik zunächst darin bestand, die DDR international aufzuwerten, während die erwarteten Gegenleistungen in Fragen der Menschenrechte erst im Laufe der Zeit ihre Wirkung entfalten konnten, sofern sie überhaupt gewährt wurden. Im größeren Maßstab galt das für die gesamte Ostpolitik, die vordergründig dem Interesse der Sowjetunion nach Anerkennung des Status quo in Europa, also ihrer Vorherrschaft über den Ostblock, entgegenkam. Zudem war ein Vierteljahrhundert nach dem Zweiten Weltkrieg nicht erkennbar, wie der Einfluss der Sowjetunion ohne Krieg jemals rückgängig zu machen sei, sodass die Vertreter der Neuen Ostpolitik der Meinung waren, nichts gegeben zu haben, was nicht ohnehin schon verloren war.
Die Idee der **Neuen Ostpolitik** wurde 1963 auf einer Akademietagung in Tutzing von **Egon Bahr** (SPD), dem späteren „Architekten der Ostpolitik“, unter dem Stichwort „**Wandel durch Annäherung**“ formuliert. Unterhalb der Schwelle einer völkerrechtlichen Anerkennung sollte ein Geflecht aus Beziehungen mit der DDR geschaffen werden, das diese ohne gravierende Nachteile nicht mehr zerreißen könne. Damit sollte die „**Einheit der Nation**“ **trotz deutscher Zweistaatlichkeit** gewahrt bleiben und gleichzeitig die Deutschlandpolitik in den Rahmen der beginnenden internationalen Entspannungspolitik eingepasst werden. Nach den beiden „Kraftproben ohne Sieger“ um Berlin und Kuba hatten die Supermächte USA und UdSSR erkannt, dass Frieden im Atomzeitalter nur noch als **kollektive Sicherheit** denkbar war und es dazu dringend Vereinbarungen in den Bereichen Kommunikation („Heißer Draht“) und Rüstungskontrolle („Atomwaffensperrvertrag“ u. a.) bedurfte. Die „deutsche Frage“ oder auch die „Querelles Allemandes“, wie die Franzosen sagten, wurde immer mehr zu einem zweitrangigen Störfaktor der Weltpolitik.
Die Logik der Ostverträge, entsprechend der Bahr'schen Strategie, war folgende: Zunächst sollte mit der östlichen Vormacht verhandelt werden, um eine Vorbild- und Bindungswirkung für die übrigen Ostblockstaaten zu erreichen. Außerdem sollten die vier Siegermächte den Status Berlins und den freien Zugang nach Westberlin über die Transitwege sowie die besonderen Bindungen zwischen Westberlin und der Bundesrepublik garantieren, womit eine Verpflichtung für die DDR geschaffen würde. Erst unter diesen Voraussetzungen („doppeltes Junktim“) wäre man bereit, mit der DDR einen Vertrag abzuschließen und damit ihrem Interesse an einer völkerrechtlichen Aufwertung entgegenzukommen.
Die **Verträge von Moskau und Warschau** (beide 1970) sowie der **Grundlagenvertrag** mit der DDR (1972) und der **Prager Vertrag** (1973) weisen alle dasselbe Grundmuster auf: gegenseitiger Gewaltverzicht, Anerkennung des Status quo in Europa, Abkommen zur Zusammenarbeit auf verschiedenen Gebieten und menschliche Erleichterungen, aber **letztlich keine völkerrechtliche Anerkennung der DDR**.
Als Gelenkstelle zwischen diesen bilateralen Verträgen wurde 1971 das **Viermächteabkommen über Berlin** geschlossen, das die besonderen Bindungen der „Frontstadt“ an die Bundesrepublik und freien Transitverkehr nach Berlin garantierte, wobei aber alle Fragen des völkerrechtlichen Status (Viermächteverantwortung für ganz Berlin, also auch für den Osten?) ausgeklammert wurden. Noch im gleichen Jahr wurde das **Transitabkommen** zwischen der Bundesrepublik und der DDR über den Transitverkehr von zivilen Personen und Gütern zwischen der BRD und Westberlin abgeschlossen. 1972 folgte der **Verkehrsvertrag**

zwischen der BRD und der DDR. Die DDR konnte sich dem klaren Auftrag der vier Mächte (also auch der Sowjetunion) nicht entziehen. Erst nachdem die DDR also Zugeständnisse im Hinblick auf Berlin gemacht hatte, konnte es zum Grundlagenvertrag kommen.

5. *In der Beschreibung sollen zunächst die für die Erläuterung der Inhalte wichtigen Bildelemente vorgestellt werden. Eine Vermischung von Beschreibung und Erläuterung ist zulässig. (AFB II)*

Die Karikatur von Walter Hanel vom September 1989 zeigt das **Kürzel „DDR**. Bei genauerer Betrachtung erkennt man, dass die beiden rechten Buchstaben, die sich in einem Prozess der Auflösung befinden, aus den Gestalten bzw. Köpfen von Menschen gebildet sind, was bei isolierter Betrachtung nur des linken Buchstaben nicht deutlich würde. Damit ist die Lesart klar: Von links nach rechts gelesen zeigt die Karikatur den **Auflösungsprozess der DDR**, eines Staates, dem die eigene Bevölkerung zunehmend abhandenkommt. Die sich dem „R" entfernenden Menschen, bepackt mit Koffern, Taschen oder Rucksäcken, scheinen überdies durch Alter und Geschlecht einen Querschnitt der gesamten Bevölkerung darzustellen. Die überwiegend fröhlichen Gesichter deuten darauf hin, dass es sich hierbei nicht um eine tragische Veranstaltung handelt.
Möglicherweise sind die „Push-Faktoren" dieser Migration, also die Abstoßungskräfte der DDR nicht allein ausschlaggebend. Es könnte durchaus sein, dass es auch positive, sogenannte „Pull-Faktoren" gibt, die man in der Anziehungskraft der Bundesrepublik vermuten könnte. Schließlich war jeder DDR-Bürger, der seine Heimat in Richtung Bundesrepublik verließ, wenn er wollte, dort als Bürger willkommen und bekam einen Pass ausgestellt.
Das Jahr 1989, in dem die DDR mit großen Feierlichkeiten ihren 40. Jahrestag feierte, markierte bereits die Endphase eines Niedergangs der DDR, der sich, zunächst nur für wenige erkennbar, schon seit Jahren angebahnt hatte. Nach dem ökonomischen Scheitern des „Konsumsozialismus" Honeckers und dem Verlust der schützenden Hand der sowjetischen Vormacht nach der **Aufgabe der Breschnew-Doktrin** (1988) sah sich die Führung der SED in äußerster Bedrängnis. Ringsum reformierten sich die sozialistischen Regime in der Sowjetunion, Ungarn, Polen, Rumänien und Tschechien, während der Reformbedarf im eigenen Land vom Chefideologen Kurt Hager bestritten wurde. Die Gorbatschow zugeschriebene Mahnung, „wer zu spät kommt, den bestraft das Leben", wurde durch die in der Karikatur dargestellte Massenfluchtbewegung eindrucksvoll bestätigt.
Ein wichtiger Anknüpfungspunkt der Opposition in der DDR waren die **gefälschten Kommunalwahlen** im Mai 1989, bei denen Vertreter der Bürgerrechtsbewegungen als Beobachter grobe Verstöße gegen demokratische Regeln festgestellt hatten. Zwar war mangels Auswahl auf den Wahlzetteln sowieso keine wirklich demokratische Wahl zu erwarten gewesen, doch selbst die Möglichkeit der Streichung einzelner Kandidaten von der Einheitsliste galt der SED schon als gefährlich.
Bestärkt durch die **Erfolge der Reformbewegungen in Polen** (Anerkennung der Gewerkschaft Solidarność im April 1989 und Ankündigung freier Wahlen im Juni 1989) und **Ungarn** (Öffnung der Grenze zu Österreich Anfang Mai) formierte sich die Bürgerrechtsbewegung im Juli zur organisierten Opposition („**Demokratischer Aufbruch**"). Eine Warnung war jedoch die blutige Niederschlagung der Opposition in der Volksrepublik China im Juni. Die Möglichkeit einer „chinesischen Lösung" konnte auch für die DDR nicht ausgeschlossen werden.
Der September, in dem die Karikatur entstand, stellte den Höhepunkt der Fluchtbewegung aus der DDR dar. Nachdem in den Vormonaten Fluchtwillige noch versucht hatten, über die **westdeutschen Botschaften in Budapest**, **Prag und Warschau** eine Ausreise in die Bundesrepublik zu erzwingen, bestand nun die Möglichkeit, unbehelligt über Ungarn und Österreich dorthin zu gelangen. Ungarn öffnete am 11. September 1989 unter Verstoß gegen ein Abkommen mit der DDR seine Grenze für alle DDR-Flüchtlinge, die in den Westen wollten. Innerhalb von drei Tagen nutzten 15 000 DDR-Bürger diesen Weg, bis Ende Oktober

waren es bereits über 50 000. Die Situation war durchaus mit der vor dem Mauerbau vergleichbar: Die DDR drohte „auszubluten“.
Insofern kann man sagen, dass die Karikatur in überspitzter Form einen realen Sachverhalt darstellt, ohne wertend dazu Stellung zu nehmen.

6. *Die Aufgabenstellung verlangt eine Pro- und Kontra-Argumentation, an deren Ende ein abschließendes Urteil steht. Dabei geht es nicht um eine größtmögliche Vollständigkeit, sondern um die Schlüssigkeit der Argumentation und der angeführten Belege. (AFB III)*

Der Vorwurf, die sozialliberale Koalition habe in den 70er-Jahren mit ihrer Neuen Ostpolitik die DDR stabilisiert und damit ihre Existenz künstlich verlängert, wurde in den 90er-Jahren von Egon Bahr persönlich zurückgewiesen.
Was spricht für den vorgebrachten Vorwurf? Die **internationale Anerkennung der DDR** stieg nach dem Abschluss des Grundlagenvertrages tatsächlich sprunghaft an. Bereits 1972 nahmen 20 Staaten **diplomatische Beziehungen** zur DDR auf, bis Februar 1973 folgten 15 weitere. In der **UNO** saßen die Vertreter der beiden deutschen Staaten Seite an Seite und bei großen Veranstaltungen der europäischen Sicherheitspolitik, wie den **KSZE-Verhandlungen in Helsinki**, war die DDR als vollwertiger Partner anerkannt. Ein Besuch des DDR-Staatsratsvorsitzenden **Honecker in der Bundesrepublik bei Kanzler Kohl** (CDU) im September 1987, bei dem Honecker mit allen protokollarischen Ehren eines Staatsoberhaupts empfangen wurde, stellte für viele sichtbar den größten Erfolg der DDR auf dem internationalen Parkett dar. Die Gewährung menschlicher Erleichterungen in Form von Reiseregelungen, Verkehrsabkommen usw. ließ sich die DDR-Regierung gut honorieren und schöpfte so tatsächlich beträchtlichen ökonomischen Nutzen aus den Abkommen im Rahmen der Entspannungspolitik. Nicht zuletzt verdiente die DDR am Flüchtlingsfreikauf durch die Bundesrepublik und an der Gewährung von Handelspräferenzen, wie sie sonst keinem Staat des Ostens gewährt wurden. Durch die zunehmende Integration der BRD in Europa hatte die DDR auch indirekt einen privilegierten Zugang zur Europäischen Gemeinschaft. Die Existenz der DDR war somit zunächst einmal gesichert.
Allerdings kann dem Vorwurf entgegengehalten werden, dass die ökonomische Unterstützung der DDR zum Grundkonsens der westdeutschen Politik gehörte und sowohl vor als auch nach der Neuen Ostpolitik betrieben wurde. So verfügte die DDR über einen **zinsfreien Überziehungskredit im Handel mit der BRD** („Swing“) und bekam in den 80er-Jahren zweimal **Milliardenkredite aus der Bundesrepublik**, um aktuelle Zahlungsschwierigkeiten zu überbrücken. Egon Bahr bezeichnete die Deutsche Mark 1992 als „Schmiermittel“ der Beziehungen, gegen das „niemand etwas einzuwenden gehabt“ habe, da es keine Möglichkeit gegeben habe, das Regime der DDR zu treffen, ohne die Menschen in der DDR zu treffen.
Die Kritiker führten zudem an, dass mit der **Vermehrung der Westkontakte** in der Folge der Ostverträge auch das **Spitzelsystem der Stasi** nicht geringer, sondern vielmehr **weiter ausgebaut** worden sei. Die ideologische Überprüfung und Auswahl sogenannter „Reisekader“ sowie der geheimdienstliche Kampf gegen die BRD wurden verschärft, was durchaus keinen Widerspruch darstellte. Gerade weil die DDR-Führung die Gefahr des „Wandels durch Annäherung“ erkannte, setzte sie auf die Mittel, die sie am besten beherrschte.
Im Nachhinein wurde an der Neuen Ostpolitik auch bemängelt, dass nicht die Bürger oder womöglich die Bürgerrechtler der DDR Ansprechpartner der Bundesregierung gewesen seien, sondern die ungeliebte Regierung. Demgegenüber muss allerdings festgehalten werden, dass sich eine breitere Opposition erst in den 80er-Jahren zu formieren begann, also zu einer Zeit, als die sozialliberalen Regierungen schon durch die Kohl-Regierungen abgelöst worden waren. Im Übrigen wäre eine Deutschlandpolitik unter Umgehung der DDR-Regierung sicher nicht möglich gewesen.
Auf der anderen Seite waren die der DDR abgerungenen realen **menschlichen Erleichterungen** und die Annäherung an den Westen durchaus messbar. Von 1970 bis 1973 stieg die

Zahl der westlichen Besucher der DDR von zwei auf acht Millionen. Die Telefonkontakte entwickelten sich in den 70er-Jahren von 0,7 auf 23 Millionen. Zusammen mit den vermehrten Möglichkeiten der DDR-Bürger zu Besuchen in der BRD (Rentner, Familienangelegenheiten usw.) waren dies konkrete Maßnahmen, die ein weiteres Auseinanderleben der Nation verhinderten. Die **internationale Einbindung der DDR** hatte zur Folge, dass sich im Rahmen der KSZE-Schlussakte auch die DDR-Regierung zur „Achtung der Menschenrechte und Grundfreiheiten" verpflichtete. Wenn diese auch in der DDR nicht – wie z. B. in der CSSR – zur unmittelbaren Bildung von „Helsinki"-Oppositionsgruppen führte, so bestand nun doch auch hier ein **Anknüpfungspunkt für Oppositionelle**, die ihrer eigenen Regierung den Spiegel vorhalten konnten und dies in den 80er-Jahren auch taten. Besonders schmerzhaft war für das DDR-Regime, dass im Zeitalter des **Fernsehens** und der **Massenmedien** eine Abschottung der eigenen Bevölkerung von kritischer Berichterstattung nicht mehr möglich war und im Laufe der Zeit auch nicht mehr versucht wurde. Die DDR hatte durch die Neue Ostpolitik zwar an internationaler Anerkennung gewonnen, die Anerkennung durch die eigene Bevölkerung, wie sich Ende der 80er-Jahre zeigte, aber nicht erreicht.

Die oben gestellte Frage lässt sich nicht eindeutig beantworten, denn niemand kann wissen, wie sich die DDR ohne Neue Ostpolitik entwickelt hätte. Es scheint aber festzustehen, dass eine Politik der Härte und Nichtanerkennung nicht viel bewegt hätte, da die DDR in der Zeit vor Gorbatschow gar nicht in der Lage gewesen wäre, autonom zu handeln. Denn letztlich war ihre Existenz nur durch die Sowjetunion garantiert. Eine Politik der Härte hätte im Kalten Krieg schlimmstenfalls den Dritten Weltkrieg und bestenfalls nichts bewirkt. Ob die Verträge tatsächlich wie nach Meinung Barzels (M 2) schlecht ausgehandelt waren, ob also bessere Gegenleistungen der DDR möglich gewesen wären, muss offen bleiben.
Im Übrigen waren alle Beteiligten überrascht, als sich die deutsche Frage 1989 nach vier Jahrzehnten der Teilung plötzlich erneut stellte. Noch 1987 antworteten 97 % der Westdeutschen auf die entsprechende Frage, dass die Wiedervereinigung nicht erfolgen werde.

M 1: David Fitzpatrick: The Source. St. Louis Post-Dispatch, 19. 10. 1930

THE SOURCE

(aus: Zeman, Zbyněk: Heckling Hitler. Caricatures of the Third Reich, University Press of New England, Hanover and London 1987, S. 29)

M 2: Der Historiker Detlev J. K. Peukert über das Scheitern der Weimarer Demokratie

Das „Ende Weimars" vollzog sich nicht aus heiterem Himmel und lässt sich nicht allein auf einen Ursachenzusammenhang zurückführen. Vielmehr kann man drei zeitliche Etappen und vier Destruktionsprozesse ausmachen, die erst in ihrer Aufeinanderfolge und in ihrem Zusammenwirken zu den Ereignissen des Jahres 1933 führten:

Erstens erschütterte die wirtschaftliche und soziale Dauerkrise die Republik. Damit schrumpften auch die Handlungsspielräume für eine positive Ausfüllung der Basiskompromisse von 1918/19. Das alles musste die Republik schwer belasten. Aber an dieser Destabilisierung alleine musste Weimar noch nicht zugrunde gehen, wie das Krisenjahr 1923 bewies.

Zweitens gelang es der Republik im Laufe der 20er-Jahre immer weniger, ihre ohnehin nicht gerade fest gegründete Legitimationsgeltung in der Bevölkerung zu bewahren. Diese fortschreitende Delegitimierung der Republik reflektierte das Scheitern des Basiskompromisses von 1918, drückte persönliche und soziale Perspektivlosigkeit unter den Deutschen aus und äußerte sich vor allem im Wählerschwund der bisherigen liberalen und konservativen Mittelparteien. Zugleich blockierte die Spaltung der Arbeiterbewegung auch noch die Handlungsmöglichkeiten der Linken. Der Legitimationsverlust der Republik war 1930, zu Beginn der Weltwirtschaftskrise, schon erschreckend weit fortgeschritten, sodass eigentlich niemand mehr auf der alten Verfassungsgrundlage fortfahren konnte und wollte. [...]

[Es] bedurfte drittens noch des entschieden republikfeindlichen Kurses der alten Eliten, die die angeschlagenen parlamentarisch-demokratischen Institutionen willentlich zerstörten. Diese Politik der autoritären Wende, die die Präsidialkabinette 1930 bis 1932 ausführten, beendete definitiv die politisch-soziale Ordnung von „Weimar". Nun ist das Produkt einer konservativ-autoritären Wende in den Krisen der dreißiger Jahre ein gemeineuropäisches Phänomen. Aber in Deutschland zeichnete sie sich durch zwei Besonderheiten aus: Nirgendwo sonst waren die überkommenen Werte [und] die neuen politischen und sozialen Orientierungen [...] so erschüttert worden wie im Nachkriegsdeutschland, und nirgendwo war die Öffentlichkeit so weitgehend politisiert und radikalisiert worden wie hier. Das erstgenannte Phänomen verringerte die Möglichkeit eines liberal-konservativen Kompromisses oder gar der Fortsetzung des Basiskompromisses von 1918 (das Bündnis von SPD, Zentrum und Liberalen, das im Oktober 1918 zur Parlamentarisierung geführt hatte). Das zweite Phänomen entzog den alten Eliten auf ihrer Suche nach einer autoritär-restaurativen Alternative die Massenbasis und verhinderte zugleich eine autoritäre Lösung ohne Massenintegration. In dieser selbstverursachten ausweglosen Situation gingen die alten Eliten auf das Bündnis mit Hitler ein.

Viertens hätte auch die totalitäre Sammlungsbewegung Hitlers allein die Republik nicht stürzen können, obwohl sie eine überwältigende politische Dynamik entfaltete und obwohl sie sich zum Sprecher der Krisenängste eines guten Drittels aller Deutschen zu machen wusste. Aber die NSDAP hatte Ende 1932 offensichtlich bereits ihr gesamtes Wählerpotenzial ausgeschöpft und zeigte erste Verschleißerscheinungen. Nur dem Elitenkartell vom 30. Januar 1933 verdankte sie es, dass sie die zerstörerische Dynamik der nationalsozialistischen Bewegung zur „Machtergreifung" entfalten konnte.

Die Freiheit starb etappenweise: Bis 1930 hatten immer mehr Republikaner der Republik den Rücken gekehrt, hatten sich die Basiskompromisse von 1918 erschöpft. Damit war „Weimar" am Ende. 1930 zerstörte die Politik der Präsidialregime das, was von der republikanischen Verfassung noch geblieben war, und schuf ein Machtvakuum, angesichts dessen auch die autoritären Pläne scheiterten. Damit verschlissen sich die gängigen Alternativen zu „Weimar".

1933 löste das Elitenkartell mit der nationalsozialistischen Bewegung die zerstörerische Dynamik des „Dritten Reiches" aus. Damit hatte sich die deutsche Krise zur „deutschen Katastrophe" ausgeweitet, die die Zerstörung Europas mit sich ziehen sollte.

(aus: Peukert, Detlev J. K.: Die Weimarer Republik. Krisenjahre der klassischen Moderne. Frankfurt: Suhrkamp 1987, S. 260f.)

M 3: Wählerbewegung 1924 bis 1933

Die Zahlen nennen den Prozentsatz der Wechselwähler. D. h., diese Wähler stimmen bei der erstgenannten – unterstrichenen – Wahl für die links genannte Partei, bei der zweiten Wahl aber für die NSDAP.

Partei	Wahlen Dez. 1924/ Mai 1928	Wahlen Mai 1928/ Sept. 1930	Wahlen Sept. 1930/ Juli 1932	Wahlen Juli 1932/ Nov. 1932	Wahlen Nov. 1932/ März 1933
KPD	2	5	5	4	9
SPD	1	10	16	6	6
Zentrum/BVP	2	9	10	6	3
DDP/DVP	3	26	36	4	23
DNVP	1	31	33	0	34
Andere	3	11	49	11	33
NSDAP	8	38	85	76	92
Nichtwähler	2	14	19	2	42

(Bearb. nach Falter, Jürgen W.: Wahlen und Wählerverhalten unter besonderer Berücksichtigung des Aufstiegs der NSDAP nach 1928. In: Bracher, Karl Dietrich u. a. (Hrsg.): Die Weimarer Republik 1918–1933. Politik, Wirtschaft, Gesellschaft. Schriftenreihe der Bundeszentrale für politische Bildung Bd. 251, Bonn 1987, S. 502)

Aufgaben:

1. Analysieren Sie die Karikatur (M 1) des Amerikaners David Fitzpatrick. 8 VP
2. Beurteilen Sie die Aussage der Karikatur ausgehend von M 2. 12 VP
3. Erläutern Sie in diesem Zusammenhang die Vorgänge in Wirtschaft und Politik von 1929 bis 1932. 10 VP
4. In einem Flugblatt der DNVP vom 27. März 1929 heißt es: „Der Versailler Vertrag hat das Deutsche Reich seiner Hoheitsrechte beraubt und will es zu einer Kolonie der Alliierten degradieren."
   Prüfen Sie diese Behauptung der Parteileitung der DNVP. 10 VP
5. Vergleichen Sie die französische und britische Politik gegenüber Deutschland in den zwanziger Jahren anhand selbst gewählter Beispiele. 08 VP
6. Der Historiker und Journalist Sebastian Haffner behauptete, dass „Urteilslose größtenteils, Propagandaopfer, fluktuierende Masse" die NSDAP gewählt hätten und dass diese Wähler „nach der ersten Enttäuschung […] auseinander laufen" würden.
   Erörtern Sie diese Behauptung Haffners. Gehen Sie dabei auch auf die Statistik (M 3) ein. 12 VP

60 VP

Lösungsvorschlag

1. *Die Aufgabenstellung verlangt einen Zweischritt: Zunächst soll die Karikatur inhaltlich beschrieben werden, dann sollen in einem zweiten Schritt Thesen und Argumente des Zeichners herausgearbeitet werden. (AFB II)*

   Aus dem Versailler Vertrag, dargestellt durch eine mit Siegeln versehene Rolle, kriecht Adolf Hitler mit einer preußisch-deutschen Pickelhaube auf dem Kopf, auf der „Hitler Party" geschrieben steht.
   Fitzpatrick erklärt demnach Hitlers Aufstieg als eine unmittelbare Folge des Versailler Friedensvertrages, den er offenkundig negativ beurteilt. Zugleich sieht er Hitler und damit die NSDAP in der Tradition des preußisch-deutschen Nationalismus, des obrigkeitsstaatlichen Denkens und des preußischen Militarismus – für sie verwendet er das bekannte Bild der „Pickelhaube", die einmal für den Militarismus, aber auch für den angeblichen preußisch-deutschen Expansionsdrang steht. Der Versailler Vertrag mit seinen für Deutschland so negativen und zum Teil demütigenden Bestimmungen und die preußisch-deutsche Tradition seien die „Geburtshelfer" des Nationalsozialismus in Deutschland gewesen.

2. *Die Beurteilung sollte ergeben, dass eine so vereinfachte Erklärung für den Aufstieg Hitlers und des Nationalsozialismus historisch nicht ausreicht. Stattdessen haben verschiedene Faktoren zum Ende der Weimarer Demokratie geführt. (AFB III)*

   Peukert betont in dem Text, dass das „Ende Weimars" weder „aus heiterem Himmel" (Z. 1) kam, noch monokausal „allein auf einen Ursachenzusammenhang" (Z. 2) zurückgeführt werden könne. Vielmehr führten „drei zeitliche Etappen und vier Destruktionsprozesse" (Z. 2 f.) in ihrer Abfolge und „in ihrem Zusammenwirken" (Z. 4) zur Machtübernahme durch Hitler und zum Ende der Weimarer Demokratie. Wichtig sei die „wirtschaftliche und soziale Dauerkrise" (Z. 5) der Republik gewesen, die die „Basiskompromisse von 1918/19" (Z. 6 f.) infrage stellte und damit destabilisierend auf das demokratische System gewirkt habe. Dieser Kompromiss hatte Sozialdemokratie, katholisches Zentrum, Liberale und Teile des Bürgertums zusammengeführt, ohne aber das Misstrauen zwischen ihnen zu überwinden und eine gemeinsame republikanisch-demokratische Identität zu schaffen. Der Zusammenbruch der liberalen Wirtschaft 1930 brachte den Kompromiss dann zum Einsturz.

   Dieser **Mangel an einer demokratischen Identität**, so Peukert, verhinderte dann auch eine dauerhafte Legitimierung des demokratischen Systems in der Bevölkerung, denn große Teile vor allem der bürgerlichen Gesellschaft waren im Wertesystem des Kaiserreiches mit seinen Idealen von Ordnung, Gehorsam, Pflichterfüllung, Patriotismus u. a. erzogen worden. Sie sahen die Weimarer Republik, entstanden durch eine Revolution, nicht als legitimen Nachfolger des alten Kaiserreiches an. Der Republik hing der „Ludergeruch" der Revolution an, wie schon 1848 Friedrich Wilhelm IV. diffamierend ausgerufen hatte, die dazu noch getragen war von den angeblich vaterlandslosen Kräften, die schon im Kaiserreich für Unruhe gesorgt und dadurch die Nation gefährdet hätten.
   Die wirtschaftlichen, sozialen und außenpolitischen Krisen der Republik werteten diese bürgerlichen Kreise als Konsequenz aus dem Versagen der Demokraten, und dies führte zu einem dauerhaften „Legitimationsverlust" (Z. 16 f.) der Weimarer Demokratie, zumal die radikale Linke dieser Demokratie ohnehin jegliche Legitimität absprach, da sie nichts anderes gewesen sei als die Herrschaft des bürgerlichen Kapitalismus. Mit Recht verweist Peukert in diesem Zusammenhang auf die verhängnisvolle **Spaltung der deutschen Arbeiterbewegung**, die letztlich eine gemeinsame Front gegen den Nationalsozialismus verhinderte. 1930 habe die Weimarer Demokratie, so Peukert, schon so weit an Legitimierung in der Bevölkerung verloren gehabt, dass nur noch wenige auf der alten Verfassungsgrundlage fortfahren wollten und die Demokratie verteidigten.

Besonders verhängnisvoll aber war nach Einschätzung Peukerts das **Fortbestehen der alten Eliten** auch nach der Revolution von 1918/19. Diese hielten an ihrem „**republikfeindlichen**" Kurs fest und hätten die „parlamentarisch-demokratischen Institutionen willentlich" (Z. 21) zerstört. Peukert bezeichnet die „Politik der autoritären Wende" (Z. 22) ab 1930 durch die Präsidialkabinette Brüning, Papen und Schleicher als Ende der „politisch-soziale[n] Ordnung von ‚Weimar'" (Z. 23). Weimar war also nicht erst mit Hitlers „Machtergreifung" – spätestens 1933 – am Ende, sondern schon vorher.
Diese „**autoritäre Wende**" sei zwar ein europäisches Phänomen gewesen, aber in Deutschland sei das alte Wertesystem durch die Kriegsniederlage und die Revolution besonders stark erschüttert und die notwendige Neuorientierung ungeheuer schwierig gewesen. Dadurch sei die Legitimierung der demokratischen Ordnung stark behindert worden und es sei zu einer enormen politischen **Polarisierung** und **Radikalisierung** gekommen, die den politischen Gegner zum Feind gemacht habe, mit dem es keine echten Kompromisse geben konnte. Allerdings verfügten die alten Eliten angesichts ihres offensichtlichen Versagens vor und während des Krieges über keine Massenbasis, was „eine autoritäre Lösung ohne Massenintegration" (Z. 34) verhinderte. Aber seit Ende 1920 besaßen die demokratischen Kräfte in Deutschland auch keine Mehrheit mehr, sodass man von einer „**Pattsituation**" (E. Jäckel) sprechen kann, welche ein normales Regieren fast unmöglich machte.
Nach Auffassung Peukerts hätte aber auch eine so dynamische „totalitäre Sammlungsbewegung" (Z. 37), wie es die NSDAP Hitlers war, die Demokratie nicht zerstören können, zumal sie in demokratischen Wahlen nur maximal 37 Prozent der Wählerstimmen erhalten hatte. Nicht die Wähler hätten Hitler an die Macht gebracht. Vielmehr verdankte Hitler seinen Aufstieg dem verantwortungslosen autoritär denkenden „Elitenkartell" (Z. 42), bestehend vor allem aus großagrarisch-reaktionären Kräften, und dessen **Intrigenspiel**. Diese Kräfte nutzten das Machtvakuum, in das sie den Staat durch ihre **Politik der Präsidialkabinette** unter Ausnutzung der **Schwächen der Verfassung**, vor allem der nahezu **monarchischen Stellung** des Reichspräsidenten, selbst gebracht hatten, um mit der Machtübertragung an Hitler ihr Konzept eines autoritären, antiparlamentarischen Staates zu verwirklichen. Damit sind sie gescheitert.

Doch auch Peukerts Thesen bedürfen der Ergänzung: Der ehemalige preußische Ministerpräsident Otto Braun, der 1932 durch Papens sog. Preußenschlag entmachtet worden war, erklärte auf die Frage, was denn für den Aufstieg des Nationalsozialismus verantwortlich gewesen sei: „**Versailles und Moskau**". Er meinte damit die für Deutschland demütigenden und wirtschaftlich so nachteiligen Bestimmungen des Versailler Vertrages, vor allem die einseitige Schuldzuweisung in Bezug auf den Krieg (Art. 231), die weitgehende Entwaffnung und die Reparationen – dies entspricht auch der Darstellung von Fitzpatrick – sowie die vor allem psychologische Wirkung der bolschewistischen Revolution in Russland, die zu großen Ängsten im Bürgertum geführt hatte und den Ruf nach Ordnungskräften laut werden ließ, besonders als in den großen Wirtschaftskrisen 1923 und ab 1930 für viele Mitglieder des Mittelstandes der soziale Abstieg drohte oder stattfand.

3. *Der Operator „erläutern" verlangt hier eine Beschreibung der Vorgänge in der Wirtschaft im Zusammenhang mit anderen, politischen Ereignissen und eine Veranschaulichung durch Beispiele. (AFB II)*

Hitlers politischer Durchbruch 1930 war Folge einer **Doppelkrise** der Weimarer Republik: der 1929 in Amerika ausgebrochenen **Weltwirtschaftskrise** und der **Verfassungs- und Staatskrise** in Deutschland ab 1930. Insofern spielen die Vorgänge in der Wirtschaft zwischen 1930 und 1933 eine wichtige Rolle.
Die Wirtschaftskrise in Deutschland war geprägt von der **Dauerkrise** in der **Landwirtschaft** durch den **Modernisierungsdruck**, hervorgerufen durch die **mangelnde Produktivität** angesichts der ausländischen Konkurrenz. Davon betroffen waren besonders die alten konservativen Eliten, vor allem die ostelbischen Agrarier, die sich in ihrer Existenz

und in ihren Vorrechten bedroht fühlten, was sie zu unversöhnlichen Gegnern der Weimarer Republik machte. Doch auch der größte Teil der übrigen deutschen Bauernschaft vollzog angesichts der Agrarkrise und des immer stärker werdenden Existenzkampfes besonders in den protestantischen Gebieten des Reiches bereits seit 1925/26 einen deutlichen **Rechtsruck**.

1930 wurden die Auswirkungen der amerikanischen Wirtschaftskrise auch in Deutschland, das von ausländischen, besonders amerikanischen Krediten abhängig war, deutlich spürbar. Die USA begannen angesichts ihrer Bankenkrise mit dem Abzug der kurzfristigen Kredite aus Deutschland, was aufgrund fehlender Alternativen bei der Kapitalbeschaffung verhängnisvoll war. Der Kapitalmangel führte zu einem Verfall der allgemeinen Güternachfrage, zu sinkenden Reallöhnen zur angeblichen Verbesserung der Produktivität und zum Abbau von Arbeitsplätzen. Doch erst **1931** traf die Krise Deutschland mit voller Wucht. Betroffen waren zunächst hauptsächlich Banken („**Bankenkrise**"), die Opfer ihrer eigenen risikoreichen Kredit- und Investitionspolitik in den „Goldenen Zwanziger Jahren" wurden. Dem Zusammenbruch der „Darmstädter und Nationalbank" Danat (H. Schulze) am 11. Juni 1931 folgten weitere. Schließlich kollabierte das deutsche Bankenwesen.

Das Jahr 1932 bildete den Höhepunkt der Krise in Deutschland. Die Arbeitslosigkeit wurde zur Massenarbeitslosigkeit mit Massenverelendung (**Pauperismus**). Die Absatz- oder Nachfragekrise verschärfte sich noch durch den weltweit fortschreitenden Protektionismus. Das traf vor allem die exportabhängige deutsche Wirtschaft besonders hart, zumal auch die Binnennachfrage als Ersatz weitgehend ausfiel. In Sachsen und Thüringen mussten zwei Drittel aller Fabriken stillgelegt werden; 50 bis 80 Prozent der Arbeitsfähigen waren dort ohne Arbeit. 1932 waren im Jahresdurchschnitt rund 4,8 Millionen Menschen ohne Arbeit (Februar 1932: 6,128 Mio.; Juli 1932: 5,392 Mio.). Auf dem Agrarmarkt fielen die Preise wegen der Verderblichkeit der Produkte und der weit geringeren Anpassungsfähigkeit an Marktentwicklungen in für die Bauern ruinösem Ausmaß. Damit war der Nährboden für autoritäre oder diktatorische Regierungen geschaffen, wenn sie nur Abhilfe und Rettung aus der Not versprachen.

Politisch gesehen war der Staat im Frühjahr 1930 mit dem Zerbrechen der demokratischen Regierung unter **Hermann Müller** (SPD), der einer Großen Koalition aus SPD, Zentrum, Bayerischer Volkspartei BVP, Deutscher Demokratischer Partei DDP und Deutscher Volkspartei DVP vorstand, in eine **Staatskrise** geraten. Diese wollten Reichspräsident **Paul von Hindenburg** und seine Ratgeber zu einer grundlegenden politisch-verfassungsrechtlichen Veränderung in Richtung eines **autoritären Regimes** nutzen. Hintergrund war die Situation im Reichstag, die eine parlamentarische Lösung äußerst schwierig machte, und Hindenburg unternahm auch keine Anstrengung mehr, eine solche Lösung herbeizuführen. Hindenburg war kein Demokrat und der ewigen Streitereien im Parlament müde, denn sie widersprachen seinem Verständnis von Ordnung und Disziplin. Dennoch regierte er verfassungskonform weiter, einen offenen Verfassungsbruch, der ihn in Widerspruch zu seinem Eid, den er auf die Weimarer Reichsverfassung abgelegt hatte, gebracht hätte, lehnte er ab. So machte er von seinem Recht auf Ernennung des Reichskanzlers nach Artikel 53 der Weimarer Reichsverfassung (WRV) Gebrauch und ernannte im März 1930 ohne Abstimmung mit dem Parlament oder den Parteien den Zentrumsabgeordneten **Heinrich Brüning** zum Reichskanzler. Dieser bildete ein „**Präsidialkabinett**", das sich nicht mehr auf die Legitimation durch eine parlamentarische Mehrheit stützte, sondern einzig und allein vom Vertrauen des Reichspräsidenten abhängig war. Allerdings wurde sein **Minderheitskabinett** aus Angehörigen der bürgerlichen Parteien (sog. **Bürgerblock**) vom Reichstag und auch von der SPD als der stärksten Fraktion im Wesentlichen toleriert. Brüning regierte auf der Grundlage des Artikels 48 WRV, d. h. mithilfe von Notverordnungen, die aber vom Reichstag angesichts der krisenhaften Entwicklung in der Wirtschaft und der zunehmenden Unruhen auf der Straße zumeist abgesegnet wurden. Hindenburg und seine konservativ-reaktionären Ratgeber erhofften sich von Brüning eine rasche autoritäre Umgestaltung des Staates, einige erhofften sich sogar die Restauration der Monarchie. Ihnen ging es daher nicht um Zusammenarbeit mit dem Reichstag, besonders nicht mit der von ihnen verachteten SPD. Als deshalb der Reichstag Brünings Sparprogramm ablehnte, drängten sie Hindenburg dazu, den Reichstag aufzulösen und Neuwahlen auszuschreiben. Bei diesen Wahlen am 14. September 1930 errang die NSDAP einen erdrutschartigen Wahlerfolg und wurde zweitstärkste Fraktion im Reichstag. Die Hitlerpartei konnte das Parlament von nun an als politische Plattform nutzen. Dieser und die folgenden Wahlkämpfe, die während einer sich immer mehr verschärfenden wirtschaftlichen und sozialen Krise stattfanden, zeigten eine enorme Zunahme der Gewalt auf den Straßen. Bei den Reichspräsidentenwahlen 1932 gewann Hindenburg im zweiten Wahlgang vor Hitler und Ernst Thälmann (KPD). Er hatte dazu aber die ungeliebte Unterstützung durch die SPD gebraucht, während sich viele Konservative von ihm ab- und Hitler zugewandt hatten. Dennoch lehnte Hindenburg es strikt ab, die SPD in die Regierungsverantwortung zu nehmen, obgleich Brüning auch weiterhin trotz seiner unpopulären **Deflationspolitik** von der SPD toleriert wurde. Brüning wurde schließlich vom Reichspräsidenten entlassen, weil er die „autoritäre Wende" (Peukert) nicht vollenden konnte und wollte, und weil seine Agrarpolitik die Gutsbesitzer, auf die Hindenburg besonders hörte, verärgerte. Deutlich wurde hier die Manipulierbarkeit und Instrumentalisierbarkeit Hindenburgs durch die rechtskonservativen alten Eliten. Die rechtskonservative „**Kamarilla**" (E. Jäckel), eine Art „Schattenkabinett" um den Staatssekretär Meissner, erhielt immer mehr Einfluss auf den greisen Reichspräsidenten. Brünings Nachfolger **Franz von Papen** bildete ein Präsidialkabinett (1. 6. 1932–17. 11. 1932) mit Angehörigen des konservativen, reaktionären Adels („**Kabinett der Barone**"). Es war eine Minderheitsregierung ohne jegliche Parlamentstolerierung, eine „**Regierung gegen das Parlament**", einzig gestützt auf das Vertrauen des Reichspräsidenten, den Art. 48 WRV und als Druckmittel den Art. 25 WRV, das Recht des Reichspräsidenten zur Auflösung des Reichstages. Während der Amtszeit von Papens errang die NSDAP bei den am 31. Juli 1932 abgehaltenen Reichstagswahlen, für die keine Notwendigkeit bestand, mit 37,3 Prozent der Stimmen und Mandate den größten Erfolg bei freien Wahlen und wurde zur stärksten Kraft im Reichstag, in dem sie nun zusammen mit der KPD eine „destruktive Mehrheit" bildete und den sie de facto lahmlegte. Doch auch von Papen blieb in seinen Bemühungen erfolglos und musste von Hindenburg auf Druck General von Schleichers und aus Furcht vor einem Bürgerkrieg angesichts der immer stärker, um sich greifenden Gewalt auf den Straßen entlassen werden.

Die Reichstagswahlen vom 6. November 1932 brachten der NSDAP erstmals wieder Stimmenverluste. Dennoch blieb sie mit 33,1 Prozent stärkste politische Kraft. Aber sie schien nun ihr Wählerpotenzial ausgeschöpft zu haben, und die Kommentatoren erklärten zum Jahreswechsel 1932/33, dass Hitler und die NSDAP nun am Ende seien, zumal der Höhepunkt der Wirtschaftskrise überschritten war. Der neue Reichskanzler General von Schleicher wollte dann auch mit den in der NSDAP mit Hitler Unzufriedenen um Gregor Strasser über eine Unterstützung seiner Regierung verhandeln und die Partei spalten. Doch dies scheiterte ebenso wie Schleichers Versuch, eine Mehrheit unter Einschluss der Gewerkschaften hinter sich zu bringen. Er scheiterte aber auch an der „Kamarilla" und an Franz von Papen, der sich hinter Schleichers Rücken mit Hitler verständigte.

4. *Der Operator „prüfen" verlangt von Ihnen die kritische Auseinandersetzung mit Aussagen oder Behauptungen (Thesen). Sie sollen an konkreten Beispielen/Inhalten klären, inwieweit die Äußerung der Parteileitung der DNVP über den Versailler Vertrag stimmig ist. (AFB III)*

Die Behauptung der DNVP, der Versailler Vertrag hätte das Deutsche Reich „seiner Hoheitsrechte beraubt und [...] es zu einer Kolonie der Alliierten" gemacht, war zur Zeit der Weimarer Republik in Deutschland sehr populär, denn der **Versailler Vertrag** wurde von vielen Deutschen als „**Diktatfriede**" und nationale Schmach empfunden. Auf der Grundlage der von den Alliierten erklärten „**Alleinschuld**" **Deutschlands am Krieg** (Art. 231) enthielten die Bestimmungen zahlreiche in die Souveränität Deutschlands eingreifende Regelungen:

Wirtschaftliche Bestimmungen:
- Deutschland verlor die Kohlegruben des Saargebietes an Frankreich.
- Deutschland musste in Form von Geld- und Sachleistungen für die Kriegsschäden der Alliierten aufkommen (Reparationen).
- Deutschland büßte durch die Gebietsverluste wichtige Rohstoffquellen ein.

Territoriale Bestimmungen:
- Deutschland musste Elsass-Lothringen an Frankreich und Eupen-Malmedy an Belgien abtreten.
- Das Saargebiet wurde dem Völkerbund unterstellt.
- Posen und der größte Teil Westpreußens sowie Südostpreußen fielen an Polen, wodurch Ostpreußen vom Reich getrennt wurde („Polnischer Korridor").
- Danzig mit dem Weichseldelta wurde Freie Stadt unter dem Mandat des Völkerbundes.
- Volksabstimmungen führten zur Abtretung Nordschleswigs an Dänemark (1920) und Ostoberschlesiens (1921) an Polen.
- Das Memelland wurde dem Völkerbund unterstellt.
- Das Hultschiner Ländchen ging an die Tschechoslowakei.
- Deutschland musste die Unabhängigkeit Österreichs anerkennen und verlor zudem alle überseeischen Gebiete.

Als besonders demütigend wurden in Deutschland die militärischen Bestimmungen empfunden, da sie eindeutig die Souveränität des Landes beschnitten:
- Das Rheinland und eine 50 Kilometer breite Zone rechts des Rheins wurden „entmilitarisiert".
- Die Personalstärke der deutschen Armee wurde auf 100 000 Berufssoldaten begrenzt; die Bewaffnung wurde genau vorgeschrieben (u. a. keine Panzer, keine Luftstreitkräfte).
- Die Flotte musste weitgehend abgerüstet werden, U-Boote wurden verboten.
- Alle Festungen in der „entmilitarisierten Zone" mussten geschleift werden.
- Die Alliierten besetzten das Gebiet links des Rheins sowie die Brückenköpfe Koblenz, Köln und Mainz.

Trotz dieser Bestimmungen, die zweifelsohne eine **schwere Hypothek** für die Weimarer Republik darstellten, kann von einer völligen „Beraubung" der deutschen Hoheitsrechte nicht die Rede sein. Deutschland blieb ein **souveräner Staat**, der auch weiterhin eine eigenständige Außen-, Wirtschafts- und Finanzpolitik betreiben konnte. Allerdings schränkten die hohen Reparationsleistungen die Finanzpolitik ein. Die Besetzung und die Entmilitarisierung des linken Rheinufers waren zudem zeitlich begrenzt (15 Jahre), ebenso die Abtrennung des Saarlandes (bis 1935). Im Gegensatz zu 1945 wurde das Reich **nicht** von den Alliierten **besetzt** und als Staat aufgelöst, vielmehr konnte sich Deutschland in **freier Selbstbestimmung** eine eigene demokratische politische Ordnung und durch freie Wahlen eine von **außen unabhängige** Regierung geben.
Die **Reparationslasten** trugen zur „Inflationskrise" von 1922/23 bei, durch die weite Kreise des Mittelstandes „enteignet" wurden. Zudem führten die Entschädigungsleistungen zu einer weitgehenden **Abhängigkeit** Deutschlands **von ausländischen Krediten**, besonders aus den USA, was in der deutschen Öffentlichkeit als „Ausbeutung" und von den Rechten als „Versklavung" bewertet wurde. Die wirtschaftlichen Chancen, die sich aus den Kreditzahlungen ergaben, wurden dagegen zu wenig gewürdigt. Die „Goldenen Zwanziger", die „Ära Stresemann", beruhten aber auf der **Ankurbelung** der deutschen Wirtschaft durch ausländische Kreditleistungen, u. a. durch Kredite des „Dawes-Abkommens" (1924).
Frankreichs Politik gegenüber Deutschland war von einem strikten **Sicherheitsbedürfnis** geprägt. Daher hatte Frankreich kein Interesse daran, dass Deutschland seine Großmachtstellung wiedererlangen konnte; eine möglichst lange **Schwächung** Deutschlands war Ziel der französischen Politik, wozu alle Mittel recht waren (Ruhrbesetzung 1923, Unterstützung von Separatistenbewegungen, Bestehen auf den Reparationen).

Bereits ab 1923/24 konnte das Deutsche Reich unter Außenminister **Gustav Stresemann** wieder **internationale Anerkennung** erlangen und seine weitgehende Isolierung überwinden. Mit der Aufnahme in den **Völkerbund 1926** gehörte Deutschland wieder in den Kreis der europäischen Staaten. Seine vollständige **Gleichberechtigung** erlangte Deutschland aber wegen der Rüstungsbeschränkungen **nicht**.
Als **Fazit** lässt sich festhalten, dass die von der DNVP vertretene Einschätzung der Stellung Deutschlands im internationalen Staatensystem „als Kolonie der Alliierten" **einseitig** und von **nationalistischen** Motiven geprägt ist. Die Äußerung ist **populistisch**, schwarz-weißmalend und unterstellt den Siegermächten ausschließlich negative Ziele. Um parteipolitischen Erfolg zu erzielen, schreckte die DNVP nicht davor zurück, die Alliierten zu **„Sündenböcken"** für alle Schwierigkeiten des Reiches zu machen. Der DNVP ging es um die Wiedererlangung der deutschen Großmachtstellung sowie der nach dem Ersten Weltkrieg abgetretenen Gebiete, nicht um eine dauerhafte Friedensordnung in Europa. Hierfür bot der Versailler Friedensvertrag als Beispiel eines „ungerechten" und „ungleichen" Friedens die willkommene Grundlage für eine chauvinistische Politik und den Revanchismus.

5. *Der Operator „vergleichen" verlangt von Ihnen die Festlegung von Untersuchungskriterien, um Gemeinsamkeiten und Unterschiede der französischen und britischen Politik gegenüber Deutschland herausarbeiten und diese wertend darlegen zu können. (AFB II)*

Während die französische Außenpolitik nach dem Ende des Ersten Weltkrieges nach einer dauerhaften **Schwächung Deutschlands** strebte, um so **Sicherheit** vor der Möglichkeit einer erneuten deutschen Invasion zu erlangen, war Großbritannien an einer umfassenden und **dauerhaften Friedenssicherung** in Europa auf der Basis von **Verständigung** und unter aktiver Beteiligung aller europäischer Staaten interessiert.
Frankreich sah seine Sicherheit durch den Versailler Vertrag trotz der Abrüstung und der wirtschaftlichen Schwächung Deutschlands nicht ausreichend garantiert. Deutschland blieb in den Augen Frankreichs eine potenzielle Großmacht, der nicht zu trauen war. Eine Verständigungspolitik gegenüber Deutschland stieß in der französischen Öffentlichkeit, welche die Bedeutung des Sieges von 1918 überschätzte und die übertriebene Erwartungen an den Friedensschluss gerichtet hatte (u. a. Zerschlagung Deutschlands), auf Kritik, die die französische Regierung kaum übergehen konnte. Hinzu kam, dass die von den USA und Großbritannien zugesagten Sicherheitsgarantien in Form von Beistandspakten nicht erfolgt waren und dass es zu erheblichen **Spannungen** mit Großbritannien wegen der französischen Rheinpolitik (Unterstützung der Separatistenbewegung) und bezüglich der Reparationen (Ruhrbesetzung, 1923) kam. Frankreichs Politik zielte auf die **Hegemonie** auf dem europäischen Kontinent ab, um Deutschland „kleinzuhalten". Daher beharrte Frankreich auf der **strikten Erfüllung** der von Deutschland zu leistenden Reparationen, verweigerte eine in Versailles versprochene Abrüstung und betrieb stattdessen den Ausbau seines Festungssystems an der Westgrenze. Im **Völkerbund** sah Frankreich im Gegensatz zu den USA und Großbritannien vor allem ein **Instrument**, um die Versailler Friedensordnung abzusichern. Einer Verständigung mit Deutschland, die von Briand und Stresemann vorsichtig betrieben wurde, stand die französische Öffentlichkeit misstrauisch gegenüber. Die Konferenz von Locarno 1925 trug ebenso dem Sicherheitsinteresse Frankreichs Rechnung wie der Vorschlag Briands 1929, die „Vereinigten Staaten von Europa" zu schaffen. Darüber hinaus versuchte Frankreich, sich durch ein umfangreiches **Bündnissystem** abzusichern und Deutschland zu schwächen. 1919 schloss Frankreich mit Belgien eine Militärkonvention sowie Bündnisse mit Polen (1921), der Tschechoslowakei (1924) und Rumänien (1926), sodass **Deutschland eingekreist und isoliert** wurde.
Während die französische Politik noch ganz von der traditionellen Vorstellung von machtpolitisch rivalisierenden Nationalstaaten ausging, orientierte sich die Außenpolitik **Großbritanniens** in den Zwanzigerjahren am **„liberalen Friedensmodell"**, durch das allein eine übernationale, gerechte und dauerhafte Friedensordnung möglich sei. Eine solche Ordnung

sollte geprägt sein von der **Gleichberechtigung** aller Staaten, von gesunden wirtschaftlichen Verhältnissen, von einem **Interessen- und Konfliktausgleich** durch Verhandlungen, von vertrauensbildenden Maßnahmen wie allgemeiner **Abrüstung** und Rüstungsbeschränkungen (vgl. Washingtoner Abrüstungskonferenz 1921/22: Begrenzung der Flottenstärke) sowie von der Gültigkeit des **Völkerrechts**. Anders als Frankreich wies Großbritannien daher dem **Völkerbund** bei internationalen Konflikten vor allem eine Rolle als Schlichter und **Schiedsrichter** zu; ein „Organ der Siegermächte“ sollte es nicht sein. Das französische Hegemoniestreben widersprach der **traditionellen britischen Gleichgewichtspolitik**. Dennoch war auch Großbritannien in Versailles an einer Ausschaltung Deutschlands als Wirtschafts- und Flottenkonkurrent interessiert gewesen. Anders als Frankreich beteiligte sich Großbritannien in den Zwanzigerjahren aber nicht an einem gegen Deutschland gerichteten Bündnissystem, vielmehr förderte es solche Verträge, die der Verständigung und dem Interessenausgleich dienten.

6. *„Erörtern“ verlangt die hier vorgegebenen Thesen durch ein Abwägen von Für- und Wider-Argumenten zu beurteilen. (AFB III)*

Die Erörterung ergibt, dass man der Behauptung des Publizisten Sebastian Haffner zum größten Teil zustimmen kann, wenn man Wähler- und Anhängerschaft Hitlers betrachtet. Die NSDAP war ein „Kind der Krise“ (K. D. Bracher), wie die Wählerentwicklung zwischen 1925 und 1932 deutlich zeigt. Bis zum 4. September 1930, bis zu den sog. Erdrutschwahlen, führte sie ein kümmerliches Dasein als eine der vielen Splitterparteien in Deutschland. In den „Goldenen Zwanzigern“, d. h. während der Zeit der relativen wirtschaftlichen Stabilität, fiel ihr Stimmenanteil von 6,5 % im Mai 1924 auf gerade noch 2,6 % im Mai 1928. Erst die Septemberwahlen 1930 und die Wahlen am 31. Juli 1932 in der Folge der Wirtschafts- und Staatskrise brachten der NS-Bewegung den verhängnisvollen Durchbruch zu einem entscheidenden Faktor in der deutschen Politik. Allerdings büßte die Partei bei den Novemberwahlen 1932 wieder deutlich an Stimmen ein, was z. B. die SPD frohlocken ließ, der Faschismus in Deutschland sei nun besiegt. Die Statistik M 3 zeigt in Bezug auf die NSDAP und das Wählerverhalten Folgendes:

In der Tat gelang der NSDAP bei der Septemberwahl 1930, vor allem aber bei der Wahl im Juli 1932, ein deutliches **Eindringen in** die Wählerschaft der **konservativen** und **liberalen Parteien**; auch von der SPD wechselten Wähler zur NSDAP. Und mehr als den anderen Parteien gelang es der NSDAP, die Jungwähler und die Nichtwähler, vor allem unter den Frauen, für sich zu mobilisieren, während sich die Wähler von KPD und Zentrum als weitgehend resistent erwiesen. Ferner kann man M 3 entnehmen, dass die NSDAP bei den Reichstagswahlen im November 1932 über zwei Millionen Stimmen einbüßte, dass ein Teil der Wähler, die 1930 und im Juli 1932 zur Hitler-Bewegung gestoßen waren, offensichtlich enttäuscht wieder abwanderte. Auch die NSDAP wurde so ein Opfer der deutlichen Wählerfluktuation zu Beginn der dreißiger Jahre.

Dies zeigt, dass das Wählerpotenzial der NSDAP offenkundig begrenzt und im Juli 1932 bereits ausgeschöpft war. Zwei Drittel aller deutschen Wählerinnen und Wähler haben sich also bei freien Wahlen nicht für Hitler und seine Partei entschieden. Bezeichnend ist auch, dass der NSDAP weder ein Eindringen in die organisierte Arbeiterschaft, auch nicht bei den Arbeitslosen, noch in die katholische Wählerschaft gelang, d. h., es bestand, so zeigt auch M 3, eine hohe Bindekraft bei den Anhängern des Zentrums und der Arbeiterparteien. Damit verblieben der NSDAP im Wesentlichen zwei Wählerschichten: die der konservativen und liberalen Parteien (vgl. M 3) sowie die Nichtwähler, besonders aus dem protestantischen Mittelstand. Etwa 20 bis 25 % der Wahlberechtigten waren fluktuationsbereit. Wollte die NSDAP 40 % und mehr Wählerstimmen haben, musste sie die bürgerlichen Parteien auslöschen und zugleich die Nicht- und Jungwähler für sich gewinnen.

Die NSDAP hatte auf die Wählerschaft der bürgerlichen Parteien (vgl. M 3) aus unterschiedlichen Gründen eine hohe Anziehungskraft. Viele Vertreter des Mittelstandes stimmten aus Angst vor Existenzverlust durch die Wirtschaftskrise und vor der drohenden Proletarisierung für Hitler. Ihre Stimmabgabe war somit Ausdruck der **Existenzangst** und des **Protestes** gegen eine in ihren Augen verfehlte Wirtschafts- und Sozialpolitik. Vielen erschien allein die NSDAP angesichts des Chaos auf den Straßen, an dem die NSDAP aber mitschuldig war, als Garant der Ordnung sowie als Schutzschild gegen Marxismus und Kommunismus. Nach außen versprach die Hitler-Bewegung ihnen die Befreiung von der Schmach der Niederlage und der Revolution von 1918. Hitlers Auftreten, seine Selbststilisierung zum „Retter" Deutschlands, so ein Wahlplakat der NSDAP, seine effektvolle Propaganda und die Demonstration von Kraft und Stärke der Partei führten der NSDAP viele Wähler zu. Nichtorganisierte Arbeitslose drängten an die „Futterkrippen" der SA – sie wurden gern „Beefsteaks" genannt (außen braun, innen rot). Auf ihre Unzuverlässigkeit spielt Sebastian Haffner an. Und als sich die wirtschaftliche Lage wieder zu bessern schien, als Hitler 1932 trotz seiner Wahlerfolge nicht an die Macht gelangte, wandten sich viele wieder von der Partei ab. Aber, und das zeigen die Wahlen auch, neben diesen „Protestwählern" gab es einen nicht unerheblichen „harten Kern" von NSDAP-Wählern, dem es um eine grundlegende Änderung des politischen und sozialen Systems ging, und der nicht, wie von Haffner erklärt, „nach der ersten Enttäuschung auseinander" lief.

M 1: Aus der Erklärung von US-Außenminister Henry Kissinger vor dem Außenpolitischen Ausschuss des Senats (19. 9. 1974)

Seit dem Anbruch des Nuklearzeitalters haben sich die Ängste der Welt vor einer Katastrophe und ihre Hoffnungen auf Frieden dem Verhältnis zwischen den Vereinigten Staaten und der Sowjetunion zugewandt. (…) So tragisch die Folgen der Gewaltanwendung in der Vergangenheit gewesen sein mögen, heute ist die Frage von Krieg und Frieden von einer bisher nie da gewesenen Dringlichkeit, da zum ersten Mal in der Geschichte zwei Nationen über die Fähigkeit verfügen, die Menschheit zu vernichten. (…)

So sehr die beiden Haupt-Nuklearmächte auf manchen Ebenen ihrer Beziehungen in Konkurrenz stehen mögen, so müssen sie doch beide in ihrer Politik von der Prämisse ausgehen, dass keine von ihnen erwarten kann, der anderen ihren Willen aufzwingen zu können, ohne ein untragbares Risiko einzugehen. Die Herausforderung unserer Zeit besteht darin, die Realität der Konkurrenz mit dem Imperativ der Koexistenz zu vereinbaren. Es kann keine friedliche internationale Ordnung geben ohne ein konstruktives Verhältnis zwischen den Vereinigten Staaten und der Sowjetunion. Es wird keine internationale Stabilität geben, wenn sich nicht beide, die Sowjetunion und die Vereinigten Staaten, einer Zurückhaltung befleißigen und wenn sie nicht ihre gewaltige Macht zum Wohle der Menschheit einsetzen. (…)

Diese Politik wird von einigen Grundprinzipien geleitet:
Die Vereinigten Staaten können ihre Politik nicht lediglich auf die guten Absichten Moskaus gründen. Aber ebenso wenig können wir uns darauf versteifen, dass jede Bewegung vorwärts auf eine Konvergenz der amerikanischen und der sowjetischen Zielsetzung warten müsste. Was immer die sowjetischen Absichten sein mögen, wir sind bestrebt, dem Frieden durch einen systematischen Widerstand gegen Druck und durch versöhnliche Reaktionen auf gemäßigtes Verhalten zu dienen.

Wir müssen aggressiven Handlungen und verantwortungslosem Handeln entgegentreten. Aber wir dürfen die Konfrontation nicht leichthin suchen. (…)

Was den uralten Antagonismus zwischen Freiheit und Tyrannei angeht, so sind wir nicht neutral. Aber andere zwingende Notwendigkeiten legen unserer Fähigkeit Grenzen auf, innere Veränderungen in anderen Ländern zu bewirken. Das Bewusstsein unserer Grenzen entspringt der Erkenntnis der Notwendigkeit des Friedens – nicht moralischer Gefühllosigkeit. Die Erhaltung des menschlichen Lebens und der menschlichen Gesellschaft sind auch moralische Werte.

(aus: Europa-Archiv, Folge 20/1974, S. 463 f.)

M 2: Egon Bahr

(„Architekt der Neuen Ostpolitik" in der sozialliberalen Koalition Brandt – Scheel, verteidigt am 19. 2. 1992 rückblickend sein Konzept des „Wandel(s) durch Annäherung", das nach der Wiedervereinigung kritisiert worden ist:)

Aber der Vorwurf zielt ja tiefer: Der Kontakt, die Zusammenarbeit mit den regierenden Kommunisten[1] hätten ihr Regime stabilisiert. Weil die innere Einheit, die nach der staatlichen Einheit so fern gerückt ist, ehrliche Erinnerung an die erlebten Wahrheiten verlangt, möchte ich dazu einen Beitrag leisten. In den frühen 50er-Jahren hörte ich mehrfach aus der Zone, wie die fünf neuen Bundesländer damals genannt wurden: Lieber ein Ende mit Schrecken als ein Schrecken ohne Ende. Keinesfalls dürfte der Westen dem Regime mit Lieferungen helfen; die Menschen seien bereit, den Gürtel enger zu schnallen; notfalls wäre Krieg der Aussicht auf ein großes Gefängnis vorzuziehen. Niemand im Westen ist solchen Ratschlägen gefolgt. Bonn nicht und in den drei westlichen Hauptstädten wollte man sich nicht – weder durch noch wegen der Deutschen – in Abenteuer ziehen lassen. Im Gegenteil: Der Interzonenhandel wurde entwickelt, der Swing, praktisch ein zinsloses Kreditsystem dazu, erhalten trotz des 17. Juni und trotz des Mauerbaus.

Die schwierige Lage Westberlins kam dazu. Schon damals hätte das Argument getroffen, Bonn entmutige die Opposition und stabilisiere die DDR-Regierung oder Pankow, wie das vorhandene, aber nicht anerkannte Regime genannt wurde. Es konnte nicht entscheidend getroffen werden, ohne die Menschen zu treffen. Schon damals wurden im Prinzip die Weichen gestellt. Es war eine wirtschaftliche Zusammenarbeit, die niemand so nennen durfte, deren Schmieröl die DM war, gutes Geld, das bekanntlich nicht stinkt. (...) Und die Mauer kam dazu, die kein westlicher Protest wegbrachte, und eine westliche Aktion gegen sie fand nicht statt. Es war eine Machtfrage. Und die Macht garantierte die Regierungen in Warschau, Prag, Budapest und Berlin. Die ohnmächtigen Deutschen mussten sich selbst helfen durch Passierscheine im Interesse der Menschen und dazu mussten sie mit der anderen Seite nicht nur wirtschaftliche, sondern eben auch politische Vereinbarungen treffen. Die Überlegung war, dass keine solche Vereinbarung Ulbricht stärker etablieren konnte, als er durch die sowjetische Macht schon etabliert war, und dass keine solche Vereinbarung ihn beliebter machen würde.

Die kommunistischen Regierungen sollten durch internationale Abkommen gebunden wie verändert werden. Helsinki mit seinen wirtschaftlichen, sicherheitspolitischen, aber auch menschenrechtlichen Verpflichtungen gleichzeitig und nebeneinander wurde ein Muster. Internationale Maßstäbe brachten mehr Respektabilität und Veränderung gleichzeitig und nebeneinander. Veränderung von außen war nicht ohne Stabilisierung erreichbar. Der Bundespräsident hat (...) u. a. gesagt: „Ob nun der Wandel durch Annäherung die Machthaber der SED zunächst stabilisiert und dann aufgeweicht oder beides zugleich bewirkt hat, mag die Geschichte entscheiden".

1 Gemeint ist die SED-Regierung der DDR

(aus: Frankfurter Rundschau, 19. 2. 1992)

Aufgaben:

1. a) Arbeiten Sie aus M 1 die Position des US-Außenministers zum Verhältnis USA – UdSSR heraus. 8 VP
   b) Beschreiben Sie den Verlauf des Ost-West-Konflikts von der Kuba-Krise bis zum Jahr 1990 und ordnen Sie Kissingers Text in diesen Zusammenhang ein. 12 VP

2. a) Erläutern Sie die Gedanken Egon Bahrs (M 2) vor dem Hintergrund der Deutschen Einheit. 8 VP
   b) Stellen Sie dar, wie die sozialliberale Koalition unter Brandt (SPD) und Scheel (FDP) auf die Änderung der internationalen Rahmenbedingungen in den 60er- und 70er-Jahren reagiert hat und nennen Sie Ziele und Ergebnisse dieser Politik. 10 VP

3. Erläutern Sie Faktoren, die aus Ihrer Sicht entscheidend dazu beigetragen haben, dass die DDR ihr System aufgegeben hat und der Bundesrepublik beigetreten ist. 10 VP

4. „Der Kalte Krieg war angesichts der machtpolitischen Konstellation, zu der der Zweite Weltkrieg im Ergebnis geführt hatte, durchaus wahrscheinlich, aber er war nicht unvermeidlich." (Wilfried Loth)
   Erörtern Sie die Aussage des Historikers. Finden Sie Beispiele, mit denen Sie Ihre Auffassungen belegen können. 12 VP

60 VP

Lösungsvorschlag

1. a) *Der Operator „herausarbeiten" verlangt von Ihnen, dass Sie die Position des US-Außenministers zum Verhältnis USA – UdSSR aus dem vorgegebenen Material in eigenen Worten wiedergeben. Eine bloße Paraphrase oder eine Aneinanderreihung von Zitaten wird der Aufgabenstellung nicht gerecht. (AFB I)*

Henry Kissinger, US-Außenminister unter den Präsidenten Richard Nixon und Gerald Ford (1973–77), spricht vom „Nuklearzeitalter", in dem sich die Ängste und Hoffnungen der Menschheit auf die beiden Supermächte USA und Sowjetunion gründeten.

Seit dem Abwurf der ersten amerikanischen Atombomben über Hiroshima und Nagasaki im Jahr 1945 hat die Sowjetunion in technologischer Hinsicht aufgeholt (erste Atombombe 1949) und teilweise die USA sogar überholt („Sputnik-Schock" 1957). Zum Zeitpunkt der Kissinger-Erklärung kann von einem „nuklearen Patt" gesprochen werden, d. h. sowohl die USA als auch die UdSSR verfügen über das „volle Repertoire" der atomaren Bedrohung von Langstreckenbombern, Atom-U-Booten, Mittelstreckenraketen und Interkontinentalraketen. Lediglich im Bereich der Mehrfachsprengköpfe besitzen die USA zu diesem Zeitpunkt noch das Monopol. Das **Nuklearzeitalter** ist gekennzeichnet durch mehrfache Overkill-Kapazitäten und das Bestreben beider Seiten, sich im Falle eines atomaren Angriffs der Gegenseite eine „**Zweitschlagkapazität**" zu erhalten. Andernfalls würde Abschreckung nicht glaubhaft funktionieren, weil derjenige, der den Krieg beginnt, keine oder jedenfalls geringere Konsequenzen zu befürchten hat. Von daher ist der Satz zu verstehen, dass „die Frage von Krieg und Frieden von einer bisher nie da gewesenen Dringlichkeit" ist, da nunmehr die Möglichkeit bestehe, „die Menschheit zu vernichten". Kissinger sieht nun die Herausforderung dieser Zeit darin, „die Realität der **Konkurrenz** mit dem Imperativ der **Koexistenz** zu vereinbaren".

Er setzt also nicht auf einen Abbau der prinzipiellen Rivalität zwischen den beiden Supermächten und ihren verschiedenen Systemen, sondern auf ihr Interesse an der Selbsterhaltung, die nur als Koexistenz denkbar erscheint. Dies verdeutlicht er auch an der Stelle, an der er die Grundprinzipien seiner Politik erläutert: Die USA wollen sich weder auf die „guten Absichten Moskaus" noch auf eine „Konvergenz" (d. h. Annäherung) der Zielsetzung der beiden Staaten verlassen. Sie sind auch nicht neutral im Bezug auf den Unterschied zwischen „Freiheit und Tyrannei", womit der Unterschied zwischen den Systemen „westliche Demokratie" und Marktwirtschaft auf der einen und „Volksdemokratie", Einparteienherrschaft und Zentralverwaltungswirtschaft auf der anderen Seite gemeint ist. Kissinger sieht das Problem der USA in dieser „Verantwortungsgemeinschaft" mit dem „Feind" darin, dass es durchaus nötig sein könne, gegen „Druck" und „aggressive Handlungen" der anderen Seite Widerstand zu leisten, dass aber wegen der möglichen Konsequenzen die Konfrontation im Nuklearzeitalter nicht leichtfertig gesucht werden dürfe.

Die „Notwendigkeit des Friedens" sei in dieser Situation, da sie der Erhaltung des menschlichen Lebens und der menschlichen Gesellschaft diene, selbst zum moralischen Wert geworden.

Kissinger begründet in dieser Erklärung die Notwendigkeit einer Entspannungspolitik und greift mit dem Begriff der (friedlichen) Koexistenz einen außenpolitischen Grundsatz der sowjetischen Politik auf, den Nikita Chruschtschow bereits 1956 zur Leitlinie seiner Politik erklärt und womit dieser die These von der Möglichkeit eines friedlichen Nebeneinanders der kommunistischen und kapitalistischen Systeme verstanden hat.

1. b) *Der Operator „beschreiben" verlangt von Ihnen, dass Sie die wesentlichen Stationen des Ost-West-Konflikts von der Kuba-Krise bis zum Jahr 1990 schlüssig wiedergeben. Anschließend sollen Sie Kissingers Text begründet in diesen Zusammenhang stellen. (AFB I und II)*

Die **Kuba-Krise 1962** stellt gleichzeitig den Höhe- und Wendepunkt des Kalten Krieges dar. Sie ist die letzte der so genannten „Kraftproben ohne Sieger", zu denen auch die Berlin-Krisen zu zählen sind. Die USA fühlen sich durch die zunächst geheime Stationierung sowjetischer Mittelstreckenraketen auf Kuba, das nur 90 Meilen von den USA entfernt liegt und traditionell zur „westlichen Hemisphäre" gerechnet wird, unmittelbar bedroht und reagieren mit einem Ultimatum, dem durch eine Seeblockade Nachdruck verliehen wird. Strategische Bombergeschwader der USA befinden sich bereits in der Luft und sowjetische U-Boot-Kommandanten im Krisengebiet verfügen über atomare Bewaffnung, die sie im Zweifelsfall auch einsetzen würden.

Nachdem dieser Konflikt durch beiderseitige Zugeständnisse, vor allem aber durch den Abzug der Raketen von Kuba entschärft worden ist, erkennen beide Mächte, dass es zu einer Politik der Verständigung keine Alternative gibt. Ohne die Aufrüstung insgesamt zu stoppen, geht man in kleinen Schritten aufeinander zu. Schon die Einrichtung einer direkten Nachrichtenverbindung zwischen Moskau und Washington 1963 („**heißer Draht**") erscheint zu dieser Zeit als großer Fortschritt. Im gleichen Jahr einigt man sich auch auf einen teilweisen **Teststopp** für Atomwaffen, dem 1968 der **Atomwaffensperrvertrag** folgt, der die Weitergabe von Kernwaffen verhindern soll und auch anderen Staaten zum Beitritt offen steht.

1971 verständigt man sich endlich auch im **Viermächte-Abkommen über Berlin** auf Garantien für den Zugang zu der vom Westen leicht abzutrennenden „Inselstadt" Westberlin inmitten des Gebiets der DDR.

Eine gemeinsame Grundsatzerklärung der beiden Supermächte über die amerikanisch-sowjetischen Beziehungen im Jahr 1972 ebnet den Weg zum **ABM-Vertrag**, der die beiderseitigen Interkontinentalraketen und vor allem die Möglichkeit der Installation von Raketenabwehrsystemen beschränken soll. In der Logik des Kalten Krieges besteht nämlich Sicherheit nur in der gegenseitigen Verwundbarkeit („mutual assured destruction"). Vom gleichen Gedanken leiten sich auch die **SALT-Verträge** (SALT I 1972, SALT II 1979) ab, deren Ziel es ist, die strategische Rüstung zu begrenzen, wobei im Prinzip das Niveau des jeweils höher Gerüsteten zur Messlatte für eine kontrollierte Aufrüstung gemacht wird. Zur selben Zeit beginnen die Vorbereitungen für eine große **Konferenz für Sicherheit und Zusammenarbeit in Europa** (**KSZE**), deren Schlussakte 1975 in Helsinki unterzeichnet werden soll.

In diese **Hochphase der Entspannungspolitik** fällt nun die Erklärung Kissingers vor dem Außenpolitischen Ausschuss des US-Senats (M 1), aus der deutlich hervorgeht, dass der Systemkonflikt zwischen Ost und West durch Entspannungspolitik keineswegs überwunden ist. Der Konsens besteht nur darin, dass die bestehenden Konflikte nicht zum Krieg eskalieren dürfen. Tatsächlich fallen in die beschriebene Phase der Entspannungspolitik die amerikanische Intervention im Vietnam (seit 1964) und der Einmarsch des Warschauer Paktes in die Tschechoslowakei (1968), ohne dass diese die Beziehungen der Supermächte nachhaltig beschädigt hätten.

In der zweiten Hälfte der 70er-Jahre bahnt sich allerdings so etwas wie eine „**neue Eiszeit**" im Ost-West-Verhältnis an. Regionale Konflikte, die Einmischungen der Sowjetunion z. B. in Angola und Afghanistan und Rückschläge der US-Außenpolitik im Iran, wo die islamistische Revolution siegt und zeitweise 52 US-Diplomaten in Geiselhaft sind, führen zu einer Neuorientierung der amerikanischen Außenpolitik schon unter dem Präsidenten Carter, besonders aber unter dem 1980 gewählten Präsidenten Reagan. Schon zuvor ist im Westen die Stationierung neuer sowjetischer Mittelstreckenwaffen (SS20) in Osteuropa als Bedrohung aufgefasst worden, auf die im **NATO-Doppelbeschluss** (**1979**) mit dem Plan zur Stationierung von Pershing II-Raketen und Cruise-Missiles geantwortet wird. Nachdem bereits Präsident Carter etliche Boykottmaßnahmen gegen Moskau verhängt hat (z. B. Weizenembargo, Olympiaboykott 1980, Exportbeschränkungen), geht sein Nachfolger Reagan noch einen entscheidenden Schritt weiter und betreibt im Namen seines antikommunistischen Weltbildes, in dem die Sowjetunion als „Reich des Bösen" firmiert, eine massive **Remilitarisierung der Außenpolitik**: Der Militäretat der USA steigt von 1981 bis 1985 von 178,4 auf 286,8 Mrd. Dollar. Als Reagan auch noch eine weltraumgestützte Raketenabwehr ankündigt (SDI), die den Gedanken der gegenseitigen Verletzbarkeit ignoriert, ist der Entspannungsprozess auf einem Tiefpunkt angekommen. 1983 werden alle Rüstungskontrollverhandlungen in Genf abgebrochen.

Eine **neue Phase der Entspannung** im Ost-West-Konflikt und letztlich das (vorläufige?) Ende des Konflikts selbst wird eingeleitet, als in der Sowjetunion die lange Phase der „Stagnation" unter Generalsekretär Breschnew und zwei Übergangsparteichefs endet. Der 56-jährige Michael Gorbatschow beginnt nun die sowjetische Politik mit „Glasnost" (Durchsichtigkeit, Transparenz) und „Perestroika" (Umgestaltung) umfassend zu reformieren. Bereits 1987 einigt er sich mit Reagan im INF-Vertrag über den Abbau der europäischen Mittelstreckenwaffen und deren Verschrottung. Die Sowjetunion zieht sich aus Afghanistan zurück, im Angola-Konflikt kommt es zu einem Waffenstillstand und die Generalstabschefs der beiden Supermächte besuchen sich 1988 erstmals gegenseitig. Schließlich wird im Jahr 1990 auf dem Pariser KSZE-Gipfel der Kalte Krieg definitiv für tot erklärt und ein umfassendes Abrüstungsprogramm auch für konventionelle Waffen (KSE-Vertrag) unterzeichnet. Damit ist der Weg vorgezeichnet, auf dem auch die übrigen Rüstungsgespräche zu Lösungen führen (START-Verträge 1991/93) und die Konfrontation zur Zusammenarbeit übergeht. Dabei werden allerdings die östlichen Partner Sowjetunion und Warschauer Pakt aufgelöst, während die westlichen als „Sieger im Kalten Krieg" bestehen bleiben.

2. a) *Die Aufgabe verlangt von Ihnen eine anschauliche, mit Beispielen versehene Erklärung der Gedanken Egon Bahrs (M 2) vor dem Hintergrund der Deutschen Einheit. (AFB II)*

Die innenpolitische Situation im Jahre 1992 ist so, dass sich die SPD gegenüber dem „ewigen Kanzler“ Kohl (CDU) immer noch in der Defensive befindet, da es diesem scheinbar mühelos gelungen ist, die Deutsche Einheit herbeizuführen, die doch von früheren Bundesregierungen bestenfalls als deutschlandpolitisches Fernziel angestrebt wurde. Vielfach musste man sich auch den Vorwurf gefallen lassen, das Bekenntnis zur Deutschen Einheit, wie es in der Präambel des Grundgesetzes verankert war, sei lediglich ein „Lippenbekenntnis“. Für Egon Bahr als „Architekten“ der **Neuen Ostpolitik** in der Regierung Brandt (SPD) – Scheel (FDP) ab 1969 mag auch eine Rolle spielen, dass man ihn damals aus rechtskonservativen Kreisen heraus als „Verräter“ und „Judas“ bezeichnet hat, da er angeblich dem Osten zu viele Zugeständnisse gemacht habe. Der konkrete Vorwurf, gegen den er sich 1992 zur Wehr setzt ist der, seine Politik der Zusammenarbeit mit den Kommunisten habe deren Regime stabilisiert und damit zur Lebensverlängerung der DDR beigetragen.

Bahr rechtfertigt nun die damalige Ostpolitik zunächst, indem er sie in die Kontinuität der westdeutschen Politik seit dem Kriegsende einreiht. Diese sei immer schon auf Konfliktvermeidung und Zusammenarbeit aus gewesen, niemand im Westen sei den Vorschlägen gefolgt, wonach „Krieg der Aussicht auf ein großes Gefängnis vorzuziehen“ sei. Indirekt kritisiert er aber auch eine gewisse Doppelzüngigkeit der Deutschlandpolitik der 50er- und 60er-Jahre, da man mit dem Osten zwar immer zusammengearbeitet, de facto sogar ein „zinsloses Kreditsystem“ für die DDR eingerichtet habe, diese Zusammenarbeit aber „niemand so nennen durfte“.

Bahr betont die **„schwierige Lage Westberlins“**, womit einerseits die geografische Situation gemeint ist, da sich Westberlin nur über Transitwege durch DDR-Gebiet oder über Luftkorridore erreichen lässt, andrerseits aber auch der politische Status: Berlin als Ganzes unterliegt immer noch dem Viermächtestatus der Nachkriegszeit, eine Veränderung kann nur mit Zustimmung der Westmächte (USA, GB, Frankreich) und der Sowjetunion erfolgen. Diese schwierige Lage hat sich schon in drei schweren Krisen manifestiert. 1948 wurde die Stadt nach einer sowjetischen Blockade durch eine alliierte Luftbrücke versorgt, 1958 forderte der sowjetische Parteichef Chruschtschow ultimativ, Westberlin zu einer „freien Stadt“ zu machen und 1961 wurde schließlich unter dem Schutz sowjetischer Panzer die Teilung Berlins durch eine Mauer besiegelt, die die Republikflucht aus der DDR eindämmen sollte. Das Interesse der westdeutschen Regierung unter Brandt geht dahin, vor allem die Zugangswege nach Berlin und die besonderen Beziehungen Westberlins zur Bundesrepublik, von der es wirtschaftlich abhängig ist, zu garantieren.

Bahr gibt Einblick in seine Auffassung, indem er sagt, dass es letztlich um Machtfragen gegangen sei und dass „keine solche Vereinbarung Ulbricht (Parteichef der SED) stärker etablieren konnte, als er durch die sowjetische Macht schon etabliert war, und dass keine solche Vereinbarung ihn beliebter machen würde“.

Er nennt „Helsinki“ als Muster dafür, wie man die kommunistischen Regierungen durch internationale Abkommen habe binden und letztlich auch verändern wollen. Damit bezieht er sich auf den Prozess der **KSZE** (Konferenz für Sicherheit und Zusammenarbeit in Europa), der ab 1972 verhandelt wurde und zur **Schlussakte von Helsinki** (**1975**) führte. Die KSZE ist aus einer losen Konferenzfolge mittlerweile zu einer Institution geworden. In Helsinki wurden die Probleme in drei „Körben“ zusammengefasst:

- Korb 1 umfasst alle Fragen der **Sicherheit** in Europa, die im Wesentlichen unter Achtung der territorialen Gegebenheiten nach dem Zweiten Weltkrieg und nach dem Prinzip der Gewaltlosigkeit geregelt werden sollen.

- Korb 2 enthält die Fragen der Zusammenarbeit in den Bereichen **Wirtschaft, Wissenschaft, Technik und Umwelt**.
- Korb 3 schließlich enthält die Fragen der Zusammenarbeit in **humanitären und anderen Bereichen**, wozu auch der Austausch von Informationen und menschliche Begegnungen gehören.

Besonders die im ersten Korb enthaltene Verpflichtung zur Achtung der Menschenrechte und Grundfreiheiten wird im Ostblock zum Anknüpfungspunkt verschiedener Oppositionsgruppen, die diese Rechte von ihren Regierungen einfordern.

Gegen Schluss des Textes bringt er seine berühmte, erstmals auf einer Tagung 1963 formulierte These vom „**Wandel durch Annäherung**" auf die paradoxe Formel: „Veränderung von außen war nicht ohne Stabilisierung erreichbar". Damit ist gemeint, dass man nur mit einem Partner sinnvoll verhandeln kann, dessen Existenz nicht unmittelbar gefährdet ist und der genügend Souveränität besitzt, um Zugeständnisse machen zu können. In der Akademie Tutzing hat Bahr diese Formel 1963 so begründet:
„Wir haben gesagt, dass die Mauer ein Zeichen der Schwäche ist. Man könnte auch sagen, sie war ein Zeichen der Angst und des Selbsterhaltungstriebes des kommunistischen Regimes. Die Frage ist, ob es nicht Möglichkeiten gibt, diese durchaus berechtigten Sorgen dem Regime graduell so weit zu nehmen, dass auch die Auflockerung der Grenzen und der Mauer praktikabel wird, weil das Risiko erträglich ist. Das ist eine Politik, die man auf die Formel bringen könnte: Wandel durch Annäherung." Im gleichen Zusammenhang erwähnt Bahr auch ausdrücklich die außenpolitische Leitlinie der Regierung Kennedy, wonach man die Interessen der anderen Seite anerkennen müsse, und meint, dass sich seine Vorstellung nahtlos ins „westliche Konzept der Strategie des Friedens" einpasse.

2. b) *Die Aufgabe ist zweigeteilt: Zunächst sollen Sie die Reaktion der sozialliberalen Koalition unter Brandt (SPD) und Scheel (FDP) auf die Änderung der internationalen Rahmenbedingungen in den 60er- und 70er-Jahren strukturiert beschreiben (AFB II). Anschließend sollen Sie Ziele und Ergebnisse dieser Politik nennen (AFB I).*

Die **sozialliberale Koalition Brandt/Scheel**, die nach den Bundestagswahlen vom 20. 9. 1969 die Macht übernommen hat, sieht sich zunächst mit folgenden Voraussetzungen konfrontiert: Das Grundgesetz schreibt zwar in seiner Präambel das Ziel der Deutschen Einheit in Frieden und Freiheit unmissverständlich vor, doch die praktische Deutschlandpolitik der vergangenen zwanzig Jahre hat zu einer zunehmenden Entfremdung der beiden deutschen Staaten geführt, in denen gegensätzliche politische und wirtschaftliche Systeme entstanden sind. Die bisherigen CDU-dominierten Regierungen, insbesondere die Regierungen der Adenauer-Ära, haben eine klare Politik der **Westintegration** betrieben und die neue Bundesrepublik im Rahmen der westlichen Bündnisse wieder solonfähig gemacht. Seit 1955 gilt als außenpolitische Leitlinie die so genannte „**Hallstein-Doktrin**", wonach wirtschaftliche oder diplomatische Beziehungen zur DDR, die im Westen als Staat nicht anerkannt ist, einen „unfreundlichen Akt" gegenüber der Bundesrepublik darstellen und die Bundesrepublik als alleinige rechtmäßige Vertreterin aller Deutschen zu betrachten sei. Seit der Berlinkrise 1961 versucht die DDR verstärkt, diese Position zu unterlaufen, indem sie Handelskontakte mit Staaten der Dritten Welt aufnimmt, 1965 eine eigene Olympiamannschaft aufstellt, 1967 ein neues Staatsbürgerschaftsrecht einführt und 1968 eine neue „sozialistische Verfassung" verabschiedet. Die Vorgängerregierungen unter den Kanzlern Erhard und Kiesinger (beide CDU) haben mehr oder weniger erfolglos versucht an der Hallstein-Doktrin festzuhalten und Handelsmissionen in Osteuropa unter Umgehung der DDR zu errichten. Daraufhin hat das Warschauer Bündnis mit der Vereinbarung geantwortet, dass kein Mitgliedstaat diplomatische Beziehungen zu Westdeutschland aufnehmen

dürfe, solange nicht die BRD und die DDR solche vereinbart hätten. Aus der beabsichtigten Isolierung der DDR droht also eine Selbstisolation der BRD zu werden. Die neue Regierung kündigt bereits in ihrer ersten Regierungserklärung an, dass sie bereit sei, auf der Ebene der Regierungen mit der DDR zu verhandeln, schließt aber deren völkerrechtliche Anerkennung aus. Wörtlich heißt es:
„Aufgabe der praktischen Politik in den jetzt vor uns liegenden Jahren ist es, die Einheit der Nation dadurch zu wahren, dass das Verhältnis zwischen den beiden deutschen Staaten aus der Verkrampfung gelöst wird (…) 20 Jahre nach Gründung der Bundesrepublik Deutschland und der DDR müssen wir ein weiteres Auseinanderleben der deutschen Nation verhindern, also versuchen, über ein geregeltes Nebeneinander zu einem Miteinander zu kommen (…) Anknüpfend an die Politik ihrer Vorgängerin erklärt die Bundesregierung, dass die Bereitschaft zu verbindlichen Abkommen über den gegenseitigen Verzicht auf Anwendung oder Androhung von Gewalt auch gegenüber der DDR gilt."

Die Regierung Brandt/Scheel versucht damit das deutsch-deutsche Verhältnis im Kontext der weltweiten Entspannungsbemühungen zu „entkrampfen" und von einem Hindernis für weltweite Entspannung zu einem konstruktiven Faktor zu werden.

Gemäß einer von Egon Bahr schon 1963 geäußerten Auffassung, wonach „die Voraussetzungen zur Wiedervereinigung nur mit der Sowjetunion zu schaffen" sind, strebt die Bundesrepublik zunächst ein Abkommen mit Moskau an, das dann zum Grundmuster aller weitern so genannten „Ostverträge" wird, da die Satellitenregierungen in Osteuropa an die sowjetische Politik gebunden sind und nur begrenzte Spielräume haben. Das Grundmuster sieht folgendermaßen aus: Die Bundesrepublik akzeptiert bis auf weiteres die territorialen Folgen des Zweiten Weltkrieges, den Status quo in Europa. Beide Seiten erklären ihren Verzicht auf Gewaltanwendung bei der Regelung strittiger Punkte. Eine verstärkte Zusammenarbeit und menschliche Erleichterungen zwischen Ost und West werden vereinbart. Nachdem bereits **1970 der Moskauer und der Warschauer-Vertrag** unterschrieben werden, ist die Sowjetunion bereit, an der Regelung der Berlin-Frage konstruktiv mitzuwirken. So kommt es **1971 zum Viermächteabkommen** über Berlin. Erst nachdem dieses Problem geregelt ist, kann 1972 der **Grundlagenvertrag** ausgehandelt werden, die völkerrechtliche Anerkennung der DDR unterbleibt ausdrücklich. Die Botschafter heißen lediglich „ständige Vertreter". Danach steht auch einer Regelung des Verhältnisses zur Tschechoslowakei nichts mehr im Wege. Der **Prager Vertrag** wird 1973 unterzeichnet. Die Verträge sind insgesamt durch ein **„doppeltes Junktim"** miteinander verknüpft: Ohne Anerkennung des Status quo keine Berlinregelung, ohne Berlinregelung keine Verhandlungen mit der DDR und damit deren faktische Aufwertung. Dass mit der „vorläufigen" Anerkennung der territorialen Folgen des Zweiten Weltkrieges der Verlust ostpreußischer Gebiete an die Sowjetunion und die Oder-Neiße-Grenze zu Polen akzeptiert werden, stößt innenpolitisch auf erbitterten Widerstand vonseiten der Vertriebenenverbände und der CDU/CSU.

Was die tatsächlichen Wirkungen der Neuen Ostpolitik angeht, zeigt sich, dass die starke Zunahme der Ost-Westkontakte (1970 zwei Millionen Westbesucher im Osten, 1973 acht Millionen, 1970 700 000 Telefonate, 1973 23 Mio.) die DDR Führung in Zugzwang bringt. Eine durch Westkontakte und Westfernsehen geprägte Bevölkerung ist immer weniger bereit, die Schwächen des DDR-Systems kritiklos hinzunehmen. Die Ausweisung des Liedermachers Wolf Biermann wirkt 1976 wie eine Initialzündung für vermehrten Protest. Als Gegenmittel wird der „verschärfte ideologische Kampf" gesehen: Die Ausgaben des Ministeriums für Staatsicherheit (Stasi) wachsen zwischen 1968 und 89 um 400 % und die Zahl der hauptamtlichen Mitarbeiter wächst von 4 000 Mitte der 50er-Jahre auf 100 000 im Jahr 1989.

Obwohl die sozialliberale Regierung sich weitgehend auf offizielle Kontakte zu den führenden Kräften der DDR beschränkt, was unter anderem die spätere Kritik an ihren Vertretern zur Folge hat und Egon Bahr Anlass gibt, sich zu rechtfertigen, erzeugt sie durch ihre Politik also doch ein Klima, das die Opposition ermuntert und letztlich den Wandel in der DDR mit herbeiführt.

3. *Die Aufgabe verlangt von Ihnen eine anschauliche Erläuterung der Faktoren, die aus Ihrer Sicht dazu beigetragen haben, dass die DDR der Bundesrepublik beigetreten ist. Dabei sollen Sie den Sachverhalt nicht nur beschreiben und darstellen, sondern auch erklären. (AFB II)*

Einer der wesentlichen Faktoren, die zum Ende der DDR beigetragen haben, ist die bereits erwähnte **Neue Ostpolitik**, die zusammen mit dem KSZE-Prozess eine größere Öffnung des Regimes und vermehrte Westkontakte der Bevölkerung ermöglicht, so dass den DDR-Bürgern der tatsächliche Zustand ihres Landes im Vergleich mit dem Westen deutlicher wird. Auch die Remilitarisierung der amerikanischen Außenpolitik unter Reagan trägt zum Ende der Sowjetunion und damit auch zur Auflösung des gesamten Ostblocks bei, da sie diesem System einen Rüstungswettlauf aufzwingt, der es letztlich ökonomisch überfordert. Allerdings bringt er auch das bedeutend stärkere System der USA an den Rand des wirtschaftlichen Ruins.

Der wesentliche externe Faktor ist die **Reformpolitik** Gorbatschows („Perestroika"), die dieser bereits 1985 eingeleitet hat. In den Jahren 1988/89 vollzieht sich dann der außenpolitische Kurswechsel einer Abkehr von der seit 1968 gültigen **Breschnew-Doktrin**, der zufolge der Sozialismus in einem Satellitenstaat Moskaus eine irreversible Tatsache ist und die Abkehr davon durch eine Intervention des Warschauer Paktes sanktioniert wird. Als im Mai 1989 ungarische Soldaten mit dem Abbau der Grenzsicherungsanlagen zu Österreich beginnen, öffent sich zum ersten Mal seit 1945 der **„Eiserne Vorhang"**. Im Sommer erreicht die Fluchtwelle aus der DDR neue Rekorde, 120 000 Anträge auf Ausreise in die Bundesrepublik gehen bei den Behörden ein. Als die DDR-Führung unter Egon Krenz am 9. November 1989 die Mauer öffnen lässt, reagiert sie nur noch auf den Druck der eigenen Bevölkerung und kann vom alten Hegemon Sowjetunion keinerlei Unterstützung mehr erwarten. Einzige Möglichkeit wäre die „chinesische Lösung", d. h. die Niederschlagung der Volksbewegung mit Gewalt, wozu sie sich aber nicht durchringen kann. Das hätte auch die völlige Isolierung der DDR in Europa bedeutet.

Hauptsächlicher interner Faktor für das Ende der DDR ist die **Bürgerbewegung**, die, nachdem sie zunächst auf Intellektuelle, Friedensbewegte, Ökologen und Kirchenkreise beschränkt war, im Laufe des Jahres 1989 zu einer Massenbewegung anwächst und sich in Großdemonstrationen, wie den „Montagsdemonstrationen" in Leipzig, immer lautstärker Gehör verschafft. Grund für diese Bewegung ist im Wesentlichen die Reformunwilligkeit bzw. -unfähigkeit der DDR-Führung, die zwar am 18. 10. 1989 von Honecker auf Krenz übergeht, was aber nicht als Signal zu wirklichen Veränderungen gilt. Durch Wahlfälschungen bei den Kommunalwahlen und Stasi-Übergriffe auf Oppositionelle und Demonstranten, sowie die Ignoranz mit der der 40. Jahrestag der DDR zur Selbstbeweihräucherung genutzt wird, hat sie jeglichen Kredit verspielt.

Als letzter wesentlicher Faktor kann die Bundesregierung unter Helmut Kohl (CDU) und Hans-Dietrich Genscher (FDP) gelten, die die günstige Situation der Schwäche der Sowjetunion nutzt, um deren Zustimmung für die Deutsche Einheit zu erhalten bzw. zu erkaufen. Damit ist der Weg frei für eine Ablösung der alten Viermächteverantwortung für Deutschland als Ganzes. Im Februar 1990 kommen die Außenminister der Vier Mächte USA, GB, Frankreich und Sowjetunion in Ottawa überein, um die auswärtigen Aspekte der deutschen Einheit in **Zwei-Plus-Vier-Verhandlungen** mit den beiden deutschen Staaten zu regeln.

Auf östlicher Seite ist aus den ersten – und gleichzeitig letzten – freien Wahlen in der DDR eine konservative Regierung unter Ministerpräsident Lothar de Maizière (CDU) hervorgegangen, die sich mit ihrem westlichen Gegenpart darauf verständigt, den einfachen und schnellen Weg zur **Einheit über den Artikel 23 des Grundgesetzes** zu gehen. Dieser ermöglicht den Beitritt neuer Bundesländer zur alten Bundesrepublik und dementsprechend tritt die DDR in der Form der „fünf neuen Länder" am 3. 10. 1990 der Bundesrepublik bei. Die verfassungsmäßig umständlichere und wohl auch korrektere Prozedur über den Art. 146 GG („Dieses Grundgesetz verliert seine Gültigkeit an dem Tage, an dem eine Verfassung in Kraft tritt, die von dem deutschen Volke in freier Entscheidung beschlossen worden ist.") wird von der Bürgerbewegung, sofern sie nicht überhaupt keine Einheit, sondern eine bessere DDR will, bevorzugt, da sie die Chance auf eine Neuordnung im größeren Umfang und auch möglicherweise ein Verfassungsplebiszit enthalten hätte.

Man kann also sagen, dass die Art des Zustandkommens der Deutschen Einheit weitgehend Regierungssache ist, während die Tatsache, dass es überhaupt so schnell zur Einheit kommt eher auf den Druck der Bevölkerung im Osten zurückzuführen ist. Die wechselnden Slogans bei den Montagsdemonstrationen: „Wir sind das Volk" – „Wir sind ein Volk" und: „Wenn die DM nicht zu uns kommt, kommen wir zu ihr" sprechen eine deutliche Sprache.

4. *Der Operator verlangt von Ihnen ein Abwägen von Für- und Wider-Argumenten sowie ein begründetes persönliches Urteil über die Aussage des Historikers Wilfried Loth. Zudem sollen Sie Ihre Auffassungen mit Beispielen belegen. (AFB III)*

Die zu erörternde These impliziert die Frage, wer letztlich die Schuld am Kalten Krieg trägt, sofern dieser tatsächlich vermeidbar war.
In der historischen Diskussion stehen sich hier zwei Ansichten gegenüber. Die **traditionelle Auffassung** geht davon aus, dass die Sowjetführung in Übereinstimmung mit der Ideologie des Weltkommunismus und der Weltrevolution grundsätzlich auf Expansion aus ist und jede sich bietende Gelegenheit zur Ausdehnung ihres Machtebreiches nutzt. Nach dieser Vorstellung befindet sich der an sich friedliebende Westen in einer Verteidigungsposition und versucht seit 1947 mithilfe der „**Containment-Politik**" (G. F. Kennan) bzw. gemäß der „**Truman-Doktrin**" den Vormarsch des Kommunismus „einzudämmen". Diese Eindämmung erfolgt mit militärischen wie wirtschaftlichen Mitteln (Marshallplan).
Demgegenüber behauptet die **revisionistische Auffassung**, die Ursache des Konflikts sei in der Struktur des ökonomischen und politischen Systems der USA zu finden, das zur Vermeidung von wirtschaftlichen Krisen auf die ständige Erschließung neuer Handelsbeziehungen und Absatzmärkte angewiesen sei. Nach dieser These sieht sich die sowjetische Politik bei Kriegsende einer ökonomisch prosperierenden, traditionell antisowjetischen und im Besitz des Atomwaffenmonopols befindlichen Weltmacht USA gegenüber, der sie nach den Verlusten des Zweiten Weltkrieges nichts Adäquates entgegenzusetzen hat. Von daher sei die Sowjetisierung Osteuropas eine defensive Maßnahme gewesen.

Die Wahrscheinlichkeit eines Kalten Krieges kann schon aus dem Zustandekommen der „**unnatürlichen Allianz**" der späteren Supermächte USA und UdSSR abgeleitet werden. Der Hitler-Stalin-Pakt von 1939, aus sowjetischer Sicht eine Reaktion auf das Scheitern einer Zusammenarbeit mit dem Westen, wird von den Westmächten mit Überraschung und Bestürzung zur Kenntnis genommen. 1940 wird die Sowjetunion wegen ihres völkerrechtswidrigen Angriffs auf Finnland aus dem Völkerbund ausgeschlossen. Erst durch den Überfall Hitlers auf die Sowjetunion und den japanischen Angriff auf Pearl Harbor (beides 1941) bahnt sich die entscheidende Wende an: Aus den ideologischen Gegnern werden Verbündete in der „**Anti-Hitler-Koalition**". Der US-Kongress bezeichnet im Jahr 1941 die Verteidigung der Sowjetunion sogar als „lebenswichtig für die amerikanische Sicherheit". Der Aufbau der zweiten Front in Frankreich dauert aber bis 1944, Stalin verdächtigt seine Verbündeten, sie wollten die Russen im Kampf gegen Deutschland verbluten lassen.

Trotz aller Differenzen gibt es aber auch Indizien für ein Gelingen der Zusammenarbeit über den Krieg hinaus. So schließt sich Stalin den von Roosevelt und Churchill 1941 proklamierten Grundsätzen der „**Atlantik-Charta**" an, in der u. a. das Selbstbestimmungsrecht der Völker und die freie Wahl der Regierungsform gefordert wird. Auch der Gründung der **UNO 1945** steht die Sowjetunion positiv gegenüber.

Dennoch zeigen sich von Anfang an Differenzen in der Auslegung dieser Grundsätze: Die Sowjetunion weigert sich prinzipiell, die aufgrund des Hitler-Stalin-Paktes eroberten Gebiete wieder aufzugeben und sorgt überall in Osteuropa, wo es ihr möglich ist, für die Errichtung so genannter Volksdemokratien (Sowjetisierung) mit besonderen Beziehungen zur UdSSR. Der Gegensatz zwischen dem Sicherheitsinteresse der Sowjetunion (im Sinne der revisionistischen Auffassung) und einer US-Politik der „offenen Tür" und des „freien Handels", von der die stärkere Wirtschaft der USA mehr profitiert, wird hier deutlich. Fraglich ist, ob es andere Möglichkeiten gegeben hätte, das sowjetische Sicherheitsbedürfnis zu befriedigen und die Blockbildung zu vermeiden. Unterstellt man der Sowjetunion aber einfach ein Streben nach Ausdehnung ihres Machtbereiches (traditionelle These), so ist die Politik der Abgrenzung und Eindämmung letztlich ohne Alternative.

Folgende **Beispiele aus der Hochphase des Kalten Krieges** könnten erörtert werden:

- 1944 beginnen Verhandlungen über neue **weltwirtschaftliche Strukturen** in Bretton Woods. Die daraus hervorgehenden Institutionen Weltbank, internationaler Währungsfonds und später das Handelabkommen GATT sind auf die Möglichkeiten und Bedürfnisse der USA ausgerichtet und werden von diesen dominiert, Leitwährung ist der US-Dollar. Die Sowjetunion ratifiziert die Abkommen nicht und sieht sich in der Folge in eine Isolation gedrängt, was sie veranlasst, eigene Strukturen (RGW) aufzubauen.
- 1947 untersagt die Sowjetunion ihren Satellitenstaaten Polen und der Tschechoslowakei die Beteiligung am European Recovery Program (ERP), dem so genannten **Marshallplan** zum Wiederaufbau Europas. Die Begründung ist, dass die USA sich dieses Plans als trojanischem Pferd bedienen wollten, um ihre imperialistische Außenpolitik zu unterstützen. Im selben Jahr spricht der Leningrader Parteisekretär Shdanow von „**Zwei Lagern**", nämlich dem imperialistisch-antidemokratischen und dem antiimperialistisch-demokratischen, die sich unversöhnlich gegenüberstünden. Diese würden von den USA einerseits und von der Sowjetunion andrerseits angeführt, die sich in einem antiimperialistischen Verteidigungskampf befinde.
- 1948 wird in Westdeutschland und Westberlin die **DM** eingeführt. Die Sowjetunion sieht darin die Vorbereitung eines westdeutschen Separatstaates und reagiert mit der Blockade der Zufahrtswege nach Berlin. Durch die darauf eingerichtete Luftbrücke sieht sich wiederum die westliche Seite bestätigt: Die USA werden vom Besatzer zum Helfer, das Bild der Sowjetunion verdüstert sich noch mehr.
- 1949 kommt es in China zur Machtübernahme der Kommunisten unter **Mao Tse-tung**. Obwohl sich der chinesische Weg zum Kommunismus sehr bald vom sowjetischen trennt, erscheint dieser Sieg doch zunächst als Bedrohung westlicher Interessen in Asien.
- 1950 ermuntern die Sowjets zum **Angriff** nordkoreanischer Streitkräfte auf **Südkorea**, was als Beweis für kommunistische Aggressivität angesehen werden kann. Im Gegenzug nutzen die USA die Abwesenheit der Vetomacht Sowjetunion im Sicherheitsrat, um sich eine UN-Legitimation für ihr Eingreifen geben zu lassen.
- 1952 schickt **Stalin** seine berühmte **Note** an die Vertreter der drei Westmächte, in der er ein wiedervereinigtes und neutrales Deutschland vorschlägt. Der Westen lässt sich auf Gespräche gar nicht erst ein, da er Stalin unterstellt, er wolle damit nur die Vorbereitung einer Europäischen Verteidigungsgemeinschaft (EVG) torpedieren.

- 1953 verschärft die neue US-Regierung unter Eisenhower und Dulles die Rhetorik gegenüber dem Osten. Es ist jetzt von einem Zurückdrängen des Kommunismus („**roll back**“) und von „liberation“ die Rede. Im selben Jahr stirbt Josef Stalin. Seine Nachfolger schließen in Korea Frieden und beabsichtigen eine versöhnlichere Politik gegenüber dem Westen („**Tauwetter**“), sie wollen zu diesem Zweck unter Umständen auch die Regierung Ulbricht in der DDR zum Rücktritt bewegen. Durch den Volksaufstand in Ostberlin und der DDR am 16. und 17. Juni zerschlägt sich dieser Plan und die Niederwerfung des Aufstandes bestätigt die US-Regierung in ihrer harten Haltung.
- 1954 arbeitet die Sowjetunion konstruktiv auf der **Indochina-Konferenz** in Genf mit, bei der dem militärisch in Bedrängnis geratenen Frankreich ein „ehrenvoller Rückzug“ aus Vietnam ermöglicht werden soll. Der Westen sieht auch darin den Versuch, die geplante EVG zu verhindern.
- 1955 gesteht die Sowjetunion **Österreich** einen Staatsvertrag zu, der Souveränität und Neutralität garantieren soll. Auch gegenüber **Finnland** zeigt sie sich großzügig und gibt eine Flottenbasis zurück. Die Chance, das Modell Österreich oder Finnland, beide mit direkter Grenze zum Osten und neutral, auf andere zu übertragen wird nicht genutzt.
- 1958 stellt der sowjetische Parteichef Chruschtschow sein **Berlin-Ultimatum**, in dem er die Westmächte zum Abzug aus der Inselstadt bewegen und West-Berlin in eine „Freie Stadt“ verwandeln will. Diese Initiative wird im Westen als Aggression verstanden. Hintergrund ist aber die Vorstellung, ein Ausbluten der DDR über die offene Grenze in Berlin nur dann verhindern zu können, wenn diese die Kontrolle über die Zufahrtswege habe. Der Mauerbau 1961 stellt nur eine andere Lösungsvariante dieses Problems dar.

Erst mithilfe des Schocks, den die Kuba-Krise auslöst, und – wie in 1b dargelegt – nicht ohne Rückschläge gelingt es langfristig, zur Ära der Entspannung überzugehen.

Schriftliche Abiturprüfung Geschichte (Baden-Württemberg): Übungsaufgabe 7: Die Herstellung der staatlichen Einheit

M 1: Am 25. Dezember 1991 zog Michail Gorbatschow anlässlich seines Rücktritts als Präsident der Sowjetunion in einer Rede eine innen- und außenpolitische Bilanz (Auszug)

Verehrte Landsleute! Mitbürger!

Angesichts der Situation, die nach der Gründung der Gemeinschaft Unabhängiger Staaten entstanden ist, beende ich meine Tätigkeit als Präsident der UdSSR. Diese Entscheidung treffe ich auf Grund meiner Prinzipien. Ich trat immer fest ein für die Selbstständigkeit und Unabhängigkeit der Völker, die Souveränität der Republiken. Aber gleichzeitig war ich auch für die Erhaltung des Unionsstaates und des ganzen Landes. Die Ereignisse haben sich in eine andere Richtung entwickelt.

Ich spreche zu Ihnen das letzte Mal als Präsident der UdSSR. Deshalb halte ich es für notwendig, meinen seit 1985 gegangenen Weg einzuschätzen. Und dies umso mehr, da es darüber nicht wenig oberflächliche, widersprüchliche und nicht objektive Wertungen gibt.

Das Schicksal hat es so gefügt, dass es sich bereits bei meiner Amtsübernahme zeigte, dass es im Land Probleme gab. (…) Der Prozess der Erneuerung des Landes und der grundlegenden Veränderungen in der Weltgemeinschaft hat sich komplizierter erwiesen, als man voraussagen konnte. Trotzdem muss man das Vollbrachte gebührend einschätzen. Die Gesellschaft wurde frei. Und das in politischer und geistiger Hinsicht. Und das ist die größte Errungenschaft. Sie wird bei uns jedoch nicht gebührend gewürdigt. Und wahrscheinlich deshalb, weil wir es immer noch nicht gelernt haben, die Freiheit richtig zu nutzen. Trotzdem wurde eine Arbeit von historischer Bedeutung geleistet. Es wurde ein totalitäres System beseitigt, das ein weiteres Aufblühen und Wohlergehen des Landes verhinderte. Es wurde der Durchbruch zu demokratischen Veränderungen vollzogen. Freie Wahlen, eine freie Presse, Religionsfreiheit, wirkliche Machtorgane und ein Mehrparteiensystem wurden zur Realität. Die Menschenrechte wurden als oberstes Prinzip anerkannt. (…)

Wir leben in einer anderen Welt: Der „Kalte Krieg“ ist vorbei. Das Wettrüsten wurde gestoppt. Die wahnsinnige Militarisierung unseres Landes, die unsere Wirtschaft, das gesellschaftliche Bewusstsein und die Moral zugrunde richtete, wurde beendet. Die Gefahr eines Weltkriegs wurde beseitigt. Ich möchte noch einmal betonen, dass von meiner Seite in der Übergangsperiode alles für eine zuverlässige Kontrolle der Kernwaffen getan wurde. Wir öffneten uns der Welt und verzichteten auf die Einmischung in fremde Angelegenheiten sowie auf den Einsatz von Truppen außerhalb unseres Landes. Und man antwortete uns mit Vertrauen, Solidarität und Respekt. Wir wurden zu einer der wichtigsten Stützen bei der Umgestaltung der modernen Zivilisation auf friedlicher und demokratischer Basis. Die Völker und Nationen haben die reale Freiheit erhalten den Weg ihrer Entwicklung selbst zu bestimmen. Die Suche nach einer demokratischen Reformierung unseres Vielvölkerstaates führte uns an die Schwelle eines neuen Unionsvertrages. Ich möchte von ganzem Herzen all jenen danken, die in all diesen Jahren mit mir für die gerechte und gute Sache eingetreten sind. Sicherlich war eine Reihe von Fehlern vermeidbar. Vieles hätte man besser machen können. Aber ich bin überzeugt, dass unsere Völker in einer aufblühenden und demokratischen Gesellschaft leben werden. Ich wünsche Ihnen alles Gute.

(aus: Sowjetunion heute/Wostok, Nr. I, Februar 1992)

M 2: Aufruf der Initiative NEUES FORUM 9. 9. 1989

In unserem Lande ist die Kommunikation zwischen Staat und Gesellschaft offensichtlich gestört. Belege dafür sind die weit verbreitete Verdrossenheit bis hin zum Rückzug in die private Nische oder zur massenhaften Auswanderung. Fluchtbewegungen diesen Ausmaßes sind anderswo durch Not, Hunger und Gewalt verursacht. Davon kann bei uns keine Rede sein. (...)

Auf der einen Seite wünschen wir uns eine Erweiterung des Warenangebots und bessere Versorgung, andererseits sehen wir deren soziale und ökologische Kosten und plädieren für die Abkehr von ungehemmtem Wachstum. Wir wollen Spielraum für wirtschaftliche Initiative, aber keine Entartung in eine Ellenbogengesellschaft. Wir wollen das Bewährte erhalten und doch Platz für Erneuerung schaffen, um sparsamer und weniger naturfeindlich zu leben. Wir wollen geordnete Verhältnisse, aber keine Bevormundung. Wir wollen freie, selbstbewusste Menschen, die doch gemeinschaftsbewusst handeln. Wir wollen vor Gewalt geschützt sein und dabei nicht einen Staat von Bütteln und Spitzeln ertragen müssen. Faulpelze und Maulhelden sollen aus ihren Druckposten vertrieben werden, aber wir wollen dabei keine Nachteile für sozial Schwache und Wehrlose. Wir wollen ein wirksames Gesundheitswesen für jeden; aber niemand soll auf Kosten anderer krank feiern. Wir wollen an Export und Welthandel teilhaben, aber weder zum Schuldner und Diener der führenden Industriestaaten noch zum Ausbeuter und Gläubiger der wirtschaftlich schwachen Länder werden.

Um all diese Widersprüche zu erkennen, Meinungen und Argumente dazu anzuhören und zu bewerten, allgemeine von Sonderinteressen zu unterscheiden, bedarf es eines Demokratischen Dialogs über die Aufgabe des Rechtsstaates, der Wirtschaft und der Kultur. Über diese Fragen müssen wir in aller Öffentlichkeit, gemeinsam und im ganzen Land nachdenken und miteinander sprechen. Von der Bereitschaft und dem Wollen dazu wird es abhängen, ob wir in absehbarer Zeit Wege aus der gegenwärtigen krisenhaften Situation finden. Es kommt in der jetzigen gesellschaftlichen Entwicklung darauf an, dass eine größere Anzahl von Menschen am gesellschaftlichen Reformprozess mitwirkt, dass die vielfältigen Einzel- und Gruppenaktivitäten zu einem Gesamthandeln finden.

Wir bilden deshalb gemeinsam eine Politische Plattform für die ganze DDR, die es Menschen aus allen Berufen, Lebenskreisen, Parteien und Gruppen möglich macht, sich an der Diskussion und Bearbeitung lebenswichtiger Gesellschaftsprobleme in diesem Land zu beteiligen. Für eine solche übergreifende Initiative wählen wir den Namen

NEUESFORUM

Die Tätigkeit des NEUEN FORUM werden wir auf gesetzliche Grundlagen stellen. Wir berufen uns hierbei auf das in Art. 29 der Verfassung der DDR geregelte Grundrecht, durch gemeinsames Handeln in einer Vereinigung unser politisches Interesse zu verwirklichen. Wir werden die Gründung der Vereinigung bei den zuständigen Organen der DDR entsprechend der VO vom 6. 11. 1975 über die „Gründung und Tätigkeit von Vereinigungen" (GBL, Nr. 44, S. 723) anmelden. (...)

(aus: Gransow u. a.: Die deutsche Vereinigung. Dokumente zur Bürgerbewegung, Köln 1991, S. 60f.)

Aufgaben:

1. a) Arbeiten Sie aus M 1 heraus, welche Kritik Gorbatschow an der bisherigen Außen- und Sicherheitspolitik der Sowjetunion äußert. 8 VP
   b) Stellen Sie den Zusammenhang zwischen der Amtszeit Gorbatschows und dem Ende des Kalten Krieges dar. 8 VP
   c) Beurteilen Sie Gorbatschows Selbsteinschätzung: „Wir öffneten uns der Welt und verzichteten auf die Einmischung in fremde Angelegenheiten (…)" Belegen Sie Ihre Auffassung durch Beispiele Ihrer Wahl. 10 VP

2. a) Erläutern Sie die Rahmenbedingungen des Jahres 1989 in der DDR, die zur Gründung des Neuen Forums (M 2) führten. 12 VP
   b) Analysieren Sie Zustandsbeschreibung und Zielvorstellungen des Neuen Forums. 10 VP

3. Erörtern Sie, welchen Anteil die Bürgerrechtsbewegung (M 2) und welchen die internationalen Rahmenbedingungen am Gelingen der „friedlichen Revolution" in der DDR haben. 12 VP

60 VP

Lösungsvorschlag

1. a) *Der Operator „herausarbeiten" verlangt eine selbstständige, gegliederte Textwiedergabe; eine reine Textparaphrase wird dem Operator nicht gerecht. Sie sollen aus dem vorgegebenen Material entnehmen, inwiefern Gorbatschow die bisherige Außen- und Sicherheitspolitik der Sowjetunion kritisiert. (AFB I)*

Gorbatschow kritisiert im Rückblick auf die Amtsperioden seiner Vorgänger (Breschnew, Andropow und Tschernenko) die ökonomischen und mentalen Folgen der bisherigen Politik des Wettrüstens: „**Die wahnsinnige Militarisierung unseres Landes**, die unsere Wirtschaft, das gesellschaftliche Bewusstsein und die Moral zugrunde richtete." Hintergrund ist die einseitige Bevorzugung der Investitions- und Rüstungsgüterindustrie in der Sowjetunion, der gegenüber die Konsumgüterherstellung vernachlässigt worden ist. Als Folge davon ist der Lebensstandard in der Sowjetunion trotz hoher wirtschaftlicher Wachstumsraten weit hinter dem des Westens zurückgeblieben, zumal sich die politische Führung nicht entschließen konnte, die lange schon bekannten strukturellen Schwächen der sozialistischen Zentralverwaltungswirtschaft zu beseitigen. Auf das gesellschaftliche Bewusstsein hat diese Entwicklung insofern prägend gewirkt, als sich nach den Jahren des Aufbaus in der Stalin-Zeit insbesondere während der Jahre, in denen Breschnew die KPdSU geleitet hat, eine **Atmosphäre der Stagnation** breit gemacht hat. Für die Sowjetbürger lohnte es sich nicht besonders berufliche Leistung zu erbringen, da sich einerseits die Effektivität der Produktion infolge der Planungsmängel nicht wesentlich steigern ließ und andererseits die gesellschaftliche „Belohnung" in Form von Konsum, Reisen etc. nur in sehr bescheidenem Ausmaß erreichbar war.
Gorbatschow erwähnt die „Gefahr eines Weltkriegs" und nimmt für sich in Anspruch, die kritische „Übergangsperiode" so gestaltet zu haben, dass „alles für eine zuverlässige Kontrolle der Kernwaffen getan wurde". Die demokratische Umgestaltung der Sowjetunion habe den „Völkern und Nationen" des Vielvölkerstaates neue Freiheiten gebracht, das Land befinde sich an der Schwelle zu einem neuen Unionsvertrag. Gemeint ist der Vertrag zur Gründung der GUS (Gemeinschaft Unabhängiger Staaten), die aber von Gorbatschows mächtigstem Gegenspieler, dem russischen Präsidenten Boris Jelzin, initiiert wurde, nachdem zuvor schon die Ukraine den Unionsvertrag mit der Sowjetunion gekündigt hatte.

Indirekt **kritisiert** er die **früher übliche Abschottung der sowjetischen Politik und** den **Einsatz von Truppen außerhalb des Landes**, indem er die Öffnung der Sowjetunion und den Verzicht auf Einmischungen in fremde Angelegenheiten hervorhebt und die positiven Folgen dieser neuen Politik betont: „Vertrauen, Solidarität und Respekt", „reale Freiheit". Den „Kalten Krieg" hält er für beendet, das Wettrüsten für gestoppt.

1. b) *Der Operator „darstellen" verlangt die Beschreibung des Zusammenhangs zwischen der Amtszeit Gorbatschows und dem Ende des Kalten Krieges. Eine reine Aufzählung von Fakten und Ereignisse ist nicht ausreichend, vielmehr müssen Sie den Anteil Gorbatschows an dieser Entwicklung verdeutlichen. (AFB II)*

Als der 54-jährige Gorbatschow 1985 zum Generalsekretär der KPdSU gewählt wurde, deutete nichts darauf hin, dass sechs Jahre später nicht nur das Sowjetimperium, sondern sogar die Sowjetunion selbst zu existieren aufgehört haben würde. Der „Kalte Krieg", der Europa seit dem Ende der „unnatürlichen Allianz" zwischen der Sowjetunion und den Westmächten Ende der 40er-Jahre gespalten hat, befand sich, was die militärischen Potentiale auf beiden Seiten betrifft, auf seinem Höhepunkt. Nachdem der Westen entdeckt hat, dass die Sowjetunion im europäischen Teil der UdSSR neue Mittelstreckenwaffen aufgestellt hatte, haben die NATO-Staaten 1979 beschlossen, in Westeuropa amerikanische Pershing-Raketen und Cruise-Missiles zu stationieren. Mit dem Einmarsch sowjetischer Truppen in Afghanistan im selben Jahr hat die UdSSR erstmals offen in einem Staat außerhalb des Ostblocks interveniert. Allgemein bezeichnet der „Kalte Krieg" den friedensvertragslosen Zustand nach dem Zweiten Weltkrieg, der vom gegenseitigen Misstrauen zwischen den beiden Blöcken des Ostens und des Westens gekennzeichnet war und in dem auf beiden Seiten Vernichtungspotentiale angehäuft wurden, die die Gefahr einer mehrfachen Vernichtung der Menschheit auch ohne absichtliche Auslösung des „Dritten Weltkriegs" in sich bargen. Besonders in der Kuba-Krise 1962 bestand die reale Gefahr eines Krieges zwischen den beiden Supermächten. Seither gab es zwar Ansätze zur Entspannung und Rüstungskontrolle, die aber bis zu Gorbatschow weder die ideologische Gegnerschaft zwischen West und Ost noch die Vernichtungspotentiale nachhaltig verringert haben. Nach einer Studie des US-Kongresses wäre der Zweite Weltkrieg gegen Ende der 80er-Jahre 6 000 Mal zu führen gewesen.
Gorbatschow begann die in der Ära Breschnews und seiner beiden Nachfolger zur „Gerontokratie" erstarrte Sowjetunion zu reformieren. Unter den Stichworten „**Glasnost**" (Offenheit, Durchsichtigkeit) und „**Perestroika**" (Umbau) stieß er einen Reformprozess an, der eigentlich den Sozialismus modernisieren und retten sollte, in Wirklichkeit aber Kräfte freisetzte, die ihn beendeten. Gorbatschow ersetzte innerhalb eines Jahres bereits 50 % der Mitglieder des überalterten Politbüros (innerster Machtzirkel der Partei) und ermöglichte die offene und öffentliche Diskussion, wodurch einerseits die Mängel des sozialistischen Systems, andererseits aber auch die stalinistische Vergangenheit in bis dahin nicht gekannter Weise öffentlich gemacht wurden. Obwohl Gorbatschow zunächst an der Einparteienherrschaft festhielt, entzogen sich die demokratische Bewegung und die Unabhängigkeitsbestrebungen der nationalen Bewegungen des Vielvölkerstaates Sowjetunion zunehmend seiner Kontrolle.
Außenpolitisch kam es zur **konstruktiven Zusammenarbeit** mit dem zunächst skeptischen Westen, deren Höhepunkte die „**doppelte Nulllösung**" im Bereich der Mittelstreckenraketen (INF-Vertrag 1987) und die **erstmalige wirkliche Abrüstung im Bereich der strategischen Atomwaffen** (START-Verträge 1991/93) **sowie der konventionellen Waffen in Europa** (KSE-Vertrag 1990) darstellten.
Letztlich standen am Ende dieses Wegs die Auflösung des Ostblocks und die Deutsche Einheit, da Gorbatschow auf die **Anwendung der Breschnew-Doktrin verzichtete**, der zufolge der Sozialismus in einem Satellitenstaat Russlands eine unumkehrbare

Tatsache war, da die Wiederherstellung kapitalistischer Zustände eine Gefahr für die Sicherheit der sozialistischem Gemeinschaft darstellte. Eine Abkehr vom einzig richtigen sowjetischen Weg war somit eine Angelegenheit aller sozialistischen Länder und bot die unmittelbare Legitimation zum Eingreifen „befreundeter" Truppen zur Wiederherstellung der vorigen Zustände.
Gorbatschow wurde für seine Erfolge in der Friedens- und Entspannungspolitik im Jahr 1990 mit dem Friedensnobelpreis ausgezeichnet. Seine Reformversuche führten aber letztlich nicht zur Rettung des Sozialismus, sondern zum „Beweis seiner Unreformierbarkeit" (Wirtschaftsberater Schatalin). Sie boten den Völkern der Sowjetunion immer weniger eine Zukunftsperspektive. Drei Wochen vor der Abschiedsrede Gorbatschows hat der Oberste Sowjet der Ukraine mit seiner Kündigung des Unionsvertrages (6. 12. 1991) den Startschuss zu einer Austrittswelle aus der Sowjetunion gegeben.

1. c) *Der Operator „beurteilen" verlangt von Ihnen, dass Sie die Selbsteinschätzung Gorbatschows auf ihre Stichhaltigkeit prüfen und eine persönliche Stellungnahme abgeben. Dabei sollen Sie Ihre Auffassung mit geeigneten Beispielen belegen. (AFB III)*

Mit dem **Verzicht auf Einmischung in „fremde Angelegenheiten"** ist eine Wende in der sowjetischem Außenpolitik gemeint, die bis dahin unter den Aspekten der „Friedlichen Koexistenz" von Staaten unterschiedlicher Gesellschaftsordnung, des „sozialistischen Internationalismus" und der Breschnew-Doktrin (s. o.) stand.
Dabei war die sowjetische Politik seit der Stalin-Ära eher an der **Sicherung des russischen Staates** als an der Einlösung des weltrevolutionären Anspruchs interessiert. Das Bekenntnis zur friedlichen Koexistenz bedeutete allerdings nicht die Aufgabe der weltrevolutionären Zielsetzung, sondern die Anpassung an die Gefahr eines Krieges im Atomzeitalter und die Fortsetzung der Konfrontation mit anderen Mitteln.
Tatsache ist, dass die Sowjetunion nach den schnellen Anfangserfolgen der deutschen Wehrmacht im Zweiten Weltkrieg und den hohen Kriegsverlusten (ca. 20 Mio. Menschen) ihre Sicherheit nur bei vollständiger **Kontrolle über das strategische Vorfeld in Osteuropa** („**Glacis**") gewährleistet sah.
Darüber hinausgehende Möglichkeiten, sich in andere Länder im Namen des „sozialistischen Internationalismus" einzumischen (Karibik, Indochina, Angola, Mocambique, Äthiopien, Süd-Jemen), wurden in der Regel eher zurückhaltend genutzt, da man sich nicht auf eine direkte Konfrontation mit den USA einlassen wollte und auch ökonomisch zu schwach war. Gorbatschow selbst erklärte bereits auf dem XXVII. Parteitag der KPdSU im Jahr 1986, die „Freunde in der Dritten Welt" müssten den Sozialismus nun „hauptsächlich aus eigener Kraft aufbauen". Er verzichtete darauf, mögliche Gelegenheiten zum Ausbau der sowjetischen Position in der Welt zu nutzen und konzentrierte sich auf die Reform des „Modells" Sowjetunion selbst.
Als Beispiele für die neue Politik der Nichteinmischung könnte man den **Rückzug der Armee aus Afghanistan** (1988) nennen oder die abwartende Haltung der sowjetischen Truppen gegenüber den Unabhängigkeitsbestrebungen in den baltischen Republiken (1990), das **Nichteingreifen bei der Öffnung der ungarischen Grenze zu Österreich** (1989) und letztlich auch gegenüber den **friedlichen Revolutionen in Polen, Tschechien und der DDR** (1989).
Sicherlich hat Gorbatschow diese Kehrtwendung nicht ohne den Druck ökonomischer und anderer Zwänge vollzogen und den Prozess auch nicht immer kontrolliert. Es ist ihm aber als Verdienst anzurechnen, dass er auf die mögliche militärische Option zugunsten ziviler Konfliktregelungen weitgehend verzichtet hat.

2. a) *Der Operator „erläutern" verlangt eine Beschreibung der Rahmenbedingungen des Jahres 1989 in der DDR, die zur Gründung des Neuen Forums (M 2) führten, und eine Veranschaulichung durch Beispiele. (AFB II)*

Die DDR befand sich im Jahr 1989 in einer schwierigen Situation. Während auf der einen Seite durch die Umgestaltung in der Sowjetunion und die internationalen Abrüstungserfolge **Hoffnungen auf eine Verbesserung der Lage** geweckt wurden, **leugnete die Führung der SED**, insbesondere „Chefideologe" Kurt Hager, zunächst jeglichen **Reformbedarf**. Die Bevölkerung der DDR reagierte zunehmend unwillig auf die Schaukelpolitik der Regierung, die zwischen verschärfter Repression durch die Stasi und erhöhten Ausreisequoten schwankte.
Oppositionelle waren in Friedens- und Umweltgruppen organisiert, die zum Teil Kontakt zu entsprechenden Bewegungen im Westen hatten (besonders seit dem Tschernobyl-Unglück 1986), zumindest aber über das Westfernsehen informiert waren und sich hauptsächlich im Schutz der Kirchen bewegten. Der auch durch den Rüstungswettlauf verschärfte chronische Mangel an Konsumgütern wurde von der Durchschnittsbevölkerung immer weniger als selbstverständlich akzeptiert. Die Bürger der „Nischengesellschaft" drohten aus SED-Sicht immer offener ihre Kritik zu äußern.
Als nach der **Kommunalwahl vom Mai 1989** die übliche hohe Zustimmungsquote von 95,98 % für die Kandidaten der Nationalen Front bekannt gegeben wurde, erhoben immer mehr Bürger und Oppositionsgruppen Einspruch und bezichtigten die Regierung, die Wahl gefälscht zu haben. Wie sich später herausstellte, haben rund 20 % der Bürgerinnen und Bürger gegen die offiziellen Wahlvorschläge gestimmt. Das Neue daran war aber nicht die Fälschung der Wahlergebnisse, die in der DDR seit Jahren gängige Praxis gewesen ist, sondern deren Aufdeckung.

Im Juni reagierte die DDR-Führung zustimmend auf die brutale Niederschlagung der Studentenproteste in Peking und die Volkskammer erklärte ihre Unterstützung für die Unterdrückung der „konterrevolutionären Unruhen" in der chinesischen Hauptstadt. Damit entfernte sich die Führung der DDR noch weiter von ihrer eigenen Bevölkerung. Im Sommer schwoll die **Zahl der Ausreiseanträge und gleichzeitig die Fluchtbewegung nach Westen** an, die zunächst über die Botschaften der Bundesrepublik in Prag, Budapest und Warschau versucht wurde. Als die ungarische Regierung es den DDR-Bürgern ab dem 11. 9. gestattete, das Land legal Richtung Österreich zu verlassen, wurde die Ausreise zur Massenbewegung. Gleichzeitig liefen die Vorbereitungen zum **40. Jahrestag der DDR**, der am 6. 10. gefeiert werden sollte.

Vor diesem Hintergrund ist die **Gründung von Bürgerbewegungen und Parteien** zu verstehen, die sich im Herbst 1989 zusammenschlossen und maßgeblich die Massenproteste im Inland („Montagsdemonstrationen") initiierten. Eine der prominentesten war die Bewegung NEUES FORUM, deren Gründungsaufruf (M 2) am folgenden Tag (10. 10.) zur Gründung des NF führte, das von den DDR-Behörden zunächst als „staatsfeindlich" abgelehnt wurde.

2. b) *Der Operator „analysieren" verlangt eine systematische Untersuchung und Auswertung des Aufrufs des NEUEN FORUMS. Dabei sollen Sie insbesondere auf die Zustandsbeschreibung der DDR und die Zielvorstellungen der Initiative eingehen. (AFB II)*

In M 2 wird die DDR als Gesellschaft dargestellt, die von Verdrossenheit und mangelnder Kommunikation zwischen Staat und Gesellschaft geprägt ist. Die Massenauswanderung sei ein Phänomen, das üblicherweise durch „Not, Hunger und Gewalt verursacht" werde, wovon aber in der DDR nicht die Rede sein könne. Im Weiteren wird die DDR durch ihr geringes Warenangebot, einen Staat von „Bütteln und Spitzeln" charakterisiert, womit die allgegenwärtige Staatssicherheit (Stasi) gemeint ist, und die Möglichkeit ungestraft das Gemeinwesen zu belasten („Faulpelze", „Druckposten").

Bei den Zielvorstellungen sind zunächst grundsätzlich zwei Ziele zu unterscheiden: Nahziel ist die Schaffung einer **politischen Plattform** für das ganze Land, die einen demokratischen Dialog über die Zukunft der DDR überhaupt erst ermöglichen soll. **Fernziel und Ergebnis des Dialogs** soll nach den Vorstellungen der Verfasser **eine bessere DDR** und nicht der später erfolgte Beitritt zur BRD sein. Diese DDR wird als freiheitlich, ökologisch und sozial geschildert, man möchte offenbar im Sinne eines „dritten Weges" die Vorteile von Ost (soziale Absicherung) und West (Konsum, Effizienz, Freiheit) vereinigen, ohne zur „Ellenbogengesellschaft" zu werden.

3. *Der Operator verlangt von Ihnen ein Abwägen von Für- und Wider-Argumenten sowie ein begründetes persönliches Urteil über den Anteil der Bürgerrechtsbewegung und den der internationalen Rahmenbedingungen am Gelingen der „friedlichen Revolution". (AFB III)*

Wie auch immer man die Anteile von Bürgerrechtsbewegung und veränderten internationalen Rahmenbedingungen abgrenzen will, so bleibt doch auf jeden Fall festzuhalten, dass sie sich in idealer Weise ergänzten. Ein Beispiel, wie es hätte anders verlaufen können, liefert der Aufstand vom 17. 6. 1953, der letztlich durch die Einmischung der „Schutzmacht" UdSSR blutig niedergeschlagen wurde.

Gorbatschows Besuch zum 40. Jahrestag der DDR verdeutlichte ganz klar die Unterschiede in der Auffassung der Lage. Sein dringlicher Appell: „Wenn wir zurückbleiben, bestraft uns das Leben sofort" wurde von Honecker mit einem Loblied auf die Erfolge des Sozialismus in der DDR gekontert, ohne dass dieser die Flüchtlingsbewegung auch nur erwähnte. Charakteristisch ist auch, dass die Demonstranten vor dem Palast der Republik Gorbatschow begeistert feierten. **Im Oktober 1989 teilte der Sprecher des sowjetischen Außenministeriums mit, die „Breschnew-Doktrin" sei tot** und werde durch die „Sinatra-Doktrin" ersetzt. Gerassimow spielte damit auf den amerikanischen Sänger Frank Sinatra an, dessen populärer Song „My Way" als Bekenntnis zu einem eigenen Weg verstanden wurde. Die Erwähnung dieses Lieds bedeutete also einen indirekten Hinweis an die Völker des bisherigen sowjetischen Einflussbereiches, dass sie frei sind über ihren eignen Weg zu entscheiden. Von daher dürfte für die meisten DDR-Bürger klar gewesen sein, dass eine „chinesische Lösung", nämlich die Niederschlagung der Reformbewegung, keinen Rückhalt in Moskau finden würde, was allerdings nicht zwangsläufig bedeutete, dass die eigene Regierung auf die „**chinesische Lösung**" verzichtet. Es gehörte also weiterhin Mut dazu, sich der Staatsmacht entgegenzustellen.

Die Regierung der Bundesrepublik unter Helmut Kohl (CDU) nutzte ihre Möglichkeiten, auf die westlichen Alliierten (USA, Frankreich und Großbritannien) Einfluss zu nehmen, um deren Besorgnisse über die Situation in der DDR, eine mögliche Wiedervereinigung etc. zu verringern, indem sie auf die Einbindung des Prozesses in die europäische Einigung verwies. Ein **neues, größeres Deutschland**, gegen das es auch unter den europäischen Partnern (besonders England und Italien) starke Vorbehalte gab, weil es das europäische Kräftegleichgewicht verschieben und Europa dominieren könnte, **sollte so schnell wie möglich in die Europäische Union integriert werden**. Der französische Präsident Mitterand bestand geradezu auf eine gleichzeitige Lösung der Deutschen Frage und der europäischen Wirtschafts- und Währungsunion. Auch wurde gegenüber den amerikanischen Partnern deutlich gemacht, dass Deutschland keineswegs beabsichtigt, die engen Beziehungen zu den transatlantischen Partnern in Frage zu stellen, wobei die Regierung unter Präsident George Bush frühzeitig zu erkennen gab, dass sie keine Gefahr eines neutralistischen Weges eines wiedervereinigten Deutschlands sieht. **Schon Ende 1989 reifte bei den Westmächten und in der Sowjetunion die Erkenntnis, dass eine deutsche Wiedervereinigung kaum zu vermeiden sein wird.** Am 15. 11. 1989 erwähnte Gorbatschow bereits den Begriff der „Wiedervereinigung" gegenüber Moskauer Studenten. Schließlich konnte Kohl auch das Argument der wirtschaftlichen Hilfe für die im Umbruch befindliche Sowjetunion einsetzen.

Gleichzeitig wurde die Bereitschaft zum Protest durch die starrsinnige Haltung der DDR-Führung im Vergleich zu den Reformregierungen in Polen, Tschechien und Ungarn ebenso gefördert wie durch den halbherzigen Wechsel an der Spitze der SED von Honecker zu Krenz (17. 10. 89). Egon Krenz galt als typischer „Apparatschik“ und Funktionär alter Schule. Erst die Regierung Modrow leitete den Demokratisierungsprozess der DDR ein, der die Revolution in weitgehend „friedlichen“ Bahnen hielt, aber letztlich zur Auflösung der DDR führte.

Insgesamt kann man wohl sagen, dass die Veränderung der internationalen Rahmenbedingungen eine notwendige aber noch keine hinreichende Grundlage für die „friedliche Revolution“ des Jahres 1989 darstellte. Der Bürgerrechtsbewegung blieb das Verdienst, die entscheidenden Anstöße gegeben zu haben und dass sich nicht mit Übergangslösungen zufrieden stellen ließ. Allerdings hatte sie auf die inhaltliche Ausgestaltung des Einheitsprozesses wenig Einfluss, da dieser weitgehend eine Sache der Regierungen wurde, und auch in personeller Hinsicht war sie nicht sehr erfolgreich: Die prominentesten Vertreter der Bürgerrechtsbewegung zogen sich im Laufe der folgenden Jahre wieder aus der aktiven Politik zurück.

Ohne die praktizierte Aufgabe der Breschnew-Doktrin durch Gorbatschow wäre eine Revolution zwar möglicherweise auf Dauer nicht zu verhindern gewesen, aber sie wäre mit Sicherheit nicht friedlich verlaufen.

Schriftliche Abiturprüfung Geschichte (Baden-Württemberg): Übungsaufgabe 8: Die politische und gesellschaftliche Entwicklung in der Bundesrepublik Deutschland und in der DDR

M 1: Die staatliche Einheit

(Wolfgang Schäuble handelte als Beauftragter der Bundesregierung den Einigungsvertrag mit der DDR aus.)

Fünf Jahre danach ist man immer schlauer. Diese und jene Weiche, so ist oft zu hören, hätte man vielleicht damals bei der Organisation der deutschen Wiedervereinigung anders stellen sollen.

Zwei Probleme standen seit dem Herbst 1989 für uns im Vordergrund. Zum einen: Wie konnte sichergestellt werden, dass die sich beschleunigenden Ereignisse in der damaligen DDR nicht eine blutige Zuspitzung erfuhren und einen Rückschlag wie schon 1953 in Ost-Berlin, 1956 in Ungarn oder 1968 in Prag nach sich zogen? Zum anderen drängte die Frage, wie überhaupt die unverhoffte und möglicherweise sehr kurze Chance zur Wiedervereinigung genutzt werden könnte.

Denn ob uns die Herstellung der Einheit Deutschlands in Frieden und Freiheit ohne Blutvergießen und Chaos und in Übereinstimmung mit unseren Nachbarn überhaupt gelingen würde, war Anfang 1990 noch keineswegs ausgemacht. […]

Der Zeit- und Problemdruck, unter den sich alle Beteiligten durch die Demonstrationen und die Übersiedlerwelle in immer stärkerem Maße gesetzt sahen, wurde zugleich zu einem Element der Lösung des Problems, die Einheit Deutschlands damals zu schaffen und die Chance nicht zu verpassen. Bei einem Besuch des Kanzlers in Dresden am 19./20. 12. 1989 wurde deutlich: Zehntausende Menschen verlangten nach der Einheit. […]

Die schnelle Währungsunion war unsere Antwort auf den Übersiedlerstrom, der beide deutsche Staaten im Frühjahr 1990 vor große Probleme stellte. […] In der Logik der Währungsunion lag der Beitritt der DDR zur Bundesrepublik. […] Wir standen vor einem handfesten materiellen Problem: Wie konnten die Menschen in der DDR möglichst schnell an das im Westen erreichte Niveau von Wohlstand und sozialer Sicherheit herangeführt werden, ohne dass dabei die Leistungsfähigkeit der Wirtschaft und der sozialen Sicherungssysteme im Westen überfordert und destabilisiert würden?
Heute können wir sagen, dass uns das weitestgehend gelungen ist. Die Währungsunion ist von Anfang an mit einer Sozialunion gekoppelt worden. […] Mit der Währungsumstellung 1:1 und der Transferzahlung von 150 Milliarden Mark pro Jahr in den letzten Jahren, was pro Kopf der Bevölkerung im Osten ungefähr 10 000 Mark entspricht, sind wir bis an den Rand des ökonomisch und politisch Leistbaren gegangen. Und wir werden diesen Kraftakt auch noch eine Zeit lang durchhalten müssen.

(aus: Wolfgang Schäuble: Danach ist man immer schlauer, in: ZEIT-Punkte 5/1995)

M 2: Ost-West-Angleichung, Staatsverschuldung und Wirtschaftswachstum

	1991	1992	1993	1994	1995	1996	1997	1998
1. Nettolöhne in den neuen Bundesländern in % der alten Länder	54,7	67,2	75,6	78,3	82,4	84,3	85,4	86,1
2. Bruttolöhne in den neuen Bundesländern in % der alten Länder	46,7	60,7	67,9	70,5	72,5	73,6	74,4	73,8
3. Produktivität (BIP pro Erwerbstätigen) in den neuen Ländern in % der alten Länder	31,0	43,5	53,1	55,9	57,3	59,4	60,3	59,4
4. Staatsverschuldung (Schuldenstand der öffentlichen Haushalte am Jahresende in Mrd. DM) in Gesamtdeutschland	1 174	1 345	1 506	1 660	1 993	2 126	2 216	2 279
5. Reale Wachstumsraten des BIP in % (preisbereinigt, im Vergleich zum Vorjahr)	5,1	2,2	– 0,8	2,7	1,9	1,0	1,8	2,0

(aus: Die ZEIT 29. 4. 1199 und 2. 9. 1199; Statistisches Bundesamt: www.destatis.de)

M 3: Thomas Plaßmann: Ost-West, 1996

(aus: Frankfurter Rundschau, 2. 10. 1996)

Aufgaben:

1. Arbeiten Sie aus M 1 heraus, wie Wolfgang Schäuble das Vorgehen der Regierung Kohl im Hinblick auf die deutsche Wiedervereinigung begründet. 10 VP

2. Erarbeiten Sie die wirtschaftlichen Aspekte der deutschen Einheit anhand von M 2. Erläutern Sie die Zusammenhänge zwischen den einzelnen Datenreihen. 12 VP

3. a) Charakterisieren Sie die Bildaussage und den historischen Hintergrund der Karikatur M 3. 10 VP
   b) Erläutern Sie den Bezug zu den Daten in M 2. Berücksichtigen Sie beide Perspektiven (West – Ost). 6 VP

4. Beschreiben Sie das internationale Umfeld, in dem sich die deutsche Einheit von 1990 vollzog. 10 VP

5. Der Oppositionsführer Oskar Lafontaine (SPD) sprach sich am 24. 5. 1990 gegen den Einigungsvertrag mit der DDR aus und warnte vor den Folgen einer schnellen Währungsunion zwischen Ost- und Westdeutschland. Erörtern Sie mögliche Alternativen zum Vorgehen der Regierung Kohl/ Genscher und stellen Sie an einem Beispiel Ihrer Wahl Erfolg oder Misserfolg der deutschen Einheit dar. 12 VP

60 VP

Lösungsvorschlag

1. *Der Operator „herausarbeiten" verlangt eine selbstständige, gegliederte Textwiedergabe; eine reine Textparaphrase wird dem Operator nicht gerecht. (AFB I)*

Wolfgang Schäuble thematisierte in **M 1** nicht nur die **äußere Vereinigung** Deutschlands, also das Ende der deutschen Zweistaatlichkeit 1990, sondern auch die **innere Vereinigung**, die Angleichung der Lebensverhältnisse in Ost- und Westdeutschland. Als einer der Hauptakteure der Wiedervereinigung rechtfertigte er sich in seinem Text insbesondere für die Eile, mit der die Vereinigung vollzogen worden war und wies Kritik an der gewählten Art der Wiedervereinigung (über den Art. 23 GG durch Beitritt der neuen Länder zur Bundesrepublik) zurück.

Zur Frage der **äußeren Wiedervereinigung** erklärte er, dass es zunächst Anliegen der Bundesregierung gewesen sei, eine „blutige Zuspitzung" in der DDR zu vermeiden. Er verwies auf historische Beispiele, wie 1953 in Ost-Berlin, 1956 in Ungarn und 1968 in Prag, wo jeweils eine revolutionäre Bewegung durch bewaffnete Kräfte des Ostblocks niedergeschlagen worden war. Hierbei ist zu bemerken, dass er das zeitlich nahe liegende Beispiel der „chinesischen Lösung" nicht erwähnte, obwohl dies ein weiterer Beleg für seine These einer blutigen Beendigung gewesen wäre. Die Niederschlagung der chinesischen Demokratiebewegung im Frühsommer 1989 war den politisch Handelnden in der Endphase der DDR sehr bewusst.

Schäubles zweites Argument betraf die „möglicherweise sehr kurze Chance zur Wiedervereinigung". Damit sprach er die Möglichkeit einer Veränderung der politischen Großwetterlage in Europa an. Die Stellung des sowjetischen Präsidenten Gorbatschow war zur Zeit der Wende in der DDR sehr unsicher, sodass mit einer Rückkehr zu den alten sowjetischen Positionen jederzeit gerechnet werden musste. Im April und Mai gelang es der Regierung Kohl unter anderem durch großzügige Kreditzusagen an die sowjetische Regierung deren Zustimmung zur deutschen Wiedervereinigung zu erhalten.

Schäuble charakterisierte den Druck der DDR-Bevölkerung zwar als Teil des Problems, zugleich sei er aber ein „Element der Lösung des Problems" geworden. Der Drang der DDR-Bürger nach der Einheit sei beim Besuch Kanzler Kohls in Dresden im Dezember 1989 spürbar gewesen und die Übersiedlerwelle erhöhte den Druck auf die Regierungen. Beide Probleme seien durch die Währungsunion gelöst worden, bei der die DDR-Bürger ihre Ostmark in DM zum 1:1-Kurs tauschen konnten. „In der Logik der Währungsunion lag der Beitritt der DDR zur Bundesrepublik".

Am Ende begründete Schäuble die Mittel der **inneren Vereinigung**, d. h. der Angleichung des Lebensniveaus in den neuen Bundesländern an die alte Bundesrepublik. Durch eine Koppelung der Währungsunion mit einer „Sozialunion" (Z. 27) sei es möglich gewesen, „Wohlstand und soziale (…) Sicherheit" (Z. 23 f.) für die ehemaligen DDR-Bürger zu erreichen, ohne dabei die Leistungsfähigkeit der Bundesrepublik zu überfordern. Unter „Sozialunion" ist dabei zu verstehen, dass die DDR soziale Einrichtungen entsprechend den in der Bundesrepublik existierenden schaffen (Rentenversicherung, Krankenversicherung, Arbeitslosenversicherung, Unfallversicherung, Sozialhilfe) und nach bundesdeutschem Vorbild Tarifautonomie, Koalitionsfreiheit, Mitbestimmung, Betriebsverfassung und Kündigungsschutz gewährleisten sollte. All dies sollte im Gegenzug zur Abschaffung des sozialistischen Systems und zur Freigabe der Märkte und des Privateigentums geschehen und die beiden Systeme durch Anpassung der DDR an die Bundesrepublik kompatibel machen.

2. *Im Zusammenhang mit statistischen Daten sollte man immer die kritischen Fragen nach ihrer Herkunft (seriöse Quellen, freiwillige Angaben, geschätzte Werte?) und nach ihrer Aussagekraft (Datenbasis, Verfälschungen, Vergleichbarkeit?) im Auge behalten. In diesem Fall sind die Quellen eine seriöse Wochenzeitung und das Statistische Bundesamt.*
Bei der Erarbeitung einer Datentabelle, wie sie M 2 darstellt, ist zunächst zu differenzieren nach relativen und absoluten Zahlen: Die Reihen 1–3 stellen relative Werte dar, bei denen jeweils die Daten der Bundesrepublik als Vergleichsmaßstab (100 %) gelten, an dem die neuen Länder gemessen werden. So bekommt man einen schnellen Überblick und aussagekräftige Vergleiche. Man kann allerdings nicht erkennen, inwiefern sich der Maßstab selbst, also die Bezugsgröße, geändert hat, beispielsweise, ob die Löhne oder die Produktivität in den alten Ländern von 1991–1998 gestiegen sind oder gar, wie sich die Kaufkraft verändert hat.
Reihe 4 zeigt in absoluten Zahlen die Zunahme der Staatsverschuldung, wobei auch hier keine Aussagen über die mögliche Geldwertveränderung (Inflation) möglich sind. Über den gewählten kurzen Zeitraum sind derartige Veränderungen jedoch nicht von Bedeutung.
Reihe 5 stellt einen Sonderfall dar, da die Datenreihe sich auf sich selbst bezieht, da es sich um eine Folge von Wachstumsraten handelt. Als Konjunkturkurve gezeichnet, ergibt sich daraus eine Wellenlinie mit den klassischen Phasen: Aufschwung, Hochkonjunktur, Abschwung und Krise, während sie in absoluten Werten eine jährliche Zunahme bedeutet. Lediglich das Jahr 1993 fällt mit Minuswachstum als echtes „Rezessionsjahr" aus dem Rahmen. (AFB II)

Bei der **Verbalisierung der Tabelle** sind folgende Aspekte von Bedeutung:
Sowohl die Nettolöhne als auch die Bruttolöhne der Beschäftigten in den neuen Ländern näherten sich insgesamt dem Niveau der alten Länder an. Dabei fällt auf, dass sich die Annäherung der Nettolöhne an das Westniveau von zunächst 12,5 Prozentpunkten auf 0,7 Prozentpunkte jährlich verlangsamte. Bei den Bruttolöhnen ist sogar eine Stagnation bzw. ein leichter Rückgang im Jahr 1998 festzustellen.

Im Übrigen wird bei den Reihen 1–3 undifferenziert von „Löhnen" und „Produktivität" gesprochen, ohne dass nach wirtschaftlichen Sektoren (primär, sekundär, tertiär) oder nach Branchen differenziert würde. Es kann also durchaus sein, dass es Bereiche der Wirtschaft in den neuen Ländern gibt, die produktiver arbeiten als in den alten Ländern. Man könnte

auch anmerken, dass Produktivität in erster Linie von der materiellen Ausstattung und Organisation der Arbeitsplätze und weniger vom Leistungswillen des abhängig Beschäftigten bestimmt wird. Selbstständige werden von den Reihen 1–3 sowieso nicht erfasst. Ansonsten zeigt die Entwicklung der Produktivität einen ähnlichen Verlauf wie die der Bruttolöhne mit einem Ende des Aufholprozesses im Jahr 1997. Allerdings liegt das Produktivitätsniveau im Beitrittsgebiet insgesamt niedriger als das Lohnniveau.
Besonders aufschlussreich ist es, einen **Bezug zwischen diesen Größen** herzustellen. Ein entscheidender Gesichtspunkt für die Wettbewerbsfähigkeit einer Wirtschaft ist nämlich nicht das absolute Lohnniveau, sondern die Relation zwischen Lohnkosten und Bruttowertschöpfung, die **Lohnstückkosten**. Da die Werte in den Reihen 2 und 3 auf derselben Basis ermittelt wurden, kann man sie auch zueinander in Beziehung setzen und den Quotienten aus Bruttolohn und Produktivität bilden. Für den Vergleichsmaßstab alte Länder würde dieser Wert per Definition immer 1 (= 100 : 100) ergeben. Ermittelt man die Vergleichszahlen durch Division der Zahlen von Reihe 2 durch Reihe 3, so erhält man folgende Werte:

1991	**1992**	**1993**	**1994**	**1995**	**1996**	**1997**	**1998**
1,51	1,40	1,28	1,26	1,27	1,24	1,23	1,24

Daraus ist zu schließen, dass sich die durchschnittliche Wettbewerbsposition der Wirtschaft in den neuen Ländern bis 1993 relativ schnell verbessert hat und seither eher stagniert. Ein Niveau von 1,24 bedeutet gegenüber dem Westen (1,0) immerhin noch einen Nachteil von 24 % bei den Lohnstückkosten. Solche Nachteile werden zwischen verschiedenen Volkswirtschaften unter Umständen durch eine Abwertung der Währung ausgeglichen. Diese Möglichkeit haben die neuen Länder wegen der Währungsunion nicht. Damit stellt sich die dortige Wirtschaft entscheidend schlechter als alle anderen Transformationswirtschaften des ehemaligen Ostblocks.
Die absoluten Zahlen der Reihe 4 zeigen einen **dramatischen Anstieg der Staatsverschuldung**, fast eine Verdoppelung in acht Jahren. Dabei wird allerdings nicht zwischen den verschiedenen Körperschaften der Gemeinden, der Länder und des Bundes unterschieden. Dass dieser Anstieg mit den Kosten der Wiedervereinigung zusammenhängt, wie sie in **M 1** erwähnt werden, liegt auf der Hand.
Es besteht allerdings auch ein Zusammenhang zu den **Wachstumsraten des Bruttoinlandsprodukts**, also, vereinfacht gesprochen, zur wirtschaftlichen Gesamtleistung der Bundesrepublik in den neunziger Jahren. Erkennbar ist eine – auch im internationalen Vergleich – beachtliche Zunahme des BIP direkt nach der Vereinigung, die man durch einen erhöhten Konsum der Ostdeutschen, durch Investitionen in die Infrastruktur usw. erklären kann. 1993 kann man jedoch von einer „**Vereinigungskrise**“ sprechen, für die es verschiedene Erklärungsansätze gibt. Logischerweise können beispielsweise hohe Transferzahlungen in die neuen Länder, die dort in den Konsum fließen, nicht gleichzeitig im Westen investiert werden, außerdem führen vermehrte Abgaben und eine stagnierende Gehaltsentwicklung im Westen zu einem eher zurückhaltenden Konsum. Durch die schwache Konjunktur sinken die Steuereinnahmen des Staates, was bei einem relativ feststehenden Ausgabenvolumen zu erhöhter Staatsverschuldung führen muss.
Die niedrigen Wachstumsraten seit 1994 bewegen sich überwiegend unterhalb der Grenze der Beschäftigungswirksamkeit, für einen derart schwach ausgeprägten Konjunkturzyklus wurde der Begriff „Schlaglochkonjunktur“ geprägt. Nicht vergessen werden sollte aber, dass bei einer derartigen Darstellungsweise von fortlaufenden Wachstumsraten der **Basiseffekt** eine Rolle spielt: Zur Erzielung eines **prozentual** gleich bleibenden Wachstums muss eine immer größere reale Zunahme des BIP erfolgen. Der Reihe 5 ist auch zu entnehmen, dass es sich um inflationsbereinigte Zahlen bezogen auf ein Basisjahr handelt. Eine inflationsbedingte Verzerrung der Zahlenreihe ist daher nicht zu erwarten.

3. a) Die Karikatur **M 3** ist am 2. 10. 1996, also am Vortag des sechsten Tages der deutschen Einheit in der Frankfurter Rundschau erschienen.
Sie bedient sich einfacher **Bildelemente**, die eine kleine Szene ergeben. In streng symmetrischer Anordnung sitzen sich zwei Männer an einem Festtagstisch gegenüber. Auf dem Tisch befindet sich eine Art Geburtstagstorte, auf deren Vorderseite drei Kerzen brennen. Man kann sich leicht vorstellen, dass sich die restlichen drei auf der dem Betrachter abgewandten Seite befinden. Durch ihre Bekleidung mit Zipfelmützen und die Beschriftung „Ost" bzw. „West" sind die beiden Figuren als Vertreter der ehemaligen deutschen Teilstaaten erkennbar. Außerdem bedient sich der Karikaturist eines traditionellen Stilmittels: Er symbolisiert die beiden Deutschen in Gestalt der Personifikation des deutschen Michels. Die beiden Figuren sitzen sich an einem Tisch gegenüber, unter dem sich eine Kluft auftut, die von dem Tisch nur notdürftig überdeckt wird. Auffällig sind auch der mürrische Blick und die abwehrende Körperhaltung der beiden mit verschränkten Armen und starrer Sitzposition. Die Figuren haben sich trotz ihrer großen Ähnlichkeit offenbar nichts zu sagen.

Die **Intention** der Karikatur, die man auch als einen gezeichneten Kommentar zum Tag der deutschen Einheit betrachten kann, ist wohl, dass die Deutschen in Ost und West nicht gerade in Feierlaune sind und sich nichts zu sagen haben. Es scheint auch, dass die innere Teilung weiterhin besteht und durch den Festtag nur unzureichend verdeckt ist.
Die Personifikation der/des Deutschen durch den „**Michel**" geht historisch darauf zurück, dass der Erzengel Michael als Schutzpatron der Deutschen gilt. Allerdings enthält der „Michel" seit dem 17. Jahrhundert eine mehr oder weniger abwertende Konnotation: Er gilt als Inbegriff von Einfalt und gutmütiger Schwerfälligkeit. Dazu passt auch der mürrische Gesichtsausdruck in der Karikatur. Gleichzeitig bringt der Zeichner zum Ausdruck, dass die Eigenschaften der Deutschen in Ost und West trotz der vierzigjährigen Teilung und Systemkonkurrenz nicht sehr differieren.

Historischer **Hintergrund** ist, dass die ursprüngliche Euphorie der Wiedervereinigung einer starken Ernüchterung gewichen ist. Westdeutsche empfinden die Bürger der neuen Länder als undankbare „Jammerossis", die es sich nach dem Motto: „Arbeiten wie bei Honecker und Leben wie bei Kohl" bequem machen wollen, und fürchten sich vor Wohlstandsverlust und Rechtsradikalismus. Ostdeutsche wenden sich zunehmend von den „Besserwessis" ab, die ihre Schwierigkeiten mit der einseitigen Anpassung an ein neues System nicht verstehen wollen. Es entwickelt sich eine trotzige „Ostalgie", die die Vergangenheit im Sozialismus teilweise verklärt.
Die wirtschaftlichen Probleme im Zusammenhang mit der Vereinigungskrise, insbesondere die hohe Arbeitslosigkeit in den neuen Ländern, erschütterten den Glauben an die Politik der Kohl-Regierung, die 1990 „blühende Landschaften" versprochen hatte. Die Altlasten der DDR, wie zum Beispiel eine marode Infrastruktur, heruntergewirtschaftete Gebäude und Betriebe und nicht zuletzt zerrüttete menschliche Beziehungen durch das umfassende Spitzelsystem der Stasi, sind tagtäglich zu spüren. Hinzu kommen Fehler und Missbräuche beim Umbau der DDR-Wirtschaft und ihrer Privatisierung durch die Treuhand-Gesellschaft. Typische Schlagzeilen des Jahres 1996 lauten: z. B. „Wartesaal und Baustelle DDR", „Subventionsbetrug in Leuna?", „Ost-Chemie: 8 000 Jobs auf der Abschussliste".

b) Aus der **westlichen Perspektive** zeigt der Blick auf **M 2** vor allem die starke Zunahme der Staatsverschuldung, die man den Transferzahlungen an die neuen Länder zurechnet. Außerdem hat die Sozialunion dazu geführt, dass sämtliche Rentner der DDR ohne eigene Beitragszahlung in die Rentenversicherung der Bundesrepublik übernommen worden sind und wegen ihrer zumeist längeren Berufstätigkeit durchschnittlich ein höheres Rentenniveau als die Westrentner erhalten. Die Zuschüsse an die Sozialsysteme werden auch teilweise über Schulden finanziert. Die aus Reihe 1 und 2 der Tabelle

ersichtliche Differenz zwischen der Angleichung der Netto- und der Bruttolöhne an das Westniveau zeigt, dass die Steuer- und Abgabenlast der Westdeutschen überproportional ist, da die Ostdeutschen 1996 im Bruttoniveau erst bei 73,6 % des Westens angekommen sind, während sie bei den Nettolöhnen dank niedrigerer Steuern und Abgaben schon 84,3 % erreicht haben. Von daher kann sich der westdeutsche Michel als Verlierer der Einheit fühlen.
Die **östliche Perspektive** zeigt hingegen, dass das Westniveau bei den Löhnen insgesamt noch nicht erreicht wurde und dass der Zuwachs stagniert. Wachstumsschwäche und Staatsverschuldung sind auch von den Bürgern der neuen Länder bzw. deren Kindern zu tragen, sodass auch diese Daten nicht zu einer Gemütsaufhellung des ostdeutschen Michels beitragen, zumal sein Arbeitslosigkeitsrisiko mehr als doppelt so hoch ist wie das seines westlichen Kollegen.

4. *Der Operator „beschreiben“ verlangt eine schlüssige Wiedergabe des internationalen Umfeld, in dem sich die deutsche Einheit von 1990 vollzog. (AFB I)*

Voraussetzung für die deutsche Wiedervereinigung, die mit dem Einigungsvertrag vom 1. 7. 1990 auf einen Beitritt der DDR zur Bundesrepublik hinauslaufen sollte, war die Einbettung dieses Vorganges ins internationale Umfeld. Vor allem musste der Status der neuen Bundesrepublik, ihre Mitgliedschaft in der NATO und der Europäischen Gemeinschaft und die Frage der Grenze zu Polen geklärt werden.
Da es bei den Westmächten zwar heimliche Vorbehalte gegen eine deutsche Wiedervereinigung gab, die offizielle Politik aber immer das Wiedervereinigungsgebot des deutschen Grundgesetzes gutgeheißen hatte, war aus dieser Richtung kein entschiedener Widerspruch zu erwarten. Der Schlüssel zur Wiedervereinigung lag bei der sich in Auflösung befindenden **Sowjetunion**. Gorbatschows Reformpolitik hatte schon vorher die Voraussetzungen für die Revolutionen in den osteuropäischen Volksdemokratien geschaffen, indem Reformkräfte ermuntert und den Herrschenden die Unterstützung zu der Niederschlagung eventueller Revolutionen verweigert wurden. Nachdem Gorbatschow im Dezember 1989 noch die Forderungen nach einer Wiedervereinigung zurückgewiesen hatte, lehnte er im März 1990 nur noch die NATO-Mitgliedschaft des vereinigten Deutschlands ab. Schließlich stimmte er im Juli 1990 beidem zu, da er die letzte Chance für eine Stabilisierung und Modernisierung der Sowjetunion in der wirtschaftlichen Zusammenarbeit mit einer starken Bundesrepublik sah, wofür er auch großzügige Kredite von der Regierung Kohl bekam.

Im Februar 1990 einigten sich die Vertreter der Siegermächte des Zweiten Weltkrieges in **Ottawa**, die Tradition der Weltkriegs-Alliierten (Potsdam 1945, Viermächte-Abkommen über Berlin 1971), dieses Mal aber unter Beteiligung der unmittelbar betroffenen deutschen Staaten, wieder aufzunehmen. Diese so genannten „**Zwei-plus-Vier-Verhandlungen**“ sollten nicht zu einem formellen, wohl aber zu einem faktischen Friedensvertrag mit Deutschland führen. Ein formeller Friedensvertrag hätte die Beteiligung aller Kriegsgegner erfordert und womöglich Entschädigungsforderungen provoziert. Der „Zwei-plus-Vier-Prozess“ begann am 5. 5. 1990 in Bonn und endete mit dem **„Vertrag über die abschließende Regelung in Bezug auf Deutschland“ am 12. 9. 1990**. Dem unmittelbar betroffenen **Polen** wurde die Beteiligung zwar verweigert, doch erhielt es gleich lautende Zusagen der DDR-Volkskammer und des Deutschen Bundestages über die endgültige Anerkennung der Oder-Neiße-Grenze, die im Vertrag noch einmal wiederholt wurden. Der Vertrag enthielt ein Bekenntnis Deutschlands zum Frieden und zum Verzicht auf ABC-Waffen sowie eine Beschränkung der Streitkräfte auf 370 000 Mann. Der Abzug der sowjetischen Truppen aus der ehemaligen DDR wurde für 1994 vereinbart, ebenso ein Verzicht auf Stationierungen ausländischer Truppen oder Atomwaffen auf diesem Gebiet. Damit endete die Viermächte-Verantwortung für Deutschland und Berlin – und letztlich die Nachkriegszeit. Im Einzelnen hatten sich die westlichen Partner zur Frage der deutschen Einheit folgendermaßen positioniert:

- Die **USA** unter Präsident George Bush befürworteten den Prozess von Anfang an, da sie in einem größeren Deutschland ihren strategischen Partner in Europa sahen. Daher hatten die USA großes Interesse an einer NATO-Mitgliedschaft des vereinigten Deutschlands.
- **Frankreichs** Regierung fürchtete zunächst ein Übergewicht Deutschlands in Europa. Präsident Mitterand hatte große Vorbehalte wegen eines zu mächtigen Deutschlands, erkannte aber im Dezember 1989 an, dass der Wunsch der deutschen Bevölkerung nach der Einheit berechtigt war. Außenminister Dumas plädierte für einen Beitritt der DDR zur Bundesrepublik um die komplizierte Aufnahme eines neuen EG-Mitglieds überflüssig zu machen. Die französische Politik zeigte starkes Interesse an der Idee, dem vereinigten Deutschland durch eine Weiterentwicklung der EG zur Europäischen Union eine Perspektive zu geben und es stärker politisch zu integrieren. Auf einem Sondergipfel der EG wurde im April 1990 die Beschleunigung der europäischen Integration beschlossen, die 1992 zum Maastricht-Vertrag führte.
- **Großbritanniens** Premierministerin Thatcher sah in einem vereinigten Deutschland in erster Linie eine Gefahr für das europäische Gleichgewicht. Ihr Außenminister Hurd bewertete aber Ottawa als den Wendepunkt, ab dem er einer Einigung zustimmen konnte.

5. *Denkbare Alternativen zum Vorgang der deutschen Wiedervereinigung, wie er tatsächlich vollzogen wurde, kann man in verschiedener Hinsicht erörtern. (AFB III)*

Verfassungsrechtlich führte der Weg der liberalkonservativen Regierung zum Beitritt der DDR in Form der fünf neuen Bundesländer zur Bundesrepublik Deutschland nach **Art. 23** des Grundgesetzes, der ursprünglich für die Rückkehr des Saarlandes vorgesehen war. Das GG enthielt mit **Art. 146** einen Artikel, der eigentlich für den Fall der Wiedervereinigung gedacht war. Er lautete in der Urfassung: „Dieses Grundgesetz verliert seine Gültigkeit an dem Tage, an dem eine Verfassung in Kraft tritt, die von dem deutschen Volke in freier Entscheidung beschlossen worden ist." Jetzt wäre der Zeitpunkt gekommen, an dem das Volk beschließen könnte. Der Vizepräsident des Bundesverfassungsgerichts, Gottfried Mahrenholz, meinte dazu: „Hier scheint mir kein Ausweichen möglich. Entweder ist die Verfassung die des Volkes (und nichts anderes besagt der Begriff der Volkssouveränität), dann muss das Volk zu ihr „Ja" gesagt haben; oder es ist die Verfassung seiner Vertreter [...] dann wären sie das Volk der Verfassung." Mit dieser Meinung setzte er sich aber nicht durch. Nicht zu übersehen ist auch, dass mit einer neuen Verfassung die 40-jährige Rechtsprechung des Bundesverfassungsgerichts ihre Geltung verloren hätte, es hätte möglicherweise bei Null beginnen müssen. Der Verfassungsrechtler Isensee meinte dazu: „Was dem Grundgesetz in vier Jahrzehnten an demokratischer Akzeptanz zugewachsen ist, lässt sich nicht mit einer Volksabstimmung aufwiegen, die nicht mehr ist als eine Momentaufnahme einer bestimmten politischen Stimmungslage." Man kann auch fragen, wann das deutsche Volk denn seine Reifeprüfung in Sachen Demokratie bestanden hat, wenn nicht nach 45 Jahren Bundesrepublik und seiner ersten gelungenen demokratischen Revolution in der DDR.

In wirtschaftlicher Hinsicht wäre eine Alternative zur Einführung der DM im Osten gewesen, zunächst die Konvertibilität der Ost-Mark herzustellen, damit die großen Unterschiede in der Produktivität durch eine Abwertung der Währung aufgefangen werden können. Mittelfristig hätte sich dann die DDR-Wirtschaft den internationalen Konkurrenzverhältnissen anpassen können und ihre Währung zu einem realistischeren Kurs gegen die DM eintauschen können. Dieser Vorschlag wurde zunächst von Sachverständigenrat, Bundesbank und den Ministerien für Wirtschaft und Finanzen favorisiert. Dagegen kann man einwenden, dass ein großer Teil der DDR-Bevölkerung nicht bereit gewesen wäre, diesen längeren Weg zu gehen und die DDR einfach verlassen hätte. Diese Folge, nämlich die schleichende Entvölkerung von Teilen der ehemaligen DDR, kann man aber auch heute beobachten, weil die Bürger der neuen Länder vor der Arbeitslosigkeit fliehen.

Im Sinne der Bürgerrechtsbewegungen wäre es gewesen, die DDR zu einem „Musterstaat" umzubauen, der den Ansprüchen an Friedfertigkeit, Gemeineigentum, Meinungsfreiheit usw. wirklich gerecht wird, die in der alten DDR bloß propagiert wurden. Ein solcher Staat hätte womöglich über die Erfüllung der Aufnahmekriterien der EU schließlich mit der BRD zusammen in einem gemeinsamen Europa aufgehen können. Allerdings sprechen die Wahlergebnisse der ersten freien Volkskammerwahl eine andere Sprache: Gerade die Kräfte, die sich besonders um die demokratische Revolution in der DDR verdient gemacht hatten, erhielten im März nur 12 von 400 Sitzen. Auch bei Umfragen zeigte sich, dass die DDR-Bürger schon im Februar 1990 zu 84,1 % eine schnelle Wiedervereinigung wünschten.

Keine wirkliche Alternative, sondern eher eine Variante wäre gewesen, wenn die Regierung Kohl, insbesondere der Finanzminister Waigel, klarer zum Ausdruck gebracht hätte, dass die deutsche Wiedervereinigung auf Jahrzehnte hinaus Opfer verlange und nicht einfach durch Gegenrechnung mit den bisherigen „Kosten der Teilung", wie Waigel suggeriert hatte, zu finanzieren sei. Man könnte es einen **Appell an die Solidarität** nennen. Im Überschwang der Gefühle nach der Öffnung der Grenze wäre die Bevölkerung in West und Ost wahrscheinlich zu größeren Opfern bereit gewesen, wodurch der Prozess solider finanziert worden wäre und vielleicht manche Frustration (siehe Karikatur) ausgeblieben wäre.

*Die **Frage nach dem Gelingen der Einheit** kann an vielfältigen Beispielen behandelt werden, die im Folgenden skizziert werden. Sie müssen die gewählten Beispiele im Abitur ausführlich darlegen:*

- **Außenpolitisch** ist die Bundesrepublik von einem „postnationalen" zu einem „normalen" Staat geworden. Dies zeigt sich in Ambitionen auf einen ständigen Sitz im Weltsicherheitsrat, in den Beteiligungen an friedenserhaltenden Maßnahmen der UN und an einer größeren Unabhängigkeit gegenüber dem Verbündeten USA. Allerdings schließt die internationale Beteiligung auch die Teilnahme an völkerrechtlich fragwürdigen Kriegen (Kosovo) mit ein und das Verhältnis zu den USA unterliegt neuerdings starken Belastungen (Stellung zum Irak-Krieg).
- **Innenpolitisch** stellt sich die Frage, ob die starke Zunahme rechtsradikaler Gewalttaten nach 1990 lediglich auf einen bisher unterbundenen oder zurückgestauten Nationalismus in der ehemaligen DDR zurückgeht, oder ob er gesamtdeutsche Ursachen hat bzw. wo die demokratische Erziehung bisher versagt hat. Allerdings belegen Wahlergebnisse und Meinungsumfragen, dass die große Mehrheit der ehemaligen DDR-Bürger in der Demokratie der Bundesrepublik angekommen ist.
- **Wirtschaftlich** kann man erwarten, dass die großzügigen Investitionen in die Infrastruktur der neuen Länder eines nicht allzu fernen Tages Früchte tragen und die neuen Länder möglicherweise zum „Laboratorium des Westens" werden, weil man dort, wie es im Tarifvertragsrecht schon geschieht, eher neue Wege gehen könnte als in den festgefahrenen Strukturen Westdeutschlands.
- **Menschlich** haben sich viele Kontakte und Annäherungen ergeben, die möglicherweise dazu führen, dass auch die Leistungen im und Lebenserfahrungen mit 40 Jahren Sozialismus, sowie die enorme Anpassungsleistung der Ostdeutschen Anerkennung findet.

Schriftliche Abiturprüfung Geschichte (Baden-Württemberg):
Übungsaufgabe 9: Bundesrepublik, DDR und der Weg zur deutschen Einheit

M 1: Erich Honecker: „Die DDR tritt in ihr fünftes Jahrzehnt“ 5. 10. 1989:

Am 7. Oktober begeht die Deutsche Demokratische Republik, der erste sozialistische Staat auf deutschem Boden, ihren 40. Jahrestag. Man kann nicht sagen, dass ihre Geburt überall Freude ausgelöst hätte. In Bonn hatte man sich eben der Fessel des Potsdamer Abkommens entledigt, um sich als Bundesrepublik Deutschland auf den Eintritt in die NATO vorzubereiten, und schon war es die DDR, die dem Drang der BRD nach Osten den Weg versperrte. (…)

Auferstanden aus den Ruinen des Zweiten Weltkrieges, gelang es ihr, einen Platz unter den leistungsfähigsten Industrienationen der Welt einzunehmen und zu behaupten. Ihr sozialistisches Gesellschaftssystem, das ständig weiterentwickelt wird, funktioniert auf effektive Weise. Was des Volkes Hände schaffen, ist des Volkes eigen und kommt seinem Wohl zugute. Soziale Sicherheit, Vollbeschäftigung, gleiche Bildungschancen, der in allen Bereichen praktizierte Grundsatz „Arbeite mit, plane mit, regiere mit“ weisen aus, dass Freiheit, Demokratie und Menschenwürde hierzulande nicht nur auf dem Papier stehen.

Schon daraus ergibt sich, warum die DDR ihr übergeordnetes Ziel in einem dauerhaften Frieden sieht. Zugleich entspricht dies ihrer Verantwortung aus der Geschichte, ihrer Lage an der Trennlinie zwischen den beiden stärksten Militärkoalitionen der Gegenwart. An der Seite der Sowjetunion und der anderen Verbündeten im Warschauer Vertrag setzt sich unser Staat für den Abbau der Konfrontation und dem Ausbau der friedlichen Zusammenarbeit von Staaten unterschiedlicher sozialer Ordnung, für Vernunft und Realismus bei der Gestaltung der internationalen Beziehungen, für deren Gesundung ein. (…)

Von der antifaschistisch-demokratischen Umwälzung über die Schaffung der Grundlagen des Sozialismus bis zur Gestaltung der entwickelten sozialistischen Gesellschaft, an der wir heute arbeiten, haben wir in der DDR einen großen revolutionären Umgestaltungsprozess vollzogen. Die Arbeiterklasse schloss ein fest gefügtes Bündnis mit den Bauern, den Angehörigen der Intelligenz, allen Werktätigen und lernte, die von ihr in Besitz genommene Macht auszuüben, den Staat zu regieren. Unter Führung der Sozialistischen Einheitspartei Deutschlands erstarkte die DDR dank der schöpferischen Arbeit des ganzen Volkes von Jahr zu Jahr als ein stabiler Eckpfeiler des Sozialismus und des Friedens, als reale Alternative zum Kapitalismus.

Dabei führte der Weg (…) natürlich nicht immer nur über glatte Bahnen. Er verband sich mit Anstrengungen, mancher Entbehrung, der Überwindung von Hindernissen und Schwierigkeiten. Nicht zuletzt hatte sich die DDR massiver Versuche des politischen Drucks, der ökonomischen Erpressung, der ideologischen Diversion[1] zu erwehren, die von der BRD aus unternommen wurden, um den Sozialismus auf deutschem Boden rückgängig zu machen. Es spricht im Übrigen für sich, dass man in der BRD gerade jetzt wieder eine Hetzkampagne gegen die DDR betreibt. (…)

Beim bisher geleisteten wie beim noch bevorstehenden Aufbauwerk spielt das vertrauensvolle, kameradschaftliche Zusammenwirken der mit der SED in der Nationalen Front der DDR vereinten Parteien und Massenorganisationen eine überaus wertvolle Rolle. Es ist ein Wesenselement unserer sozialistischen Demokratie. (…)

1 im kommunistischen Sprachgebrauch: politische Störung

(Ausschnitte aus einem Artikel in der „Prawda“ vom 5. 10. 1989 zum 40. Jahrestag der DDR, in: „Neues Deutschland“, 6. 10. 1989.)

M 2: Fritz Behrendt in der Frankfurter Allgemeinen Zeitung (10. Juli 1989)

(Behrendt/CCC,www.c5.net)

Aufgaben:

1. Arbeiten Sie aus dem Text M 1 heraus, wie Honecker die Geschichte der DDR von 1949 bis 1989 charakterisiert und welche Perspektive er für die Zukunft der DDR andeutet. — 8 VP

2. Beschreiben Sie wesentliche Stationen der inneren Entwicklung der SBZ auf dem Weg zur Gründung der DDR 1949. — 10 VP

3. a) Beschreiben Sie die vorliegende Karikatur (M 2) — 6 VP
   b) Vergleichen Sie die in der Karikatur gemachte Aussage mit Honeckers Einschätzung der Lage in M 1. — 12 VP

4. Erläutern Sie Probleme, die nach dem 9. November 1989 bis zur Herstellung der staatlichen Einheit Deutschlands gelöst werden mussten. — 12 VP

5. Beurteilen Sie ausgehend von Honeckers Behauptung, die BRD zeige einen „Drang nach Osten" (M 1, Z. 5 f.) die außenpolitische Orientierung der Bundesrepublik in der Ära Adenauer. — 12 VP

60 VP

Lösungsvorschlag

1. *Die Aufgabenstellung verlangt keine bloße Textwiedergabe, vielmehr soll dargestellt werden, wie Erich Honecker seine Auffassung von der Geschichte der DDR von seinem ideologischen Standort subjektiv darlegt. (AFB I)*

   Honecker preist die DDR als „ersten sozialistischen Staat auf deutschem Boden", dessen Leistung von Anfang an darin bestanden habe, der imperialistischen Bundesrepublik „nach Osten den Weg" zu versperren. Die DDR ist nach seinen Worten eine der „leistungsfähigsten **Industrienationen** der Welt" mit einem effektiv funktionierenden und ständig weiterentwickelten „sozialistischen Gesellschaftssystem". Volkseigentum und Volkswohl stünden im Vordergrund. „Freiheit, Demokratie und Menschenwürde" zeigten sich in „sozialer Sicherheit, Vollbeschäftigung, gleichen Bildungschancen". Honecker hebt auch die **Friedensliebe** der DDR und ihre Arbeit für den Frieden hervor. Er betont die „Verantwortung aus der Geschichte" und die geopolitische Lage an der Grenze zwischen West und Ost. Die außenpolitische Arbeit gelte dem „Abbau der Konfrontation" und einer gesunden Weiterentwicklung der internationalen Beziehungen auf der Basis friedlicher Zusammenarbeit.
   Die besondere Leistung der DDR liege in der Entwicklung, die das Land in den letzten vierzig Jahren vollzogen habe: „von der antifaschistisch-demokratischen Umwälzung über die Schaffung der Grundlagen des Sozialismus bis zur Gestaltung der entwickelten sozialistischen Gesellschaft". Die **Gesellschaft** der DDR, „Arbeiterklasse", „Bauern", „Intelligenz", ja, „alle Werktätigen" stünden ebenso geschlossen hinter den Zielen der SED wie die „mit der SED in der Nationalen Front der DDR vereinten Parteien und Massenorganisationen". So sei die DDR ein „stabiler Eckpfeiler des Sozialismus und des Friedens" und eine „reale Alternative zum Kapitalismus".
   Diese Entwicklung habe sich dabei allerdings weder gradlinig noch störungsfrei vollzogen. Honecker erwähnt vor allem den von der Bundesrepublik ausgehenden massiven „politischen Druck", die „ökonomische Erpressung" oder die „ideologische Diversion", die gerade in diesen Tagen des 40. Jahrestages wieder verstärkt aufträten.
   Honecker zeichnet das Bild einer **konsequent fortschreitenden Entwicklung**, einer Aufwärtsbewegung hin zur „entwickelten sozialistischen Gesellschaft", deren gradliniger Weg trotz aller Störmanöver aus dem Westen unbeirrt durchgehalten werden konnte. Damit gibt es für ihn keine Alternative zur zukünftigen Entwicklung, die nur noch eine Vollendung dieser sozialistischen Aufbauarbeit bringen kann. International ist der Weg der DDR ebenfalls vorgezeichnet: Er führt an der Seite der Sowjetunion und ihrer Verbündeten zu einer „dauerhaften Friedensordnung" und zu einer „friedlichen Zusammenarbeit von Staaten unterschiedlicher sozialer Ordnung" in einem System „gesunder" internationaler Beziehungen.

2. *Die Beschreibung sollte sich auf wesentliche Stationen auf der allgemeinen politischen Ebene (z. B. Parteien und deren Funktionen, Massenorganisationen, „Demokratisierung" von Schulwesen und Verwaltung Volkskongressbewegung), auf die radikale Umgestaltung der Wirtschaft beschränken. Eine Beurteilung oder eine Einordnung der inneren Entwicklung der SBZ in den internationalen Rahmen entspricht nicht der Aufgabenstellung. (AFB I)*

   Im Juni 1945 erteilte die Sowjetische Militäradministration in Deutschland (SMAD) den Befehl („Befehl Nr. 2"), in der sowjetischen Besatzungszone antifaschistische Parteien zu gründen, die sowohl eine Integrationsfunktion als auch eine Aktivierungsfunktion haben sollten. Am 11. Juni 1945 trat die KPD an die Öffentlichkeit. Ihr folgten am 15. Juni 1945 die SPD, am 26. Juni die CDU und am 5. Juli 1945 die LDPD. Im selben Monat ordnete die SMAD eine enge Zusammenarbeit der Parteien in der „Einheitsfront antifaschistisch-demokratischer Parteien" (Antifa-Block) an, die von der SMAD als Transformationsorganisation im Sinne der sowjetischen Politik verstanden wurde. Von Anfang an dominierte die von der SMAD gestützte KPD. Am 21. April wurden KPD und SPD zur Sozialistischen Einheitsparte Deutschlands (SED) zwangsvereinigt. Die SED beanspruchte von Anfang an

eine Sonderstellung in Staat und Gesellschaft, denn sie verstand sich als „Vorhut der Arbeiterklasse“ und „Elite des Proletariats“ und übernahm als Trägerin des politischen, gesellschaftlichen und ökonomischen Fortschritts die alleinige Vertretung. 1949 wurden alle Parteien in der „Nationalen Front“ zusammengeschlossen.
Parallel zur Bildung eines im Dienste der KPD, später der SED stehenden Parteiensystems wurden Massenorganisationen zur Erfassung des Volkes aufgebaut. Noch 1945 erfolgte in der SBZ die Abkehr von den Richtungsgewerkschaften der Weimarer Republik durch die Gründung des „Freien Deutschen Gewerkschaftsbundes“ FDGB, um die „Aktionseinheit“ der deutschen „Arbeiterklasse“ herzustellen und zu sichern. Ende Juli 1945 wurden „Jugendausschüsse“ genehmigt, welche die Gründung der „Freien Deutschen Jugend“ (FDJ) vorbereiteten, galt es doch Staat und Gesellschaft im Sinne des Sozialismus zu erziehen.
Nach dem Aufbau eines Verwaltungsapparates auf Länder- und Gemeindeebene in der SBZ begann eine rigorose Säuberung der Justiz und die Einsetzung sog. Volksrichter, die unter der Kontrolle der KPD, später der SED standen. Die 1945 eingeleitete Schul- und Bildungsreform unter der Losung „Demokratisierung der Schule“ führte die Einheitsschule und das kostenlose Bildungswesen ein, sie verstärkte aber auch die Ideologisierung der Bildung im Sinne von SMAD und KPD/SED.
Ein wichtiger Schritt auf dem Weg zur faktischen Alleinherrschaft der SED war die Einberufung des Deutschen Volkskongresses Anfang 1947, an dem auch Delegierte aus dem Westen teilnahmen. Ziel war die Unterstützung der sowjetischen Deutschlandpolitik. Seit September 1947 begann die „Stalinisierung“ der SED durch Säuberungen, die Programmierung des „Demokratischen Zentralismus“ und das Bekenntnis zur „führenden Rolle der Sowjetunion“. Der 3. Volkskongress verabschiedete dann am 29. Mai 1949 die Verfassung der Deutschen Demokratischen Republik, die formell am 7. Oktober 1949 als sozialistischer deutscher Staat gegründet wurde.
Wirtschaftlich wurden schon früh die Weichen für eine radikale Umgestaltung gestellt: Bereits im September 1945 wurden unter dem Motto „Junkerland in Bauernhand“ der Großgrundbesitz und der Besitz von Naziverbrechern enteignet und in ein „breit gestreutes bäuerliches Landeigentum“ überführt. Volkseigene Güter (VEG) wurden als sog. Mustergüter geschaffen, da das Entstehen von klein- und mittelbäuerlichem Privateigentum nicht Ziel der SED war. Diese VEGs dienten vielmehr als „Schrittmacherbetriebe“ für die späteren Landwirtschaftlichen Produktionsgenossenschaften (LPG), die ab 1948 entstanden.
In der übrigen Wirtschaft wurden im Oktober 1945 die ersten Betriebe, die ehemaligen Nazis gehört hatten, in Volkseigene Betriebe (VEB) überführt, noch 1945 wurden sämtliche Banken verstaatlicht. Im Juni 1946 waren bereits 75 Prozent der Industriebetriebe VEBs, 25 Prozent standen als Sowjetische Aktiengesellschaften (SAG) bis 1953 unter direkter sowjetischer Verwaltung. Ein Jahr später, 1947, erfolgte der Übergang zur Zentralverwaltungswirtschaft. Die DDR nahm später für sich in Anspruch, eine „konsequente Entmonopolisierung“ und damit den Weg zu einer sozialistischen Demokratie eingeleitet zu haben. Zugleich behauptete sie, im Gegensatz zu den Westzonen eine echte Entnazifizierung durchgeführt zu haben, da nur in der SBZ/DDR eine Entmachtung des „Monopolkapitals“ und damit der faschistischen Eliten stattgefunden habe.

3. a) *Verlangt wird bei dieser Aufgabenstellung keine ausführliche Analyse gemäß den Anleitungen im Vorspann des Buches, vielmehr genügt eine Wiedergabe des Inhalts durch Entschlüsselung der Bildelemente und der Bildunterschrift. (AFB I)*

Die Karikatur stellt die Situation im Sommer 1989 ins Bild und thematisiert zudem das Verhalten der SED-Führung, insbesondere das Erich Honeckers. Sie hebt zugleich die Mauer mit den berüchtigten Barrieren aus Stacheldraht als zentrales Symbol der DDR-Existenz hervor.
Während sich in den sozialistischen „Bruderstaaten“ der DDR unter den russischen Schlagwörtern „Glasnost“ (Öffnung) und „Perestroika“ (Erneuerung, Veränderung) ein

neues Denken durchzusetzen beginnt, beharrt die DDR-Führung hartnäckig auf ihrem Standpunkt, dass im Ostend Deutschlands Veränderungen wie in der Sowjetunion unnötig seien. Die SED-Führung isoliert sich selbst und verschließt vor den neuen Realitäten Augen und Ohren (Partei- und Staatschef Erich Honecker hält sich die Ohren zu), selbst gegenüber den Entwicklungen im eigenen Land. Abgeschottet nun auch gegenüber den „Bruderländern" verweigert die SED-Führung jegliche Reform und eine Öffnung zugunsten der Bevölkerung.
Der Zeichner setzt den Demonstrationszug im Hintergrund der Karikatur in einen Zusammenhang mit den Montagsdemonstrationen in Leipzig. Die Demonstranten ziehen freudestrahlend und hoffnungsfroh und stehen in deutlichem Kontrast zu dem verhärmt aussehenden Erich Honecker.

b) *Der Vergleich muss die Kernaussagen der Textes (M 1) und der Karikatur (M 2) aufgreifen und einander gegenüberstellen. Bei der Darstellung werden die Ereignisse in der DDR am 17. Juli 1953 als Ausgangspunkt gewählt. (AFB II)*

Die Karikatur greift reale Vorgänge im „Ostblock" und in der DDR auf, welche im völligen Gegensatz zu Honeckers Darstellung in M 1 stehen. Honeckers Aussagen erwiesen sich als Selbstbetrug. So ist seine Behauptung von der DDR als „stabiler Eckpfeiler des Sozialismus" eine reine **Zweckbehauptung**, die in die unkritischen Lobeshymnen zum 40. Jahrestag der DDR passt. Sie folgt der jahrzehntelang von der SED-Führung behaupteten Identität der SED mit den Interessen der Werktätigen und der friedliebenden Bevölkerung der DDR und dem vollständigen Vertrauen, das die SED-Führung in der Bevölkerung genießt.
Seine Aussage suggeriert eine Verlässlichkeit der DDR im sozialistischen Ostblock. Sie missachtet dabei, dass der „Ostblock" spätestens mit den Reformbestrebungen in der Sowjetunion und in Polen, aber auch mit der Öffnung der Grenzen durch Ungarn kein geschlossenes System mehr darstellte, sondern dabei war, sich vom **Sozialismus als Machtinstrument** loszusagen. Mit den Reformbestrebungen in der Sowjetunion, in Polen, Ungarn, der Tschechoslowakei, ja sogar in Bulgarien, später in Rumänien, war die DDR außer Nordkorea, Kuba und China das einzige Land, das noch am Sozialismus festhielt. Um diese Aussage zu bewerten, muss auch die **Person Honeckers** und seine Rolle zwischen Juli und November 1989 berücksichtigt werden. Wie in der Karikatur dargestellt, verschloss Honecker Augen und Ohren gegenüber der schlechten wirtschaftlichen Lage und der Stimmung in der Bevölkerung der DDR. In Honeckers Haltung zeigte sich die offensichtliche Unfähigkeit und Unwilligkeit der DDR-Staatsführung, die sich anbahnenden und bereits eingetretenen Veränderungen in den Staaten Ost-Mitteleuropas richtig einzuschätzen.
Um die „tatsächliche Entwicklung", die gemäß der Aufgabe dieser Aussage gegenüber gestellt werden soll, zu beschreiben, kann beim **Volksaufstand vom 17. Juni 1953** begonnen werden, der, ursprünglich rein wirtschaftlich motiviert, bald auch politische Forderungen zeigte, so vor allem das Verlangen nach freien Wahlen. Dieser Aufstand machte deutlich – wie auch die Arbeiter- und Volksaufstände in Polen und Ungarn 1956 –, dass die kommunistische Führung und ihre Einheitspartei keineswegs von der breiten Zustimmung der Bevölkerung getragen waren, sondern dass sich ihr Machtanspruch nur mit Waffengewalt und der Hilfe der Sowjetunion aufrechterhalten ließ.
Die wachsende **Fluchtbewegung** aus der DDR in die Bundesrepublik konnte die DDR-Führung in enger Abstimmung mit der politischen Führung in Moskau nur mit dem Bau der **Mauer** um Westberlin am 13. August 1961 und der Abriegelung der Grenze zur Bundesrepublik eindämmen. Sie wurde in der sozialistischen Welt als „antifaschistischer Schutzwall" und Monument der Friedenssicherung gepriesen.
Die DDR war in sich gespalten: Auf der einen Seite stand die ständige Konkurrenzsituation zum Westen, unter der sich trotz aller „Einholen-" und „Überholen-"Parolen nie das Bewusstsein in der Bevölkerung zurückdrängen ließ, dass es im Westen eigent-

lich doch besser war. Der Aufstand vom 17. Juni, der Bau der Mauer und schließlich die Fluchtbewegungen 1989 zeigten deutlich, dass sich die DDR **nur mit sowjetischer Stützung** als Staat halten konnte, und dass – objektiv besehen – die DDR ihre Legitimation als Staat aus ihrer Rolle im sowjetischen Machtbereich bezog. Diese Rolle führte auf der anderen Seite dazu, dass die DDR-Führung mehr als andere ihre Linientreue zur Sowjetunion stets und überall betonte. Als die Sowjetunion selbst in Zeiten von Glasnost und Perestroika im Umbruch begriffen war, hielt die DDR-Führung noch eisern am alten Konzept des Spät-Stalinismus fest.

Insofern ließe sich Honeckers Äußerung als ironische Bestätigung der tatsächlichen Lage sehen: Die DDR war in der Tat einer der letzten Eckpfeiler des Sozialismus Ulbricht'scher Prägung. Dass der Sozialismus selbst im Begriff war, eine tief greifende Wandlung anzugehen, die er wegen der ausbleibenden Auseinandersetzung mit der eigenen stalinistischen Vergangenheit nicht bewältigen konnte, muss an dieser Stelle nicht erörtert werden.

Rein pragmatisch gesehen, steckte die DDR allerdings zum Zeitpunkt des Artikels bereits tief in der **Krise**. Besonders der offen zutage tretende Kontrast zwischen den Reformhoffnungen, die sich an Gorbatschow und seine Reformpolitik in der Sowjetunion knüpften, und der Reform-Unfähigkeit der überalterten DDR-Führung ließen den Ausreisedruck wieder rapide ansteigen. Auch die Manipulation der Kommunalwahlen im Frühjahr 1989 entfremdete die Bevölkerung weiter von der SED-Führung.

Die Öffnung des „Eisernen Vorhangs“ durch Ungarn im Mai 1989 machte deutlich, dass sich der gesamte Ostblock veränderte und dass nur die DDR sich diesen Neuerungen verweigerte. Als die **Ausreisewelle**, die im Sommer 1989 die DDR erfasste (Ungarn, Botschaftsflüchtlinge in Budapest, Warschau, Prag), diese tiefe Diskrepanz offen legte, hatte die SED-Führung alle Mühe, angesichts dieser „Abstimmung mit den Füßen“ ihr Gesicht zu wahren. Es war offenbar geworden, dass viele Bürger ihr Heil nicht in einer Verwirklichung sozialistischer Prinzipien, sondern in einer Verwirklichung kapitalistischer und demokratischer Freiheiten sahen. Zur Beurteilung dieser Aussage muss schließlich die Haltung der **Sowjetführung** herangezogen werden, die überzeugt war, dass, wenn es überhaupt noch einen 41. Jahrestag der DDR gäbe, er in einer völlig veränderten politischen Landschaft stattfinde. Diese innere Notwendigkeit für Reformen haben weder Honecker selbst noch die Mitglieder der politischen Führung gesehen. Aber erst mit dem Ende der Sowjetunion sollte sich die Unmöglichkeit zeigen, den Sozialismus aus sich selbst heraus zu reformieren.

4. *Hier müssen Probleme genannt, beschrieben, erklärt und gemäß der Aufgabenstellung eingeordnet werden. Dabei ist es von Vorteil, wenn die Probleme unter übergeordneten Themenbereichen zusammengefasst werden. (AFB II)*

Die Probleme, die sich mit der Perspektive einer deutschen Wiedervereinigung stellten, lassen sich zunächst in außenpolitische, innenpolitische und wirtschaftliche Probleme gliedern.

Die **wirtschaftlichen Probleme** rührten aus dem enormen Gefälle zwischen West und Ost und zeigten sich bis zum Abschluss des Vereinigungsprozesses vor allem in der Hoffnung der DDR-Bürger, möglichst sofort und vollständig am westdeutschen Wohlstand teilzuhaben. Dieses Problem führte dazu, dass es im Bewusstsein der Bevölkerung keine Alternative zu einer schnellen Vereinigung gab, was die Chancen sowohl für eine nachhaltige Reorganisation der DDR-Wirtschaft als auch (innenpolitisch) für einen sanften Ausgleich zwischen West- und Ost-Interessen entscheidend schwächte. Das Problem der fehlenden Konkurrenzfähigkeit und der Überalterung der Produktionsanlagen gehört noch nicht hierher, da es nur um die Zeit bis zum Abschluss der Wiedervereinigung geht. Dieses eigentliche wirtschaftliche Problem wurde damals noch nicht gesehen, da die Leistungsfähigkeit der ostdeutschen Wirtschaft sowohl von der DDR selbst (propagandistisch bedingt), aber auch von westlichen Geheimdiensten völlig unrealistisch eingeschätzt wurde.

Die **innenpolitischen Probleme** betreffen die Art der Vereinigung. Hier stehen sich die Extreme einer Neuformulierung von Staat und Gesellschaft unter gleichberechtigter Einbeziehung der DDR und ihrer Errungenschaften und der „Übernahme“ oder gar „Kolonialisierung“ der DDR gegenüber. Der erste Punkt betraf das **politische System**. Es waren demokratische Prinzipien einzuführen und die Bürgerrechtsbewegungen bemühten sich, eigene Vorstellungen zu entwickeln und zu verwirklichen. Die neu gegründeten Parteien, bzw. die ehemaligen Blockparteien, mussten in kürzester Zeit Wahlen zu einer Volkskammer vorbereiten, die ein echtes demokratisches Repräsentationsorgan der DDR sein sollte. Damit stellte sich weiterhin das Problem ihres Verhältnisses zur Bundesrepublik und deren Parteien, insbesondere des Einflusses der West-Parteien auf den Wahlkampf in der DDR. Die Parteien griffen nur zu gern auf Wahlkampfhilfe aus dem Westen zurück und insbesondere die CDU konnte mit dem Versprechen, mit der Vereinigung den Wohlstand einzuführen, breite Wählerschichten gewinnen.
Beim **Prozess der Vereinigung** selbst musste entschieden werden, ob nach Artikel 23 des Grundgesetzes die DDR dem Geltungsgebiet des Grundgesetzes beitrat, oder ob nach Artikel 144 eine völlig neue Verfassung ausgearbeitet und einer Volksabstimmung unterworfen wurde. Verfassungskonservative Stimmungen in der Bundesrepublik und der Wunsch innerhalb der DDR, die Vereinigung ohne Verzögerungen zu vollziehen, gaben schließlich den Ausschlag, dass die DDR dem Grundgesetz und damit der Bundesrepublik beitrat und Artikel 144 des Grundgesetzes gestrichen wurde. Ein weiterer Punkt der Diskussion betraf die Übernahme der sozialen Errungenschaften der DDR im Gesundheits- und Bildungswesen. Das Einzige, was hier übrig blieb, war das achtjährige Gymnasium.
Was aber den Lebensnerv der DDR-Ordnung betraf, waren die Veränderungen in den **Eigentumsverhältnissen**, die auf die zwischen 1945 und 1949 getroffenen Maßnahmen der sowjetischen Besatzungsmacht und der Behörden der sowjetischen Zone zurückgehen. Kernfrage war, ob die Enteignungen Bestandskraft haben oder rückgängig gemacht werden sollten, und ob darüber hinaus Alt-Eigentümer, die von der DDR am Genuss ihres Eigentums gehindert worden waren, entschädigt oder wieder in den Besitz eingesetzt werden sollten. Die Entscheidung für eine definitive Anerkennung der sowjetischen Enteignungen wurde erst einige Jahre später vom Bundesverfassungsgericht als rechtens bestätigt.
Die Gestaltung der **Währungs- und Wirtschaftsunion** erwies sich ebenfalls als problematisch, da die DDR mit Inkrafttreten dieser Union bereits EG-Recht anwenden musste und die Ostgrenze zu Polen damit EU-Außengrenze wurde.
Die **außenpolitischen Probleme** wurden damals weit deutlicher gesehen. Es war allen Beteiligten klar, dass das Streben der Deutschen nach staatlicher Einheit wie jede Veränderung im Status beider deutscher Staaten zueinander, nur im **Zusammenspiel der Großmächte** vor sich gehen konnte. Jede Veränderung, die die DDR betraf, musste die Sowjetunion beunruhigen – umso mehr eine Veränderung, die die DDR nicht nur aus dem östlichen Bündnis herausbrechen, sondern zu einem Bestandteil des westlichen Bündnisses machen würde. Diese Überlegungen mussten schon bei den ersten Konföderationsplänen angestellt werden. Als sich der Beitritt der DDR zur Bundesrepublik immer deutlicher als einzige Lösung der „Deutschen Frage“ abzeichnete, musste diskutiert werden, inwiefern damit die **Viermächte-Verantwortung** über Deutschland als Ganzes zu vereinbaren war. Die Schwierigkeiten lagen dabei nicht allein auf sowjetischer Seite, sondern betrafen auch die europäischen Nachbarn, die sich plötzlich einem viel größeren Deutschland gegenüber sahen.
Es ist das Verdienst des damaligen Bundeskanzlers Helmut Kohl, im persönlichen Gespräch mit dem sowjetischen Parteichef Gorbatschow nicht nur die sowjetischen Vorbehalte gegen eine deutsche Einheit – die Gorbatschow schließlich selbst befürwortete – auszuräumen, sondern auch gegen eine Ausweitung des **Bündnisgebiets der NATO** auf die DDR. Kohl konnte Gorbatschow überzeugen, dass sich eine solche Erweiterung der NATO nicht gegen die Interessen der UdSSR richten würde. Auf Seiten der DDR gab es die Option, mittelfristig ein gesamt-europäisches Sicherheitssystem aufzubauen und die Bündnisblöcke aufzulösen. Ebenso war das persönliche Verhältnis zwischen Kohl und Mitterand ausschlag-

gebend für die Haltung Frankreichs zur Wiedervereinigung. Zu diesem Themenkreis und zu den sowjetischen Vorbehalten gehört auch die Frage der **Truppenstärke** der deutschen Armee, die sich nicht einfach als Addition aus Bundeswehr und NVA ergeben konnte. Mit der im August 1990 in Wien verkündeten Reduzierung auf 370 000 schuf man das notwendige Vertrauen.

Als letzter Punkt in den außenpolitischen Problemen ist noch die **Oder-Neiße-Grenze zu Polen** zu erwähnen. Sie war von der DDR bereits 1950 als „Friedensgrenze" anerkannt worden, stand aber auf westlicher Seite immer unter dem Vorbehalt einer friedensvertraglichen Regelung, die einem künftigen gesamtdeutschen Souverän die völkerrechtlich bindende Festlegung überlassen musste. Auf polnischer Seite wuchsen Befürchtungen, vor allem Vertriebenenverbände würden sich für eine Diskussion über die Grenze an sich stark machen, während aber offizielle Regierungsstellen keine Zweifel aufkommen ließen, dass sie den Status quo vertraglich sichern würden.

Der Vereinigungsprozess selbst wurde durch die **Zwei-plus-vier-Verhandlungen** geregelt, die auf eine Anregung der amerikanischen Regierung zurückgingen, am 9. Februar mit Gorbatschow abgesprochen und am 13. Februar in Ottawa aufgenommen wurden. Ergebnis der Verhandlungen war das Erlöschen der Viermächte-Verantwortung über Deutschland und damit die Erlangung der vollen Souveränität.

5. *Die Beurteilung sollte ergeben, dass Honeckers Darstellung noch vom alten Feindbild aus der Zeit des Kalten Krieges geprägt ist – auch dies ein Beleg dafür, wie ausschließlich Honeckers Sichtweise von der Ideologie bestimmt wird und wie unrealistisch er die tatsächlichen Entwicklungen in Ost und West einschätzt. (AFB III)*

Die **außenpolitische Orientierung** der Bundesrepublik in den 50er-Jahren lässt sich in folgende Begriffe zusammenfassen: Westintegration, Wiedergewinnung der außenpolitischen Handlungsfreiheit, Wiedergewinnung der Souveränität, Wiederbewaffnung.

Dem Gedanken der **Westintegration** lag dabei die Vorstellung zugrunde, dass bei gegenseitiger wirtschaftlicher Verflechtung jede Verletzung der Interessen anderer auch die eigenen Interessen schädigt. Diesem Gedanken folgte nach Adenauer auch der französische Außenminister Robert Schuman, und aus dem Zusammenwirken beider Staatsmänner entstand 1951/52 die Montanunion, die die Kohle- und Stahlproduktion Deutschlands, Frankreichs, der Benelux-Staaten und Italiens aus der alleinigen nationalen Zuständigkeit herausnahm und in einer „Europäischen Gemeinschaft für Kohle und Stahl" zusammenfasste. Adenauer war der Ansicht, dass eine dauerhafte deutsch-französische Aussöhnung, von der schon Churchill 1946 in seiner Züricher Rede als Notwendigkeit für Europa gesprochen hatte, Grundlage für Deutschlands Wiedereingliederung in die Staatengemeinschaft war.

Ein zweiter Gedanke, der der Westintegration zugrunde lag, war die Gewinnung von Vertrauen, was Adenauer als unabdingbare Voraussetzung dafür ansah, dass die Bundesrepublik wieder in den Kreis der westeuropäischen Nationen aufgenommen wurde.

Adenauer und die von ihm geführte Bundesregierung gingen von der **Grundüberlegung** aus, dass allein die Westintegration der Bundesrepublik Sicherheit sowohl vor einer Instabilität verursachenden „Schaukelpolitik" zwischen West und Ost als auch vor sowjetischen Absichten, Deutschland zu neutralisieren, bot – was nicht weniger politische Instabilität verursachen würde. Sie würde insofern zur Wiedervereinigung führen, als die UdSSR nur durch die Geschlossenheit des Westens, beeinflusst durch wirtschaftliche Schwierigkeiten in ihrem eigenen Bereich, zu einer Änderung ihrer Deutschlandpolitik gebracht werden könnte. Daher erschien auch die Stalin-Note von 1952 als durchsichtiges Manöver, um den Abschluss des EVG-Vertrages zu verhindern.

Das Werben um Vertrauen sollte auch die **außenpolitische Handlungsfreiheit** zurückbringen, für die die Integration der Bundesrepublik in die westliche Gemeinschaft unabdingbare Voraussetzung war. Erster Schritt auf diesem Weg war das Petersberger Abkommen vom 22. 11. 1949, mit dessen Unterzeichnung die Bundesrepublik internationalen Organi-

sationen beitreten konnte (Beitritt zur OEEC 1949, zum Europarat 1950). Auch mit dem Londoner Schuldenabkommen 1953 unternahm die Bundesregierung einen wichtigen Schritt zur Herstellung internationalen Vertrauens in Deutschland.
Erster Schritt auf dem Weg zur **Wiedergewinnung der Souveränität** war der Deutschland-Vertrag 1952 mit den USA, Großbritannien und Frankreich mit folgenden Punkten:
- Beendigung der Besatzung,
- volle Souveränität der Bundesrepublik in der Innen- und Außenpolitik,
- Beendigung aller Einschränkungen bei der Gesetzgebungshoheit,
- Beendigung aller Produktions- und Forschungsbeschränkungen,
- ausschließliche Zuständigkeit der Alliierten für Deutschland als Ganzes und für Berlin,
- Verpflichtung der Westmächte auf deutsche Wiedervereinigung als politisches Ziel.

Obwohl das Vertragswerk selbst durch die Ablehnung der Europäischen Verteidigungsgemeinschaft (EVG) durch die französische Nationalversammlung hinfällig war, wurde der Deutschland-Vertrag im Oktober 1954 Bestandteil der „Pariser Verträge", mit denen das Besatzungsstatut aufgehoben und die Bundesrepublik im folgenden Jahr in NATO und WEU aufgenommen wurde.
Im Zeichen des Kalten Krieges, insbesondere des Koreakrieges, lag es auch im Interesse der Bundesregierung, einen eigenen Beitrag zur **Verteidigung** zu leisten und damit den verdeckten Rüstungsbemühungen der DDR (kasernierte Volkspolizei, Betriebskampfgruppen) ein Gegengewicht entgegenzusetzen. Die erheblichen Sicherheitsbedenken Frankreichs und Großbritanniens verboten jedoch eine einfache Aufnahme der Bundesrepublik in die NATO, sondern verlangten nach einer Einbindung in die Rüstungskontrollinstrumente des Brüsseler Vertrages von 1948, der mit der Aufnahme der Bundesrepublik 1954/55 zur Westeuropäischen Union (WEU) erweitert wurde.
Im Verhältnis zum Osten schienen sich nach Stalins Tod 1953 neue Möglichkeiten der **Entspannungspolitik** zu ergeben. Adenauer musste dabei erkennen, dass der von ihm geforderte Zusammenhang von Wiedervereinigung und Entspannung, nach dem die deutsche Teilung ursächlich eine Entspannung verhindere und daher zuerst beseitigt werden müsse, nicht mehr so zwingend gesehen wurde. Eine Entspannung im Verhältnis der beiden Großmächte konnte jedoch auch zulasten der Bundesrepublik gehen, sodass sich Adenauer zur Aufnahme einer eigenen kooperativen Ostpolitik im Verhältnis zur Sowjetunion bemühte (1955 Aufnahme diplomatischer Beziehungen und Rückführung von Kriegsgefangenen, 1958 deutsch-sowjetisches Wirtschaftsabkommen). Weitere Bemühungen galten freiheitlicheren Bedingungen in der DDR, wobei ihnen sogar der Vorrang vor einer Wiedervereinigung eingeräumt wurde.
Dennoch blieb die Bundesregierung bei ihrer Forderung nach Wiedervereinigung und ihrer Ablehnung des DDR-Regimes. Sie nahm weiterhin für sich selbst in Anspruch, die Deutschen in der „Zone", denen das Recht demokratischer Selbstbestimmung verwehrt war, zu vertreten (Hallstein-Doktrin).
Honeckers Aussage vom „Drang nach Osten" suggeriert eine **aggressive Haltung der Bundesrepublik** in Richtung Osten und unterstellt sowohl ihr als auch der NATO grundsätzlich eine auf Aggression ausgerichtete Politik. Gerade die Entspannungsbemühungen nach 1953 (Beendigung des Korea- und des Vietnamkrieges, Souveränität Österreichs) zeigen, dass international das Schwergewicht auf Kooperation und Gleichgewicht lag. Allerdings wurde in der östlichen Propaganda der NATO grundsätzlich der Charakter als Angriffsbündnis gegen die friedliebende sozialistische Gemeinschaft unterstellt, was wiederum alte russische/sowjetische Befürchtungen von einer britisch-deutschen, gegen die Sowjetunion gerichteten Koalition widerspiegelt. Im Zeichen von Entspannung und atomarem Gleichgewicht lässt sich eine aggressive Politik bei der NATO nicht nachweisen und ist für die Bundesrepublik angesichts ihrer Abhängigkeit von der weltpolitischen Lage geradezu ausgeschlossen.

Schriftliche Abiturprüfung Geschichte (Baden-Württemberg): Übungsaufgabe 10: Die Entwicklung der politischen Kultur im Kaiserreich und in der Weimarer Republik

M 1: Ein zeitgenössischer Parteipolitiker äußerte sich nach 1871 über das Kaiserreich

Als am 3. März 1871 unter dem Glockengeläute und Kanonendonner für den [...] Frieden dieser Reichstag gewählt wurde, gab es wohl viele, die hoffnungsselig ihm entgegensahen. War er doch [...] nach 23jähriger Unterbrechung die erste deutsche Volksvertretung, und er sollte doch nach dem Ausspruch seiner Gründer und dem Lobeshymnus fast der gesamten deutschen Presse bestimmt sein, „neben der Macht und Herrlichkeit des Reiches nach außen, die Freiheit und die Wohlfahrt der Nation nach innen“ zu begründen.

Aber das durch „Blut und Eisen“ mühsam zusammengeschweißte „Reich“ ist kein Boden für die bürgerliche Freiheit, geschweige für soziale Gleichheit. Staaten werden mit den Mitteln erhalten, durch die sie gegründet wurden. Der Säbel stand als Geburtshelfer dem „Reich“ zur Seite, der Säbel wird es ins Grab begleiten. Toren sind, die von Schöpfungen der monarchischen Gewalt die „Freiheit“ erwarten, noch größere Toren sind die, welche von der auf der Klassenherrschaft und dem Säbelregiment beruhenden Staatsgewalt die Pflege wirklicher Volkswohlfahrt erwarten. Es gibt in Deutschland nur eine Klasse, der die neue Reichsgründung zusagt und die sie auch mit berechtigtem Jubel begrüßte – die deutsche Bourgeoisie.

Schutz und Freiheit des Handels und Verkehrs, Hinwegräumung der Hindernisse, welche der freien, beliebigen Ausbeutung der Arbeitskraft entgegenstanden, mit einem Wort: Wahrung ihrer materiellen Interessen nach jeder Richtung hin, das war es, was sie wünschte, was ihr gewährt wurde und wofür sie sich dankbar erwies. Es gab zwar auch einst „ideale“ Ziele, für die sie schwärmte, [...] aber diese „Ideale“ gehören jetzt unter die Kategorie Jugendeseleien, sie waren einer Zeit entsprungen, wo die Staatsgewalt sich ihr noch feindlich gegenüberstellte, ihre Ausbeutungsgelüste durch mittelalterliche Beschränkungen und patriarchalisch-polizeiliche Bevormundung zu hemmen suchte und wo vor allen Dingen die von ihr Ausgebeuteten – die Arbeiter – noch nicht zum Bewußtsein ihrer Menschenwürde gekommen waren, sondern vielmehr, als Schweif von ihr, die Verwirklichung ihrer bürgerlichen Forderungen kräftig und nachhaltig unterstützten. [...]

(Nach: Stürmer, Michael/Ziegler, Siegfried (Hrsg.): Das Deutsche Kaiserreich und die europäischen Großmächte im Zeitalter des Imperialismus, R. Oldenbourg Verlag, München 1977, S. 17.)

M 2: Wilhelm II. äußert sich 1922 in seinen Memoiren über die Revolution von 1918

Der Umsturz hat ungeheure Werte vernichtet. Er wurde in dem Augenblick durchgeführt, als der Daseinskampf des deutschen Volkes abgeschlossen werden sollte und alle Kräfte sich zum Wiederaufbau zusammenschließen mußten. Es war ein Verbrechen am Volke. Ich weiß sehr wohl, daß viele, die zur sozialdemokratischen Fahne standen, die Revolution nicht wollten.

Auch einzelne sozialdemokratische Führer wollten sie zu diesem Zeitpunkte nicht; mancher war bereit, mit mir zu arbeiten. Aber diese Sozialdemokraten haben es nicht verstanden, die Revolution zu verhindern; darin liegt ihre Mitschuld an den heutigen Verhältnissen. Dies um so mehr, als die Sozialistenführer den revolutionären Massen näher standen als die Vertreter des monarchischen Staates, also mehr Einfluß ausüben konnten. Aber die Führer [der Sozialdemokraten] hatten schon in der Vorkriegszeit den revolutionären Gedanken in die Massen getragen und gepflegt, und die Sozialdemokratie war seit jeher ein offener Feind der früheren, der monarchischen Staatsform und strebte programmgemäß nach deren Beseitigung. Sie hat Wind gesät und Sturm geerntet. Zeitpunkt und Art des Umsturzes ist auch manchen Führern nicht recht gewesen. Aber gerade sie haben in der entscheidenden Stunde die Führung den zügellosen Elementen überlassen und haben ihren Einfluß zur Erhaltung des Staates nicht aufgeboten. Die Regierung des Prinzen Max mußte die alte Staatsform schützen. Sie hat ihre heilige Pflicht nicht erfüllt, weil sie sich in Abhängigkeit von den sozialdemokratischen Führern begeben hatte, die bereits ihren Einfluß auf die Massen an die radikalen Elemente verloren hatten. Die Hauptschuld fällt also auf die Führung. Deshalb wird die Geschichte nicht die deutsche Arbeiterschaft mit dem Fluch des Umsturzes belasten, sondern deren Führer, soweit sie die Revolution gemacht oder nicht verhindert haben, und die Regierung des Prinzen Max von Baden. Die deutsche Arbeiterschaft hat sich unter mir im Felde glänzend geschlagen und auch zuhause jahrelang für Munition und Kriegsgerät gesorgt. Das darf nicht vergessen werden. Später erst bröckelten Teile von ihr ab. Das war aber Schuld der Agitatoren und Umstürzler, nicht des anständigen, patriotischen Teils der Arbeiterschaft. Die gewissenlosen Hetzer sind die wahrhaft Schuldigen an dem völligen Zusammenbruche Deutschlands. […]

(Nach: Wilhelm II.: Ereignisse und Gestalten aus den Jahren 1878–1918, Berlin 1922.)

Aufgaben:

1. a) Arbeiten Sie aus dem Text M 1 heraus, wie der Verfasser die Reichsgründung beurteilt. — 8 VP
   b) Charakterisieren Sie den politischen Standort des Autors von M 1 und erläutern Sie sein Verhältnis gegenüber Staat und Gesellschaft. — 8 VP

2. Bearbeiten Sie **eine** der drei Alternativen. — 12 VP
   a) Beurteilen Sie anhand ausgewählter Beispiele die Behauptung in M 1, das „mühsam zusammengeschweißte Reich ist kein Boden für die bürgerliche Freiheit, geschweige für die soziale Gerechtigkeit.“ (Z. 8–9)

   oder:

   b) Beurteilen Sie anhand ausgewählter Beispiele die Behauptung, während des Kaiserreiches sei der Reichstag nicht in der Lage gewesen, eine politisch entscheidende Rolle zu spielen.

   oder:

   c) Beurteilen Sie anhand ausgewählter Beispiele die in M 1, Z. 14 ff., aufgestellte Behauptung, von der Reichsgründung habe nur die Bourgeoisie profitiert ().

3. Arbeiten Sie aus M 2 die Haltung des ehemaligen Kaisers Wilhelm II. zur Revolution von 1918 heraus und überprüfen Sie sein Urteil über die in M 2 angesprochenen Politiker. — 10 VP

4. Nehmen Sie Stellung zu der Behauptung, die Verfassung der Weimarer Republik hätte mit zum Scheitern der ersten deutschen Demokratie beigetragen. — 10 VP

5. Erörtern Sie die Aussage des Historikers Karl Dietrich Bracher, die Weimarer Republik sei kein geschichtlicher Neuanfang, sondern nur das „Abklingen der wilhelminischen Epoche“ gewesen. — 12 VP

60 VP

Lösungsvorschlag

1. a) *Der Operator „herausarbeiten" verlangt eine selbstständige, gegliederte Textwiedergabe; eine reine Textparaphrase entspricht der Aufgabenstellung nicht. (AFB I)*

Der Verfasser steht der Gründung des Deutschen Kaiserreiches 1871 eindeutig **negativ** gegenüber, weil die Reichsgründung **nicht** durch den Willen des deutschen Volkes, also „von unten" **als ein Akt der Volkssouveränität**, sondern durch **Krieg** zustande gekommen sei. Dennoch hätten viele Deutsche auf die Einigung hoffnungsfroh reagiert, wurde doch mit dem Kaiserreich der alte Wunsch nach einem einheitlichen deutschen Reich verwirklicht und schien sich neben dem Wunsch nach Größe und Stärke auch der nach Freiheit und wirtschaftlichem Wohlstand zu erfüllen.
Aber die Hoffnung auf Freiheit sei enttäuscht worden, weil das Reich mit Hilfe von militärischer Gewalt geschaffen worden sei. Ein Staat aber, der sich auf Gewalt gründe, werde auch durch Gewalt zugrunde gehen. Gesiegt hätten nicht liberaler Geist, Parlamentarismus und freier Volkswille, sondern **monarchisches Prinzip**, **obrigkeitsstaatliches Denken und Handeln**. Statt einer freien, sozial gerechten Gesellschaft sei eine Klassenherrschaft entstanden, ein Staat, der allein den Interessen der Bourgeoisie, also den Kapitalisten, diene.
Der Autor wirft dem liberalen Bürgertum vor, seine Ideale aus dem Vormärz und der Revolution von 1848 /49 verraten zu haben; es hätte auf Freiheit, Gerechtigkeit und Mitbestimmung zugunsten wirtschaftlichen Fortschritts und der Sicherung der wirtschaftlichen Macht im neuen Reich verzichtet.

1. b) *Die Aufgabenstellung verlangt, dass Sie die Art und Weise der Argumentation beschreiben und daraus den politischen Standort bestimmen. (AFB I und II)*

Die Art der Argumentation und die Wortwahl zeigen eindeutig, dass der Verfasser des Textes M 1 in seinen Grundüberzeugungen eindeutig **einer vom Marxismus beeinflussten politischen Gruppierung zuzuordnen** ist. Der Autor gehört allerdings eher dem **demokratisch-sozialistischen Lager** an.
Der Autor beurteilt die Reichsgründung aus der Sicht von unten und ist daher tief enttäuscht über das Zustandekommen (durch Krieg, ohne Mitwirkung des Volkes) und die politische Ordnung des Kaiserreiches (Obrigkeitsstaat, monarchisches Prinzip, Militarismus). Diejenigen, die von diesem Staat Freiheit und Gerechtigkeit erwarteten, nennt er „Toren", welche die Realität nicht erkennen würden. Vor allem dem deutschen Bürgertum gilt seine Verachtung, das das Reich jubelnd begrüße, weil es seinen materiellen Klasseninteressen und damit die Ausbeutung der Arbeiter schütze.

- Für die marxistische Position des Autors stehen Begriffe wie „Klasse", „Bourgeoisie" und „Ausbeutung", „Ausbeutungsgelüste" der kapitalistischen Bourgeoisie;
- seine demokratische Einstellung zeigen Äußerungen wie das Reich sei kein „Boden für die bürgerliche Freiheit" und „für die soziale Gleichheit";
- seine pazifistische Grundhaltung zeigt sich in der Ablehnung des militärischen Denkens, der Gewaltanwendung und des militärischen Herrschaftsanspruchs;
- seine ironischen Formulierungen wie „Lobeshymnus", „hoffnungsselig", „Macht und Herrlichkeit des Reichs" belegen seine Distanz zum Reich.

2. a) *Die Aufgabenstellung greift die im Bildungsplan vorgegebene Möglichkeit der Wahl zwischen drei Schwerpunkten auf. Daher muss nur eine der drei Aufgaben (a oder b oder c) bearbeitet werden. In der vorliegenden Musterlösung werden alle drei Teilfragen behandelt. (AFB III)*

Das deutsche **Kaiserreich** von 1871 war nicht das Ergebnis einer Willensäußerung des deutschen Volkes; es war vielmehr ein **Bund der deutschen Fürsten** und das Ergebnis ihrer souveränen Entscheidung. Daher überwog in der Verfassung das **monarchische Prinzip**, nicht das freiheitliche des Liberalismus im 19. Jahrhundert.

Die **Forderung des deutschen Bürgertums** nach **Freiheit** umfasste nicht nur die Aufhebung von Leibeigenschaft und die Befreiung von wirtschaftlichen Fesseln durch Zünfte und staatliche Beeinflussung, wie das schon in den Jahrzehnten vor der Reichsgründung erreicht worden war, sondern auch politische Freiheit, **Mitbestimmung** und **Kontrolle der Regierung** durch ein **frei gewähltes Parlament**. Zwar gab es im Kaiserreich **Gewaltenteilung**, eine **Informations- und Rechenschaftspflicht** der Regierung, die Wahl der männlichen Reichstagsabgeordneten nach dem **gleichen und geheimen Wahlrecht** für Männer über 25 Jahren (Mehrheitswahlrecht), auch war die **Mitwirkung** des Parlaments **an der Gesetzgebung** samt Budgetrecht gesichert, aber das Volk war nicht der Träger der Souveränität, das waren ausschließlich die deutschen Fürsten. Daher war die neue Ordnung von 1871 ein **Rückschritt** gegenüber dem Verfassungsentwurf von 1849.
Verstärkt wurde diese Tatsache dadurch, dass vor allem in Preußen, dem deutschen Hegemonialstaat, das Abgeordnetenhaus, also die „Volksvertretung“ nach dem undemokratischen und sozial ungerechten **Dreiklassenwahlrecht** gewählt wurde. Dies war eine besondere Form des Zensuswahlrechts, also ein ungleiches und zudem indirektes Wahlrecht (über Wahlmänner). Dabei wurde die steuerzahlende Bevölkerung eines jeden Wahlkreises, die „Urwähler“, in drei Steuerklassen eingeteilt. Auf jede Klasse entfiel ungefähr ein Drittel des Steueraufkommens, und jede Klasse erhielt die gleiche Anzahl Wahlmänner. Da aber das absolute Steueraufkommen von Wahlkreis zu Wahlkreis differierte, hing die Zugehörigkeit zu einer Steuerklasse davon ab, in welchem Wahlkreis man wohnte. Ein Mann wie Reichskanzler von Bülow gehörte z. B. als Gutsbesitzer in seinem heimischen Wahlkreis zur 1. Steuerklasse, während er im Westen von Berlin mit den vielen dort lebenden Millionären lediglich zur 3. Steuerklasse gehört hätte. In der Regel umfasste die 1. Klasse relativ wenige Wähler mit großem Vermögen – sie zahlten daher hohe Steuerbeträge. Daher übten sie einen unverhältnismäßig großen Einfluss auf die Zusammensetzung des Parlaments aus, während die dritte Klasse, die sich hauptsächlich aus der Arbeiterschaft zusammensetzte, stark benachteiligt wurde, zumal die Praxis bestand, Gegenden mit vielen vermögenden Wählern in kleine Wahlkreise, Gegenden mit überwiegend ärmeren Wählern in große Wahlkreise aufzuteilen.
Insofern war das Reich in der Tat „kein Boden für die bürgerliche Freiheit“ und „für die soziale Gerechtigkeit“, es war eine **konstitutionelle Monarchie** mit absolutem Vetorecht der monarchischen Gewalt bei der Gesetzgebung.
Andererseits bemühte sich das Reich auch um die Integration der stark wachsenden Arbeiterschaft durch eine damals für Europa vorbildliche **Sozialgesetzgebung** (1883 Krankenversicherung, 1884 Unfallversicherung, 1889 Invaliden- und Altersversicherung). Allerdings geschah dies weniger aus der Einsicht in die Notwendigkeit von sozialer Gerechtigkeit, als vielmehr aus politischen Gründen, glaubte man doch, im Erstarken der Gewerkschaften und vor allem der Sozialdemokratie eine akute Gefährdung der bestehenden Ordnung und der Reichseinheit zu sehen. So war denn das Entgegenkommen gegenüber sozialen Forderungen der Arbeiterbewegung eng verbunden mit dem **Kampf gegen die Sozialdemokratie**. Das **Sozialistengesetz** von 1878 verbot Versammlungen, Vereine und Presseorgane der Sozialdemokratie. Zwar wurde die sozialdemokratische Partei nicht verboten und sie durfte sogar an Reichstagswahlen teilnehmen, dennoch widersprach das Gesetz den bürgerlich-liberalen Forderungen aus der Zeit vor 1871 nach freier Presse und Meinungsäußerung sowie nach Versammlungsfreiheit.

Zwar besserte sich zwischen 1871 und 1913 die materielle Lage der Arbeiter und der **Sozialstaat wurde ausgebaut** (verstärkter Arbeiterschutz ab 1891, Gewerbegerichte

1901, Erweiterung der Unfall- und Krankenversicherung 1903, Erweiterung des Kinderschutzes 1903, Reichsversicherungsordnung 1911), doch die Anerkennung der Gewerkschaften erfolgte erst 1916 während des Ersten Weltkrieges, und der von den Arbeitern geforderte Achtstundentag konnte erst nach dem Ende des Kaiserreiches realisiert werden. Im Großen und Ganzen verharrten die Arbeiter in der **Ablehnung des kaiserlichen Obrigkeitsstaates**, weil sie in ihren politischen Aktivitäten auch nach Aufhebung des Sozialistengesetzes weiter stark eingeschränkt blieben. Zudem mussten sich die Arbeiter wegen der internationalen Ausrichtung der Arbeiterbewegung als „vaterlandslose Gesellen" diskriminieren lassen. Heiraten zwischen Arbeitern oder Arbeiterinnen mit Mitgliedern der bürgerlichen Kreise waren nahezu unmöglich. Im Kaiserreich entwickelte sich eine **Parallelgesellschaft**: Einerseits Adel und Bourgeoisie, welche die Eliten in Staat (Bürokratie, Armee), Wirtschaft und Gesellschaft bildeten und die sich streng nach unten abgrenzten, und daneben die Arbeiterschaft mit ihren eigenen Vereinen (v. a. Gesangs- und Sportvereine), die ihr eigenes „Klassenbewusstsein" entwickelte, sich aber doch oft auch an den bürgerlichen Werten orientierte. So war das Kaiserreich kein Staat der politischen und sozialen Gleichheit, sondern ein Obrigkeitsstaat mit strikter sozialer Differenzierung, ein „Klassenstaat".

b) Obwohl der **Reichstag**, die parlamentarische Vertretung des deutschen Volkes, nach dem gleichen, geheimen und direktem Wahlrecht für Männer ab 25 Jahren zustande kam und das gesicherte Recht besaß, an der Gesetzgebung, vor allem am Etat des Reiches, mitzuwirken, spielte er doch als Verfassungsorgan neben dem Kaiser und seinem Kanzler und dem fürstlichen Bundesrat nur eine **untergeordnete Rolle** – von einer parlamentarischen Monarchie wie Großbritannien war das Deutsche Reich zwischen 1871 und 1918 weit entfernt.
Der Reichstag hatte keinen Einfluss auf die Ernennung und die Entlassung des Reichskanzlers – dies war das alleinige Recht des Kaisers. Wenn auch die kaiserliche Regierung gegenüber dem Reichstag eine Informations- und Rechenschaftspflicht hatte – ausgenommen waren Angelegenheiten, die die Sicherheit des Reiches unmittelbar betrafen –, so besaß der Reichstag gegenüber der Regierung **keine wirksames Kontrollmöglichkeit**, da es ein Misstrauensrecht nicht gab. Auch der Staatsapparat des Reiches (Verwaltung, Diplomatie und Armee) konnte vom Reichstag nicht direkt kontrolliert werden, höchstens mittelbar über das Etatrecht. Doch auch hier waren die Möglichkeiten der Volksvertretung eingeschränkt, denn bei der Gesetzgebung war der Reichstag immer auf die **Zustimmung des Bundesrates**, dem Organ der deutschen Fürsten als die Souveräne des Gesamtstaates, angewiesen.
Erheblich eingeschränkt war der Reichstag aber auch durch das **obrigkeitsstaatliche Denken** in weiten Teilen des Bürgertums, das sich zudem mit dem **Militarismus** in Politik und Gesellschaft identifizierte und einer offenen Kritik am Kaiser überwiegend ablehnend gegenüberstand.
Die **Bürokratie** im kaiserlichen Deutschland **identifizierte sich mit dem Staat** und **identifizierte den Staat mit sich**. Dies geschah umso leichter, als es nach 1849 vor allem in Preußen liberalen Beamten äußerst schwer gemacht wurde, denn eine bewusst konservative Beamtenpolitik wollte einen der Regierung und ihren Vorstellungen loyalen Beamtenapparat, der möglichst unkritisch und schon gar nicht systemkritisch sein sollte. Bürokratie und Justiz, von der Volksvertretung nahezu unkontrollierbar, waren Garanten einer politischen und ideologischen **Kontinuität**, unbeschadet aller Veränderungen im wilhelminischen Reich und vor allem durch die Revolution von 1918.
Am Beispiel der Sonderstellung der Armee, die im Jahr 1913 in der „**Zabern-Affäre**" besonders deutlich wurde, lässt sich die Ohnmacht des Reichstages nachweisen: Nirgendwo im Reich war so viel Militär stationiert wie im „Reichsland Elsass-Lothringen", das von preußischen Beamten verwaltet wurde und an dessen Spitze ein direkt dem Kaiser unterstellter Statthalter stand. Die meisten Offiziere und Beamten ließen

die Bevölkerung spüren, dass sie Repräsentanten einer Besatzungsmacht waren. Ende Oktober 1913 kam es hier zu einem Zwischenfall, bei dem ein Leutnant seine Soldaten über das Verhalten gegenüber der Zivilbevölkerung belehrt und dabei erklärt hatte: Sollten die Soldaten bei einem ihrer Ausgänge einmal von Zivilisten belästigt oder gar angegriffen werden, sollten sie die „Wackes“ einfach mit der Waffe „niederstrecken“. Der Leutnant hatte damit gegen einen Regimentsbefehl aus dem Jahr 1903 verstoßen. Der kommandierende, stockkonservative General von Deimling wollte es den „schlaffen Zivilisten“ zeigen und patriotische Stärke demonstrieren. Daher wurde der Leutnant sehr milde mit sechs Tagen Stubenarrest bestraft, was man als innere Angelegenheit des Heeres geheim zu halten versuchte. Die Spannungen verschärften sich aber zusehends und Ende November ging das Militär mit Gewalt gegen Demonstranten vor. Ein weiterer Zwischenfall verschärfte die Lage. Nun erregte sich auch die deutsche Presse, und die Angelegenheit wurde im Reichstag verhandelt. Linksliberale und Sozialdemokraten erklärten, im Reichsland Elsass-Lothringen herrsche wohl eine „Militärdiktatur“. Ein Abgeordneter des Zentrums rief aus: „Auch das Militär untersteht dem Gesetz und dem Recht!“ Eine überwältigende Mehrheit im Reichstag (293 : 54) missbilligte das Vorgehen des Militärs und des Reichskanzlers, der sich auf die Seite des Militärs gestellt hatte. Doch letztlich geschah nichts. Das Oberkriegsgericht sprach den Leutnant sogar frei; auch seine Vorgesetzten wurden freigesprochen, wobei sich die Gerichte auf eine preußische Kabinettsordre aus dem Jahr 1820 beriefen, deren Inhalt trotz seiner Verfassungswidrigkeit insgeheim 1899 in die Dienstvorschriften des Militärs aufgenommen worden war.

Die Zabern-Affäre hat deutlich gemacht, dass die **Zivilbehörden gegenüber dem Militär** auch dann **machtlos** waren, wenn das Handeln des Militärs eindeutig rechts-, ja sogar verfassungswidrig war – das Militär war ein „**Staat im Staate**“. Zum andern wurden die wahren Machtverhältnisse im Wilhelminischen Deutschland ganz deutlich. Zwar hatte der Reichstag das Verhalten von Militär und Reichskanzler missbilligt, doch vor einer echten Machtprobe mit der Regierung war er zurückgeschreckt und hatte damit eine Chance vertan, das System in Richtung auf eine parlamentarische Regierung umzugestalten.

c) Die Behauptung, von der Reichsgründung 1871 habe nur die Bourgeoisie profitiert, ist **nur teilweise** zutreffend. Die Gesellschaft des Kaiserreiches war eine **Klassengesellschaft**, geprägt von einem hohen Maß an **sozialer** und **politischer Ungleichheit**. Die Gesellschaft war klar abgestuft nach Vermögen, Einkommen und Prestige. Von dieser Differenzierung profitierte die Bourgeoisie, das Besitzbürgertum, ebenso wie der Adel, zu dem die wirtschaftsbürgerliche Oberschicht vielfältige Kontakte pflegte, zu dem sie aber auch auf soziale Distanz ging, wenn ihre Interessen, z. B. in der Schutzzollfrage, missachtet wurden.
Der Aufstieg Deutschlands zur stärksten Industrienation auf dem europäischen Kontinent war vor allem der Risiko- und Innovationsbereitschaft und der Leistungsfähigkeit des Wirtschaftsbürgertums zuzuschreiben, wodurch die Bourgeoisie enorm an **Prestige** gewann. Mit dem ökonomischen Erfolg und dem immer größer werdenden sozialen Ansehen wuchsen einerseits der Wohlstand und die „Akademisierung“ der Bourgeoisie, andererseits aber auch das Bedürfnis, sich v. a. **gegenüber der Arbeiterschaft abzugrenzen** und deren Emanzipationsbemühungen und Gleichstellungsbestrebungen abzuwehren, wozu der Staat nur allzu gerne bereit war. Die Bismarck'sche Sozialgesetzgebung, die zunächst mit der Bekämpfung der Sozialdemokratie verbunden war und dann nach 1890 in eine Diffamierung der Sozialdemokraten als „vaterlandslose Gesellen“ mündete, diente diesem Erhalt des sozialen Status quo und der Besitzverhältnisse und traf sich hierin mit den Interessen der Bourgeoisie. Auch den Verflechtungen des Besitzbürgertums im Bankwesen und bei der Industrie begegnete der Staat neutral.

Die Bourgeoisie war empfänglich für Titel und Orden, durch die der Obrigkeitsstaat sich Loyalität sichern und das politische Verhalten in seinem Sinne steuern wollte. Der Staat ließ den Unternehmer in seinem Betrieb regieren wie der Staat seine Untertanen – mit einer Mischung von patriarchalischer Fürsorge und antisozialistischer Unterdrückung. Wie der Staat forderte der Unternehmer strikten Gehorsam der Untergebenen; wie der Staat war auch der Betrieb streng hierarchisch gegliedert.
Wenn die Bourgeoisie wirtschaftlich und sozial von der Reichsgründung profitierte, so entsprach sie dennoch nicht uneingeschränkt ihren Vorstellungen. Aber sie war bereit, zugunsten der Einheit und dem wirtschaftlichen Fortschritt auf die volle politische Freiheit zu verzichten (siehe oben).
Da im kaiserlichen Deutschland die wichtigen politischen Fragen nicht im Parlament und auch nicht von den Parteien entschieden wurden, spielten Interessenverbände eine wichtige Rolle, um auf die informellen Gremien um den Monarchen und den Reichskanzler in ihrem Sinne Einfluss nehmen zu können. Dies galt auch für die Großindustrie (Bund der Industriellen, BDI 1895), die so direkte Verbindungen zur Bürokratie und zur Regierung hatte.

3. Wilhelm II. steht der Revolution von 1918 natürlich völlig ablehnend gegenüber und bezeichnet sie sogar als „Verbrechen am Volke“ (Z. 3 f.), wobei er offensichtlich seine Interessen mit denen den Volkes identifiziert. In völliger Verkennung der Tatsachen macht er „Agitatoren und Umstürzler“ für die Revolution verantwortlich, die Teile der Arbeiterschaft verführt hätten, während viele Arbeiter die Revolution eigentlich nicht gewollt hätten, und sogar mit ihm als Kaiser hätten weiterarbeiten wollen. Die Masse der Arbeiterschaft spricht Wilhelm von Schuld frei. Den Führern der Sozialdemokratie und Prinz **Max von Baden**, der seit 2. Oktober 1918 Reichskanzler war, gibt er die Mitschuld, da sie die Revolution nicht verhindert hätten, obwohl sie dazu in der Lage gewesen wären. Vor allem Max von Baden hätte seine „heilige Pflicht“, die alte Ordnung zu bewahren, nicht erfüllt.

   Auffallend ist die polemische Wortwahl des Exkaisers und seine egozentrische Sichtweise der Dinge; er ist sich keiner Schuld bewusst und kann im monarchischen Obrigkeitsstaat und der Klassengesellschaft keine Ursache für die Revolution finden. Wenn Wilhelm sagt (Z. 25 ff.), die Arbeiterschaft hätte sich unter ihm „glänzend geschlagen“ und sei erst durch Umstürze allmählich von ihm abgefallen, propagiert er indirekt die „**Dolchstoßlegende**“, nach der die Heimat dem angeblich siegreichen Heer in den Rücken gefallen sei.

   An der Darstellung des Exkaisers ist richtig, dass führende Politiker der SPD wie der Parteivorsitzende Friedrich Ebert die Revolution nicht herbeigewünscht hatten. Sie hatten sogar die monarchische Staatsform in ihrer demokratisch-parlamentarischen Ausgestaltung erhalten wollen, während Vertreter der radikalen Sozialisten wie Karl Liebknecht oder Rosa Luxemburg für einen völligen politischen und sozialen Umsturz eingetreten waren.
   Dennoch ist die Gesamtbewertung Wilhelms über die Rolle der sozialdemokratischen Führung falsch. Ausgelöst durch die Meuterei in der Marine am 3./4. November 1918 waren Arbeiter- und Soldatenräte entstanden, denen sich die örtlichen Behörden und Militärbefehlshaber unterworfen hatten. Aus der Meuterei war unter der Losung „Fort mit dem Kaiser!“ eine Revolution geworden. Weder das Heer noch die Bürokratie und schon gar nicht der größte Teil der Arbeiterschaft wollten weiter für den Kaiser kämpfen. Auch die anderen Monarchien gingen kampflos unter, so auch in Württemberg.
   Um die Entwicklung unter Kontrolle zu bekommen und die explosive Lage zu entspannen, versuchten die Führer der SPD, allen voran **Friedrich Ebert**, die **Oberste Heeresleitung** und Max von Baden, den Kaiser zum Thronverzicht zu bewegen, um so wenigstens die **Monarchie zu retten**. Anders als von Wilhelm dargestellt, hatte die Parteiführung der SPD keinen unmittelbaren Einfluss auf die rasch um sich greifende revolutionäre Massenbewegung. Sie sah in der Person Wilhelms II. und letztlich in der Monarchie an sich die Ursache für das über Deutschland hereinbrechende Unglück, das beseitigt werden musste.

Als die **revolutionären Obleute**, ein radikaler Flügel der ohnehin linken USPD, zur Revolution und zur Errichtung einer sozialistischen Räterepublik nach russischem Vorbild aufriefen, entschloss sich Reichskanzler Max von Baden, eigenmächtig die Abdankung des Kaisers zu verkünden und sein Amt unter Bruch der noch geltenden Verfassung an Friedrich Ebert zu übergeben. Gegen dessen erklärten Willen, getrieben aber von den revolutionären Massen, deren Mehrheit wollte, dass sich die MSPD an ihre Spitze setzte, rief dann **Philipp Scheidemann** am **9. November 1918** die **Republik** aus.

4. *Die Aufgabenstellung verlangt von Ihnen die Beschreibung von Strukturen und Zusammenhängen in einer logisch strukturierten Form. Ein eigenes Urteil oder eine Bewertung ist nicht verlangt. (AFB III)*

Das „Ende Weimars" ist **nicht auf eine einzelne Ursache** zurückzuführen, auch nicht auf die durchaus vorhandenen Schwächen der Weimarer Verfassung. Vielmehr trugen eine ganze Reihe von Faktoren und Belastungen zum Ende der Weimarer Demokratie bei.

Da waren zum Ersten die **ungünstigen außenpolitischen Rahmenbedingungen**: der verlorene Krieg und die mit dem **Versailler Vertrag** verbundene **nationale Demütigung** (Art. 231; Abrüstung und Verlust der Wehrhoheit) sowie die materiellen und vor allem psychologischen Folgen der Gebietsabtretungen und der Reparationen. Diese Faktoren bewirkten in weiten Kreisen der Bevölkerung, nicht nur bei der Rechten, geradezu ein „Anti-Versailles-Syndrom" (D. Peukert) und belasteten die Weimarer Demokratie von Anfang an. So wurden einerseits nationalistische Tendenzen gefördert, andererseits aber auch jegliche Form der gemäßigten, auf Aussöhnung bedachten Politik gegenüber den Siegermächten abgelehnt. Vor allem die Verständigungspolitik gegenüber Frankreich wurde als Verrat an Deutschland gebrandmarkt.
Folgenreich war auch die „Geburt der Republik aus der Kriegsniederlage" (H. Schulze). Die Gegner der Demokratie konstruierten einen engen Zusammenhang von Kriegsniederlage, alliiertem Friedensdiktat und der Demokratie. Die Rechte verleumdete die Weimarer Demokratie mit großem Erfolg als Folge eines Verrates an Volk und Nation („**Novemberverbrecher**", **Dolchstoßlegende**) und gab ihr die Schuld an allen Problemen.
Häufig wird auch auf die Verfassungsordnung mit ihren durchaus vorhandenen Strukturschwächen verwiesen. Besonders der fehlende normative Charakter der Verfassung (**Wertneutralität**) ermöglichte es Verfassungsfeinden, gegen die Demokratie zu agieren, denn im Gegensatz zum Grundgesetz der Bundesrepublik Deutschland kannte Weimar den Grundsatz der „wehrhaften Demokratie" nicht. Die Weimarer Verfassung ließ die legale Aushöhlung der demokratischen Ordnung zu und begünstigte die Ausweitung des Handlungsspielraums der Exekutive in der Endphase der Weimarer Republik 1930–1933.
Als besonders nachteilig erwies sich der **mangelnde Machtwille**, das unterentwickelte politische Selbstbewusstsein der im Kaiserreich an die Rolle als Opposition gewöhnten demokratischen **Parteien**, die sich zunehmend als unfähig zu Kompromissen erwiesen.
Ebenso negativ wirkte sich die verfassungsmäßige Stellung des **Reichspräsidenten** als „**Ersatzkaiser**" aus, zumal seit 1925 mit dem ehemaligen kaiserlichen Feldmarschall Paul von Hindenburg kein Demokrat Reichspräsident war. Die direkte Wahl durch das Volk (Art. 41 WRV) verschaffte ihm eine plebiszitäre Stellung, die seiner Person und seinem Handeln ein überaus hohes Maß an Legitimität verlieh. Seine Macht hätte daher besonders wirksam gegen den politischen Extremismus eingesetzt werden können. Hindenburg aber ernannte Brüning 1930 mit dem Auftrag, die demokratische Verfassungsordnung formal legal aufzuheben. Die besondere Machtstellung des Reichspräsidenten bestand in einer verhängnisvollen **Kumulierung von Kompetenzen**: Nach Art. 53 WRV ernannte er den Reichskanzler und die Reichsminister, ohne dass das Parlament diese aus seiner Mitte vorher gewählt oder vorgeschlagen hätte; gegenüber einem ihm unangenehmen Parlament besaß er das Auflösungsrecht (Art. 25); besonders bedeutsam aber war der Art. 48 WRV, der dem Reichspräsidenten nicht nur das **Notverordnungsrecht** übertrug, sondern auch

das Recht auf Reichsexekution. Diese drei Artikel, 25, 53 und 48, boten dem Reichspräsidenten die Möglichkeit, auf formal legalem Wege den demokratisch gewählten Reichstag auszuschalten. In diesem Zusammenhang waren zwei weitere Belastungen für die demokratische Ordnung wichtig:
Zum einen das reine **Verhältniswahlrecht ohne Sperrklausel**, das zu einer Parteienzersplitterung im Reichstag führte. Diese Zersplitterung zwang zu Mehrparteienkoalitionen, die sich als instabil erwiesen, zumal es zum anderen bei den demokratischen Parteien an **Machtwillen mangelte** und sich die während des Kaiserreiches an die Oppositionsstellung gewöhnten Parteien zunehmend als kompromissunfähig erwiesen. Die Parteien fühlten sich mehr eigensüchtigen Gruppeninteressen und ideologischen Grundsätzen verpflichtet als dem demokratischen Gemeinwohl. Sie verstießen damit gegen eine Kardinaltugend der Demokratie und waren so auch nicht zu einer wirksamen Gegenwehr gegen antidemokratische Kräfte mit klarem Willen zu Macht fähig. Für sie galt **Parteienpatriotismus statt Verfassungspatriotismus**. Letztlich konnten sie ab 1930 keine parlamentarische Alternative zu den Präsidialkabinetten bieten („Flucht aus der Verantwortung").
Wirtschaftlich-soziale Bedingungen trugen ebenfalls zum Untergang der Weimarer Demokratie mit bei. So war es nicht gelungen, die alten ökonomischen Eliten zu entmachten. Die beabsichtigte Sozialisierung des Bankwesens, der Schlüsselindustrien und des Großgrundbesitzes war nicht zustande gekommen, so dass in den Augen der Arbeiterschaft alles beim Alten geblieben war. Für die linken Kritiker war auch die Weimarer Republik ein Klassenstaat, den man bekämpfen musste.
Die **Inflation** mit ihrem Höhepunkt 1923 hatte den Mittelstand deklassiert und teilweise auch politisch radikalisiert. Die 1930 nach Deutschland überschwappende Weltwirtschaftskrise vergrößerte die Massenarmut, vertiefte die soziale Kluft und ließ den Sozialstaat zusammenbrechen. Dies bewirkte eine Radikalisierung nach rechts und links. Aber die Krise gab es auch in anderen Ländern, und 1923 war die Demokratie in Deutschland nicht zerstört worden, so dass der wirtschaftliche Faktor kein dominierender, wohl aber ein das Ende beschleunigender Faktor war.
Wirksam konnten die genannten Faktoren aber nur werden, weil die **traditionellen autoritären Strukturen** vor allem im Staatsapparat eine demokratisch Umgestaltung der Gesellschaft verhinderten. Dies galt besonders für die Justiz, die „auf dem rechten Auge blind war", aber auch für das Bildungswesen. Dennoch: Die Verwaltung stellte sich bis auf einzelne Ausnahmen (Justiz), in den Dienst des demokratischen Staates, ohne ihn zu lieben und letztlich ohne ihn zu verteidigen. Dasselbe galt für die Reichswehr, die nicht in den demokratischen Staat hatte integriert werden können. („Republik ohne Republikaner")
Die republikfeindlichen Eliten gingen ab 1930 daran, die angeschlagene Republik durch eine Politik der „autoritären Wende" (D. Peukert) zu zerstören. Ein liberal-konservativer Kompromiss oder die Fortsetzung des Bündnisses vom Oktober 1918 zwischen SPD, Zentrum und den Liberalen war nicht mehr möglich. Da aber die alten Eliten ohne Massenbasis waren, gingen sie ein Bündnis mit Hitler ein, um so diese Massenbasis für eine autoritäre Umwandlung des Staates zu nutzen.

5. *Der Operator verlangt von Ihnen eine Abwägen von Für und Wider-Argumenten und ein begründetes persönliches Urteil über die Aussage Brachers. (AFB III)*

Gegen Brachers These kann angeführt werden:

- die Weimarer Republik grenzte sich deutlich vom Geist des wilhelminischen Reiches ab, was z. B. die Entscheidung für die Farben Schwarz-Rot-Gold als Staatsfarben zeigte. Sie empfand sich nicht als Verlängerung des Reiches von 1871 „unter anderen Vorzeichen", vielmehr sah sie sich in der **Tradition der Revolutionen** 1848/49 und der freiheitlichen Bewegungen des 19. Jahrhunderts. Besonders deutlich wurde der Bruch mit dem Kaiserreich in der **Abkehr vom chauvinistischen Pathos** des wilhelminischen Reiches;

- die **demokratische Neugestaltung** vor allem Preußens war zwar eine Weiterentwicklung der „Oktoberverfassung“ 1918, aber sie vollzog doch den verfassungsmäßigen Bruch mit dem alten Obrigkeitsstaat; an die Stelle des „monarchischen Prinzips“ setzte Weimar das der **Volkssouveränität** und des **Parlamentarismus**. Grundlegende politische und soziale Reformen wie das **Frauenwahlrecht** und das Betriebsrätegesetz grenzten Wiemar deutlich vom Kaiserreich ab;
- die **Abkehr** der offiziellen Politik **vom Expansionsstreben**, wie es für das Kaiserreich bezeichnend war, und der Übergang zu einer, wenn auch nur partiellen Verständigungspolitik gegenüber den Siegermächten, auch gegenüber Frankreich (friedliche Revisionspolitik) war kennzeichnend für die Diskontinuität.

Für Brachers These sprechen folgende Aspekte:

- die **Zusammenarbeit der politisch Verantwortlichen** mit den Machtträgern des 1918 nicht mehr existierenden Kaiserreiches trotz der Revolution, vor allem **mit den alten Eliten in Beamtenschaft und Justiz** (Kontinuitätsthese). Schon 1918 war Friedrich Ebert der Überzeugung, dass die parlamentarische Demokratie nur in Zusammenarbeit mit den liberalen und konservativen Kräften dauerhaft gesichert werden konnte. Um die materielle Not möglichst rasch zu lindern, das drohende Chaos und den Bürgerkrieg ebenso zu verhindern wie einen Einmarsch der Ententemächte, ging er ein Bündnis mit den alten Eliten ein. Zur Wahrung der Reichseinheit und für die notwendige Umstellung auf die Friedenswirtschaft war die Zusammenarbeit mit der funktionstüchtigen Bürokratie des alten Kaiserreiches nötig. Letztlich aber verhinderte diese Zusammenarbeit eine wirkliche Umgestaltung der alten Klassengesellschaft und der Machtverhältnisse, die für eine dauerhafte Demokratisierung von Staat und Gesellschaft notwendig gewesen wäre;
- besonders die schon erwähnte herausragende **Stellung des Reichspräsidenten** („Ersatzkaiser“) und seine Machtfülle waren im Grunde antiparlamentarisch und konnten für autoritäre Lösungen missbraucht werden;
- das Weiterbestehen der wilhelminischen **Klassengesellschaft**;
- zudem lebte in weiten Kreisen der Bevölkerung, vor allem im Bürgertum, das **antidemokratische, obrigkeitsstaatliche Denken** des Kaiserreiches weiter. Konservativvölkische Gruppierungen des Kaiserreiches bestanden fort, die das demokratische System als „undeutsch“ und als „jüdisch“ diffamierten, wie sie es schon im Kaiserreich getan hatten. Große Teile der Bevölkerung waren offen für Autorität, Gehorsam, Disziplin und Unterordnung und misstrauten der freiheitlichen Ordnung;
- die Reichswehr, ein von einem **konservativen Offizierskorps** geführtes Berufsheer, verstand sich auch weiterhin als eine „exklusive“ Gruppe, in die Zivilisten sich nicht einmischen sollten; eine Integration in den „zivilen Staat“ lehnte das Offizierskorps ab. Ihr Ziel war die Wiedererlangung der alten deutschen Großmachtstellung. Autoritären Lösungen gegenüber war die Reichswehr aufgeschlossen; ein **Instrument des demokratischen Staates war sie**, wie der Kapp-Putsch zeigte, **nicht**;
- auch der Nationalismus und, in Teilen der Bürgerschaft, der **Chauvinismus** lebten in der Weimarer Republik fort, was sich besonders in der z. T. rassistischen Propaganda gegenüber Frankreich zeigte. Militaristische Vereinigungen und Kolonialvereine bewahrten den alten chauvinistischen Geist, und an den Schulen wurde allzu oft Revanchedenken, Militarismus und antidemokratisches Verhalten vermittelt.

Die Weimarer Republik war in Vielem Fortsetzung und „Abklingen“ der wilhelminischen Zeit. Andererseits bot die neue Demokratie auch Chancen, die alten Traditionen des Kaiserreiches zu überwinden. Besonders die vielen neuen kulturellen Strömungen brachen mit dem Kaiserreich. Allerdings war die Zeit für eine wirkliche Umgestaltung von Staat, Gesellschaft und des Denkens zu kurz.

Leerseiten verbilligen in diesem Fall die Herstellung des Buches!

Schriftliche Abiturprüfung Geschichte (Baden-Württemberg) 2007
Aufgabe 1

M 1: Aus der Schrift „Rights of Man“ von Thomas Paine, einem der „Gründerväter“ der Vereinigten Staaten von Amerika, verfasst 1791/92:

An den Revolutionen in Amerika und Frankreich und den Anzeichen, die in anderen Ländern erscheinen, wird offensichtlich, dass sich die Meinung der Welt im Hinblick auf Regierungssysteme ändert. […]

Die formelle Regierung macht nur einen kleinen Teil des gesellschaftlichen Lebens aus. […] Je vollkommener eine Gesellschaft ist, desto weniger braucht sie eine Regierung, weil sie umso mehr ihre eigenen Angelegenheiten regelt und sich selbst regiert. Alle großen Gesetze der Gesellschaft sind Gesetze der Natur. In Handel und Gewerbe, sei es zwischen Einzelnen oder Nationen, gelten Gesetze des wechselseitigen Interesses. Sie werden befolgt und beachtet, weil dies im Interesse der Beteiligten liegt, und nicht wegen irgendwelcher formeller Gesetze, die ihre Regierungen ihnen auferlegt haben mögen. […] Je älter [Formen und Grundsätze noch bestehender Regierungen] sind, desto weniger stimmen sie mit dem gegenwärtigen Zustand der Dinge überein. […] Am aufgeklärten Zustand der Menschheit ist unschwer zu erkennen, dass erbliche Regierungen im Niedergang begriffen und Revolutionen auf der breiten Grundlage der Volkssouveränität und der Repräsentativregierung in Europa auf dem Vormarsch sind. Daher wäre es ein Akt der Weisheit, ihr Kommen vorwegzunehmen und Revolutionen vernünftig und einvernehmlich zustande zu bringen, anstatt sie dem Tumult zu überlassen. […]

Genau auf diesem System ist die amerikanische Regierung begründet, nämlich Repräsentation, die die Demokratie veredelt. [Das Repräsentativsystem] verleiht der Regierung einen dauernden Zustand der Reife. Es ist, wie man beobachtet hat, nie jung und nie alt. […] Es erlaubt keine Trennung zwischen Wissen und Macht und ist, wie das eine Regierung sein sollte, alten Zufälligkeiten des Einzelnen und daher der Monarchie überlegen. Es ist von allen Formen der Regierung am leichtesten zu verstehen und in der Praxis am geeignetsten und schließt zugleich das Unwissen und die Unsicherheit der erblichen Form wie die Nachteile der direkten Demokratie aus. Es ist unmöglich, ein Regierungssystem zu entwerfen, das über ein so großes Territorium und eine solche Bandbreite der Interessen hinweg handeln kann, wie das im Funktionieren der Repräsentation unmittelbar geschieht.

M 2: Aus einer Rede des Abgeordneten M. Barth in der Deutschen Nationalversammlung (18. Januar 1849):

Und wenn man uns nun fragt, wie soll die künftige Spitze des Deutschen Reiches eingerichtet sein, so bin ich der Meinung, des Reiches Oberhaupt soll nicht des Schattens Schatten sein; nur ein Kaiser kann es sein, und der Mächtigste sei Kaiser. Wer von uns, die wir ein Menschenalter zwischen Zensur und der Vormundschaft einer regierungssüchtigen Bürokratie erlebt, hätte nicht manchmal einen Blick hinüber geworfen nach dem freien England, von dem ja unsere Zeitungen noch nicht berichten durften in jener Zeit geistiger Nacht? Wer hätte da nicht in tiefinnerster Seele die Wahrheit des Satzes empfunden, daß die Freiheit das höchste Gut des Menschen sei? Das deutsche Volk hat sie sich wieder erobert, diese Freiheit im März, und kraft dieser Eroberung sind wir hier. Das Volk hat uns hierher gesendet, um ihm die wiedererrungene Freiheit sicherzustellen für alle Zukunft. Wir haben den ersten Schritt dazu getan durch die Grundrechte, den zweiten, bei weitem wichtigeren, wollen wir tun durch die

Verfassung. Um aber der Nation die Freiheit zu sichern, müssen wir sie umgeben mit Macht, denn Freiheit ohne Macht ist ein leerer Schein. […] Nicht darauf kommt es an, ob dem künftigen Reichsoberhaupte ein suspensives oder absolutes Veto zukommen solle, denn gegen den Mißbrauch beider schützt die Bedeutung eines Parlaments, welches jährlich zusammenkommt, jährlich das Budget bewilligt. […] Nur da, wo der einzelne sich fühlt als Mitglied eines großen mächtigen Ganzen, nur da, wo er, wenn er hinaustritt über die Grenzen seines Landes, auch in dieser Eigenschaft sich anerkannt sieht, nur da kann ein politisches Bewußtsein sich bilden, nur da ist ein wahrhaft freies Gemeinwesen möglich. Aber auch abgesehen davon, was will die Nation, was wollen wir? […] Macht ist es, meine Herren, was die Nation von uns verlangt, und als Mittel zur Macht die Einheit, aber nicht jene ideale Einheit, welche sich als loses Band um eine große Ländermasse schlingt, sondern eine organische, eine wahre, eine praktische Einheit. Nur wenn es klar hervortritt, daß Deutschland aufgehört hat, ein Durcheinander zu sein, und ein Bundesstaat geworden ist, nur wenn es klar hervortritt, daß das Reich wirklich eine Bedeutung [hat] und daß die Reichsgewalt wirklich eine Gewalt [ist], nur dann wird unser Werk Glauben finden beim Auslande wie beim eigenen Volke, nur dann werden wir Ansehen haben und Kredit. […] Darauf gründen sich auch die Anträge des Verfassungsausschusses über die Oberhauptsfrage, darauf der Vorschlag, einen der regierenden Fürsten an die Spitze Deutschlands zu stellen, darauf der Vorschlag, die Krone erblich zu machen im Hause dieses Fürsten. […]

M 3: Österreichische Karikatur aus der Wiener Zeitschrift „Kikeriki" (November 1870):

Der „eiserne Junggesell" als Gegenstück zur berühmten „eisernen Jungfrau", einem Folterinstrument aus Eisen, oft mit weiblichem Kopf, in dessen mit Eisendornen besetztes Inneres die Opfer hineingeschoben wurden.

Aufgaben:

1. Arbeiten Sie aus M 1 heraus, von welchen Grundsätzen staatlicher Ordnung Thomas Paine ausgeht und wie er diese im damaligen amerikanischen Regierungssystem verwirklicht sieht. 08 VP

2. Überprüfen Sie an je zwei Beispielen sowohl aus der Amerikanischen als auch aus der Französischen Revolution, inwieweit die von Paine vertretenen Vorstellungen eines modernen Regierungssystems erfüllt worden sind. 12 VP

3. Arbeiten Sie aus M 2 heraus, wie der Abgeordnete Barth die bisherige Revolution darstellt und welche Überlegungen er zum zukünftigen Nationalstaat vorträgt. Bestimmen Sie daraus seinen politischen Standort. 10 VP

4. M. Barth spricht in M 2 von der „Freiheit im März" (Z. 9). Erklären Sie, was man darunter verstehen kann. 08 VP

5. Beschreiben Sie die Karikatur (M 3) vom November 1870 und erläutern Sie ihre Aussage. 10 VP

6. Erörtern Sie, inwieweit mit der Reichsgründung von 1871 die revolutionären Erwartungen von 1848/49 erfüllt worden sind. 12 VP

60 VP

Lösungsvorschlag

1. *Der Operator „herausarbeiten" verlangt, dass Sie zunächst die These Paines nennen und dann die Begründung, die Paine dafür anführt, in eigenen Worten schlüssig darlegen. Eine bloße Textwiedergabe muss dabei unbedingt vermeiden werden.*

Thomas Paine beschreibt das Regierungssystem der Vereinigten Staaten von Amerika als eine **repräsentative Demokratie**, die vor allem auf dem Grundsatz der **Volkssouveränität** beruhe. Entscheidend für das Regierungssystem der USA sei, dass hier das demokratische Prinzip durch das der „Repräsentation [...] veredelt" (Z. 19 f.) werde, da die gewählten Vertreter des Volkes die Entscheidungen im Gemeinwesen träfen. Dadurch sei das amerikanische Regierungssystem sowohl der Erbmonarchie als Herrschaft eines Einzelnen als auch der direkten Demokratie überlegen.

Thomas Paine begründet seine These damit, dass eine Gesellschaft, die sich immer weiter entwickle, umso weniger einer Regierung bedürfe, da sie immer stärker dazu befähigt sei, ihre Angelegenheiten auf der Basis des **Naturrechts** selbst zu regeln (Prinzip des „self government"). In jedem System, sei es die Wirtschaft oder der Staat selbst, würden „Gesetze des wechselseitigen Interesses" gelten (Z. 8 f.), d. h. der Staat funktioniere am Besten, wenn er auf einem **Interessenausgleich** aller Beteiligten beruhe. Ältere, d. h. monarchische Regierungsformen aber berücksichtigten dieses Prinzip nicht und seien daher mit Recht „im Niedergang begriffen" und Opfer von Revolutionen (Z. 14 f.), die aber friedlich und „vernünftig", d. h. zum Nutzen aller Betroffenen ablaufen und nicht zu „Tumult" oder Pöbelherrschaft führen sollten (Z. 17 f.).

Das amerikanische Regierungssystem entspreche den Anforderungen der modernen, fortgeschrittenen Zeit am besten. Es lasse keine Willkür zu, sei für jedermann durchschaubar und daher der Monarchie überlegen, schließe aber gleichzeitig die Nachteile der direkten Demokratie aus (Z. 20–29).

2. *Gemäß den Vorgaben des Bildungsplanes handelt es sich hier um eine „offene Aufgabenstellung", die es Ihnen überlässt, welche Beispiele Sie für die Überprüfung heranziehen. Sie müssen allerdings zu einem begründeten und durch die Beispiele belegten Ergebnis kommen. Eine bloße Beschreibung von Inhalten z. B. der großen Verfassungsdokumente (Unabhängigkeitserklärung 1776, amerikanische Verfassung 1787, französische Verfassung 1791 oder der jeweiligen Menschenrechtserklärungen) oder anderer Beispiele, die auf die demokratische Entwicklung in den USA im 19. Jahrhundert eingehen, wird der Aufgabenstellung nicht gerecht. Die hier vorgestellte Lösung ist nur eine Möglichkeit.*

Entsprechend den Äußerungen von Paine empfanden viele Kolonisten ihr Leben in den Kolonien bewusst als Alternative zur Unterdrückung in der Alten Welt und sahen in Amerika einen Zufluchtsort, an dem sie, aufbauend auf dem „common sense", eine neu politische und religiöse Freiheit durchsetzen wollten. Daher hatte sich in den Kolonien schon sehr früh ein hohes Maß an Eigenverantwortlichkeit und Mitbestimmung herausgebildet (z. B. die Verordnung für Virginia 1621, die Charter für Maryland 1632, das Grundgesetz für Connecticut 1639), die vor allem auf der **Selbstverwaltung** der Kirchengemeinde in den Kolonien, befreit von der anglikanischen Bischofskirche, aufbaute. Neben der Selbstverwaltung („Self-Governing") war das **Repräsentationsprinzip** das konstitutive Merkmal der amerikanischen Kolonien, das zum Kerngedanken der amerikanischen Revolution wurde. Die **Assemblies**, die von den wahlberechtigten Kolonisten (v. a. Grundbesitzer, reiche Bürger) gewählt wurden, besaßen ein ausgeprägtes Mitspracherecht (v. a. bei den Finanzen); auf der lokalen Ebene bestand weitgehende Selbstverwaltung.

So enthielt denn auch die **Unabhängigkeiterklärung** der 13 Kolonien, die am **4. Juli 1776** verkündet wurde, in ihren Kernsätzen diesen Grundgedanken, der Thomas Paines „Common Sense" zugrunde lag: Alle Menschen sind gleich geschaffen (**Gleichheitsprinzip**); alle Menschen haben von ihrem Schöpfer bestimmte unveräußerliche Rechte (**Menschenrechtsprinzip**) zugeteilt bekommen; die wichtigsten Grundrechte aller Menschen sind das **Recht auf Leben**, auf **Freiheit** und das **Streben nach Glück** („Life, Liberty and the Persuit of Happiness"). Zur Sicherung dieser Rechte werden Regierungen eingerichtet, die nicht auf der Willkür eines Einzelnen beruhten, sondern auf der Zustimmung der Regierten, durch die die Regierung ihre rechtmäßige Macht erhalte. Es sei das Recht des Volkes, von sich aus durch Bekundung des Volkswillens die Regierungsordnung zu ändern oder ganz abzuschaffen und eine neue Regierung einzusetzen, die das Glück und die Sicherheit des Volkes schützt. Die im Kongress versammelten Repräsentanten der Vereinigten Staaten betonten, im Namen und mit der Vollmacht des Volkes der Kolonien zu handeln, und sie erklärten, dass die Kolonien von nun an freie und unabhängige Staaten sein sollten.

Deutlich werden hier die modernen Grundsätze: **Gleichheit**, **Menschenrechte**, **Volkssouveränität** und **Repräsentationsprinzip**. Dabei darf allerdings nicht vergessen werden, dass die Mitwirkungsrechte allein bei den Besitzenden lagen. Die Indianer dagegen wurden nicht nur von diesen ausgeschlossen, sondern nicht einmal als Menschen betrachtet.

Deutlich zeigt sich in der Verfassung der USA, die 1789 ihre noch heute gültige Fassung erhielt, die Umsetzung der Forderungen, die u. a. von **John Locke** und Thomas Paine erhoben worden waren:
Die Verfassung als geschriebene, rechtlich bindende Ordnung hatte ihren Ursprung in den **Vertragstheorien**, wie sie u. a. auch von Thomas Hobbes und John Locke entwickelt worden waren. Sie entsprach dem Wunsch von Thomas Paine nach einer festen staatlichen Ordnung, die von den **Naturrechten** bestimmt und Willkürherrschaft verhindern sollte. Die neue Ordnung der Vereinigten Staaten unterschied sich ganz im Sinne Paines grundsätzlich von der Englands und unterstrich den eigenständigen Charakter des neuen Staates.

Zu den **Grundsätzen der amerikanischen Verfassung** gehören:
Der damals revolutionäre Grundsatz der **Volkssouveränität** (alle Gewalt im Staat geht vom Volke aus), die sich in der ausschließlichen Übertragung der **Gesetzgebung** auf den

gewählten Kongress ebenso äußert wie im **Wahlprinzip** (alle politischen Amtsinhaber werden mit wenigen Ausnahmen – z. B. Mitglieder des Supreme Court – auf Zeit gewählt). Dabei muss allerdings darauf hingewiesen werden, dass die Wähler zunächst über eine bestimmte Qualifikation verfügen mussten, wobei der Grundsatz galt „Macht folgt immer dem Eigentum"; viele Menschen blieben so zunächst von der aktiven Teilnahme am Staatswesen ausgeschlossen.
Das **Repräsentationsprinzip**, das die Ablehnung des monarchischen Prinzips (Willkürherrschaft) und einer „Herrschaft der Massen" zeigt, verbunden mit **indirekten Wahlen** in Bezug auf den Kongress. Der Präsident wird dabei vom Volk über Wahlmänner und **zeitlich befristet** gewählt. Dadurch unterschied sich das amerikanische Präsidentenamt im Sinne von Paine grundsätzlich von der damals in Europa herrschenden Erbmonarchie.

Das Prinzip der **Gewaltenteilung** und **Gewaltenkontrolle** („checks and balances"). Im Gegensatz zum in Europa üblichen politischen System der parlamentarisch-demokratischen Regierungsweise, die im Wesentlichen geprägt ist durch eine funktionale und z. T. auch personale Verknüpfung von legislativer und exekutiver Gewalt, ist in der amerikanischen Präsidialdemokratie die Gewaltenteilung sowohl funktional als auch personell strikt durchgeführt (Unvereinbarkeit von Regierungsamt und Parlamentsmandat); eine Gewaltenverschränkung gibt es hier nicht („**Konkurrenzprinzip**"). Die drei Gewalten besitzen aber zahlreiche gegenseitige Kontrollmöglichkeiten, woraus sich ein Zwang zur Zusammenarbeit und zum Kompromiss ergibt.

Auf der anderen Seite besitzt der Präsident als Regierungschef und Staatsoberhaupt (**Einheit der Exekutive**) durch die Volkswahl gegenüber dem Parlament eine starke Position, die durch seine weitreichenden exekutiven, militärischen, legislativen und diplomatischen Befugnisse verstärkt wird, zumal gegen ihn kein Misstrauensvotum möglich ist. Andererseits kann der Präsident die Amtsperiode des Parlaments auch nicht verkürzen, auch wenn der Kongress eine reine Obstruktionspolitik betreiben würde.
Der Präsident hat eine Reihe von Eingriffsmöglichkeiten in den Gesetzgebungsprozess. So erlangen Gesetze nur Gültigkeit, wenn sie vom Präsidenten unterzeichnet sind; der Präsident kann zudem durch sein Veto das Inkrafttreten zumindest zeitweise blockieren (**suspensives Vetorecht**). Der Präsident muss aber mit dem Parlament zusammenarbeiten, denn der Senat als Repräsentant der Einzelstaaten muss z. B. der Ernennung der Staatssekretäre und anderer hoher Beamter zustimmen, und er macht einen außenpolitischen Vertrag erst mit 2/3-Mehrheit rechtsgültig. Auch das Repräsentantenhaus, das aufgrund des demokratischen Wahlrechts den von Paine vertretenen Grundsatz der Volkssouveränität verkörpert, hat ein gewichtiges Mitspracherecht. So hat es die Steuer- und Finanzgesetzgebung inne und beschließt die Gesetze. Es besitzt zudem das alleinige Recht, gegen den Präsidenten ein Verfahren zur Amtsenthebung (**impeachment**) einzuleiten; die einzige Möglichkeit, die Amtszeit eines Präsidenten vorzeitig zu beenden.

Im Unterschied dazu entsprach die Entwicklung in **Frankreich** nicht ganz den Ideen von Thomas Paine. Die Dekrete vom August 1789 beseitigten zwar die alte Feudalordnung und damit die Wurzeln des Ancien Régimes, indem die bisherigen gesetzlichen Standesunterschiede, die Privilegien und die Partikularismen wegfielen und alle Franzosen formal dieselben Rechte und Pflichten erhielten, zu allen öffentlichen und kirchlichen Ämtern zugelassen und demselben Steuersystem unterworfen waren. Aber die geldliche Ablösung der auf dem Boden liegenden Rechte durch die Bauern brachte vor allem die vielen Kleinbauern in erhebliche Schwierigkeiten und bevorzugte Adel und Klerus.

Anders dagegen die „**Erklärung der Rechte des Menschen und des Bürgers**" vom **26. August 1789**. Sie verkündete die Grundprinzipien der neuen sozialen und politischen Ordnung und **Schutzrechte** gegenüber der Willkürherrschaft: Freiheit und Gleichheit vor dem Recht und dem Gesetz. Grundlage war zudem die „nationale Souveränität", d. h. die Gesamtheit aller Bürger (Art. 3), wie es auch Thomas Paine als Volkssouveränität vorschwebte. An die Stelle des monarchischen Absolutismus, der Willkürherrschaft, der Standesunterschiede und Standestrennung trat eine Gesellschaftsordnung, die auf den vorstaatlichen „natürlichen und unveräußerlichen" Rechten eines jeden Bürgers beruhte. In der Realität aber wurde doch deutlich, dass der politische Alltag und der Buchstabe der Menschenrechtserklärung nicht immer übereinstimmten, was u. a. die Einschränkung der in Art. 11 verfügten Pressefreiheit belegte. Auch wurde die für die Volkssouveränität notwendige Versammlungsfreiheit nicht ausdrücklich zugesichert.

Die **Reform des Justizwesens** nach den Prinzipien des August 1789 entsprach dem Wunsch nach Volkssouveränität weitgehend, denn Recht wurde nun von gewählten Richtern und von Geschworenengerichten im Namen von Nation und König gesprochen. Die Gleichberechtigung vor dem Gesetz und der Schutz der Person vor willkürlicher Verhaftung wurden gesichert, die bis dahin vorhandenen zahlreichen feudalen und kirchlichen Sondergerichte und das Parlament beseitigt sowie Ketzerei und Majestätsbeleidigung als Verbrechen abgeschafft. Damit lag die Rechtsprechung in den Händen der Aktivbürger.

Auch Minderheiten wie Protestanten, Quäker, Calvinisten und Juden erhielten die Bürgerrechte und wurden von Sonderabgaben befreit. Im September 1791 wurde die Sklaverei offiziell abgeschafft, nach 1802 in den Kolonien aber wieder eingeführt.

Die Verfassung von 1791 aber folgte den Ideen von Thomas Paine nicht ganz: Frankreich blieb eine **Erbmonarchie**, wenn auch eine **konstitutionelle**. Sie übernahm zwar die Menschen- und Bürgerrechtserklärung als Fundament der neuen staatlichen Ordnung und basierte auf dem Grundsatz der Volkssouveränität, schränkte aber diese und die Chancengleichheit durch das zweistufige **Zensuswahlrecht** wieder ein; an die Stelle der Geburtsvorrechte trat das **Vorrecht des Besitzes**, da Aktivbürger nur der sein konnte, der über Besitz verfügte, welcher eine bestimmte Steuersumme erreichte; Volkssouveränität galt damit nur für eine Minderheit von Besitzenden, die überwiegende Mehrheit der Franzosen blieb so von der politischen Willensbildung ausgeschlossen.

Dennoch wurden auch Ideen von Paine verwirklicht: Die Gewaltenteilung und -kontrolle mit einem nur noch suspensiven Vetorecht des Königs; die Einschränkung der königlichen Rechte und die der Minister durch die vom Parlament erlassenen Gesetze; die Rechenschaftspflicht der Minister gegenüber dem Parlament und die Möglichkeit einer strafrechtlichen Verfolgung durch das Nationale Hochgericht (Haute Cour Nationale), wodurch Regierungswillkür verhindert werden sollte; das Repräsentationsprinzip; die demokratische Umgestaltung aller Ebenen der Verwaltung und der Justiz mit gewählten und verantwortlichen Beamten; die Verantwortlichkeit aller am Staatswesen Beteiligten gegenüber Verfassung, Recht und Gesetz.

3. *Die Aufgabe verlangt von Ihnen zunächst eine Auswertung der Quelle unter zwei Gesichtspunkten: Verlauf der Revolution aus der subjektiven Sicht des Abgeordneten Barth und seine Gedanken über einen zukünftigen Nationalstaat. Die Ergebnisse der Textarbeit sollen Sie dazu befähigen, die politische Haltung Barths zu bestimmen.*

Der Text macht deutlich, dass Barth der bisherigen Revolution **positiv** gegenübersteht. Das Volk habe sich seine Freiheit „wieder erobert" (Z. 9) und damit ein „Menschenalter zwischen Zensur und der Vormundschaft" (Z. 4) beendet und sein Recht auf Souveränität durch die Wahl von Vertretern wahrgenommen. Die Abgeordneten in der Deutschen Nationalversammlung hätten nun vom Volk die Aufgabe übertragen bekommen, die Freiheit dauerhaft zu sichern. Dazu hätte die Nationalversammlung in einem ersten Schritt die Grundrechte verabschiedet, dem nun mit der Verabschiedung einer Verfassung der zweite, wesentliche Schritt folgen müsste. Diese Verfassung sollte den Nationalstaat legitimieren und die Volksherrschaft mit Machtmitteln versehen, um sie vor Missbrauch und neuer Willkür zu schützen. Dazu eigne sich besonders das Etatrecht des gewählten Parlaments, aber auch die Entwicklung eines politischen Bewusstseins, durch das sich jeder Einzelne als Teil des Staatswesens betrachte.

Barth betont die Notwendigkeit eines **föderalen Staates** mit einer **starken Reichsgewalt** (Bundesstaat), mit einer Erbmonarchie und einem starken Parlament als notwendiges Gegengewicht zum Monarchen. Barth war also Anhänger einer auf Menschen- und Bürgerrechten basierenden **konstitutionellen Monarchie**, wie sie damals von einem großen Teil der deutschen Liberalen gewünscht wurde.

4. *In Ihrer Antwort sollten Sie zunächst die Textstelle wiedergeben. Sodann wird von Ihnen verlangt, dass Sie Ihr historisches Wissen strukturiert und schlüssig mit Bezug auf den speziellen historischen Sachverhalt darlegen.*

Unter der „Freiheit im März" kann verstanden werden:
Die damals vollzogene Umbildung der Regierungen in einzelnen Staaten des Deutschen Bundes durch liberale „Märzministerien", die Aufhebung der Karlsbader Beschlüsse und die Bewilligung der **Versammlungs- und Pressefreiheit**, die Einrichtung von **Geschworenengerichten**, die legale Bildung von **Bürgerwehren**, die Bewilligung **allgemeiner** und **freier Wahlen** für eine verfassungsgebende deutsche **Nationalversammlung**, die Aufhebung der meisten noch bestehenden ständisch-feudalen Wirtschaftsprivilegien.

Allerdings zeigten sich besonders in Bezug auf die Wahlen zur Verfassungsgebenden Nationalversammlung, die in Übereinstimmung mit den Regierungen der Einzelstaaten erfolgen sollten, die unterschiedlichen Meinungen innerhalb des liberalen Lagers. Die radikalen Demokraten sahen in den zugestandenen „Freiheiten" durch die Regierungen vor allem ein taktisches Verhalten der Fürsten, die den „Märzforderungen" nur nachgekommen seien, um ihre Macht zu behaupten. Sie verlangten daher die Abschaffung der Monarchie in Deutschland und eine demokratische Ordnung mit einem frei gewählten Parlament als Ausdruck der Gleichheit und der Volkssouveränität. Die gemäßigten Liberalen, zu denen auch Barth gehörte, hielten dagegen an der Monarchie als verbindender Kraft fest, strebten aber eine parlamentarische Monarchie an. Gemeinsam war beiden liberalen Lagern, dass sie den kleinstaatlichen Partikularismus zugunsten eines Nationalstaates überwinden wollten.

5. *In der Beschreibung sollen – als notwendige Voraussetzung für die Erklärung der Inhalte – die konkreten Bildelemente vorgestellt werden. Die Beschreibung sollte dabei eine eigenständige Leistung sein. Werden Beschreibung und Erklärung vermischt, ist dies aber auch zulässig.*

Das Zentrum der Karikatur bildet eine an das mittelalterliche Folterinstrument der „eisernen Jungfrau" angelehnte Figur, der „eiserne Junggesell", der die Folter selbst durchführt, also nicht als Instrument dient. Mit seinen kräftigen, übergroßen eisernen Pranken drückt der „eiserne Junggesell" zwergenhafte, furchtsame Menschen in herrschaftlichem Ornat in das Loch in seinem Rumpf, in seinen Magen, hinein. Über diesem mit spitzen Stacheln versehenen Loch kann man die Worte „Deutsches Kaiserreich" lesen.

Die Figur stellt den Reichsgründer Bismarck dar, dessen Politik und Vorgehen auf dem Weg zur Gründung des deutschen Kaiserreiches 1871 der Zeichner eindeutig negativ bewertet. Dies ist nicht verwunderlich, da die Karikatur in Wien erschienen ist, und Österreich 1866 durch Bismarck aus Deutschland ausgeschlossen worden war. Die Figur steht aber auch für Preußen und seine Rolle auf dem Weg zur Reichsgründung, die der Zeichner als aggressiv und gewalttätig charakterisiert. Bismarck/Preußen wird im Vergleich zu den übrigen deutschen Fürsten/Staaten als riesig, dominierend dargestellt; das Kaiserreich ist in den Augen des Zeichners eine Zwangsgemeinschaft, zu der die deutschen Fürsten durch Bismarck erst mit Gewalt gezwungen werden mussten. In diesem von Preußen beherrschten

Kaiserreich würden die anderen Staaten keine eigenständige Rolle mehr spielen, sie würden von Preußen „gefressen".
Die Karikatur ist 1870, also noch vor der Reichsgründung erschienen, was darauf hinweist, dass es sich bei den kleinen Männchen um die süddeutschen Staaten handelt, die von Bismarck durch die militärische und vor allem ökonomische Dominanz Preußens gedrängt wurden, sich dem von Preußen beherrschten Norddeutschen Bund anzuschließen.

6. *Der Operator „erörtern" verlangt ein Abwägen in Form von pro und contra und ein begründetes Urteil zur vorgegebenen Problemstellung.*

Für einen Teil des deutschen Bürgertums bedeutete die Reichsgründung 1871 die Erfüllung seiner alten Forderungen nach Errichtung eines deutschen Nationalstaates, und das Kaiserreich schrieb im Grunde die 1848/49 mehrheitlich gewünschte „kleindeutsche Lösung" unter Ausschluss Österreichs fort. In ihren Augen brachte die Verfassung des Kaiserreichs 1871 einen bedeutenden **Fortschritt** gegenüber der die Bundesverfassung von 1815 beherrschenden und bis 1866 gültigen partikularistischen und monarchisch-dynastischen Tradition der Legitimität. Die Volksvertretung, der Reichstag, wurde, wie 1849 gefordert, nach dem **demokratischen Wahlrecht** für Männer über 25 Jahren gebildet (allgemein, gleich, unmittelbar, geheim). Der Reichstag war an der **Gesetzgebung**, vor allem an der Bewilligung des Haushalts, beteiligt. Die Regierung hatte gegenüber dem Parlament Rechenschafts- und Informationspflicht. Das Kaiserreich war so zu einer **konstitutionellen Monarchie** mit Gewaltenteilung geworden.

Dennoch entsprach die Verfassungsordnung des Kaiserreichs **nicht** den Erwartungen der Revolutionäre von 1848/49, die allerdings sehr uneinheitlich waren:
Nach der Verfassungsurkunde war das Deutsche Reich von 1871 nicht Ausdruck der Volkssouveränität oder gar Ergebnis einer Willensäußerung des deutschen Volkes, sondern ein **Bund der deutschen Fürsten und Stadtstaaten**. Daher war der Bundesrat, die Versammlung der Fürsten und Stadtstaaten, der eigentliche Träger der staatlichen Souveränität im Kaiserreich, nicht, wie 1849 festgelegt, das deutsche Volk.

An der Spitze des Reiches stand der Kaiser, zugleich König von Preußen, des dominierenden Einzelstaates, der die politische und militärische Führung besaß und zugleich Chef eines **nicht kontrollierbaren Staatsapparates** (Armee, Bürokratie, Diplomatie) war.

Die **Mitwirkung** der Volksvertretung, des Reichstages, war **begrenzt**; von einer parlamentarischen Monarchie, wie 1849, konnte keine Rede sein. Der Reichstag war zwar zusammen mit dem fürstlichen Bundesrat an der Gesetzgebung beteiligt, wobei das Budgetrecht besonders wichtig war, aber über eine wirksame Kontrollmöglichkeit gegenüber der Regierung oder dem Kaiser verfügte er nicht, da der Reichstag **kein Recht auf ein Misstrauensvotum** besaß. Der Reichskanzler war allein dem Kaiser verantwortlich, und nur der Kaiser konnte ihn entlassen, sodass ein deutliches **Übergewicht des monarchischen Prinzips** ein wesentliches Kennzeichen der Verfassung war, was nicht dem Geist von 1848/49 entsprach. Auch die **Grundrechte** waren in der Verfassung des Kaiserreichs **nicht verankert**. In der Politik dominierte weiterhin der Adel, dessen Führungsposition vom Bürgertum nie ernsthaft in Frage gestellt wurde. Die Bourgeoisie versuchte vielmehr, sich dem Adel anzupassen und sich nach unten abzugrenzen.

Im Gegensatz zu den revolutionären Erwartungen von 1848 war das deutsche Kaiserreich 1871–1918 ein **semiabsolutistischer Obrigkeitsstaat** („monarchischer Machtsstaat") mit einer kapitalistischen Wirtschaftsordnung; in der staatlichen Bürokratie und besonders beim Militär dominierte der Adel. Der Geist des **Militarismus** sowie die **Ausgrenzung** von Minderheiten widersprachen den Erwartungen von 1848 vollständig.

Schriftliche Abiturprüfung Geschichte (Baden-Württemberg) 2007
Aufgabe 2

M 1: Helmut Kohl in seinen „Erinnerungen" (2004) über die Politik zwischen 1969 und 1979:

Die erste Koalition aus SPD und FDP war im Oktober 1969 mit hohem Anspruch angetreten. […] Jetzt, nach zehn Jahren, war es Zeit, Bilanz zu ziehen. Doch es genügte nicht, Anspruch und Wirklichkeit miteinander zu konfrontieren, um die Spur enttäuschter Hoffnungen und gebrochener Versprechen nachzuziehen und so das Scheitern dieser Politik nüchtern zu bilanzieren. […] Ich meinte damals: Die Ursachen für das Scheitern der 1969 eingeläuteten Innen- und Außenpolitik lagen nicht in einer schlechten Umsetzung einer an sich richtigen Politik; sie lagen auch nicht darin, dass ihr Erfolg durch äußere Ereignisse wie Ölkrise und Terrorismus durchkreuzt wurde. Die Ursachen lagen vielmehr in der falschen Anlage, in der inneren Logik dieser Politik selbst.

In der Innenpolitik wollten SPD und FDP bedingungslos eine „Politik der inneren Reformen" durchsetzen, statt das Erreichte zu sichern und auszubauen. Fortan gab es keine Innenpolitik mehr, sondern nur noch „Reformpolitik". In Wirklichkeit hat die Regierung unter diesem Etikett vielfach nur neue Rechte, Ansprüche, Machtbasen geschaffen: Die Verwirklichung eines individualistisch verstandenen Emanzipationspathos, die Befreiung von Abhängigkeiten und aus „Herrschaftsverhältnissen", die regierungsamtliche Ratifizierung von gesellschaftlichen Ansprüchen – das waren im wesentlichen die „inneren Reformen" in den Bereichen der Bildungs-, Familien-, Sozial- und Strafrechtspolitik.

In der Wirtschaftspolitik kam es SPD und FDP nicht so sehr darauf an, wirtschaftliches Wachstum und Stabilität zu sichern. Sie wollten die Wirtschaft „demokratisieren", ihre Belastbarkeit erproben und die „Ungerechtigkeiten des Kapitalismus" überwinden. Die Folge: Das soziale Netz war nach zehn Jahren sozialdemokratisch geführter Regierungen brüchiger geworden. […]

Auch die Außenpolitik dieser Koalition stand nicht im Zeichen der Kontinuität. Die Ostpolitik stand von Anfang an nicht nur unter selbstverordnetem Zeitdruck und Erfolgszwang, sondern wurde obendrein auch nicht sehr geschickt gehandhabt. Nur der hohe Anspruch war auch hier über jeden Zweifel erhaben: Diese Regierung wollte den „Frieden sicherer machen". Fortan gab es keine Außenpolitik, sondern nur noch „Friedenspolitik". Die Jahre von 1969 bis 1979 standen im Zeichen einer zuvor nicht gekannten Politisierung des öffentlichen und kulturellen Lebens. Ein Perspektivenwechsel hatte sich nach und nach vollzogen. Während die Bürger in den ersten beiden Jahrzehnten der Bundesrepublik von 1949 bis 1969 viel mehr von sich selbst und ihrer Leistung erwarteten und die CDU/CSU-geführten Regierungen dies unterstützten, kehrte die SPD/FDP-Koalition diese Erwartungshaltung um. Jetzt wurde sozusagen regierungsamtlich sanktioniert, Rechte einzuklagen, Ansprüche anzumelden, Leistungen vom Staat zu erwarten. […]

Ein knappes Jahr vor der Bundestagswahl 1980 waren meine politischen Freunde und ich uns darüber im klaren, was wir in der Bundesrepublik brauchten: Wir brauchten eine neue Politik.

Aus: Helmut Kohl, Erinnerungen. 1930–1982, Droemer Knaur: München 2004.

M 2 a: Franz Josef Strauß* in seinen „Erinnerungen“ zur Kreditvergabe an die DDR:

Wegen der [...] Gefahr lebensgefährlicher, kriegerischer Verwicklungen konnten und können Volkserhebungen in den Staaten des Warschauer Paktes nicht unterstützt werden. Es hat deshalb keinen Sinn, die Notsituation dort so zu verschärfen, daß die Belastungen für die Menschen unerträglich werden und es zur Explosion kommt. […]

Daß in der Behandlung der Deutschen aus der Bundesrepublik durch die Organe der DDR bei Reisen und Grenzüberschreitungen ein Wandel stattgefunden hatte, setzte sich im allgemeinen Bewußtsein immer mehr durch. Auch die starke Zunahme von Reise- und Ausreisegenehmigungen für Deutsche aus der DDR hatte sich ausgewirkt Es war allgemein spürbar, daß in die deutsch-deutschen Beziehungen Bewegung gekommen war. Dabei hatte Honecker am Werbellinsee mir gegenüber noch beteuert, daß er alles tue, damit die Bürger in der DDR sich wohl fühlten. Er verwies auf die soziale Sicherheit und auf den Lebensstandard. Er sollte vielleicht, so mein Vorschlag, jedem Bürger in der DDR die Möglichkeit geben, einmal im Jahr einen Urlaub im Ausland zu verbringen, dann sei „der stärkste Druck aus dem Kessel raus“.

Auf der Leipziger Frühjahrsmesse 1984 hat mir Honecker dann vorgeworfen, daß er dem gefolgt sei, was ich ihm empfohlen hätte, daß aber die Angriffe in der Bundesrepublik dennoch weitergingen. Jetzt heiße es, die DDR schicke ihre Arbeitslosen, ihre strukturell Arbeitsunfähigen in die Bundesrepublik. […]

Je mehr Menschen aus der DDR die Möglichkeit haben, die Bundesrepublik zu besuchen, um so kritischere Fragen stellen sie nach ihrer Rückkehr. Sie fragen nicht nur, warum sie auf den bei uns üblichen Lebensstandard verzichten müssen. Sie wollen vor allem nicht ständig gegängelt werden. Von morgens bis abends wird ihnen vorgeschrieben, was man tut, was man nicht tut, was man liest, was man sagt, was man denkt – dies ist einfach zuviel. Das freie Reisen ist dabei zum Synonym für Freiheit geworden .

*Aus: Franz Josef Strauß, Die Erinnerungen, Siedler Verlag Berlin 1989. * F. J. Strauß (1915–1988): 1961–1988 Vorsitzender der CSU, 1978–1988 Ministerpräsident von Bayern.*

M 2 b: Karikatur von Horst Haitzinger aus der Neuen Presse, Hannover, 6. März 1984:

Erich Honecker (links) zu Willi Stoph (rechts): „Die nächste Milliarde kriegen wir vielleicht schon dafür, daß wir keinen mehr rauslassen!"

Aufgaben:

1. Arbeiten Sie aus M 1 heraus, wie Helmut Kohl die ersten zehn Jahre der soziallliberalen Koalition bewertet und wie er seine Wertung begründet. — 08 VP
2. Überprüfen Sie Helmut Kohls Bewertung der sozialliberalen Politik anhand dreier Beispiele ihrer Wahl. — 12 VP
3. In M 1 wird von der Notwendigkeit einer neuen Politik gesprochen (Z. 39 f.). Beurteilen Sie anhand unterschiedlicher Bereiche, inwieweit die Politik der christlich-liberalen Koalition diesem Anspruch gerecht wurde. — 10 VP
4. a) Arbeiten Sie aus M 2 a heraus, wie Franz Josef Strauß seine Unterstützung für den Kreditwunsch der DDR begründet. — 08 VP
   b) Beschreiben Sie die Karikatur M 2 b und vergleichen Sie die Bildaussage mit M 2 a. — 10 VP
5. Charakterisieren Sie die Entwicklung der DDR in der Ära Honecker bis zum Erscheinen der Karikatur M 2 b. — 12 VP

60 VP

Lösungsvorschlag

1. *Der Operator „herausarbeiten" verlangt, dass Sie den Text nicht nur paraphrasieren, sondern deutlich nach der „Bewertung" und „Begründung" des Verfassers differenzieren.*

Helmut Kohl bewertet die Politik seiner Vorgängerregierung **grundlegend negativ**. Sie sei nicht „an schlechten Rahmenbedingungen" gescheitert, etwa an der Ölkrise oder dem Terrorismus, sondern an ihrer „falschen Anlage", an der „inneren Logik dieser Politik selbst" (Z. 9 f.). Kohl argumentiert aus einer konservativen Position heraus, was man daran erkennen kann, dass er insbesondere die **Veränderungen** negativ bewertet, durch die sich die sozialliberale Regierung von früheren Regierungen unter Beteiligung bzw. Führung der CDU/CSU abhob. Den grundsätzlichen Unterschied sieht er in einem Wechsel von der Leistungs- zur Anspruchsmentalität (Z. 31 f.), den er der SPD/FDP-Koalition anlastet. Die Regierung habe „sozusagen regierungsamtlich sanktioniert, Rechte einzuklagen, Ansprüche anzumelden, Leistungen vom Staat zu erwarten" (Z. 35 ff.). Zur Begründung dieser negativen Sicht betrachtet Kohl die Innenpolitik, die Wirtschaftspolitik und die Außenpolitik.

In der **Innenpolitik** kritisiert er die Reformen der sozialliberalen Koalition in den Bereichen Bildung, Familie, Soziales und Strafrecht, die seiner Ansicht nach hauptsächlich neue Ansprüche der Bürger an den Staat einführten.
Die **Wirtschaftspolitik** sei daran gescheitert, dass sie die „Ungerechtigkeiten des Kapitalismus" (Z. 22) habe überwinden wollen, während es doch darauf angekommen wäre, Wachstum und Stabilität zu sichern.
In der **Außenpolitik** stellt er besonders die Ostpolitik der Regierung Brandt/Scheel an den Pranger, da sie mit dem hohen Anspruch einer „Friedenspolitik" (Z. 30) die Kontinuität der deutschen Außenpolitik verlassen und sich selbst unter Zeitdruck und Erfolgszwang gesetzt habe.

Seine Schlussfolgerung lautet, dass nach zehn Jahren sozialliberaler Regierung das soziale Netz brüchig geworden und die Zeit für eine „neue Politik" (Z. 40) gekommen sei.

2. *Die Aufgabenstellung verlangt, dass Sie Kohls Bewertung an konkreten Sachverhalten überprüfen. Sie können dabei sowohl zu einer zustimmenden als auch zu einer ablehnenden Haltung gegenüber Kohls Einschätzung gelangen. Entscheidend ist in jedem Fall eine vertiefende und abwägende Argumentation.*

Es besteht durchaus die Möglichkeit, die Grundannahme Kohls infrage zu stellen, wonach „äußere Ereignisse" nicht für den behaupteten Misserfolg der Vorgängerregierungen verantwortlich seien. Das genannte Beispiel der **Ölkrise(n)** wäre hierfür durchaus geeignet. Selbstverständlich bedeuteten die Versiebenfachung des Ölpreises in den Jahren 1970–1974 und deren nochmalige Verdoppelung 1979–83 entscheidende Einschnitte in die wirtschaftlichen Grundlagen der Reformpolitik. Entgegen der damals herrschenden Lehre der Volkswirtschaft führten sie nämlich zu einer kombinierten Wachstumsschwäche (Stagnation) bei gleichzeitiger Preiserhöhung für importierte Waren (Inflation), einer Kombination, die mit den Mitteln des Stabilitätsgesetzes von 1967 nicht zu bewältigen war und als „Stagflation" in die Wirtschaftsgeschichte einging. Bis dahin war man davon ausgegangen, dass man entweder mit Wachstumsschwäche oder aber mit Inflation infolge überhitzter Konjunktur zu rechnen habe. Darauf folgende Zinserhöhungen verschärften wiederum die Wachstumsschwäche und verteuerten die Kosten der Staatsverschuldung drastisch.

In der nachfolgenden Lösung werden die Politikfelder Innenpolitik, Wirtschafts- und Sozialpolitik und Außenpolitik knapp umrissen:
Im Bereich der **Innenpolitik** gab es Felder, die mit der gesellschaftlichen Wirklichkeit, teilweise sogar mit dem Grundgesetz, nicht übereinstimmten, so zum Beispiel das absolute **Abtreibungsverbot des § 218** (die Nachbarländer hatten Fristenlösungen, wodurch es zu

einem „Abtreibungstourismus" kam) und das patriarchalische Familienbild des bürgerlichen Rechts, das im Widerspruch zum Gleichheitsgebot des GG stand. Im neuen Ehe- und Familienrecht, das 1975 in Kraft trat, wurde das „Schuldprinzip" durch das „Zerrüttungsprinzip" ersetzt. Die Strafrechtsreform von 1969 ff. betonte den Gedanken der Resozialisierung gegenüber dem der Sühne, wodurch sich die Bundesrepublik langsam dem Stand der skandinavischen Länder annäherte.
Die **Wirtschafts- und Sozialpolitik** sah sich neune Herausforderungen gegenüber, die mit den bisherigen Mitteln der Globalsteuerung nicht zu bewältigen waren. Konjunkturprogramme erwiesen sich als zunehmend stumpfe Waffen im Kampf gegen die Arbeitslosigkeit und Wachstumsschwäche.

In der Sozialpolitik wurden die volle Lohnfortzahlung im Krankheitsfall und viele andere soziale Vergünstigungen (flexible Altersgrenze bei der Rente, Mindestente, Leistungsverbesserungen für Ruheständler, Frauen, Kinderreiche, Kriegsopfer und Landwirte) eingeführt, die in Kombination mit der geschwächten Wirtschaft, die Leistungsfähigkeit von Wirtschaft und staatlichen Sozialsystemen überforderten. Hier stellte sich heraus, dass tatsächlich Ansprüche an den Staat formuliert wurden, die innerhalb von vier Jahren zu einer Verdoppelung der Sozialausgaben führten. Die erste Ölkrise (s.o.) beendete diese Phase der expansiven Sozialpolitik abrupt und der Nachfolger Brandts im Kanzleramt, Helmut Schmidt, formulierte bereits in seiner ersten Regierungserklärung 1974 eine Absage an alle kostspieligen Reformprojekte.
Es ist durchaus fraglich, ob die betriebliche Mitbestimmung (Betriebsverfassungsgesetz 1972, Mitbestimmungsgesetz 1976) oder die staatliche Förderung der Vermögensbildung in Arbeitnehmerhand (624DM-Gesetz) den Begünstigten tatsächlich etwas Nennenswertes gebracht haben. Von einer „Demokratisierung der Wirtschaft", wie sie Kohl kritisch anmerkt, konnte jedenfalls nur in Ansätzen die Rede sein. Selbst im Bereich der Montanmitbestimmung blieben die Kapitaleigner zusammen mit den „leitenden Angestellten" stets im Aufsichtsrat der Unternehmen in der Überzahl.
Im Bereich der **Bildung** war Deutschland in den 1960er-Jahren gegenüber den meisten europäischen Ländern ins Hintertreffen geraten, was beispielsweise die Abiturientenquote oder die Beteiligung von Mädchen und Arbeiterkindern an weiterführenden Schulen betraf. Schon 1964 war der Begriff der „Bildungskatastrophe" (Georg Picht) in der öffentlichen Diskussion aufgetaucht. Von daher kann man durchaus fragen, ob es eine Alternative zur Expansion und Reform des Bildungssystems gegeben hätte. Die sozialliberale Regierung trug dem Rechnung, indem sie den Staat mithilfe des Bundesausbildungsförderungsgesetzes (BaföG) an der Finanzierung von Schule und Studium beteiligte. Was die Inhalte der Bildungsreformen anbelangte, waren der Regierung weitgehend die Hände gebunden, diese stand nicht in der Kompetenz des Bundes, sondern war Ländersache.

In der **Außenpolitik** ist es fraglich, ob die **Hallstein-Doktrin**, der zufolge Kontakte zur DDR vonseiten früherer Bundesregierungen als unfreundlicher Akt angesehen wurden, der zum Abbruch der Beziehungen zur Bundesrepublik führte, überhaupt noch länger haltbar gewesen wäre. Seit Anfang der 1960er-Jahre hatte eine Vielzahl neuer Staaten Aufnahme in die UNO gefunden, denen die deutsch-deutsche Problematik schwer zu vermitteln war. Gegenüber dem Osten wurde die Hallstein Doktrin immer schon inkonsequent angewandt, da man sich einen Bruch mit der Sowjetunion nicht leisten konnte, und der Versuch des CDU-Kanzlers Kiesinger, eine **Ostpolitik** „um die DDR herum" aufzubauen, war auch nicht von Erfolg gekrönt gewesen. Bezüglich des von Kohl monierten „selbstverordneten Zeitdrucks" (Z. 26) ist zu bemerken, dass die sozialliberale Koalition mit ihrer äußerst knappen Mehrheit durch Barzels Versuch eines konstruktiven Misstrauensvotums (1972) tatsächlich unter erhöhten Erfolgszwang gebracht wurde, wollte sie die Verträge mit Moskau und Warschau im Bundestag ratifizieren. Inhaltlich könnte man die Frage diskutieren, ob das Verhältnis von Leistung und Gegenleistung stimmte, ob „Entspannung" überhaupt eine messbare Größe darstellt (z. B. Telefonverbindungen, Besucherzahlen), und ob das Grundkonzept des „Wandels durch Annäherung“ (Egon Bahr) überhaupt realistisch war. Es gehörte zur Logik der **Entspannungspolitik**, dass vermehrte Kontakte zwischen den Deutschen beider Staaten vonseiten der DDR-Führung von einem Ausbau des Überwachungs- und Spitzelwesens begleitet wurden. Auch die Frage, ob die Außenpolitik der sozialliberalen Koalition überhaupt mit dem Widervereinigungsgebot des Grundgesetzes vereinbar war, stellt sich in diesem Zusammenhang. Sie wurde vom Bundesverfassungsgericht positiv beantwortet.

3. *„Beurteilen“ bedeutet in diesem Fall, dass Sie nach der Darstellung der relevanten Fakten eine Wertung begründen. Dabei sollten die Grundlagen Ihrer Bewertung (z. B. christliche oder soziale Grundsätze) erkennbar werden.*

Der Anspruch der christlich-liberalen Politik, unter Bundeskanzler Kohl eine „neue Politik“ herbeizuführen, kann an verschiedenen Beispielen untersucht werden. Kohl selbst sprach von einer „geistig-moralischen Wende“ und überhöhte damit den Regierungswechsel unter moralischen Gesichtspunkten. Dieser Anspruch kann nach diversen Parteispendenaffären (Flick) und Unregelmäßigkeiten im Zusammenhang mit der deutschen Einheit (Treuhand, Leuna …) und dem nicht kooperativen Verhalten Kohls bei der Aufklärung seines eigenen Beitrags dazu als nicht eingelöst betrachtet werden. In der **Außen- und Sicherheitspolitik** bewegten sich die Kohl-Regierungen durchaus in der **Tradition ihrer Vorgänger**. Weder wurde versucht, die **Ostverträge** nachzuverhandeln noch wurde die Nachrüstung des SPD-Kanzlers Helmut Schmidt aufgegeben. Kohl bewies in diesem Zusammenhang sogar enormes Stehvermögen, einmal gefasste Beschlüsse auch gegen die öffentliche Meinung **„auszusitzen“**. Die **Einladung an Erich Honecker**, die noch von Schmidt ausgesprochen wurde, wurde bestätigt und führte zum Besuch des Parteivorsitzenden der SED und Staatsratsvorsitzenden im Jahr 1987. Dies stellte die höchste Form der Anerkennung dar, die die DDR im Laufe ihrer vierzigjährigen Geschichte erfahren hatte. Auch die Milliardenkredite, die der bayerische Ministerpräsident Strauß (CSU) vermittelte, wirkten zunächst stabilisierend für die DDR.
In der **Wirtschafts- und Sozialpolitik** wurden neue Akzente gesetzt, indem **Einschnitte im sozialen Netz** und der **Abbau von Steuervergünstigungen**, die aufgrund der schlechten Finanzlage des Bundes für notwendig gehalten wurden, gegen starke Widerstände der Arbeitnehmervertretungen durchgesetzt wurden. Allerdings gelang es lediglich, das Wachstum der Staatsverschuldung zu verlangsamen. **Neue Sozialleistungen** wie das Erziehungsgeld (1986) und die Anrechnung von Kindererziehungsjahren bei der Rentenberechnung für Frauen (1986) schränkten die Wirkung der Sparpolitik wieder ein. Mit der Einführung der **Pflegeversicherung** wurde gar ein neuer Pfeiler der Sozialversicherung eingeführt, der auf Dauer nicht tragfähig sein konnte

Die **wirtschaftspolitische Wende von der Nachfragepolitik** im Sinne von Keynes **zu einer sogenannten angebotsorientierten Politik**, wie sie bereits Ende der Siebzigerjahre in England (Thatcher) und kurz darauf in den USA (Reagan) eingeführt wurde, betrieb auch die Regierung Kohl. Allerdings muss einschränkend gesagt werden, dass Ansätze zu dieser Wende bereits während der Regierung Schmidt vollzogen wurden und die Wende im Übrigen weit weniger radikal als beispielsweise in England vonstatten ging. In Deutschland blieb es zunächst im Wesentlichen beim Modell des kooperativen „rheinischen Kapitalismus“. Erst das Zusammentreffen von Wiedervereinigung und Globalisierung bewirkte einen Wechsel der Wirtschaftspolitik.

4. *Die Aufgabenstellung ist zweigeteilt: Zunächst sollen Sie dem Text (M 2a) entnehmen, wie Franz Josef Strauß seine Unterstützung für den Kreditwunsch der DDR begründet. Anschließend beschreiben Sie die Karikatur (M 2b) und vergleichen die Bildaussage mit dem zuvor bearbeiteten Text (M 2a).*

a) Der bayerische Ministerpräsident Strauß vermittelte im Juni 1983 einen Milliardenkredit an die DDR bei westdeutschen Banken, für den die Bundesrepublik eine Bürgschaft stellte. Im Juli 1984 erfolgte ein weiterer Milliardenkredit. Beide dienten dazu, die Zahlungsfähigkeit der wirtschaftlich angeschlagenen DDR zu garantieren. Strauß, der als Hardliner und „Kalter Krieger“ erbitterter Gegner der sozialliberalen Ostpolitik gewesen war, stand für diesen augenscheinlichen Meinungsumschwung unter starkem Rechtfertigungszwang gegenüber den eigenen Reihen, schließlich war ja gerade die bayerische Staatsregierung in ihrer Ablehnung der Ostverträge bis zum Bundesverfassungsgericht gegangen. In seinen „Erinnerungen“ begründet er 1989 die Kreditvergabe.
Aus dem Text sind zwei verschiedene Begründungen abzuleiten. Im ersten Abschnitt argumentiert Strauß mit der **Notsituation in der DDR**, die es zu beheben gelte, da eine instabile DDR zu einer Gefahr für den Frieden werden könnte. Volkserhebungen in der DDR könnten wegen der „Gefahr lebensgefährlicher, kriegerischer Verwicklungen“ (Z. 1) nicht unterstützt werden. Diese Begründung bezieht sich auf unmittelbare, kurzfristige Maßnahmen.

Am Schluss des Textausschnittes wird aber auch deutlich, dass Strauß durchaus auch an eine andere, geradezu gegenteilige Wirkung glaubt. Die Menschen aus der DDR, die die Möglichkeit hätten, die Bundesrepublik zu besuchen, würden hinterher „kritischere Fragen“ bezüglich der Unterschiede zwischen der DDR und der Bundesrepublik stellen. Insbesondere der höhere Lebensstandard und das größere Maß an Freiheit im Westen würden dahingehend wirken. Strauß gibt sich damit als Anhänger der „**Magnettheorie**“ zu erkennen, welche in der Anfangszeit der Bundesrepublik besonders von Konrad Adenauer vertreten wurde. Sie besagt im Wesentlichen, dass es nur auf dem Umweg **über eine erfolgreiche, wirtschaftlich prosperierende und im Westen integrierte Bundesrepublik möglich sei, auf längere Sicht die deutsche Wiedervereinigung** anzustreben. Eine sich positiv entwickelnde Bundesrepublik würde auf die DDR auf Dauer derart anziehend wirken, dass diese ihr System zur Disposition stellen würde. Man könnte in Strauß' Text sogar in abgeschwächter Form die Formel „Wandel durch Annäherung“ erkennen, mit der die SPD ihre Neue Ostpolitik als langfristigen Weg zur Wiedervereinigung gerechtfertigt hatte. Durch die Anerkennung des Status Quo der Teilung, die Berücksichtigung der Überlebensinteressen der DDR und ihre Einbindung in günstige Ost-West-Kontakte sollte der DDR eine Öffnung zum Westen ermöglicht werden, wobei eine solche „Transformation“ nur unter Einbeziehung der Sowjetunion möglich sei.

b) Die Karikatur von Horst Haitzinger ist am 6. März 1984 in der Neuen Presse Hannover erschienen, also noch vor dem zweiten Milliardenkredit an die DDR, der am 25. 7. 1984 bekannt gegeben wurde.

Im Zentrum steht eine diagonal das Bild teilende **Mauer**, die für die deutsche Teilung in die DDR und Bundesrepublik Deutschland steht. Durch die grafische Gestaltung der Buchstaben „DDR“ als vergitterter Durchgang mit einer Öffnung im „R“ wird die dahinter liegende **DDR als dunkles Gefängnis** gekennzeichnet. Dieser Effekt wird durch dunkle Einfärbungen im Hintergrund und durch die schwarze Toröffnung verstärkt. **Erich Honecker und Willi Stoph öffnen gemeinsam ein Gitter**, nachdem sie offensichtlich einen **Sack mit der Aufschrift „Kredit“** erhalten haben. Im Vordergrund darunter ist etwas kleiner dimensioniert eine **Menschenmenge** dargestellt, die **mit Reisegepäck** die DDR in Richtung Bundesrepublik verlässt, wobei sie ein **Hinweisschild mit der Aufschrift „Arbeitsamt“** passiert.

Die Darstellung ist **realistisch-allegorisch**, realistisch im Hinblick auf die erkennbaren Personen, allegorisch im Hinblick auf die Symbolisierung der DDR durch Mauer und Namenskürzel. Durch die **Bildunterschrift**: „Die nächste Milliarde kriegen wir vielleicht schon dafür, dass wir **keinen** mehr rauslassen“, beleuchtet die Karikatur die zynische Haltung der DDR-Führung. Honecker spricht mit vorgehaltener Hand zu Stoph, was darauf hindeutet, dass seine eigentliche Motivation nicht zur Veröffentlichung geeignet erscheint. Die dargestellte Massenauswanderung in Richtung westdeutsches Arbeitsamt macht die Karikatur aber auch zu einer Kritik an der Haltung der Bundesregierung, die mittels des Kredits das Problem der Massenarbeitslosigkeit im eigenen Land noch mehr verschärft. Damit kann die Karikatur insgesamt als **kritischer Kommentar zur deutsch-deutschen Verständigungspolitik** beider Seiten interpretiert werden. Die Veröffentlichung in der Tageszeitung „Neue Presse, Hannover" deutet darauf hin, dass der Zusammenhang zwischen Kreditvergabe einerseits und Ausreisepolitik der DDR-Führung andrerseits zum damaligen Zeitpunkt die Öffentlichkeit stark beschäftigte und allgemein verständlich war.

Vergleicht man die Karikatur mit dem Text M 2a, wird deutlich, dass der Text im Unterschied zur Karikatur die **Hoffnung auf Veränderung in der DDR** verdeutlicht, während die Karikatur auf ironische Art die **Widersprüchlichkeit** im Verhalten der Bundesregierung auf der einen Seite und die unmenschliche Handlungsweise der DDR-Führung **zwischen Opportunismus und Zynismus** andrerseits herausstellt. Der Hinweis auf das Arbeitsamt in der Karikatur liest sich wie eine direkte Bezugnahme auf die Klage Honeckers gegenüber Strauß „Jetzt heiße es, die DDR schicke ihre Arbeitslosen, ihre strukturell Arbeitsunfähigen in die Bundesrepublik" (Z. 17 f.), eine Klage, die offenbar zum damaligen Zeitpunkt die westdeutsche Öffentlichkeit beschäftigte, worauf sich Honecker ja bezieht.
Unterschiedlich ist auch das **Bild Honeckers** in den beiden Darstellungen. Während er in der Karikatur auf den zynischen Machtpolitiker reduziert wird, der mit seiner eigenen Bevölkerung „Handel" treibt und „Freiheit" nur gegen Bezahlung gewährt, erscheint er bei Strauß geradezu menschlich besorgt um das Wohlergehen seiner Bevölkerung. Außerdem wird Honecker in der Karikatur offensiv-handelnd dargestellt, wogegen der von Strauß dargestellte eher schwach und defensiv, reagierend statt agierend wirkt.

In der Mitte des Textes gibt Strauß zu erkennen, dass er durchaus in der Kontinuität der sozialliberalen Ostpolitik steht, wenn er beispielsweise anerkennend auf den Wandel im Verhalten der DDR in der Frage der Grenzübertritte hinweist. Er verweist auf seine Kontakte mit Erich Honecker und zitiert unkommentiert dessen Anliegen, dass „die Bürger in der DDR sich wohl fühlten" (Z. 11).

5. *Der Operator „Charakterisieren" verlangt, dass Sie die Geschichte der DDR nicht nur referieren, sondern die typischen Merkmale herausstellen, anhand derer eine Bewertung möglich ist. In der Wahl der Beispiele sind Sie dabei frei.*

Erich Honecker wurde im Mai 1971 Erster Sekretär des Zentralkomitees der SED und folgte damit Walter Ulbricht im Amt nach, der aufgrund seiner starren Politik und selbstherrlichen Art nicht nur von der Bevölkerung, sondern auch von den Mitgliedern des Politbüros zunehmend als Belastung angesehen wurde. Honecker bestimmte die Politik der DDR bis zum Erscheinen der Karikatur M 2b im Jahre 1984 entscheidend, sodass zu Recht von einer „Ära Honecker" gesprochen werden kann. Zur Charakterisierung dieser Zeit können verschiedene **Aspekte der Außen-, Innen- und Deutschlandpolitik** herangezogen werden.

Honecker, auf den große Hoffnungen gesetzt worden waren, hielt grundsätzlich an der kommunistischen Linie fest und bestätigte eindeutig die Führungsrolle Moskaus. Nach außen hin gab er sich jedoch liberaler und gewährte den Bürgern der DDR kleine Freiheiten. Außerdem konnte im Rahmen der „Einheit von Wirtschafts- und Sozialpolitik" der Lebensstandard der DDR-Bevölkerung erhöht werden und erreichte das höchste Niveau im gesamten Ostblock. Mittel dazu waren u. a. Mindestrenten, Mietpreissenkungen, industrieller Wohnungsbau („Plattenbau"), Urlaubsverlängerung, Vierzigstundenwoche, höhere Grundlöhne, Preissubventionen für Grundnahrungsmittel usw. Auch internationale Jugendbegegnungen wie die „Weltfestspiele der Jugend und Studenten“ 1973 und die ansatzweise Ausbreitung westlicher Einflüsse und Modeerscheinungen wie Rockmusik und Bluejeans erweckten den Anschein, als habe sich das System zum Positiven verändert.

International erzielte die DDR einen Durchbruch, nachdem das Verhältnis zur Bundesrepublik durch den **Grundlagenvertrag mit der BRD 1972** auf eine neue Basis gestellt worden war und daraufhin **beide deutsche Staaten 1973 in die UNO** aufgenommen wurden. Bis zum Jahr 1978 hatten 123 Staaten der Welt die **DDR völkerrechtlich anerkannt**, wofür die SED seit 1949 gekämpft hatte. Die **Verfassung von 1974** erteilte dem Fortbestand einer deutschen Nation eine definitive Absage und sollte verdeutlichen, dass die Deutschlandpolitik der DDR nun Außenpolitik und **an eine Wiedervereinigung nicht mehr zu denken** war.

Die Kehrseiten der genannten Entwicklungen waren der **Ausbau des Überwachungs- und Spitzelwesens** und eine hemmungslose **Staatsverschuldung**.
Mit der Zunahme der internationalen und deutsch-deutschen Kontakte verdoppelte sich in der Ära Honecker die Zahl der hauptamtlichen Mitarbeiter der Staatssicherheit auf 91 000 Mitarbeiter, die über Dienstwaffe und militärischen Rang verfügten. Daneben waren Mitte der 1970er-Jahre ca. 180 000 informelle Mitarbeiter im Auftrag der Stasi tätig, womit die DDR mit ca. 1 % der Bevölkerung wohl über die höchste „Spitzeldichte“ weltweit verfügte. Allein für die genannten Jugendfestspiele wurden im Rahmen der Doppelstrategie von Offenheit und verdeckter Repression 20 000 Volkspolizisten und Tausende verdeckt arbeitende Geheimdienstmitarbeiter und Funktionäre abgestellt. Die scheinbar liberale Ära Honecker führte somit zur **Korrumpierung der sozialen Beziehungen**.

In der „Einheit von Sozial- und Wirtschaftspolitik“ wurden aber einfache **ökonomische Grundsätze ignoriert**, indem die Produktivität als Grundlage des Wohlstandes nicht erhöht wurde und bei 33 % des westdeutschen Niveaus verharrte. Dort wo die Produktion „Weltniveau“ erreichte, wurden die Produkte in den Westen zur Erwirtschaftung von Devisen exportiert, was einerseits dazu führte, dass die Bevölkerung über die mangelhafte Qualität des einheimischen Warenangebots murrte, während andrerseits die Exporterlöse trotzdem nicht ausreichten. Anfang der 1980er-Jahre kürzte die Sowjetunion die Erdöllieferungen um 10 %, da sie selbst auf die Erwirtschaftung von Devisen auf dem Weltmarkt angewiesen war, um ihren Militärhaushalt zu finanzieren. Die Subventionen der DDR wuchsen von 1970–1988 von 11,4 auf 61,6 Milliarden Mark, was am Ende ein Viertel des gesamten Staatshaushaltes bedeutete. Honecker hatte noch auf dem X. Parteitag der SED 1981 die Notwendigkeit einer Preisbildung über Angebot und Nachfrage zum „Märchen“ erklärt; **Verknappungen** des Angebots sogar bei Grundnahrungsmitteln waren die Folge mangelnder Anreize im planwirtschaftlichen System der DDR. Indem die DDR auf diese Art immer mehr in **ökonomische Abhängigkeit** zur Bundesrepublik geriet, konterkarierte sie die vorher schon erreichten Erfolge im Hinblick auf ihre nationale Eigenständigkeit.

Zur Verdeutlichung des prekären Zustandes der DDR kann auch die **Biermann-Ausweisung 1976** herangezogen werden. Durch die Solidarisierung vieler Künstler und Intellektueller in der Folge dieser Entscheidung zeigte sich, dass die Annahme, man habe sich des „Unruhepotenzials“ ein für alle Mal entledigt, falsch war. Dasselbe galt für die **Zunahme der Ausreiseanträge** von DDR-Bürgern ab 1984. Erstmals wurde 1984 30 000 DDR-Bürgern die Ausreise gestattet, was sich aber nicht als Beruhigung, sondern als Initialzündung für vermehrte Ausreiseanträge erwies.

Eine aus der Sicht der DDR-Führung unerwünschte Folge der Neuen Ostpolitik war auch, dass sich Teile der Bevölkerung auf die in der KSZE-Schlussakte von Helsinki verbrieften **Menschenrechte** beriefen und in **Friedens- und Umweltgruppen** aktiv wurden. Für den größeren Teil der DDR-Bevölkerung galt, dass sie den Sozialismus nach außen hin nicht infrage stellten, ihm aber in ihrer Freizeit in die „Datscha“ bzw. ins tolerierte Westfernsehen entwichen. Hierfür wurde der Begriff der „**Nischengesellschaft**“ geprägt.

Leerseiten verbilligen in diesem Fall die Herstellung des Buches!

Schriftliche Abiturprüfung Geschichte (Baden-Württemberg) 2008
Aufgabe 1

M 1: Der Historiker und Journalist Volker Ullrich zum Einfluss Bismarcks auf die politische Kultur des Kaiserreichs (1997)

Hinter dem Mythos vom Eisernen Kanzler verschwand, was seine Außenpolitik seit Mitte der siebziger Jahre ausgezeichnet hatte: der Sinn für Mäßigung und Selbstbeschränkung, geboren aus der Einsicht, daß das Reich in der Mitte Europas nur Bestand haben würde, wenn es sich selbst als saturiert definierte. Statt dessen wurde der ehemalige Reichskanzler nun zur Kultfigur eines überhitzten Nationalismus [...]. Da half es wenig, daß Bismarck, solange er konnte, solchen Fehldeutungen seines politischen Erbes entgegenzutreten suchte. [...]

Hinter dem ins Mythische überhöhten Bismarck-Bild verschwanden aber auch die schweren Hypotheken, die er seinen Nachfolgern in der Innenpolitik hinterlassen hatte. Durch seine Neigung, gesellschaftspolitische Konflikte zu dramatisieren und nach dem Freund-Feind-Schema zu polarisieren, trug Bismarck ein gewalttätiges Element in die innere Politik, das die politische Kultur des Kaiserreichs nachhaltig vergiftete. „Wer mit ihm gehe, sei sein Freund, wer wider ihn gehe, sein Feind – bis zur Vernichtung", so hat er im August 1878, als er die Weichen für die innenpolitische Wende stellte, bekräftigt. [...] Die Ausgrenzung politisch Andersdenkender als Reichsfeinde, die Knebelung des Parlaments und der Parteien, die reaktionäre Formierung der Beamtenschaft – das waren Belastungen, die sich verhängnisvoll auf die deutsche Politik auswirken sollten. Der Schaden der Bismarck-Epoche, so zog der Althistoriker Theodor Mommsen am Ende seines Lebens Bilanz, sei „unendlich viel größer" gewesen „als ihr Nutzen": „Die Gewinne an Macht waren Werte, die bei dem nächsten Sturme der Weltgeschichte wieder verlorengehen; aber die Knechtung der deutschen Persönlichkeit, des deutschen Geistes, war ein Verhängnis, das nicht mehr gutgemacht werden kann."

Ganz ähnlich hat sich Max Weber 1917 in einem kritischen Rückblick auf die „Erbschaft Bismarcks" geäußert. „Er hinterließ eine Nation [...] ohne allen und jeden politischen Willen, gewohnt, daß der große Staatsmann an ihrer Spitze für sie die Politik schon besorgen werde." In dieser obrigkeitsstaatlichen Fixierung, der ein „völlig machtloses Parlament" entsprach, sah Weber den „bei weitem schwersten Schaden" der Bismarck-Zeit.

Ullrich, Volker: Die nervöse Großmacht 1871–1918, Frankfurt a. M. 1997, zitiert nach Fischer-Tb 11694, Frankfurt a. M. 6/2006, S. 120 f.

M 2: Aus einer Rede Adolf Hitlers auf der Sitzung des Reichstags am 30. Januar 1939

Der deutsche Mensch ist heute kein anderer als vor 10, 20 oder 30 Jahren. Die Zahl der Deutschen hat sich seitdem nur unwesentlich vermehrt. Fähigkeiten, Genie, Tatkraft usw. können nicht höher geschätzt werden als in früheren Jahrzehnten. Das einzige, was sich wesentlich geändert hat, ist die bessere Nutzbarmachung dieser Werte durch die Art ihrer Organisation und dank der Bildung einer neuen Führungsauslese.

Das politisch und gesellschaftlich desorganisierte deutsche Volk früherer Jahrzehnte hat den größten Teil der ihm innewohnenden Kräfte in einem ebenso unfruchtbaren wie unsinnigen gegenseitigen inneren Krieg verbraucht. Die sogenannte demokratische Freiheit des Auslebens der Meinungen und der Instinkte führte nicht zu einer Entwicklung oder auch nur Freimachung besonderer Werte oder Kräfte, sondern nur zu ihrer sinnlosen Vergeudung und endlich zur Lähmung jeder noch vorhandenen wirklich schöpferischen Persönlichkeit. Indem der Nationalsozialismus diesem unfruchtbaren Kampf ein Ende bereitete, erlöste er die bis dahin im Innern gebundenen Kräfte und gab sie frei zur Vertretung der nationalen Lebensinteressen im Sinne der Bewältigung großer Gemeinschaftsaufgaben im Innern des Reiches als auch im Dienste der Sicherung der gemeinsamen Lebensnotwendigkeiten gegenüber unserer Umwelt.

Es ist ein Unsinn zu meinen, daß Gehorsam und Disziplin nur für Soldaten nötig wären, im übrigen Leben der Völker aber wenig nützliche Bedeutung besäßen. Im Gegenteil! Die disziplinierte und im Gehorsam erzogene Volksgemeinschaft ist in der Lage, Kräfte zu mobilisieren, die einer leichteren Behauptung der Existenz der Völker zunutze kommen und die damit der erfolgreichen Vertretung der Interessen aller dienen. Eine solche Gemeinschaft ist allerdings primär nicht durch den Zwang der Gewalt zu schaffen, sondern nur durch die zwingende Gewalt einer Idee und damit durch die Anstrengungen einer andauernden Erziehung.

Junker, Detlev (Hrsg.): Deutsche Parlamentsdebatten, Bd. 2: 1919–1933, Fischer-Tb 6065, Frankfurt a. M. 1971, S. 181f.

M 3: Fotomontage von John Heartfield aus der deutschsprachigen Arbeiter-Illustrierten-Zeitung, Prag, 8. März 1934

Die Unterschrift enthält eine Anspielung auf einen im Kaiserreich populär gewordenen Ausspruch Bismarcks von 1862: „Nicht durch Reden und Majoritätsbeschlüsse werden die großen Fragen der Zeit entschieden […], sondern durch Eisen und Blut."

Heartfield, John: Der alte Wahlspruch im „neuen Reich": Blut und Eisen. Fotomontage für die Arbeiter-Illustrierte-Zeitung (AIZ, Prag) vom 8. März 1934.

Aufgaben:

1. Arbeiten Sie aus M 1 heraus, wie die Bismarck-Ära und ihre Wirkungen bewertet werden. 08 VP

2. Bearbeiten Sie eine der beiden folgenden Aufgaben: 10 VP
   a) Erläutern Sie den in M 1 (Z. 15) angesprochenen Umgang Bismarcks mit politisch Andersdenkenden.
   Oder:
   b) Erläutern Sie, wie sich die in M 1 angesprochene obrigkeitsstaatliche Mentalität in verschiedenen Bereichen der Gesellschaft des Kaiserreichs zeigte.

3. Arbeiten Sie aus der Rede M 2 heraus, wie sich nach Meinung Hitlers die Verhältnisse in Deutschland seit der Machtergreifung verändert haben. 08 VP

4. Erläutern Sie drei Maßnahmen zwischen 1933 und dem Zeitpunkt der Rede (M 2), auf die sich Hitlers Ausführungen beziehen lassen. Ordnen Sie diese Maßnahmen jeweils Elementen der NS-Ideologie zu. 12 VP

5. Beschreiben Sie die Bild- und Textelemente der Fotomontage vom März 1934 (M 3) und erläutern Sie ihre Aussage. 10 VP

6. Erörtern Sie, ob von einer Kontinuität zwischen Politik und Gesellschaft des Kaiserreichs und des „Dritten Reichs" gesprochen werden kann. 12 VP

60 VP

Lösungsvorschlag

1. *Der Operator „herausarbeiten" verlangt, dass Sie in einem ersten Schritt die wertenden Inhalte des Textes in eigenen Worten wiedergeben, dann die Begründung für diese Wertung schlüssig darlegen (AFB I). Eine bloße Paraphrase des Textes reicht dabei nicht aus, Sie müssen die Aspekte vielmehr sinnvoll und schlüssig miteinander verbinden.*

Volker Ullrich trennt in seinem Werturteil deutlich zwischen der Innen- und der Außenpolitik Bismarcks und ihrem jeweiligen Einfluss auf die politische Kultur des deutschen Kaiserreiches. Dabei setzt er sich kritisch mit dem „Mythos vom Eisernen Kanzler" auseinander.

In Bezug auf die **Außenpolitik** hebt Ullrich besonders Bismarcks mäßigende Rolle in der europäischen Politik hervor, die so ganz im Gegensatz zur späteren Stilisierung Bismarcks zum „Eisernen Kanzler" und zur Kultfigur nationalistischer und chauvinistischer Kreise der deutschen Gesellschaft gestanden habe. Bismarck habe sich allerdings gegen diese Vereinnahmung nach seiner Entlassung bis zu seinem Tod gewehrt. Ullrich charakterisiert Bismarck als Realpolitiker, dessen auf Frieden in Europa abzielende Außenpolitik von der notwendigen Einsicht geprägt gewesen sei, dass das Reich nur dann dauerhaften Bestand haben konnte, wenn es selbst keine aggressiven, expansionistischen Ziele hatte, sondern sich als „**saturiert**" erklärte und als „**ehrlicher Makler**" vermittelnd und mäßigend auftrat.

Dieser durchaus positiven Wertung stellt Ullrich eine kritische Betrachtung der bismarckschen Innenpolitik gegenüber, ja, er bezeichnet sie als schwere Hypothek für die Nachfolger im Amt des Reichskanzlers. Auf Dauer habe Bismarck durch die Überbewertung der inneren Stabilität soziale und politische Konflikte nicht gelöst, vielmehr habe sein Freund-

Feind-Denken die **politische Kultur des Kaiserreichs** nachhaltig geschädigt. Seine Politik, die „**innere Reichseinheit**" durch eine negative Integrationspolitik zu erreichen, indem „Andersdenkende als Reichsfeinde" ausgegrenzt und verfolgt wurden, seine negative Einstellung zu dem vom Volk gewählten Reichstag und zu den Parteien hätten sich besonders nachteilig auf die „politische Kultur" des Kaiserreichs, besonders in der wilhelminischen Ära, ausgewirkt.

Unter Berufung auf den damals herausragenden Historiker **Theodor Mommsen** und auf **Max Weber** hebt Ullrich die eher negativen Wirkungen der Bismarck-Ära gegenüber den durchaus positiven Seiten hervor. Ullrich zitiert Max Weber (1917) und betont, dass Bismarck eine Nation geschaffen habe, die keinen eigenen „politischen Willen" gehabt habe, d. h. eine **entmündigte Nation**, die die Politik allzu gerne den führenden Politikern überlassen habe und obrigkeitshörig gewesen sei, was zu fatalen Folgen führte.

2.a) *Bei dieser Aufgabenstellung ist es möglich, Beispiele aus den verschiedenen Wahlthemen zu wählen. Ausgehend von dem im Bildungsplan genannten Leitthema „Spannung zwischen autoritärem Nationalstaat und politischer Mobilisierung" sollen Sie hier den in Ullrichs Text angesprochenen Umgang mit Andersdenkenden, also Bismarcks Politik der „negativen Integration", in einem ersten Schritt anhand von Beispielen beschreiben, die Motive erklären sowie in einem weiteren Schritt Wirkungen und Folgen dieser Politik darlegen.*

Im Folgenden soll Bismarcks „**negative Integrationspolitik**" an zwei Beispielen gezeigt werden: am Vorgehen gegen die katholische Reichsminderheit im „**Kulturkampf**" und gegen die als noch stärkere Bedrohung empfundene Arbeiterbewegung durch die „**Sozialistengesetze**".

Der „Kulturkampf" gegen die katholische Kirche und den politischen Katholizismus:
Bismarck sah in dem im Herbst 1870 neu gegründeten katholischen „Zentrum" eine Gefahr für die innere Stabilität des Reiches, zumal das Zentrum auch bei der polnischen Minderheit Anklang fand. Bismarcks politisches Konzept orientierte sich allein am Primat des staatlichen Machtinteresses, an einer Integration durch Anerkennung und Beteiligung waren weder ihm noch den traditionellen Eliten gelegen.

Obwohl der „Kulturkampf" nicht auf Reichsebene ausgetragen wurde, sondern nur in einzelnen Bundesländern, vor allem im protestantisch bestimmten Preußen und in Baden, wurden einzelne regionale Regelungen zu **Reichsgesetzen**:

- 1871 wurde im Bundesrat auf Antrag Bayerns der sog. **Kanzelparagraph** eingebracht, ein Ausnahmegesetz, das den Geistlichen praktisch untersagte, sich öffentlich in ihren Predigten zur Politik des Staates kritisch zu äußern.
- 1872 wurde der **Jesuitenorden** auf bayerische Initiative im Reich **verboten** und alle seine Einrichtungen (Schulen, Hochschulen) eingezogen, seine Mitglieder ausgewiesen. Alle Schulen wurden unter staatliche Kontrolle gestellt.
- 1873 griff der Staat dann mit den „**Maigesetzen**" unmittelbar in die kirchlichen Belange ein: Er schrieb für das Priesteramt das Gymnasium und ein Hochschulstudium vor, verlangte von den angehenden Priestern ein philosophisches Zusatzstudium („Kulturexamen") und er band die Zulassung zum Priesteramt an seine Zustimmung. Unbotmäßige Geistliche konnten sogar ausgewiesen werden.
- 1874/75 wurde die „**Zivilehe**" als für die Rechtsgültigkeit einer Eheschließung verpflichtend eingeführt.
- 1875 wurde das „**Brotkorbgesetz**" als Höhepunkt der staatlichen Kampfgesetze erlassen. Das Gesetz sah die Einstellung aller finanziellen Zuwendungen an die Kirche vor.

Als Folge der „Kampfgesetze“ wurden viele unbotmäßige Geistliche verhaftet. So wurden beispielsweise bis 1876 alle katholischen Bischöfe in Preußen entweder verhaftet oder ausgewiesen, sodass ein Viertel aller Gemeinden ohne Priester war. – Selbst die liberale „Frankfurter Zeitung“, keine Parteigängerin der Kirche, befürchtete, Deutschland werde bald „ein einziges großes Gefängnis“.

Was bezweckte Bismarck mit diesen Gewaltakten?
Die Diffamierung Andersdenkender als „**Reichsfeinde**“ war für Bismarck ein wesentliches Mittel, nach der äußeren auch die „innere Reichseinheit“ herzustellen. Der Reichskanzler wählte dazu den bürokratisch-obrigkeitsstaatlichen Weg von oben durch Verordnungen, Androhungen und Unterdrückungsmaßnahmen, und er entwickelte ein „Feindbild“, das die Deutschen einen sollte.

Vor allem der „Kanzelparagraph“ entsprach Bismarcks Vorstellungen von der strikten **Trennung von Kirche und Staat**. Zudem wollte der Reichskanzler die Nationalliberalen durch seine antikirchliche Politik enger an sich und seine Politik binden. Waren aber für Bismarck die politischen Gründe dafür entscheidend, so handelte es sich für seine Bundesgenossen, die **Nationalliberalen**, um einen ideologischen Kampf, um eine Auseinandersetzung zwischen modernem, freigeistigen Nationalstaat gegen einen als reaktionär und autoritär empfundenen Katholizismus, der sich angeblich mehr dem Papst in Rom („**Ultramontanismus**“) als der deutschen Nation verpflichtet fühlte. Den Liberalen war es unerträglich, dass es neben der Nation, dem Maß aller Dinge, eine andere, internationale Bindung geben könnte. Für Bismarck und die Liberalen war der Papst Vertreter einer auswärtigen, fremden Macht, der sich in die politischen Angelegenheiten des Reiches nicht einzumischen hatte.

Die **Wirkung des „Kulturkampfes“** war zwiespältig: Einerseits begünstigte er den deutschen **Nationalismus**, andererseits schlug Bismarcks Politik fehl. Die **Katholiken** im Reich schlossen sich enger zusammen und entwickelten ein besonderes **Zusammengehörigkeitsgefühl**, das später auch den Nazis erhebliche Probleme bereitete. Zahlreiche katholische Vereine und kulturelle Organisationen entstanden und mit ihnen eine katholische „Subkultur“. So wurde durch diese Politik die innere Reichseinheit eher gefährdet als gefestigt, und das Verhältnis zwischen Protestantismus und katholischer Kirche belastete das innenpolitische Klima weit über das Ende des Kaiserreichs hinaus. Noch lange fühlten sich Katholiken als „Bürger zweiter Klasse“, und sie entwickelten daher ein eigenes Bewusstsein, das sie zwar vom Protestantismus abgrenzte, sie aber gleichzeitig gegenüber totalitären Bestrebungen des Staates weniger anfällig machte als die deutschen Protestanten. Zudem wandte sich der deutsche Katholizismus nach den Erfahrungen mit dem „Kulturkampf“ hin zum Nationalismus; man wollte „Reichstreue“ zeigen und auch als „gute Deutsche“ gelten.

Der Kampf gegen die deutsche Sozialdemokratie 1878 bis 1890 („Sozialistengesetze“)
Fast zeitgleich mit der Deeskalation im „Kulturkampf“ begann Bismarck einen anderen innenpolitischen Konflikt anzuheizen und eine andere Bevölkerungsgruppe als „Reichsfeinde“ zu stigmatisieren, um eine Stabilisierung des Reiches im konservativen Sinne zu erreichen: Die Sozialdemokraten, die in den Augen des Adels und des nationalen Bürgertums ohnehin „**vaterlandslose Gesellen**“ waren, nicht nur wegen der internationalen Ausrichtung der Arbeiterbewegung, sondern auch deshalb, weil sie gegen die Annexion von Elsass-Lothringen gewesen waren und gegenüber der französischen Republik, besonders gegenüber der Arbeiterbewegung dort, Sympathien zeigten.

In den Augen Bismarcks und der politischen Elite des Kaiserreiches wurde die **Arbeiterbewegung** zu einer immer größeren Bedrohung für die Stabilität des sozialen Status quo und der inneren Ordnung des Reiches, besonders seit sich die beiden sozialistischen Parteien, der 1863 von Ferdinand Lassalle (1825–1865) gegründete „Allgemeine Deutsche Arbeiterverein“ ADAV und die von Wilhelm Liebknecht (1826–1900) und August Bebel (1840–1913) in Eisenach gegründete „Sozialdemokratische Arbeiterpartei“, 1875 in Gotha zur „Sozialistischen Arbeiterpartei“ SAP zusammengeschlossen hatten. Die SAP benannte sich 1890 in „**Sozialdemokratische Partei Deutschlands**“ SPD um.

In ihrem „**Gothaer Programm**“ erklärte die Partei, sie wolle den **freien Volksstaat** und die **sozialistische Gesellschaft** durch Vergesellschaftung erreichen. Damit standen die Sozialdemokraten zu allen anderen politischen Kräften im Reich im Widerspruch:

- zu den Liberalen wegen der **Eigentumsfrage** (Forderung nach „sozialistischen Produktionsgenossenschaften mit Staatshilfe unter demokratischer Kontrolle des arbeitenden Volkes“) und des propagierten „Klassenkampfes“;
- zu den Konservativen und den Monarchisten wegen der revolutionären und demokratisch-**republikanischen Ausrichtung** der Partei;
- zu den nationalen Kreisen wegen des von der Partei vertretenen „**proletarischen Internationalismus**“;
- zu den religiösen Kräften, vor allem zum Zentrum, wegen der im Marxismus verankerten **Religionsfeindlichkeit** („Religion ist Opium für das Volk“).

Daher eignete sich gerade der Kampf gegen die Sozialdemokratie besonders für Bismarcks Politik der **negativen Integration**.

Obgleich die neue Partei mit gerade 30 000 Mitgliedern relativ schwach war, gingen die staatlichen Behörden gegen sie vor – 1876 wurde die SAP in Preußen verboten.

Als die SAP 1877 12 Reichstagsmandate gewann, nahm Bismarck zwei Attentatsversuche auf Kaiser Wilhelm I. zum Anlass, den Druck auf die SAP durch eine schon längere Zeit vorbereitete Gesetzgebung zu verschärfen, um „einen Vernichtungskrieg zu führen durch Gesetzesvorlagen“ (Bismarck). Das **Gesetz gegen die gemeingefährlichen Bestrebungen der Sozialdemokratie**, das am **21. Oktober 1878** in Kraft trat, verbat alle sozialdemokratischen, sozialistischen oder kommunistischen Versammlungen und Vereinigungen ebenso wie sozialistische Druckschriften. Den Behörden wurde die Möglichkeit eingeräumt, sozialistische Agitatoren aus Ortschaften, Kreisen oder Bezirken auszuweisen, und die einzelnen Bundesstaaten konnten bei angeblicher Gefährdung der öffentlichen Sicherheit den Belagerungszustand ausrufen. Betroffen waren von dem Gesetz auch die Freien Gewerkschaften. Damit war die ganze Arbeiterbewegung der Willkür von Justiz und Polizei ausgeliefert mit dem Ziel, den offiziellen Parteiapparat und dessen Arbeit lahm zu legen, ohne die Sozialdemokratie zu verbieten. Zwar durfte sich die Partei weiterhin an den Reichstagswahlen beteiligen, aber ohne Möglichkeit des Wahlkampfes; auch ihre Abgeordneten durften in den Parlamenten reden, ihre Schriften waren aber verboten. Dadurch bestand für die sozialdemokratische Partei bis 1890 ein Zustand der Halblegalität mit weitgehender **Entrechtung der Arbeiterbewegung**. Die Parteiführung ging in den Untergrund, um den zahlreichen Verhaftungen und Auswiesungen zu entgehen. Dabei war von effektivem Widerstand zunächst nichts zu spüren, und die Parteileitung sprach sich für einen Kurs unbedingter Legalität aus. Doch schon bald änderte sich dies, da der Staat dies nicht als Entgegenkommen wertete, vielmehr seine Unterdrückungspolitik noch verschärfte.

Auf sozialdemokratischer Seite führte die Repressionspolitik zu einem engen Zusammenhalt, zu einer starken Solidarität zugunsten der von staatlichen oder betrieblichen Maßnahmen Betroffenen. Zudem entwickelte man Gegenstrategien: Ausflüge ins Grüne wurden ebenso zu politischen Aktionen wie Beerdigungen. In Zürich, unerreichbar vom polizeilichen Zugriff, wurde eine Parteizeitung geschaffen, der „Sozialdemokrat“, dessen erste Nummer am 28. September 1879 erschien. Mithilfe eines engen, geheimen Vertriebsnetzes („Rote Feldpost“) wurde die Zeitung im Reich verteilt. Die aggressive, revolutionäre Sprache zeigte die angesichts der staatlichen Unterdrückung zunehmende Radikalisierung der Partei, die im Gegensatz zu der notgedrungen vorsichtig taktierenden Haltung der Reichstagsfraktion stand. Ende 1880 mussten die Behörden feststellen, dass Bismarcks Strategie gescheitert war.

Daher griff der Reichskanzler zu einem weiteren Mittel, um seine Politik **„der Peitsche“** durch eine mit **„Zuckerbrot“** zu kombinieren, zumal er an sich durchaus Verständnis für die schwierigen Verhältnisse der Arbeiterschaft hatte. Durch Reformen auf sozialpolitischem Weg sollten Arbeiterschaft und Arbeiterpartei getrennt werden. Zudem erhoffte sich Bismarck, durch eine **Sozialgesetzgebung** die Arbeiter zu loyalen Untertanen zu machen. Die **1883** einsetzende staatliche Sozialgesetzgebung war so nicht nur Ergebnis des konservativ-patriarchalischen Verantwortungsgefühls, sondern hauptsächlich wichtiger Bestandteil der „konservativen Stabilisierungspolitik“ des Kanzlers. Aber auch damit ist Bismarck gescheitert:

Trotz Unterdrückung und Verfolgung konnte die SAP ihren Stimmenanteil zwischen 1877 und 1890, als die Sozialistengesetzgebung auslief, verdreifachen. Die Sozialdemokratie hatte ihre Anziehungskraft für die Arbeiter nicht verloren, im Gegenteil. Der Verstoß gegen die Grundrechte Versammlungs- und Meinungsfreiheit während des „Ausnahmezustands“ wurde zudem immer mehr auch von den liberalen Kräften, selbst von den Nationalliberalen, die im Reichstag für das Gesetz gestimmt hatten, abgelehnt.

Wichtig für die Zukunft war,
- dass in der Arbeiterbewegung eine **Parallelkultur** entstand, verbunden mit einer eigenen Abgrenzungsmentalität gegenüber dem Bürgertum;
- dass der Staat als **Klassenherrschaft** gesehen wurde, in der sich „Junkertum“ und Kapitalismus gegen die Arbeiterschaft verbunden hatten;
- dass die Partei eine **Oppositionskultur** entwickelte, die sie in der Weimarer Republik in der eigenen Regierungsarbeit behinderte; man war Opposition gewöhnt, nicht aber das Regieren;
- dass die Partei eine Vorliebe für Organisation und Untergrundarbeit gewann, die vor und nach Hitlers Machtübernahme den Widerstand der Sozialdemokratie nachteilig beeinflusste.

b) *Hier sollen „obrigkeitsstaatliche Mentalitäten“ anhand von Beispielen erläutert werden, die vor allem aus dem Wahlthema „Konsolidierung des Obrigkeitsstaates“ stammen. Dargestellt und erläutert werden sollen die typischen Denk- und Verhaltensmuster, die bezeichnend sind für die Unterwerfung des Menschen unter den Staat und für die Übernahme obrigkeitsstaatlichen Denkens selbst im Privaten.*

Trotz der ökonomischen Modernität des Kaiserreichs glich die Gesellschaft des Wilhelminischen Deutschland eher der alten Ständepyramide. Wie in vorindustrieller Zeit wurde man in eine bestimmte soziale Schicht hineingeboren; soziale Mobilität gab es fast nur innerhalb dieser Schichten.

Die deutsche Einigung auf militärischem Wege stärkte Prestige und Stellung des Militärs in der Gesellschaft des Kaiserreichs.
Der preußisch-deutsche **Militarismus** trug zwei besondere Charakterzüge: Zum einen beanspruchte und erhielt das Militär ein besonderes Mitspracherecht in Fragen der zivilen Reichspolitik, zum anderen wurden die maßgeblichen gesellschaftlichen Gruppen „militarisiert“. So entstand ein **„sozialer Militarismus“** (H.-U. Wehler). Das Militär, die höheren Offiziere, standen in ihrem Ansehen an der Spitze der Gesellschaft. Als Begleiterscheinung davon strebten die führenden Schichten der Gesellschaft nach Uniformen, Titeln und Orden. Wie tief dem Bürger der Respekt vor der Uniform eingebrannt war, zeigt der Fall des Schuster Voigt 1906, der als „Hauptmann von Köpenick“

die Stadtverwaltung drangsalierte, ohne dass nach einer Berechtigung seines Auftretens gefragt wurde; die Uniform genügte als Legitimation.
Wert- und Ehrvorstellungen des Militärs, vor allem Disziplin, Gehorsam, Hierarchie und Unterordnung sowie Ordnungsliebe wurden zur Richtschnur des gesellschaftlichen Denkens und Handelns. Das „Soldatische", mit dem man Tapferkeit, Opferbereitschaft, Pflichterfüllung und Treue verband, verlieh dem Militär eine von vielen beneidete Sonderstellung. Das Heer war im Kaiserreich die „**Schule der Nation**", denn seine Werte wurden auch den Schülern an den Schulen, vor allem in Preußen, eingeimpft. In den zahllosen Kriegervereinen wurden die Männer und Jugendlichen im Geist von **Chauvinismus** und Militarismus erzogen.

Frau und Familie
Die Gesellschaft des Kaiserreichs war eine **Männergesellschaft**, von einer Gleichberechtigung der Frauen war man weit entfernt, vielmehr wurde die **Ungleichheit** im „Bürgerlichen Gesetzbuch", das 1900 in Kraft trat, festgeschrieben. Zwar wurde den Frauen ein „vollgültiger Rechtsstatus" zugesprochen, dennoch genoss der Ehemann als „Haupt der Familie" gewichtige Vorrechte: So entschied er allein „in allen das gemeinschaftliche eheliche Leben betreffenden Angelegenheiten" (BGB); juristisch war er allein der Vormund der gemeinsamen Kinder, und daher gab er in allen Erziehungsfragen den Ausschlag. Auch verfügte er über das Vermögen, selbst über das, welches die Frau in die Ehe eingebracht hatte, und er konnte seiner Frau jegliche Erwerbstätigkeit untersagen, wenn dadurch die „ehelichen Interessen" negativ beeinflusst wurden. Das Scheidungsrecht war rückständig und ging hinter die Bestimmungen des Preußischen Allgemeinen Landrechts von 1794 zurück. Eine Scheidung wurde nämlich dadurch erschwert, dass vom „Verschuldungsprinzip" ausgegangen wurde, d. h. es wurde immer einem Partner die Schuld am Scheitern der Ehe zugesprochen; eine Zerrüttung der Ehe wurde nur in Ausnahmefällen anerkannt. Die Unterhaltsregelungen waren für Frauen ungünstig. Letztlich stand die Frau wie die Kinder unter der Vormundschaft des Mannes.
Von der Politik waren Frauen ausgeschlossen, untersagt war ihnen auch die Betätigung in Parteien oder Vereinen – Ausnahmen: Großherzogtum Baden und seit 1893 die Freie Hansestadt Hamburg.
Kennzeichen für das Familienleben war vor allem im gehobenen Bürgertum eine strikte **Rollenteilung** zwischen Mann und Frau. Besonders im Bürgertum hatte die Frau für den berufstätigen Mann zu Hause für eine entspannende Atmosphäre der Geborgenheit, Gemütlichkeit und Harmonie zu sorgen, sich aber von geschäftlichen Dingen fernzuhalten.
In der adligen und auch in der bürgerlichen Gesellschaft spielten bei der Eheschließung ökonomische oder soziale Gründe eine weitaus größere Rolle als die Liebe. Erst um die Jahrhundertwende begannen auch die Töchter, bei der Eheschließung mitzusprechen.
Der Mann widmete sich seinem Beruf, fand Anerkennung als Offizier oder Reserveoffizier und entwickelte daraus sein Selbstbewusstsein; seiner Frau blieb dagegen kaum etwas anderes übrig, als sich mit der Tätigkeit des Mannes zu identifizieren. Sie trug seinen Rang oder Titel mit in ihrem Namen. Ansonsten hatte sie die Rolle als **Hausfrau** und **Mutter** zu spielen, wobei letztere besonders wichtig war.

Die **Erziehung** war in der Regel ebenso wie in der Schule autoritär; militärische Werte wie Gehorsam, Pflichterfüllung, Ehre, Pünktlichkeit standen dabei an erster Stelle.
Wie in den bürgerlichen Familien herrschte auch in den Arbeiterfamilien theoretisch das Patriarchat: Es ging autoritär zu, die Bedürfnisse des Mannes hatten Vorrang vor allen anderen, selbst beim einfachen Essen. Auch in der Arbeiterfamilie kümmerte sich der Familienvater um den Erwerb und die Politik; der Haushalt, die Kindeserziehung, die Geburtenplanung waren Sache der Frau. Selbst hier sahen es die Männer nur ungern, wenn die Frau einem Broterwerb nachging. Aber meistens waren die Familien auf den Zuverdienst der Frauen angewiesen.

3. *Dem Operator entsprechend sollen Sie in einem ersten Schritt die von Hitler herausgestellten Veränderungen in Deutschland zwischen 1933 und 1939 in eigenen Worten wiedergeben und dann die Argumentation Hitlers als Propaganda darstellen, welche die negativen Seiten des nationalsozialistischen Unrechtsstaates verschweigt.*

Hitler betont in seiner Rede, dass der Nationalsozialismus das deutsche Volk in seinem Sinne verändert habe, sodass sich die persönlichen Werte und Fähigkeiten wieder entfalten und für die Gemeinschaft besser nutzbar gemacht werden könnten. Dazu wesentlich beigetragen hätten die **nationalsozialistische Erziehungsarbeit** und die neue „**Führungsauslese**". In den Jahren vor der nationalsozialistischen Machübernahme sei das deutsche Volk „desorganisiert" und daher gelähmt gewesen, hätten sich die Deutschen in einem dauernden Kampf untereinander befunden – so diffamiert Hitler die demokratischen Auseinandersetzungen – aus dem sie der Nationalsozialismus befreit habe.

Erst dadurch seien die **nationalen Kräfte** freigesetzt worden, die Deutschland in die Lage versetzten, die großen inneren Aufgaben und die Durchsetzung seiner „nationalen Lebensinteressen" nach außen durchzusetzen, denn dazu sei nur eine in und zu „Gehorsam und Disziplin" erzogene **Volksgemeinschaft** notwendig. Die „Militarisierung" von Volk und Staat, die „innere Aufrüstung" verbunden mit der „**Gewalt einer Idee**", gemeint ist damit die nationalsozialistische Ideologie, mache Kräfte frei zum Nutzen der Nation.

Hitler verunglimpft in seiner Rede Meinungspluralismus und demokratische Kompromissfindung, die er zu Schuldigen an der angeblichen deutschen Schwäche vor der NS-Diktatur macht.

4. *Die Aufgabenstellung lässt Ihnen für die Wahl der drei Maßnahmen einen zeitlich großen Spielraum vom Januar 1933 bis zum Januar 1939. Auch in Bezug auf die von Hitler in M 2 angesprochenen Themen sind Sie frei. Es muss aber einerseits die Funktion der vom NS-Regime getroffenen Maßnahmen und ihre Wirkung, andererseits ihr Zusammenhang mit der NS-Ideologie deutlich gemacht werden.*

Als ein wesentlicher Bereich, in dem die von Hitler angesprochenen Veränderungen durchgesetzt wurden, soll hier die **Errichtung des nationalsozialistischen Führerstaates** als ein „terroristischer Unrechtsstaat" dargestellt werden. Dabei spielt die „Verordnung des Reichspräsidenten zum Schutz von Volk und Staat" („**Reichstagsbrandverordnung**") vom 28. Februar 1933 eine Schlüsselrolle, denn durch die Aufhebung zentraler Grundrechte auf unbestimmte Zeit wurde der „**Ausnahmestaat**" geschaffen, der die nationalsozialistische Willkür legitimierte, ohne dass man die Weimarer Reichsverfassung offiziell abschaffen und durch eine neue, nationalsozialistische ersetzen musste. Das „**Ermächtigungsgesetz**" („Gesetz zur Behebung der Not von Volk und Staat") vom 23. März 1933 hob die Gewaltenteilung und -kontrolle, die Grundlage der Demokratie, auf und überließ die Gesetzgebung auch bei verfassungsändernden Gesetzen der Reichsregierung. Zusammen mit der „Reichstagsbrandverordnung" bildete das „Ermächtigungsgesetz" die Grundlage der NS-Diktatur und für die weitere Politik der „Machtergreifung" und „Gleichschaltung" in Staat und Gesellschaft.

Beide entsprachen dem Verlangen Hitlers nach Abschaffung der als „undeutsch" empfundenen Demokratie, die in Hitlers Augen doch nur die „Herrschaft der minderrassigen Mehrheit" war und die damit dem rassistischen Elitedenken der Nazis widersprach, nach dem die Herrschaft stets von den bzw. dem Besten ausgeübt werden sollte. An die Stelle des demokratischen Grundsatzes der „Volkssouveränität" setzten die Nazis die „Führersouveränität", nach der alle Macht im Staat allein von Willen des „Führers" abgeleitet war. Er allein war der Träger jeglicher Hoheitsgewalt und der Vollstrecker des völkischen Gemeinwillens als Ausdruck der „Volksgemeinschaft", in der das Individuum zugunsten der Gemeinschaft zurückstehen musste. Der „Führerwille" galt als total und alle Lebensbereiche der „Volksgemeinschaft“ erfassend, und er vereinigte in sich alle drei Gewalten. Von den Mitgliedern der „Volksgemeinschaft“ wurden Aufgabe der Individualinteressen sowie absoluter Gehorsam und die bedingungslose Unterwerfung unter den „Führerwillen“ verlangt. Beschränkungen durch Kontrollen gab es keine, nicht einmal durch die Partei, die letztlich nur Kontroll- und Integrationsinstrument in Bezug auf die „Volksgemeinschaft“ sowie Transmissionsriemen des Führerwillens war. Schutzrechte für das Individuum wie für die Gruppe durfte es nicht geben. Diesen Forderungen trugen sowohl die „Reichstagsbrandverordnung“ als auch das „Ermächtigungsgesetz“ Rechnung.

In diesem Sinne wurde der Staat als „**Einheitsstaat**“ verstanden und der Föderalismus durch die Gleichschaltung der Länder ab März 1933 bis Januar 1934 beseitigt. Auch die Errichtung des „**Einparteienstaates**“ durch das „Gesetz gegen die Neubildung von Parteien“ (14. 7. 1933) entsprach der ideologischen Forderung nach einem „Führerstaat“.

Besonders bedeutsam war die Unterwerfung der Justiz unter das Staatsinteresse, unter den „**Führerwillen**“ („völkisches Recht“).

Ein wichtiges Mittel der NS-Diktatur zum Aufbau und zur Festigung einer auf Gehorsam und Disziplin errichteten „**Volksgemeinschaft**“ war die **ideologische Erziehung der Jugend**. Daher setzten die Nazis bis 1936 ihren Totalitätsanspruch durch die Ausschaltung bzw. Gleichschaltung der konkurrierenden Jugendverbände durch. Durch das „Gesetz über die Hitlerjugend“ (1. 12. 1936) wurde die nationalsozialistische Jugendorganisation zur alleinigen „Staatsjugend“ erklärt. Damit begann die totale Erfassung der Jugendlichen und deren Erziehung im Sinne der NS-Ideologie, der man sich nur schwer entziehen konnte.

5. *In der Beschreibung sollen zunächst die für die Erläuterung der Aussage wichtigen Bild- und Textelemente vorgestellt werden. Diese Beschreibung sollte eine eigenständige Leistung sein. Allerdings ist eine logische Vermischung von Beschreibung und Erläuterung zulässig.*

In der bildhaften Darstellung hat **John Heartfield** vier **Beile** zu einem Hakenkreuz zusammengebunden, wobei die Beilklingen die Haken bilden. Die breiten Klingen entsprechen Schlacht- bzw. Henkerbeilen. Von jeder Klinge **tropft Blut**. Entsprechend dem Hakenkreuz, dem Symbol des Nationalsozialismus, sind die Beile **in einen weißen Kreis eingefügt**.
Heartfield verwendet das **Hakenkreuz** nicht als Symbol des Aufbruchs und der Hoffnung, wie die Nationalsozialisten, sondern als Bild für die offene Gewalt im nationalsozialistischen Staat, der seine Gegner blutig verfolgt und ermordet – am „Dritten Reich“ klebt das Blut seiner Opfer.
Das Bild betont den **brutalen Charakter** der NS-Diktatur, der während der Phase der „Machtergreifung“ 1933 bis 1934 bereits ganz offen zutage trat, etwa durch die Aufhebung der **Grundrechte**, die die Menschen vor der Allgewalt des Staates schützen, den Erlass der „Reichstagsbrandverordnung“ vom 28. Februar 1933, die den „Ausnahmestaat“ begründete und die „terroristische Diktatur“ als blutige Gewaltherrschaft einleitete, die Errichtung von Konzentrationslagern und die „Entmenschlichung“ der Insassen sowie durch antijüdische Ausschreitungen und erste Maßnahmen gegen die jüdische Bevölkerung im Bereich von Politik und Verwaltung.

Die Bildunterschrift macht deutlich, dass die NS-Diktatur in der Tradition der militaristischen und antiliberalen Politik Preußens und des preußisch-deutschen Kaiserreiches steht, also keinen Einzelfall in der deutschen Geschichte darstellt; Heartfield stellt heraus, dass es eine **antidemokratische Kontinuität von Bismarck zu Hitler** gibt, Hitler also kein „Betriebsunfall“ der deutschen Geschichte ist.

6. *Die Aufgabenstellung verlangt eine Pro- und Contra-Argumentation, an deren Schluss ein abschließendes begründetes Urteil steht. Dabei geht es nicht um eine größtmögliche Vollständigkeit, sondern um die Schlüssigkeit der Argumentation und der angeführten Belege.*

Für die nationalsozialistische Führungsschicht kann man feststellen, dass sie wie sehr viele Parteianhänger weniger von den Erfahrungen des Kaiserreichs und seinen politischen und sozialen Merkmalen geprägt war, als vielmehr vom „**Fronterlebnis**“ des Ersten Weltkriegs („Schützengrabengeneration“). Viele suchten eine Alternative zum gescheiterten Kaiserreich und fanden sie in den **völkischen Ideen**, die seit dem letzten Jahrzehnt des 19. Jahrhunderts Eingang in die Gesellschaft gefunden hatten. Sie verstanden das „Reich“ nicht so sehr als ein politisches Herrschaftsgebilde, schon gar nicht geknüpft an das Herrscherhaus der preußischen Hohenzollern, sondern als einen das Volk einigenden, die „**Volksgemeinschaft**“ schaffenden Mythos, durch den die Klassengesellschaft des Kaiserreichs mit ihren Abgrenzungsmechanismen überwunden werden sollte. Diese neue „Volksgemeinschaft“ sollte jeden zu einem aktiven und gestaltenden Teil der erst dadurch machtvollen Gemeinschaft machen, die Wiederherstellung der obrigkeitsstaatlichen Ordnung des wilhelminischen Kaiserreichs lehnten die Nationalsozialisten ab. Hitler verachtete den Menschen; er war ihm stets nur Mittel zum Zweck, „**Menschenmaterial**“. Auch der Staat war letztlich nur Mittel zur Durchsetzung seiner auf Vernichtung abzielenden Macht- und Eroberungspolitik; vor allem darin unterschied sich das „Dritte Reich“ vom Kaiserreich.

Andererseits knüpfte die Ideologie des Nationalsozialismus an die **völkisch-chauvinistischen Ideen**, die im wilhelminischen Kaiserreich einen fruchtbaren Boden gefunden hatten, an, und viele „Völkische“ fanden ihre politische Heimat in der NSDAP Hitlers. Die konservativen alten Eliten glaubten, dass sie und Hitlers NSDAP das Gedankengut des Nationalismus verbinden würde. Die aus dem Kaiserreich stammenden oder seinem Denken verhafteten **nationalistischen Eliten** sahen in der Einigung der Deutschen in einer Nation und einem Staat „den Endpunkt einer langen Vergangenheit von Anstrengungen, Opfern und Hingabe“, so Ernest Renan 1882. In diesem Sinne war die Nation mehr als das Volk, sie war „eine Schicksalsgemeinschaft der Lebenden mit den Toten und den Ungeborenen“, so der Historiker Dieter Langewiesche. Diese „**Schicksalsgemeinschaft**“ verlangte von jedem einzelnen Mitglied unbedingte Loyalität und Opferbereitschaft für die „nationale Ehre“. Pazifisten, Sozialisten, Katholiken und vor allem Juden galten als national unzuverlässig, da sie nicht ausschließlich an die Nation gebunden waren, sondern an andere Institutionen wie den Papst oder die Sozialistische Internationale oder, wie die Juden, angeblich unfähig waren, einen eigenen Staat zu schaffen und zu erhalten.

Der Nationalismus war intolerant und verpflichtete seine Anhänger ausdrücklich zur **Intoleranz** gegenüber anderen. Der moderne Nationalismus, wie er sich bis zum Ende des 19. Jahrhunderts entwickelt hatte, war in Wahrheit ein radikaler Chauvinismus, geprägt von einer Selbstüberhebung und Selbstüberschätzung und einer alles andere ausschließenden Intoleranz. Dieser Nationalismus erhob einen Totalitätsanspruch gegenüber ihren Mitgliedern, dem man sich nicht entziehen konnte, wollte man nicht zum verachteten, misstrauisch betrachteten und in Krisenzeiten verfolgten Außenseiter werden. Hitler schien in diese Vorstellungswelt voll und ganz zu passen. Aber Hitler ging viel weiter: Aus der **Ausgrenzung** besonders der Juden wurde bei ihm **Vernichtungspolitik**; aus Großmachtpolitik wurde ein rassistischer „**Lebensraumkrieg**“ mit einer hemmungslosen Ausbeutung der besetzten Gebiete und seiner Menschen; aus der Unterwerfung unter die Interessen der Nation wurde die Identifikation der Nation mit einer Person, der man sich bedingungslos unterwerfen musste.

Die eigene Selbstübersteigerung und die Verachtung der Anderen, der „**Rassenantisemitismus**“, basierend auf dem **Sozialdarwinismus**, die vor allem im Bürgertum verankerte „Ordnungsmentalität“ und die Sehnsucht nach einem starken Staat wurden vom Nationalsozialismus aufgegriffen und in die eigene Ideologie integriert. Auch die **Verachtung für**

die westliche, als „dekadent“ und „undeutsch“ diffamierte **Demokratie**, von Hitler als „Herrschaft der Minderrassigen“ verdammt, hatte ihre Wurzeln im wilhelminischen Reich. Ebenso verhielt es sich mit Hitlers „**außenpolitischem Programm**“: Es griff zentrale Forderungen, z. B. des im Kaiserreich entstandenen „Alldeutschen Verbandes“ (Alfred Hugenberg), auf, ging aber in seiner Vernichtungspolitik über das in den chauvinistischen Kreisen des Kaiserreiches propagierte Ziel weit hinaus.

Zusammenfassend kann man sagen, dass **Traditionen** aus dem Kaiserreich die nationalsozialistische Diktatur begünstigten und den Widerstand der alten Eliten in Bürokratie und Militär zumindest stark behinderten: die Bekämpfung der Demokratie, die Militarisierung und Uniformierung der Gesellschaft, die Dominanz militärischer Werte wie Gehorsam, Unterordnung, Disziplin, Pflichterfüllung, der Antikommunismus, die Großmachtpolitik und das Streben nach militärischer Stärke, die antislawische Einstellung, die Hervorhebung der Nation.

Dennoch **brach Hitler bewusst mit der preußisch-deutschen Tradition**: der Krieg als Vernichtungskrieg, der im Osten alle Regeln des internationalen Rechts über Bord warf; die Volksgemeinschaft mit Entmachtung der alten Eliten, die Hitler zu bloßen Steigbügelhaltern und Helfern degradierte; das „Führerprinzip“ und die Identifikation der Nation mit der Person Hitlers – die Führung diente nicht der Nation, sondern die Nation diente dem „Führer“ –; der vom Regime verlangte „Kadavergehorsam“, der nicht nur Loyalität, sondern kritiklose Unterwerfung verlangte; die Bekämpfung der Kirchen und des Christentums und der auf Ausrottung abzielende Rassenantisemitismus.

M 1: Karl Herold, Parlamentarischer Staatssekretär im Bundesministerium für innerdeutsche Beziehungen, in einem Vortrag am 18. April 1970

Auf die Dauer werden wir die Überlegenheit unserer demokratisch verfaßten, pluralistischen Gesellschaftsordnung aber nur dann glaubwürdig und attraktiv machen können, wenn wir die soziale Gerechtigkeit und den Freiheitsraum des einzelnen erweitern. Schon in diesem Sinne muß die erste sozialdemokratisch geführte Bundesregierung eine Regierung der inneren Reformen sein. Zum anderen bedingt die innere Glaubwürdigkeit unserer Deutschlandpolitik aber auch, daß wir unsere gesellschaftspolitische, ideenmäßige Abgrenzung gegenüber dem Kommunismus nicht verwischen lassen. [...]

Es ist Bewegung in diese Politik gekommen. Eine Bewegung, die im Interesse des ganzen deutschen Volkes, ja, im Interesse der Entspannung in Europa liegt. Mit all den Mächten, auf die es dabei neben den Westmächten genauso ankommt, nämlich Moskau, Warschau und Ost-Berlin, sind wir ins direkte Gespräch gekommen. Das ist eine neue Qualität. [...]

Entscheidend für das Verhältnis der Bundesrepublik Deutschland zur DDR ist aus unserer Sicht der Dinge, daß wir uns gegenseitig nicht als Ausland betrachten. Im Gegenteil. Beide Staaten haben ihre Verpflichtung zur Wahrung der Einheit der deutschen Nation. Und weil wir darüber hinaus beide Staaten als gleichberechtigt verstehen, ist ausgeschlossen, daß die eine oder die andere Seite sich irgendwelche Vormundschaftsrechte anmaßen kann. Das schließt also aus, daß die Bundesrepublik der DDR einen minderen Status zuschreiben kann und will, als sie selbst für sich in Anspruch nimmt. [...]

In unserem Verhältnis zur DDR wollen wir, daß die allgemein anerkannten Prinzipien des zwischenstaatlichen Rechts, insbesondere der Ausschluß jeglicher Diskriminierung, der territorialen Integrität und die Verpflichtung der friedlichen Lösung aller Streitfragen gelten. Dazu gehört selbstverständlich die Verpflichtung, die gesellschaftliche Struktur im Gebiet des anderen nicht gewaltsam ändern zu wollen, und die Respektierung der beiderseitigen Grenzen. Darüber hinaus wollen wir eine nachbarschaftliche Zusammenarbeit anstreben, vor allem die Regelung der fachlich-technischen Zusammenarbeit, wobei gemeinsame Erleichterungen in Regierungsvereinbarungen festgelegt werden können.

Unser langfristiges politisches Ziel ist die Überwindung der Konfrontation in Europa, die Regelung eines dauerhaften Friedens, eine Entspannung zwischen Ost und West und eine größere Dichte der Beziehungen zwischen den beiden Teilen Deutschlands im Interesse der Menschen in Deutschland.

M 2 a: Karikatur von W. Hicks in der Hamburger Tageszeitung *Die Welt* (1979)

Wolfgang Hicks (Künstler), Haus der Geschichte, Bonn

M 2 b: Joachim Gauck, bis 1990 Pfarrer in der DDR, schreibt 1998 rückblickend über die Haltung der DDR-Bürger zu ihrem Staat

Konnte man sich der staatlichen Allmacht anfänglich noch einfach durch eine Reise mit der S-Bahn nach Westberlin entziehen, so verwandelte der Mauerbau am 13. August 1961 die Flucht zu einer Möglichkeit mit tödlichem Risiko. Ich, wir, die Durchschnittsbürger saßen fest hinter der „Mauer". Wir fühlten uns endgültig ausgeliefert. In meiner Erinnerung veränderte dieser verfestigte Zustand von Ohnmacht und Ausweglosigkeit tiefgehend meine und die Einstellung vieler DDR-Bürger zum SED-Regime […]. Zu offensichtlich war das sozialistische System auf Dauer angelegt. Hilfe von außen, also Beistand des Westens, war ausgeblieben: 1953, 1956 und 1961. So blieb vielen nur die wenig tragfähige Hoffnung, das System möge sich von innen heraus humanisieren. Eigenständigkeit, unangepaßtes Verhalten und politische Opposition wurden zur Sache von Minderheiten. Die Masse entwickelte Haltungen, die wir als Minimalkonsens und Mindestloyalität bezeichnen können. Der Minimalkonsens entwickelte sich durch ein Eingehen auf die Ratio* der Herrschenden und eine stärkere Berücksichtigung der Logik des Faktischen. Was stattfand, war eine Selbstentmächtigung durch „höhere Einsicht". Dabei beglaubigten tradierte Wertvorstellungen Teile der neuen Ideologie. Es erfolgte so etwas wie ein „Einleben" in die neue gesellschaftliche und ideologische Umgebung in Form eines schleichenden Übergangs vom Akzeptieren zum Mitmachen bis zum Mitverantworten.

Aus: Joachim Gauck: Vom schwierigen Umgang mit der Wahrnehmung, in: Courtois, Stéphane (Hrsg.): Das Schwarzbuch des Kommunismus. München: Piper 1998.

**Ratio = Denkweise*

Aufgaben:

1. Arbeiten Sie aus dem Vortrag (M 1) heraus, welche Ziele der sozialliberalen Koalition einerseits in der Außen-, andererseits in der Deutschlandpolitik zum Ausdruck kommen. 10 VP

2. Ordnen Sie die Ost- und Deutschlandpolitik der Regierung Brandt/Scheel in die internationale Politik seit Beginn der sechziger Jahre ein. 10 VP

3. In M 1 wird von der Notwendigkeit gesprochen, „die soziale Gerechtigkeit und den Freiheitsraum des einzelnen [zu] erweitern" (Z. 3 f.). Überprüfen Sie an zwei Politikbereichen, inwieweit diese beiden Ziele zwischen 1970 und 1974 umgesetzt wurden. 10 VP

4. a) Beschreiben Sie Bild- und Textelemente der Karikatur M 2 a und erläutern Sie ihre Aussage. 10 VP
   b) Vergleichen Sie die Aussage der Karikatur M 2 a mit den Ausführungen von Joachim Gauck in M 2 b. 08 VP

5. Charakterisieren Sie Beispiele für „unangepasstes Verhalten und politische Opposition" (M 2 b, Z. 10 f.) in der Bundesrepublik und der DDR zwischen 1950 und Anfang der 80er Jahre und beurteilen Sie deren Wirkungen. 12 VP

60 VP

Lösungsvorschlag

1. *Der Operator „herausarbeiten" gehört laut geltendem Basisoperatorenkatalog zwar zum Anforderungsbereich „Reproduktionsleistungen" (AFB I); trotzdem sollten Sie auch den inneren Zusammenhang zwischen den Zielen aufzeigen: Eine bloße Paraphrasierung wird der Aufgabenstellung nicht gerecht.*

Staatssekretär Herold betont in seinem programmatischen Vortrag zunächst, dass auch die neue sozialliberale Regierung an der „Abgrenzung gegenüber dem Kommunismus" festhalten möchte. Die Neuausrichtung bestehe darin, dass Bewegung in die Politik gekommen sei, die „im Interesse der Entspannung in Europa" liege. Damit ist klar, dass „**Entspannung**" eine wesentliche Leitkategorie dieser Politik und das Verhältnis zur DDR ein Mittel zur Erreichung dieses Zustands sein soll.

Betrachtet man die **Außenpolitik** für sich, so soll das Ziel der Entspannung zwischen Ost und West durch direkte Gespräche, also Kommunikation statt Konfrontation, erreicht werden. Die **Deutschlandpolitik** solle sich an der „Wahrung der Einheit der deutschen Nation" und „im Interesse der Menschen in Deutschland" an einer „größeren Dichte der Beziehungen zwischen den beiden Teilen Deutschlands" orientieren. Im Umgang der Bundesrepublik mit der DDR solle man sich „gegenseitig nicht als Ausland betrachten". Gleichberechtigung, Nichtdiskriminierung und Gewaltverzicht könnten zwar als eigenständige Ziele angesehen werden, sind in diesem Zusammenhang aber eher als Voraussetzungen dafür gedacht, dass die DDR sich an der „Wahrung der Einheit" überhaupt beteiligt, da sie als Staat ja nur durch die Abtrennung und Abgrenzung von der Bundesrepublik existiert. In der DDR-Verfassung von 1974 werden dann auch alle Bezüge zur „deutschen Nation" gestrichen und dafür wird das „unwiderrufliche Bündnis mit der Sowjetunion" propagiert.

2. *Der Operator „einordnen" gehört zum Anforderungsbereich „Reorganisation und Transfer" (AFB II). Er verlangt hier dass Sie den Sachverhalt „Ost- und Deutschlandpolitik" in den größeren Zusammenhang „internationale Politik seit Beginn der sechziger Jahre" stellen und Verbindungen deutlich machen.*

Nach dem Ende der beiden „Kraftproben ohne Sieger" um Berlin (1958–61) und Kuba (1961/62) verständigten sich die USA und die neue Supermacht UdSSR darauf, derartige Krisen, die die Welt an den Abgrund eines dritten Weltkriegs geführt hatten, in Zukunft zu vermeiden. Wichtige Schritte auf diesem Weg waren das Abkommen über den „heißen Draht" zwischen Washington und Moskau (1963), der Atomteststoppvertrag (1963), der Atomtests in Atmosphäre, Weltraum und unter Wasser verbot, der Weltraumvertrag (1967), der die Stationierung von Massenvernichtungswaffen im Weltraum verbot, und der Atomwaffensperrvertrag (1968), der die Nichtverbreitung von Kernwaffen garantieren sollte.

Wenn auch diese erste Phase der **Entspannungspolitik** von Rückschlägen (Eskalation des Vietnamkriegs der USA ab 1964, Einmarsch des Warschauer Paktes in der ČSSR zur Niederschlagung des „Prager Frühlings" 1968) nicht verschont blieb, so zeigte sie doch, dass Kennedys Aussage: „Ich spreche vom Frieden, weil der Krieg ein neues Gesicht bekommen hat" inzwischen Allgemeingut geworden war. Ungeachtet aller weiter bestehenden Interessenskonflikte hing das Überleben im „Schatten der Atombombe" (Kennan) davon ab, dass „Détente" (West) bzw. „friedliche Koexistenz" (Ost) ein Mindestmaß an Kommunikation und Interessenausgleich garantierten. Der Stellvertreterkrieg in Vietnam und die Invasion in der ČSSR bestätigten sogar indirekt, dass keine Gefahr für den Weltfrieden bestand, solange die Supermächte ihre gegenseitigen Interessensphären respektierten und sich nicht unmittelbar gegenüberstanden. Die Entspannungspolitik der 60er und 70er Jahre beendete auch keineswegs das Wettrüsten zwischen den Supermächten und ihren jeweiligen Verbündeten in NATO und Warschauer Pakt. Aufrüstung wurde lediglich kanalisiert und durch Obergrenzen für bestimmte Waffensysteme in den **SALT-Abkommen** von 1972 und 1979 „gedeckelt", sodass der jeweils Schwächere bis zum Niveau des Konkurrenten „nachrüsten" durfte.

Vor diesem Hintergrund war die Ost- und Deutschlandpolitik der Regierung der Großen Koalition unter Kiesinger und Brandt in Rückstand zur internationalen Entwicklung geraten. Die westlichen Verbündeten sahen sich durch die „Querelles allemandes" sogar in ihren Entspannungsbemühungen gestört.
Hauptproblem war das Festhalten der deutschen Ost- und Deutschlandpolitik an dem in der **Hallstein-Doktrin** 1955 festgeschriebenem Alleinvertretungsanspruch: Die Bundesrepublik nahm für sich in Anspruch, alleinige rechtmäßige Vertreterin aller Deutschen zu sein. Staaten, die die DDR anerkannten, mussten damit rechnen, dass die BRD ihre diplomatischen Beziehungen zu ihnen abbrach. Zwar gab es schon ab 1965 Bemühungen, eine „Politik der Annäherung" durchzusetzen, doch scheiterten diese an der prinzipiellen Nichtanerkennung der DDR als Staat.

Mit der Regierungsübernahme durch die neue sozialliberale Koalition aus SPD und FDP unter Brandt und Scheel 1969 war der Weg frei für eine Umorientierung der Ost- und Deutschlandpolitik. **Egon Bahr**, nun Staatssekretär im Bundeskanzleramt, hatte bereits 1963 bei einer Akademietagung sein Konzept eines „Wandels durch Annäherung" vorgestellt. Es besagte, dass es illusorisch sei, in der Deutschlandpolitik Befreiungsvorstellungen anzuhängen oder eine Wiedervereinigung auf direktem Weg mit der DDR erreichen zu wollen. Der Schlüssel zur deutschen Einheit liege in Moskau, langfristig sei eine Wiedervereinigung nur mit der Sowjetunion zu schaffen. Die neue „amerikanische Strategie des Friedens" laufe darauf hinaus, dass die kommunistische Herrschaft in Osteuropa nicht beseitigt, sondern zunächst als Status quo anerkannt werden müsse. Erst durch diese Anerkennung könne ein Umfeld geschaffen werden, in dem eine Veränderung oder Aufweichung der Strukturen im Osten erreichbar sei. Letztlich vertraute Bahr darauf, dass sich langfristig das „bessere System“ durchsetzen würde. Damit trafen sich seine Vorstellungen mit dem sowjetischen Konzept der „friedlichen Koexistenz“ von Staaten verschiedener Gesellschaftsordnung. Schon zu Lenins Zeiten, erst recht aber unter seinen Nachfolgern, wurden weltrevolutionäre Zielvorstellungen hinter den Aufbau bzw. die Stabilisierung der Sowjetunion zurückgestellt in der Gewissheit, dass sich die „Weltrevolution“ langfristig durchsetzen würde.

In der Praxis bedeutete „Wandel durch Annäherung“ für die „Neue Ostpolitik“ eine Reihe von Verträgen mit den Staaten des Ostblocks, die nicht zufällig in einer bestimmten Reihenfolge abgeschlossen wurden und alle dem gleichen Grundmuster folgten. Der Moskauer Vertrag von 1970 enthielt folgende Kernbestimmungen: Anerkennung der bestehenden Grenzen (Status quo) in Europa, Verzicht auf Gebietsansprüche, Gewaltverzicht und Ausbau der wirtschaftlichen und kulturellen Beziehungen. Ähnlich waren auch der Warschauer (1970) und später der Prager Vertrag (1973) formuliert. Eines der Kernprobleme dabei war die Anerkennung der Oder-Neiße-Grenze zwischen Polen und Deutschland (DDR), da damit scheinbar der Verlust der deutschen Ostgebiete bestätigt wurde, wogegen es in der Bundesrepublik eine starke Opposition aus CDU/CSU und Vertriebenenverbänden gab. Eine weitere Hürde stellte der **Grundlagenvertrag** mit der DDR (1972) dar, da man zwar eine De-facto-Anerkennung der DDR damit in Kauf nahm, eine völkerrechtliche Anerkennung aus Gründen des westdeutschen Verfassungsrechts (Wiedervereinigungsgebot) aber verweigerte. Im „Brief zur deutschen Einheit“ wurde diese Rechtsauffassung der bundesrepublikanischen Seite ausdrücklich unterstrichen. Im Rahmen eines „doppelten Junktims“ (notwendige Verknüpfung) erreichte die sozialliberale Koalition, dass nach Abschluss der Verträge von Moskau und Warschau und noch vor dem Grundlagenvertrag mit der DDR ein Viermächte-Abkommen (USA, GB, F, UdSSR) die Frage des Transitverkehrs zwischen der Bundesrepublik und Westberlin regelte. Die Sowjetunion sollte als Siegermacht des Zweiten Weltkrieges und östliche Vormacht den freien Zugang nach Berlin und die besonderen Beziehungen Westberlins zur Bundesrepublik garantieren. Gerade hier zeigte sich die Verschränkung der „Neuen Ostpolitik“ mit der internationalen Politik. Erst nachdem die Garantiemächte des Viermächtestatus sich geeinigt hatten, konnte das Ziel der Bundesrepublik, verbesserte Kontakte der Menschen in Deutschland durch bilaterale Regelungen mit der DDR (Transitabkommen, Verkehrsvertrag), erreicht werden. Dafür bekam die östliche Seite eine Aufwertung der DDR und die Aufgabe des Alleinvertretungsanspruchs durch den westlichen Teil Deutschlands, wobei sie allerdings auf die völkerrechtliche Anerkennung durch die BRD verzichten musste. Da schließlich auch das Bundesverfassungsgericht die Ostverträge als mit dem Grundgesetz vereinbar ansah, waren die Hindernisse für eine Synchronisierung der deutschen mit der internationalen Politik aus dem Weg geräumt. Folgerichtig wurden beide deutsche Staaten 1973 als 133. und 134. Staat in die Vereinten Nationen aufgenommen.

3. *Der Operator „überprüfen“ gehört in den Anforderungsbereich „Reflexion und Problemlösung“ (AFB III), d.h., Sie sollten hier nicht nur Fakten referieren, sondern auch ein Urteil fällen, ob und inwieweit die Regierung ihren Zielen gerecht wurde. Dieses Urteil kann hier nicht vorweggenommen, sondern nur angedeutet werden. Die Aufgabe verlangt lediglich die Überprüfung zweier Beispiele (Politikbereiche), wobei jedes auf eines der beiden Ziele hin untersucht werden kann. Problematisch ist allerdings die zeitliche Begrenzung auf die Jahre 1970–1974, da beispielsweise die Diskussion um die Mitbestimmung länger andauerte. Außerdem ist eine eindeutige Abgrenzung zwischen den beiden Zielen „soziale Gerechtigkeit“ und „Freiheitsraum des einzelnen“ nicht immer möglich.*

Bis zum Regierungsantritt der sozialliberalen Koalition hatten sich verschiedene innenpolitische Probleme „gestaut“, die die Vorgängerregierungen entweder nicht lösen wollten oder die durch die Politik des „Ausklammerns“ strittiger Fragen in der Großen Koalition

nicht gelöst werden konnten. Beispielsweise erschien vielen Gewerkschaftlern die Beteiligung der Arbeitnehmer am neu geschaffenen gesellschaftlichen Reichtum („Wirtschaftswunder") zu gering, das Bildungssystem benachteiligte breite Schichten der Bevölkerung (Arbeiterkinder, Landbevölkerung, Mädchen) und verharrte bei einer extrem niedrigen Abiturientenquote von 5 %. Im Familienrecht gab es immer noch den „Pater familias" als letzte Instanz und im Falle einer Scheidung das „Schuldprinzip". Homosexualität, „Kuppelei" und Abtreibung waren schlicht verboten.
Da einige dieser Zustände den Grundsätzen der Verfassung widersprachen und andere die Ausschöpfung gesellschaftlicher Potentiale und die gesellschaftliche Integration behinderten, konnte mit einigem Recht von einem Modernisierungsrückstand gesprochen werden. Die FDP als notwendige Mehrheitsbeschafferin für einen Regierungswechsel hatte ihre Oppositionszeit zu einer programmatischen Umorientierung genutzt. Auf dem Freiburger Parteitag 1968 gab sie sich ein Programm des „sozialen Liberalismus" und propagierte ein „Bürgerrecht auf Bildung". Hintergrund war ein gesellschaftlicher Wandel vom „alten Mittelstand" der Selbstständigen zum „neuen Mittelstand" der Angestellten und leitenden Angestellten. Als soziale Aufsteiger waren sie durchaus an Chancengleichheit interessiert.

In der ersten Regierungserklärung der Regierung Brandt/Scheel wurden unter dem Motto „**Mehr Demokratie wagen**" die Reformfelder bezeichnet und zu einer breiten Beteiligung an der „Reform von Staat und Gesellschaft" aufgerufen. Demokratie sollte nicht mehr allein auf den staatlichen Bereich beschränkt bleiben, sondern auch als „Mitbestimmung" und „Mitverantwortung" in verschiedenen Bereichen der Gesellschaft ausgedehnt werden.

„**Soziale Gerechtigkeit**" kann an verschiedenen Politikfeldern verdeutlicht werden. Im Bereich der sozialen Sicherungssysteme hielt man am System der bismarckschen **Sozialversicherung** (Rentenversicherung, Krankenversicherung, Arbeitslosenversicherung) fest, doch wurde die Ungleichbehandlung von Arbeitern und Angestellten im Krankheitsfall dadurch abgeschafft, dass nunmehr beide Gruppen in den Genuss einer sechswöchigen **Lohnfortzahlung** durch den Arbeitgeber kamen. Dieses Gesetz war schon zur Zeit der Großen Koalition auf den Weg gebracht worden, trat aber erst 1970 in Kraft. Auch in der **Rentenversicherung** setzte man auf Kontinuität. Die „dynamische Rente" (Anpassung der Renten an die Lohn- und Gehaltsentwicklung) wurde ergänzt durch eine „flexible Altersgrenze" (ab 60 bzw. 63 Jahren), die Rentenhöhe insbesondere für Frauen durch eine Rente nach Mindesteinkommen angehoben und schließlich der Kreis der Rentenberechtigten ausgedehnt. Auch Selbstständige und Hausfrauen, die keine eigenen Beiträge eingezahlt hatten, gehörten nun dazu. Damit wurde allerdings der Versicherungsgedanke zunehmend durch den eigentlich systemwidrigen Versorgungsgedanken ersetzt.

Im **Bildungsbereich** gab es mit der Einführung der reformierten Oberstufe (Kurssystem), der Gesamtschule und insgesamt der Expansion des Bildungssystems durch Neubau von Schulen und Universitäten einen gewaltigen Aufbruch, der sich sowohl in der Abiturientenquote (1972 18 %) als auch in der Steigerung der Kosten um jährlich 15 % niederschlug. Allerdings waren die Anteile von Bund und Ländern an dieser Entwicklung strittig. Der „Deutsche Bildungsrat", in dem Bund und Länder vertreten waren, legte 1970 einen „Strukturplan für das deutsche Bildungswesen" vor. In der Umsetzung der Empfehlungen gab es große Differenzen vor allem um die „integrierte Gesamtschule", die von SPD-regierten Ländern gefördert wurde. Als die Länderfinanzminister 1974 feststellten, dass die Bildungsexpansion wegen der Wirtschaftskrise nicht mehr finanzierbar sei, löste sich der Bildungsrat 1975 auf. Als originärer Beitrag der Bundesregierung zur sozialen Gerechtigkeit im Bildungswesen kann lediglich das Bundesausbildungsförderungsgesetz (BAFöG) von 1971 gelten, das über Zuschüsse und später auch Kredite den Kindern aus sozial schwächeren Familien den Besuch einer weiterführenden Schule oder Hochschule ermöglichte.

Im Zusammenhang mit dem Ziel, den „**Freiheitsraum des Einzelnen**" zu erweitern, kann zunächst auf die Herabsetzung des Wahlalters (1970) und später auch der Volljährigkeit (1973) von 21 auf 18 Jahre verwiesen werden.
Das neue **Ehe- und Familienrecht** stärkte die Position der Kinder, indem der Begriff der „elterlichen Gewalt" durch den der „elterlichen Sorge" ersetzt und im Zweifelsfall das „Kindeswohl" in den Vordergrund gestellt wurde. Frauen profitierten in erster Linie vom neuen Scheidungsrecht, da nun einzig und allein die „Zerrüttung" der Ehe als Scheidungsgrund galt und der jeweils sozial schwächere Partner (in den meisten Fällen die Frau) vom stärkeren zu unterstützen war. Auch die heftig umstrittene Reform des § 218 im StGB griff in erster Linie Anliegen der Frauen auf. Der Schwangerschaftsabbruch sollte in den ersten drei Monaten straffrei bleiben (Fristenlösung). Nachdem das Bundesverfassungsgericht diese Lösung verworfen hatte (1975), kam es zu einer „Indikationslösung" auf der Grundlage ethischer, medizinischer und sozialer Anzeigen. Die **Strafrechtsreform** führte zur Einführung des skandinavischen Tagessatzsystems bei der Zumessung von Geldstrafen, die damit den wirtschaftlichen Verhältnissen des Verurteilten angepasst wurden. Generell wurde der Gesichtspunkt der „Resozialisierung" in den Vordergrund gestellt, ohne allerdings auf die Prinzipien „Schuld" und „Sühne" zu verzichten. Im Demonstrationsstrafrecht wurde der alte Tatbestand des „Landfriedensbruchs" durch eine Regelung ersetzt, die die Beweislast im Falle von Gewalttätigkeiten auf die Ordnungskräfte verschob. Die Abschaffung der Straftatbestände Ehebruch, Homosexualität oder Kuppelei trug sicher zur Erweiterung der persönlichen Freiräume bei.

Im Bereich der **Wirtschaft** kann auf das **Betriebsverfassungsgesetz** (1972) und das **Mitbestimmungsgesetz** (1976) verwiesen werden. Im Kern wurde die Position der Gewerkschaften in den Betrieben gestärkt, für Betriebe mit mehr als 2000 Beschäftigten galt nun eine Parität im Aufsichtsrat zwischen Arbeitgeber- und Arbeitnehmerseite. Allerdings saßen auf Seiten der Arbeitnehmer nun als eigene Gruppe die Vertreter der „leitenden Angestellten", die traditionell eher der Unternehmerposition zuneigten, und die Anteilseigner konnten im Zweifelsfall auch auf die Doppelstimme des Vorsitzenden zählen, der aus ihren Reihen stammte. Damit hatte sich die FDP in wesentlichen Punkten durchgesetzt, und die SPD war hinter den bereits existierenden Regelungen der Montanmitbestimmung zurückgeblieben.
Aus Sicht der Unternehmer war dies ein Erfolg für die „Freiheit" der Kapitaleigener, über ihr Kapital weiterhin verfügen zu können. Aus der Sicht der Gewerkschaften eine Einschränkung ihrer Möglichkeiten, „soziale Gerechtigkeit" in der Wirtschaft durchzusetzen.

Generell kann man sagen, dass mit dem Beginn der „Ölkrise" 1973 der Reformschwung der neuen Regierung erlahmte, da man sich kostspielige Reformen nicht mehr erlauben konnte, ohne die Staatsverschuldung dramatisch zu erhöhen. Mit dem Wechsel von Willy Brandt zu Helmut Schmidt (1974) kam ein ausgesprochen **pragmatischer Zug** in die Politik der SPD, wobei auch die Aufbruchstimmung in der Bevölkerung zugunsten der Reformpolitik, die noch den Wahlkampf von 1972 geprägt hatte, merklich abflaute.

4. *Beachten Sie bei der Bearbeitung dieser Aufgabe die Reihenfolge der entsprechenden Arbeitsschritte: Der Erläuterung der Aussage sollte unbedingt eine genaue Beschreibung der Bildelemente vorausgehen. Informieren Sie sich gegebenenfalls im Kapitel „Die Interpretation von Karikaturen" auf Seite VII ff. Im zweiten Teil der Aufgabe sollen Sie die erarbeitete Aussage der Karikatur und die Botschaft der Textquelle gegenüberstellen und Gemeinsamkeiten bzw. Unterschiede wertend darlegen.*

a) Die Karikatur von **Wolfgang Hicks** aus der „Welt" (1979) zeigt aus Anlass des dreißigjährigen Bestehens der DDR die Fassade eines Gefängnisses, das von Häftlingen mit Girlanden, Emblemen und Transparenten geschmückt wird. Das zentrale Tor wird von einem Häftling frisch gestrichen. Die Schwarzweißzeichnung im Querformat kennzeichnet das Gefängnis durch eine regelmäßige Gitterstruktur an Fenstern und Eingangsportal und die Gefangenen durch eine einheitliche, stilisierte Häftlingskleidung. Während die Häftlinge sämtlich mit dem Rücken zum Betrachter ihre Arbeit verrichten, werden sie von drei Uniformierten bewacht. Zwei der Uniformierten bewegen sich im preußischen Stechschritt und sind damit eindeutig als DDR-Soldaten identifizierbar. Die Zahl 30 enthält zudem die DDR-Staatssymbole Hammer und Zirkel, das Transparent die Aufschrift „... Jahre DDR", wobei „DDR" von einem Strahlenkranz umgeben ist. Damit ist die **DDR** aus westlicher Sicht **als Gefängnis charakterisiert**, das seinen „Insassen" fundamentale Menschen- und Bürgerrechte vorenthält. Das vergitterte Tor kann als Hinweis auf das Grenzregime durch Mauer, Stacheldraht und Todesstreifen verstanden werden.

Der Untertext zur Karikatur lautet: „Jeder folgt freudig Honeckers Aufruf zum Schmuck der Heimat". Hier wird eine **Propagandaphrase** der DDR-Regierung aufgegriffen und der Hauptverantwortliche, Generalsekretär der SED Honecker, namentlich benannt. Mit „Heimat" taucht ein Begriff auf, der ideologisch besetzt ist. Die DDR als „**Heimat der Werktätigen**" will nicht nur eine geografische, sondern eine gesinnungsmäßige Einheit bilden, nachdem sie auf den Begriff der Deutschen Nation verzichtet hat.

Durch die Kombination des Gefängnisbildes mit dem Text entsteht eine **ironische und kritische Wirkung**. Keineswegs erweckt das Bild den Eindruck, „freudiger" Gefolgschaft, man hat eher den Eindruck, es handle sich um eine Art „Dienst nach Vorschrift". Der Karikaturist will offensichtlich den legitimatorischen Anspruch der Einheit von Partei, Volk und Staat der DDR in Frage stellen.

b) **Joachim Gauck** stellt die DDR im Rückblick aus dem Jahr 1998 aus der **Innensicht** eines Bewohners des zweiten deutschen Staates dar. Wie in der Karikatur von Hicks wird auch bei Gauck zunächst der **Gefängnischarakter** dieses Staates betont, wobei Gauck den Mauerbau 1961 als einschneidenden Wendepunkt darstellt. Erst seit diesem Zeitpunkt fühlten sich die Bürger der DDR „endgültig ausgeliefert" (Z. 4), war ihnen bewusst geworden, dass das „sozialistische System auf Dauer angelegt" (Z. 7) war.
Im Unterschied zur Karikatur, die bedingt durch das Medium zwangsläufig plakativ und eher augenblicksbezogen reagiert, zeigt der Text aber auch, wie es nach Ansicht des Verfassers zur jahrzehntelangen Akzeptanz des Systems gekommen ist. Die Mehrheit der Bürger habe sich mit den Verhältnissen mangels Hoffnung auf Veränderung abgefunden und Haltungen entwickelt, die Gauck als „**Minimalkonsens**" und „**Mindestloyalität**" bezeichnet (Z. 12). Offen bleibt, was er unter „tradierten Wertvorstellungen" versteht, die die neue Ideologie teilweise beglaubigten. Denkbar wäre hier obrigkeitsstaatliches Denken in preußischer Tradition. Das zunehmende **Einleben in die neue Ordnung** kennzeichnet er mit den Begriffen: Akzeptieren, Mitmachen, Mitverantworten.
Daneben erwähnt Gauck auch die Minderheit derer, die sich durch unangepasstes Verhalten und Opposition widersetzten, vermittelt jedoch schon zu Beginn des Textes den Eindruck, selbst eher zur Masse gehört zu haben, indem er formuliert: „Ich, wir, die Durchschnittsbürger" (Z. 3 f.).

5. *Der Operator „charakterisieren" verlangt, dass Sie Sachverhalte mit ihren typischen Merkmalen beschreiben und in ihren Grundzügen bestimmen (AFB I). „Beurteilen" heißt in diesem Fall, dass Sie die Wirkungen der genannten Bewegungen kritisch überprüfen sollen (AFB III). Dabei sollten Sie gegebenenfalls ihre Wertmaßstäbe offenlegen. Angesichts des langen Zeitraums und der Offenheit der Aufgabenstellung sollten Sie sich auf wenige griffige Beispiele aus der Bundesrepublik Deutschland und der DDR konzentrieren.*

Ein Beispiel für unangepasstes Verhalten und politische Opposition in der **Bundesrepublik** ist die **Friedensbewegung**. Ihre Wurzeln reichen bis in die Zeit der Wiederbewaffnung (ab 1950) und des Protests der Göttinger Physiker (Heisenberg, Wirtz, Hahn, von Weizsäcker u. a.) gegen eine atomare Bewaffnung der Bundeswehr (1957) zurück. Obwohl die Wiedereinführung einer Armee in Westdeutschland durch Konrad Adenauer äußerst unpopulär war und zwei Drittel der Bundesbürger eine atomare Bewaffnung ablehnten, dauerte es einige Jahre, bis aus vereinzelten Demonstrationen gegen den „Atomtod" (1958) und der 1960 beginnenden **„Ostermarsch-Bewegung"** ein Massenphänomen wurde. In ihren besten Jahren 1964 und 1965 mobilisierte der lockere Zusammenschluss aus christlich, pazifistisch und sozialistisch motivierten Atomwaffengegnern bis zu 130 000 Menschen, obwohl die Bewegung von den etablierten Massenorganisationen der BRD nicht unterstützt wurde. Nach einer längeren „Latenzzeit", in der die Bewegung durch die weiter reichenden Zielsetzungen der Studentenbewegung und andere Ereignisse überlagert wurde, erlebte sie als Friedensbewegung der 80er Jahre ein Comeback. Die Rückkehr zu einer verschärften Konfrontationspolitik der Supermächte Ende der 70er Jahre, insbesondere aber der NATO-Doppelbeschluss zur Stationierung von Mittelstreckenraketen und Cruise Missiles in Europa im Jahr 1979, führten zu einem raschen **Anwachsen einer Protestbewegung,** die auch Teile des Bürgertums erfasste und von ihren Aktionsformen her auf das Erbe der Studentenbewegung, von der Organisationsformen her auf die neue Entwicklung der Bürgerinitiativbewegung zurückgreifen konnte. Zwischen den Bürgerinitiativen im Bereich des Umweltschutzes, der Anti-AKW-Bewegung und der Friedensbewegung gab es vor Ort auch personelle Überschneidungen. Die **Friedensbewegung** mobilisierte bei Demonstrationen bis zu 300 000 Menschen und strahlte auch in die DDR aus, wo sich parallele Bewegungen im Schutz der Kirche („Schwerter zu Pflugscharen") bildeten.
Eine Bewertung dieser Bewegung müsste berücksichtigen, dass es der Friedensbewegung nicht gelungen ist, den NATO-Doppelbeschluss zu kippen und dass der eigentliche Wendepunkt in der Entwicklung des **Wettrüstens** mit dem Treffen zwischen Reagan und Gorbatschow in Reykjavik 1986 markiert wird. Trotzdem kann man fragen, ob die Entwicklung nicht durch die weltweiten Proteste beschleunigt wurde, ob die friedliche Revolution in der DDR nicht von den Kräften der Friedensbewegung maßgeblich motiviert wurde und ob nicht die Entwicklung zu einer **Zivilgesellschaft** in Deutschland durch die Erfahrungen gewaltlosen Widerstandes gefördert wurde. Die Proteste bekannter Intellektueller und Schriftsteller in Mutlangen und die darauf folgenden Gerichtsverfahren und politischen Auseinandersetzungen haben die Kultur des Engagements in Deutschland sicher geprägt.

Eine weitere Bewegung, die ihre Wurzeln überwiegend im Westen hatte, und über deren Wirkungen bis heute leidenschaftlich diskutiert wird, ist die **Studentenbewegung von 1968**. Beeinflusst von den Jugendbewegungen der 50er- und 60er Jahre, die sich mit den Begriffen Rock'n'Roll, Beat und Hippiekultur umschreiben lassen, hatte sie im universitären Milieu ihren organisatorischen und theoretischen Rückhalt im Sozialistischen Deutschen Studentenbund (SDS), der 1960 aus der SPD ausgeschlossen worden war. Die dort rezipierten neomarxistischen Theorien vermischten sich mit inneren und äußeren Anlässen zu einem letztlich revolutionären Cocktail: Spezifisch deutsch waren die **Auseinandersetzung mit der NS-Vergangenheit** der Vätergeneration, der **Widerstand gegen die geplanten Notstandsgesetze** und die **Opposition gegen die verkrusteten Strukturen der deutschen Ordinarienuniversität**. 1968 war aber vor allem eine internationale Bewegung, die

ihre Anlässe in der Gegnerschaft zum Vietnamkrieg der USA, Solidarität mit den Opfern faschistischer Diktaturen in Lateinamerika und Europa und mit Befreiungsbewegungen der Dritten Welt fand. Von Seiten der undogmatischen Linken wandte man sich auch gegen die Niederschlagung des Prager Frühlings durch die Sowjetunion. Weltweit, von San Francisco über Rio de Janeiro, Berlin Warschau und Prag bis nach Tokio, solidarisierten sich die Studenten – teils, wie in Paris, auch mit Arbeitern.
Der hedonistische Charakter der Bewegung zeigte sich im Experimentieren mit neuen Formen des Zusammenlebens und einer neuen Einstellung zu Sexualität, Erziehung und Arbeitswelt.
Anfang der 70er Jahre zersplitterte sich die Bewegung in Juso-Hochschulgruppen, Spontis, Unorganisierte, maoistische und trotzkistische K-Gruppen und andere. Ein geringer Teil landete im RAF-Terrorismus bzw. in dessen Unterstützerumfeld, größere Teile fanden ihre politische Heimat bei den Bürgerinitiativen, der Frauenbewegung und später in der neuen Partei „Die Grünen".
Wie sind nun die Wirkungen dieser Bewegung zu bewerten? Zunächst einmal bleibt festzustellen, dass etliche ehemalige Stalinisten bzw. Maoisten heutzutage selbst froh sind, dass sie sich damals nicht durchgesetzt haben: Intoleranz, Gewaltbereitschaft und ideologische Verbohrtheit sind sicher keine erstrebenswerten Eigenschaften. Auch wurden die unmittelbaren Ziele, z. B. Verhinderung der Notstandsgesetze, nicht erreicht.
Andererseits bewirkten oder förderten die Provokationen und Tabubrüche der 68er den Wandel zu einer offeneren, demokratischeren Gesellschaft. Diese sogenannte „Silent-Revolution" in der Folge von 68 führte zu einem Wandel von der strengen und nicht hinterfragten Werteordnung der Nachkriegszeit, die sich einseitig an Sekundärtugenden wie „Gehorsam", „Sauberkeit" usw. orientierte, hin zu einer Werteordnung, in der „freier Wille", „Selbstständigkeit" u. ä. im Vordergrund standen. Auch die Emanzipation der Frauen durch die „neue Frauenbewegung" wurde wesentlich durch die 68er-Bewegung angestoßen.

Im **östlichen Teil Deutschlands** fanden „unangepasstes Verhalten und politische Opposition" schwierigere Bedingungen vor, da dort die SED und die von ihr dominierten Massenorganisationen die politische Auseinandersetzung monopolisierten und den nicht diskutierbaren Anspruch erhoben, sich als „Avantgarde der Arbeiterklasse" im Einklang mit dem Gang der Weltgeschichte zu befinden. Dennoch zeigten sich auch in diesem System Risse. Zwei davon seien kurz dargestellt.
In der Folge der **Biermann-Ausbürgerung 1976** solidarisierten sich bedeutende Künstler und Kulturschaffende der DDR gegen die herrschende Meinung der Parteifunktionäre und nahmen dafür große persönliche Benachteiligungen in Kauf. Wolf Biermann, Sänger und kritischer Marxist in der Tradition Bertolt Brechts, war nach jahrelangem Auftrittsverbot in der DDR auf seiner ersten West-Tournee 1976 ausgebürgert worden. Nachdem eine breite Solidarisierungsaktion von Künstlern und Intellektuellen in Sachen Rücknahme des Beschlusses kein positives Ergebnis gebracht hatte, stellten etliche Prominente, darunter auch der DDR-Vorzeigeschauspieler Manfred Krug, einen Antrag auf Ausreise in die BRD. Insgesamt verließen im Jahr 1976 15 188 Personen die DDR als Flüchtlinge und Übersiedler. Im Jahr darauf kam es in Ostberlin zu offenen Jugendkrawallen. Sicher hat dazu auch der Umstand beigetragen, dass über Westmedien, insbesondere das Fernsehen, Informationen zugänglich wurden, die das DDR-System in einer kritischen Sicht darstellten und auch den westlichen Lebensstil propagierten. Kritiker in der DDR konnten sich zudem auf die Prinzipien des KSZE-Prozesses berufen, denen auch die DDR-Führung zugestimmt hatte.
Der Biermann-Protest zeigt aber noch eine andere Seite: Die oppositionellen Künstler und Intellektuellen wurden von Anfang bis Ende teilweise von Ehepartnern, Freunden oder Nachbarn an die **allgegenwärtige Stasi** verraten. Deren Apparat wurde in den 70er Jahren kontinuierlich weiter ausgebaut bis zu einem Höchststand von ca. 85 000 festangestellten und 109 000 inoffiziellen Mitarbeitern. Erst nach Öffnung der Archive zeigte sich, in welchem Ausmaß das DDR-System persönliche Beziehungen und menschliche Kontakte kon-

trolliert und korrumpiert hatte. Ein Großteil der DDR-Bürger versuchte trotz allem sein Glück in der privaten „Nische" einzurichten und leistete weiterhin Lippenbekenntnisse zum sozialistischen System.
Die Wende der DDR-Politik von der Bedrohung und Schikanierung Ausreisewilliger zu einer Politik der Ausweisung von Regimegegnern (neben Biermann z. B. auch der Schriftsteller Reiner Kunze) und zur vermehrten Erteilung von Ausreisegenehmigungen für renitente Staatsbürger verfehlte aber ihr Ziel. Anstatt zu einer Beruhigung der innenpolitischen Situation durch Ablassen von Druck aus dem „Kessel", kam es zu einer raschen Zunahme der Ausreiseanträge, die sich 1983 schon auf 30 000 verdoppelten.
Die **Friedens- und Ökologiebewegung der DDR**, die sich in den 70er Jahren größtenteils im Schutz der evangelischen Kirche ausbreitete, wurde zunächst von offizieller Seite geduldet, da man glaubte, sie gegen die westliche Nachrüstung instrumentalisieren zu können. 1978 einigte sich Honecker mit der evangelischen Kirche auf eine Art Modus vivendi: Zurückhaltung der Kirche in Bezug auf Kritik am Sozialismus gegen vergrößerte innerkirchliche Freiräume. 1982 verfasste der Chemieprofessor und Biermann-Freund Robert Havemann zusammen mit Pfarrer Eppelmann den „**Berliner Appell**" zur Abrüstung. Als die Proteste gegen die Nachrüstung sich aber als wirkungslos erwiesen, kehrte die DDR-Führung zu einem restriktiveren Umgang mit ihren Kritikern zurück und verbot den Slogan „**Schwerter zu Pflugscharen**". Letztlich ließ sich die Friedens- Umwelt- und Menschenrechtsbewegung aber nicht mehr ersticken und mündete in die folgenreichste Oppositionsbewegung im Deutschland der Nachkriegszeit, die friedliche Revolution von 1989.

Insgesamt kann man die hier skizzierten Beispiele für „unangepasstes Verhalten und politische Opposition" in der DDR also durchaus als **politisch wirksam** und **historisch erfolgreich** bezeichnen, wobei jedoch zu berücksichtigen ist, dass die positiven Wirkungen ohne die gleichzeitige Veränderung der historischen Rahmenbedingungen im Ost-West-Konflikt nicht denkbar gewesen wären und dass die Früchte dieser Entwicklungen zum großen Teil nicht von den Initiatoren (Künstler, Bürgerbewegungen), sondern von der breiten Masse („Allianz für Deutschland") geerntet wurden.

Schriftliche Abiturprüfung Geschichte (Baden-Württemberg) 2009
Aufgabe 1

M 1: Aus einer Reichstagsrede des Fraktionsvorsitzenden der Deutsch-Konservativen Partei, Graf Kuno von Westarp (14. Januar 1913)

Meine Herren, wir wissen uns damit eins mit den übrigen bürgerlichen Parteien, daß zwischen der Sozialdemokratie und uns eine unüberbrückbare Kluft besteht [...] Es genügt [...], daran zu erinnern, wie der Herr Abgeordnete Ledebour* schon im vorigen Reichstag offen und deutlich aussprach: „Wir wollen die Republik im Deutschen Reich" [...].

Meine Herren, die Sozialdemokraten wissen ebenso gut wie wir, daß unser Hohenzollernhaus und daß alle unsere Fürsten ohne Gewalt, ohne Gesetzesverletzung aus Deutschland nun einmal nicht zu vertreiben sind, daß nur der Weg der Gewalt, nur der Weg der Revolution zu diesem von ihnen propagierten Ziel führen kann. Das wissen sie so genau wie wir, und schon deshalb ist es durchaus wirkungslos, wenn sie etwa einmal bestreiten, daß sie auf die Revolution nicht hinstreben.

Wir bitten vor allem den Herrn Reichskanzler und seine Herren Vertreter, daß sie in aller Schärfe an dem Grundsatz festhalten, daß ein Sozialdemokrat niemals ein öffentlicher, unmittelbarer oder mittelbarer Staatsbeamter sein kann. Das Beamtenverhältnis ist nicht bloß ein Vertrag über bestimmte einzelne Arbeitsleistungen, sondern es ist ein Dienstvertrag, ein Treuevertrag, der die ganze Person umfaßt, ein Verhältnis der Treue, die durch den Eid beschworen ist, in welchem dem König Gehorsam und der Verfassung und den Gesetzen Befolgung zugeschworen wird. Mit solchem Eid, mit dem Eingehen eines solchen Treueverhältnisses ist die Zugehörigkeit zu einer Partei, die die Republik erstrebt und dieses Ziel auf dem Wege der Gewalt und Revolution erreichen will, unvereinbar. Wenn Behörden des Reichs oder einzelner Staaten in einem einzelnen Falle von diesen unverbrüchlichen Grundsätzen abweichen, so hat das nicht bloß ernste und mißbilligende Folgen für diesen einzelnen Fall, sondern weit darüber hinaus; denn ein solches Verhalten von Regierungsstellen ist ganz besonders geeignet, das Bewußtsein von der Staatsgefährlichkeit der Sozialdemokratie in der Bevölkerung und unter dem Beamtentum schwinden zu lassen. Deshalb heißt es hier vor allem, eine grundsätzliche, scharfe und klare Stellung einzunehmen. Aus denselben Gründen muß es auch die Hauptaufgabe der bürgerlichen Parteien und der Reichsgesetzgebungsfaktoren sein, daß wir uns endlich einmal ermannen zu Schritten gegen die Gewaltherrschaft der Sozialdemokratie. Unser Antrag ist nur ein erster, bescheidener Schritt; aber es muß endlich einmal ein Schritt getan werden, durch den der Staat und die bürgerliche Gesellschaft zeigen, daß sie sich auf ihre Pflichten und Aufgaben besinnen und sich nicht auf die Dauer gefallen lassen können und wollen, daß ein Staat im Staate mit Gewaltherrschaft regiert.

Zitiert nach: Verhandlungen des Reichstags. XIII. Legislaturperiode. I. Session, Bd. 286, Stenographische Berichte, 90. Sitzung, 14. 1. 1913, Berlin 1913, S. 2948 ff.

**Georg Ledebour, 1900–1918 Mitglied der SPD-Reichstagsfraktion*

M 2: Aus einer Wahlrede Hitlers (1932)

Am Tage der Begründung unserer nationalsozialistischen Bewegung beherrschte uns schon die Überzeugung, daß das Schicksal des deutschen Menschen unzertrennlich verbunden ist mit dem Schicksal der gesamten Nation. […]

Am Tage der Begründung der nationalsozialistischen Bewegung waren wir uns längst darüber klar, daß nicht das Proletariat der Sieger über das Bürgertum sein wird, und nicht das Bürgertum der Sieger über das Proletariat, sondern daß dann die internationale Hochfinanz am Ende ausschließlicher Sieger über beide werden muß. Und so ist es gekommen! In Erkenntnis dieses Verfalls habe ich vor 13 Jahren mit einer Handvoll Menschen eine neue Bewegung gebildet, die schon in ihrer Bezeichnung eine Proklamation der neuen Volksgemeinschaft sein soll.

Es gibt keinen Sozialismus, der nicht die Kraft des Geistes zu seiner Verfügung hat, kein soziales Glück, das nicht durch die Kraft einer Nation beschützt wird, ja seine Voraussetzung erhält.

Und es gibt aber auch keine Nation und damit keinen Nationalismus, wenn nicht zur Millionenarmee der geistigen Arbeiter die Millionenarmee der Arbeiter der Faust, die Millionenarmee des Bauern stößt.

Solange der Nationalismus und der Sozialismus als getrennte Ideen marschieren, werden sie von ihrem vereinten Gegner geschlagen. Am Tage, an dem sich die beiden Ideen in eine einzige verschmelzen, sind sie unbesiegbar!

Und wer will bestreiten, daß in einer Zeit, da in Deutschland alles zerbricht und verkommt, da in der Wirtschaft und im politischen Leben alles in Stillstand gerät oder überhaupt sein Ende findet, eine einzige Organisation einen unerhörten und wundervollen Aufschwung nahm? […]

Eine gläubige Gemeinschaft von Menschen ist erstanden, die langsam die Vorurteile des Klassenwahnsinns und des Standesdünkels überwinden wird. Eine gläubige Gemeinschaft von Menschen, die entschlossen ist, den Kampf für die Erhaltung unserer Rasse aufzunehmen, nicht weil es sich um Bayern oder Preußen, Württemberger oder Sachsen, Katholiken oder Protestanten, Arbeiter oder Beamte, Bürger oder Angestellte usw. handelt, sondern weil sie alle Deutsche sind. […]

Wir Nationalsozialisten marschieren daher auch in jede Wahl hinein mit dem einzigen Bekenntnis, am nächsten Tage die Arbeit wieder erneut aufzunehmen für die innere Reorganisation unseres Volkskörpers.

Zitiert in: Domarus, Max: Hitler. Reden und Proklamationen 1932–1945, 1. Halbband: 1932–1934, München 1965, S. 116 f.

M 3: Titelbild des „Kladderadatsch“ zur Reichstagswahl (Berlin 29. 03. 1936)

Reich beschenkt! –
Germania: „Meine Stimme hat er!“

Kladderadatsch Nr. 13/36,1. In: http://digi.ub.uni-heidelberg.de/diglit/kla1936/0193

Aufgaben:

1. Arbeiten Sie aus M 1 heraus, wie Graf Westarp die Sozialdemokratie beurteilt und welche Forderungen er daraus ableitet. — 08 VP
2. Erläutern Sie die Spannungen zwischen Beharrung und Veränderung im Kaiserreich an zwei Beispielen aus Politik und Gesellschaft. — 10 VP
3. Überprüfen Sie an drei Beispielen Ihrer Wahl, ob die Mehrheitssozialdemokraten in der Anfangsphase der Weimarer Republik Strukturen des Kaiserreichs überwunden haben. — 12 VP
4. Arbeiten Sie aus der Wahlkampfrede (M 2) heraus, wie Hitler hier möglichst viele Wähler für den Nationalsozialismus gewinnen wollte. — 08 VP
5. Beschreiben Sie die Bild- und Textelemente des Titelbildes der Zeitschrift „Kladderadatsch" (M 3) und erläutern Sie, welche Absicht der Zeichner damit verfolgte. — 10 VP
6. Erklären Sie, ausgehend von M 2 und M 3, wie es Hitler bis 1936 gelingen konnte, große Teile der Bevölkerung hinter sich zu bringen. — 12 VP

60 VP

Lösungsvorschlag

1. *Die Aufgabenstellung verlangt ein klare Unterscheidung zwischen der Beurteilung der Sozialdemokratie durch Graf Westarp und seinen darauf basierenden Forderungen. Eine reine Paraphrase entspricht nicht der Aufgabenstellung. (AFB I)*

   Graf Westarp betont den unüberbrückbaren Gegensatz zwischen den konservativen und den bürgerlichen Parteien im Reichstag auf der einen und der Sozialdemokratie auf der anderen Seite (vgl. Z. 1 f.). In seinen Augen stellt Letztere eine existenzielle Gefahr für das damalige deutsche Kaiserreich dar. Er begründet sein Urteil, die **Sozialdemokraten** seien **Reichsfeinde**, mit dem Vorwurf, dass diese die Verfassung des Kaiserreiches ablehnten und die Errichtung einer Republik durch Gewalt und Revolution anstrebten (vgl. Z. 4, 20). Sozialdemokraten könnten daher **niemals königs- bzw. staatstreu** sein.

   Westarp fordert daher vom Staat und den bürgerlichen Parteien ein entschiedenes **Vorgehen gegen die deutsche Sozialdemokratie** (vgl. Z. 27–30). Insbesondere verlangt er den konsequenten Ausschluss ihrer Anhänger aus der Beamtenschaft, die in einem besonderen Treueverhältnis zum Staat und zur Monarchie stünde (vgl. Z. 14 ff.). Sollte von diesem Grundsatz abgewichen werden, bestünde die Gefahr, dass in der Öffentlichkeit die Bedrohung durch die Sozialdemokratie nicht mehr wahrgenommen werde. Es sei aber die Pflicht der bürgerlichen Parteien und der Gesetzgebung, die Sozialdemokraten als Reichsfeinde zu isolieren und entschieden zu bekämpfen.

2. *Die Aufgabe verlangt von Ihnen eine anschauliche Erläuterung der Spannungen zwischen Beharrung und Veränderung im Kaiserreich anhand zweier selbstgewählter Beispiele aus den Bereichen Politik und Gesellschaft (AFB II). Die Lösung der Aufgabe ist von dem jeweiligen Wahlthema des Bildungsplanes abhängig.*
   Im Rahmen des Wahlthemas 1, „Konsolidierung des Obrigkeitsstaates", können folgende Spannungsverhältnisse erläutert werden:

Das deutsche Kaiserreich wies einen deutlichen Dualismus auf: Einerseits war es ein **moderner Wirtschafts- und Wissenschaftsstaat**, andererseits ein **gesellschaftlich rückständiges Gebilde** mit strikten gesellschaftlichen Abgrenzungen und einer schichtenspezifischen Kultur, die streng zwischen adligen, bürgerlichen und proletarischen Lebensformen unterschied. Trotz der wirtschaftlichen, technischen und wissenschaftlichen Modernität glich die Gesellschaft des Kaiserreiches noch der alten **Ständepyramide** mit ihren nur schwer zu überwindenden Abgrenzungen. Soziale Mobilität gab es fast nur innerhalb der einzelnen Schichten.
Besonders eng mit dem Staat und der politischen Macht verbunden war der **alte Adel**, der die Schlüsselpositionen im Bereich des Militärs, der Diplomatie und der Bürokratie innehatte. Aber sein exklusiver Führungsanspruch, der sich vor allem im Offizierskorps der Armee zeigte, war nicht mehr unumstritten, da die moderne Industriegesellschaft unter Führung der **Bourgeoisie den alten Eliten in zunehmendem Maße den Führungsanspruch streitig machte**. Dennoch verteidigte der Adel seine soziale Stellung zäh gegen die aufstrebende Bourgeoisie sowie gegen jegliche Emanzipations- und Partizipationsbestrebung von unten. Wirtschaftlich sank dagegen die Bedeutung des großgrundbesitzenden Adels immer stärker. Viele Großgrundbesitzer waren schon vor dem Ersten Weltkrieg hoch verschuldet. Da sie ihren überlieferten aristokratischen Lebensstil gefährdet sahen, wurden die Standesschranken z. T. durch „unstandesgemäße" Heiraten mit reichen Bürgertöchtern durchbrochen.
Wie der Adel grenzte sich auch das **Bürgertum** scharf gegenüber den unteren Schichten, insbesondere der Arbeiterschaft, ab. „Bürgerlich" wurde im Kaiserreich zu einem politisch-sozialen Verhalten und zu einem Lebensstil. Wie die Adelsgesellschaft achtete man auch in der bürgerlichen Gesellschaft auf die Hierarchie, und vor allem das **reiche Besitzbürgertum** passte seinen Lebensstil immer stärker dem des Adels an (**Aristokratisierung**). An die Stelle von Liberalität und Redlichkeit traten Materialismus, Durchsetzungsvermögen und Abgrenzung. Das weniger reiche **Bildungsbürgertum** entwickelte einen **„Bildungskult"**, verstand sich als kultureller Träger der Nation und fühlte sich allen anderen Schichten überlegen.
Dagegen aber regte sich vor allem in der bürgerlichen Jugend Widerstand, z. B. in der **„Wandervogelbewegung"**, die sich gegen die anonyme Verstädterung, gegen den rücksichtslosen inhumanen Materialismus wehrte und eine Art „Parallelkultur" entwickelte („Hinaus in die Natur").

Der politischen Einigung des Reiches standen die alten regionalen Trennungen und die konfessionelle Spaltung des Reiches gegenüber, vor allem Letztere war ein großes Hindernis auf dem Weg zur inneren Reichseinheit. Um den Staat zu einer einheitlichen Nation zu machen, glaubte man, eine **ideelle Legitimierung** des neuen Reiches zu benötigen. Die Berufung auf die reformatorische Tradition und die Betonung des Unterschieds zum Alten Reich vor 1806 wirkten aber einigend und spaltend zugleich: Sie verbanden zwar evangelische Liberale und evangelische Konservative („protestantisches Kaisertum"), evangelische Süd- und Norddeutsche, doch sie spalteten Protestanten und Katholiken und erklärten Letztere sogar zu Reichsfeinden, die der Staat im „Kulturkampf" erbittert bekämpfte.
Daher sollte eine neue Form der **nationalen Bewusstseinsbildung** die neue Staatsnation legitimieren und festigen. Aus der bisherigen deutschen Kulturnation sollte die kleindeutsche Staatsnation entstehen. Zudem sollten der liberale Nationalismus und das monarchische Prinzip miteinander verknüpft werden. Der einzelstaatliche Patriotismus sollte durch einen **uniformierenden Reichspatriotismus** ebenso überwunden werden wie die konfessionelle Spaltung. Dazu diente auch die **Politik der „negativen Integration"** unter Bismarck, d. h. der Kampf gegen sogenannte Reichsfeinde, der zu einer gemeinsamen Aufgabe aller „Patrioten" erklärt wurde (Kampf gegen den politischen Katholizismus und die Sozialdemokratie), sowie die **„Germanisierungspolitik"** (u. a. rigorose Sprachpolitik: Deutsch als einzige Amts-, Schul- und Gerichtssprache) im polnisch bewohnten Teil des Reiches.

Das Wahlthema 2, „Formierung politischer Interessen“, spricht zunächst den Reichstag als Organisationsplattform für die politischen Interessen an, hinzu kommen schließlich die Parteien und Verbände, die die politischen Interessen zum Ausdruck brachten. Aus diesem Wahlthema können folgende Beispiele gewählt werden:

In der Verfassung von 1871 fanden die Parteien als Interessenvertreter des deutschen Volkes keine Erwähnung. Dies ist ein deutlicher Hinweis darauf, dass die Grundlagen der deutschen Politik nicht im Reichstag und nur in geringem Maße von den Parteien gestaltet werden konnten. Der Reichstag als demokratisches Element der Reichsverfassung besaß gegenüber der Exekutive eine schwache Stellung, sodass insgesamt ein deutliches Übergewicht des alten monarchischen Prinzips im Reich herrschte und damit auch das Spannungsverhältnis zu liberalen und demokratischen Bestrebungen fortbestand.
Innenpolitisch wurde als Grundlage für die innere Reichseinigung ein besonderer „**Reichsnationalismus**“ propagiert, der eine „Ausgrenzungspolitik“ gegenüber sogenannten Reichsfeinden verfolgte und außenpolitisch im wilhelminischen Reich in hohem Maße chauvinistische Züge trug. Der „Einigungspolitik“ stand ein zunehmender **Pluralismus von Parteien und Verbänden** gegenüber. Diese wurden zwar in der Verfassung des Reiches nicht erwähnt und sie entschieden vor 1914 im Reichstag die Politik des Reiches nur in begrenztem Maße, aber als „**pressure groups**“ spielten sie in der Reichspolitik eine nicht zu unterschätzende Rolle. Alle Versuche, die Parteien zu bloßen wirtschafts- und sozialpolitischen Interessenvertretungen zu degradieren, schlugen letztlich fehl. So bestand immer eine **Spannung** zwischen dem **uniformierenden Obrigkeitsstaat** und den **partikularen Interessen** der sozialen Gruppen, vertreten in Parteien und Verbänden. Unter Letzteren waren der 1893 gegründete „Bund der Landwirte“ und der 1895 entstandene „Bund der Industriellen“ besonders einflussreich.

Ein dauerndes **Spannungsverhältnis** bestand auch zwischen der **Dominanz männlicher Werte** und der beginnenden **Frauenemanzipation**. Die Gesellschaft des Kaiserreiches war eine von Männern dominierte Gesellschaft. Die Ungleichheit von Mann und Frau war im Bürgerlichen Gesetzbuch, das im Jahr 1900 in Kraft trat, festgeschrieben. Die Frauen besaßen zwar einen vollgültigen Rechtsstatus, aber der Ehemann genoss als Familienoberhaupt gewichtige Vorrechte. So verfügte er z. B. über das gesamte Vermögen der Familie, auch über das, welches seine Frau in die Ehe eingebracht hatte. Das rückständige Scheidungsrecht ging allein vom Verschuldungsprinzip aus, das die Frauen benachteiligte. Frau wie Kinder standen unter der Vormundschaft des Mannes (**patriarchalische Gesellschaft**). Auch von der Politik waren die Frauen ausgeschlossen, sodass im Reich ein „männliches Politikmonopol“ (V. Ullrich) herrschte, denn man verweigerte den Frauen auch das aktive und passive Wahlrecht. Bis zum Beginn des 20. Jahrhunderts wurde Frauen zudem der Zugang zum Studium verwehrt. Nicht nur in der Schule war die Erziehung autoritär und an militärischen Werten orientiert, auch im Familienleben zählten diese männlichen Werte.
Gegen die Dominanz des Mannes in dieser patriarchalischen Gesellschaft regte sich seit den 1860er-Jahren **Widerstand einer bürgerlichen Frauenbewegung**, die sich 1894 im Bund Deutscher Frauenvereine (BDF) ein gemeinsames Organ schuf. Allerdings ging die Mehrheit der Frauen wie die Männer von einem gottgegebenen Unterschied im Wesen zwischen Mann und Frau aus und betonte die Rolle der Frau als Mutter und Hausfrau. Jedoch wurde der Frau eine besondere zivilisatorische und friedliche Kraft zugesprochen, die den Männern abginge. An politischer Emanzipation war diese Frauengruppe weniger interessiert als an der Anerkennung der weiblichen Tätigkeiten und der Frauenrolle als gleichwertig. Lediglich eine radikale, aber lautstarke Minderheit kämpfte auch für die volle politische und rechtliche Emanzipation der Frauen.

Das Wahlthema 3 geht vor allem auf Konflikte ein, die sich aus der besonderen politischen Kultur im Kaiserreich ergaben. Als Beispiele könnten der „Kulturkampf" und Bismarcks Kampf gegen die Sozialdemokratie erläutert werden.

Die **Spannungen zwischen** dem **religionskritischen Liberalismus**, der Bismarcks „negative Integrationspolitik" unterstützte, und dem **politischen Katholizismus** sind für das deutsche Kaiserreich besonders charakteristisch.
Anders als die Liberalen sah Bismarck im **konfessionellen Gegensatz** zwischen Protestanten und Katholiken keine Gefahr für die nationale Einheit des Reiches, zu der für die Liberalen auch ein gemeinsames Nationalbewusstsein gehörte. Die katholische Kirche zählte seit der Aufklärung zu den Gegnern des protestantischen Liberalismus, forderte sie doch die Unterordnung von Staat und Wissenschaft unter die Kirche. Die Verurteilung der Säkularisierung von Staat und Gesellschaft sowie der Moderne überhaupt durch das Papsttum widersprach dem Fortschrittsglauben und der Forderung nach Freiheit von Wissenschaft und Wirtschaft der Liberalen. Die Orientierung der Katholiken am Papsttum in Rom wurde von den Protestanten als Politik des „**Ultramontanismus**" verurteilt, weil sich diese Politik nicht am Interesse des Reiches und der Nation ausrichtete. Dass sich das Zentrum, die Partei des politischen Katholizismus, gegen die Führungsmacht Preußen wandte und mehr Föderalismus forderte, wurde als Beleg dafür gewertet, dass den deutschen Katholiken an einer Einheit des deutschen Nationalstaates nichts gelegen war. Daher wurde der Liberalismus zum Träger des von Bismarck vom Zaun gebrochenen **Kulturkampfes** gegen den politischen Katholizismus.
Doch der Kulturkampf gefährdete die Reichseinheit eher, als dass er sie gefestigt hätte. Denn das Verhältnis zwischen katholischer Kirche und Protestanten belastete das innenpolitische Klima über das Ende des Kaiserreiches hinaus. Durch die „Ausgrenzungspolitik" Bismarcks entwickelten die deutschen Katholiken ein eigenes politisches Bewusstsein und versuchten, sich dem umfassenden Machtanspruch des Staates zu entziehen. Obgleich sich die Katholiken schließlich auch mehrheitlich zum Nationalismus bekannten, bestimmte die konfessionelle Spaltung weiterhin das gesellschaftliche und politische Leben im Reich.

Ein weiteres Beispiel für den im Kaiserreich existierenden Dualismus ist das Spannungsverhältnis zwischen dem „paternalistischen Sozialmodell" und der nach politischer und sozialer Gleichberechtigung strebenden Arbeiterbewegung. Für die Stabilisierung des Reiches im konservativen Sinne griff Bismarck zum Mittel der „negativen Integration". Besonders die **Sozialdemokraten** waren in den Augen des Adels und des nationalen Bürgertums „**vaterlandslose Gesellen**", weil die Arbeiterbewegung internationalistisch war und gegen die Annexion von Elsass-Lothringen eingetreten war. Verdächtig waren sie auch wegen ihrer guten Beziehungen zur französischen Arbeiterbewegung. Die etablierten Gesellschaftsgruppen in Deutschland empfanden die Arbeiterbewegung wegen ihres revolutionären Charakters als eine Bedrohung für den sozialen Status quo und ihre politische Macht. Bismarck nutzte es für seine Politik aus, dass die Sozialdemokraten zu allen anderen politischen Kräften im Reich im Widerspruch standen. 1878 nahm Bismarck zwei Attentate auf Kaiser Wilhelm I. zum willkommenen Anlass, um die „Sozialistische Arbeiterpartei" (1875 gegr. und 1890 in SPD umbenannt) mit den Machtmitteln des Obrigkeitsstaates zu bekämpfen. Durch das Gesetz gegen die gemeingefährlichen Bestrebungen der Sozialdemokratie (**Sozialistengesetze**, 21. 10. 1878) wurden alle sozialdemokratischen, sozialistischen oder kommunistischen Versammlungen und Vereinigungen ebenso verboten wie sozialistische Druckerzeugnisse. Die Behörden durften gegebenenfalls Personen ausweisen und den Belagerungszustand ausrufen. Damit war die Arbeiterbewegung der Willkür von Polizei und Justiz ausgeliefert. Bis 1890 bestand ein „Zustand der Halblegalität" (V. Ullrich), da die SAP (SPD) weiterbestehen und sich auch an Wahlen beteiligen durfte, ihr aber alle Möglichkeiten des Wahlkampfes und der politischen Agitation untersagt waren; die Arbeiterbewegung war entrechtet.

Doch diese Repressionspolitik war erfolglos, denn sie bewirkte eine starke Solidarität innerhalb der weiter anwachsenden Arbeiterschaft, ohne die der moderne Industriestaat nicht funktionieren konnte. 1890 wurden die Sozialistengesetze zurückgenommen. Dennoch prägte ein wechselseitiges Misstrauen die deutsche Gesellschaft über die Kaiserzeit hinaus. Auf das Scheitern der Repressionspolitik reagierte Bismarck mit einer fortschrittlichen staatlichen Sozialpolitik. Die 1883 einsetzende **Sozialgesetzgebung** war Folge eines konservativ-patriarchalischen Verantwortungsgefühls und des konservativen Misstrauens gegen den bürgerlichen Kapitalismus, vor allem aber war sie wichtiger Bestandteil der konservativen Stabilisierungspolitik und damit Teil der „**inneren Reichsgründung**". Denn durch sie sollten die Arbeiter mit dem Reich versöhnt und zu „guten Staatsbürgern" gemacht werden. Das Ziel, den Einfluss der Sozialdemokratie zu mindern, wurde aber nicht erreicht, weil sich an der kapitalistischen Ausbeutung der Arbeiter nichts änderte und das politische Selbstbewusstsein der Arbeiterschaft schon zu stark geworden war; ihr ging es nicht nur um wirtschaftliche und soziale Gerechtigkeit, sondern um politische Partizipation.
Durch die Anfeindungen entwickelte die Arbeiterbewegung eine „Parallelkultur" mit eigener Abgrenzungsmentalität gegenüber der bürgerlichen Gesellschaft und dem „Klassenstaat", in dem sich das reaktionäre „Junkertum" mit der Bourgeoisie gegen die Arbeiterschaft verbunden hatte. Der Ausschluss der Arbeiterbewegung von der Macht und aus der Beamtenschaft führte zu einer „**Oppositionskultur**" in der SPD, die später in der Weimarer Republik die Regierungsarbeit behinderte.

3. *Der Operator „überprüfen" verlangt von Ihnen die kritische Auseinandersetzung mit einer Behauptung oder Problemstellung (AFB III). Sie sollen die Frage klären, inwieweit die Mehrheitssozialdemokraten zu Beginn der Weimarer Republik Strukturen des Kaiserreiches überwunden haben oder nicht. Zur Begründung Ihrer eigenen These sollen Sie drei selbstgewählte Beispiele heranziehen.*

Die für die Überprüfung notwendigen Beispiele könnten folgenden Bereichen entnommen werden:

Verfassung und Verfassungswirklichkeit:
Die Weimarer Reichsverfassung stand in der demokratischen Tradition der 1848er-Revolution und entsprach dem Verlangen der sozialdemokratischen Führung nach Volkssouveränität und Partizipation im Rahmen einer **parlamentarischen Demokratie**. Die Errichtung einer demokratischen Republik lag ganz auf der Linie der SPD. Der alte Obrigkeitsstaat sollte durch den **Grundsatz der Wählbarkeit**, der nicht nur für die Legislative, den Reichstag, sondern auch für das neu geschaffene Amt des Reichspräsidenten galt, überwunden werden. Das demokratische Wahlrecht galt nun erstmals auch für Frauen. Hinzu kamen **plebiszitäre Elemente**, durch die die Partizipation des Volkes und die Machtkontrolle erweitert wurden: das Recht auf Volksbegehren und Volksentscheid.
Entgegen der Verfassung des Kaiserreiches wurde die Regierung an das Parlament, den gewählten Reichstag, gebunden. Der Reichskanzler und jeder einzelne Minister bedurften des **Vertrauens des Reichstages**, dessen Befugnisse somit beträchtlich ausgeweitet wurden: Er besaß das Kontrollrecht und das Recht auf ein Misstrauensvotum sowie das Gesetzgebungsrecht, wodurch die Macht der Exekutive erheblich eingeschränkt wurde.
Allerdings wirkte die **herausgehobene Stellung des Reichspräsidenten** wie die eines „**Ersatzkaisers**". Die Elemente einer eher „präsidiellen Demokratie" mit der **Kumulierung von Kompetenzen** des Reichspräsidenten erinnerten an den Obrigkeitsstaat und die Fortsetzung monarchischer Macht: So besaß der Reichspräsident das Recht, den Reichstag aufzulösen (Art. 25); er war Oberbefehlshaber der Reichswehr (wie einst der Kaiser); er ernannte und entließ den Reichskanzler und die Reichsminister (Art. 53); er konnte einen Volksentscheid herbeiführen. Bei seinen Handlungen konnte er sich auf den „Volkswillen" berufen, da er direkt vom Volk gewählt wurde. Vor allem besaß er das **Notverordnungsrecht**, durch das Grundrechte eingeschränkt oder aufgehoben werden konnten (Art. 48 als „Diktaturarti-

kel"). Letztlich bot ihm die Verfassung sogar die Möglichkeit, durch die Kombination der Artikel 25, 48 und 53 den Reichstag auszuschalten, da versäumt wurde, die zur Durchführung bestimmten Gesetze zu verabschieden. Es hing daher von der Person des Reichspräsidenten ab, ob er seine Befugnisse im Sinne der demokratischen Ordnung einsetzte.

Verwaltung und Justiz:
Besonders im Bereich der Verwaltung und Justiz hatten die nationalistischen und obrigkeitsstaatlichen Eliten des Kaiserreiches überlebt. Denn die demokratischen Parteien, vor allem die Mehrheitssozialdemokraten, hatten es versäumt, diese „**negative Kontinuität**" zu beseitigen. Dadurch wurden der notwendige Bruch mit der „politischen Kultur" des Kaiserreichs sowie eine grundlegende Demokratisierung von Staat und Gesellschaft verhindert. Der Grundsatz der Pressefreiheit konnte von Verfassungsfeinden, welche demokratische Politiker wie Reichspräsident Ebert als „Verbrecher" und „Volksverräter" diffamierten, ausgenutzt werden, ohne dass die verantwortlichen Redakteure von der Justiz dafür angemessen bestraft oder überhaupt belangt worden wären.
Der schnelle Wandel ab 1918 verhinderte in den Augen der SPD-Führung die Möglichkeit einer grundlegenden „Säuberung" des Staatsapparates, was sich für die Demokratie als nachteilig herausstellte. Denn insbesondere die **Justiz** erwies sich als „**auf dem rechten Auge blind**". Dadurch förderte die Justiz den Rechtsradikalismus und sie unterlief selbst das 1922 verabschiedete „Republikschutzgesetz", das eigentlich jede demokratiefeindliche Agitation und Handlung unter Strafe stellte.

Reichswehr als „Staat im Staate":
Während des Kaiserreiches hatte die Sozialdemokratie eine Unterwerfung der Armee und der Militärpolitik unter die Kontrolle durch das Parlament gefordert; eine Sonderstellung des Militärs war ihrer Meinung nach mit der Demokratie nicht vereinbar. Doch angesichts der revolutionären Ereignisse und aus Furcht vor einer bolschewistischen Revolution beschloss die Führung der Mehrheitssozialdemokraten (Ebert) noch im November 1918, mit der Obersten Heeresleitung (OHL) zu kooperieren. Das „**Ebert-Groener-Abkommen**" sicherte einerseits der neuen Regierung die Loyalität der OHL zu, andererseits versprach die Regierung, die militärischen Strukturen unangetastet zu lassen. Während der „Januarunruhen" 1919 (Spartakus-Aufstand) „bewährte" sich das Bündnis, wobei sich die Regierung nicht nur auf reguläre Truppen stützte, sondern sich auch nicht scheute, Freiwilligenverbände, sogenannte Freikorps, einzusetzen, die zwar bereit waren, die Linke zu bekämpfen, aber selbst keine Demokraten waren.
Die demokratischen Regierungen schafften es zu keinem Zeitpunkt, die Armee zu demokratisieren oder ihr ein demokratisches Bewusstsein zu vermitteln. Durch ihren Einsatz gegen die Linken wurde die Armee zwar einerseits legitimiert, andererseits wurde aber auch ihr Selbstbewusstsein, das durch Revolution und Kriegsniederlage erheblich gelitten hatte, neu gestärkt. Die Regierung konnte die Armee nicht demokratisieren – sie hat es auch nicht versucht –, aber sie wollte die Armee neutralisieren. Dies kam den Interessen der Armeeführung entgegen, die es den Soldaten untersagte, an Wahlen und Abstimmungen teilzunehmen und sich politisch zu betätigen. Unbeeinflusst von der Regierung entwickelte die Reichswehr die These vom „**unpolitischen Soldaten**". Die Reichswehr wurde zu einem „**Staat im Staate**"; sie entzog sich ähnlich wie im Kaiserreich weitgehend der parlamentarischen Kontrolle. Deutliches Zeichen für die Sonderstellung der Reichswehr war der „Flaggenstreit", in dem sich die Armeeführung gegen die demokratische Regierung durchsetzte: Die Armee behielt die alte schwarz-weiß-rote Flagge des Kaiserreiches.
Die Reichswehr stand zudem in einem dauernden Konflikt mit der geltenden Rechtsordnung, da sie heimlich die Rüstungsbeschränkungen umging und einen Grenz- und Landesschutz aufbaute, was sie zwangsläufig in Verbindung mit rechtsradikalen Kräften brachte. In der Reichswehr bestand das alte Wertesystem der kaiserlichen Armee fort, die Demokratie blieb den Soldaten fremd. Die Armee sympathisierte mit Gruppen, die der Demokratie zumindest distanziert, wenn nicht sogar feindlich gegenüberstanden. Denn für die Offiziere war die

Republik das Ergebnis eines illegitimen Aktes, den sie wieder rückgängig machen wollten, ohne aber ihren Eid auf die Republik zu verletzen.
Der Staatsapparat, besonders Justiz und Reichswehrführung, verharrten in ihrer konservativ-monarchischen Grundhaltung und verhielten sich dem demokratischen Staat gegenüber nur formal loyal. Die Politik der SPD-Führung, Bürokratie, Justiz und Armee keiner „Säuberung" zu unterziehen und von ihnen keine besondere demokratische Einstellung zu verlangen, wird daher heute oft kritisiert.

4. *Die Aufgabenstellung verlangt von Ihnen nicht nur, dass Sie die wichtigsten „Argumente" Hitlers korrekt und in eigenen Worten wiedergeben können, sondern dass Sie deutlich machen, welche dieser „Argumente" für Hitler besonders werbewirksam waren und welche Wünsche, Bedürfnisse und Interessen er damit ansprechen wollte. (AFB I)*

Hitler versucht in seiner 1932 gehaltenen Rede die Wähler für sich und die NSDAP zu gewinnen, indem er für seine Vorstellung einer alle Gesellschaftsschichten integrierenden „neuen **Volksgemeinschaft**" wirbt (Z. 10). In ihr sollten die Interessen des ganzen Volkes und die der Nation als übergeordnetes Gebilde eine feste Einheit bilden. Er spricht damit das im Volk weit verbreitete Bedürfnis nach einem Ende des als destabilisierend empfundenen Parteienstreits sowie das **Bedürfnis nach Harmonie und sozialer Ruhe** an. Daher betont Hitler immer wieder die Überwindung von Spannungen und Konflikten in der Gesellschaft, seien sie regionaler, konfessioneller, sozialer oder ideologischer Natur, als Voraussetzung für eine angebliche Gesundung von Staat und Gesellschaft in der „Volksgemeinschaft". Von den sozialen Konflikten zwischen Proletariat und Bürgertum würde allein „die internationale Hochfinanz" (Z. 6 f.) profitieren. **Hitler appelliert** so **an das Nationalgefühl der Deutschen**. Einen Sozialismus ohne die enge Verbindung mit dem Nationalismus könne es ohnehin nicht geben; denn ein Sozialismus ohne Nationalismus sei international und damit jüdisch.
Nur die „Volksgemeinschaft" werde „Klassenwahnsinn[…]" und „Standesdünkel[…]" überwinden (Z. 25). Hitler greift damit sowohl die Marxisten als auch die traditionellen Eliten an, die Schuld an der Instabilität und Machtlosigkeit des Reiches trügen. An die Stelle der bestehenden Gesellschaft sollte eine **egalitäre Gesellschaft** treten, **getragen von einer einigenden, gemeinsamen Ideologie**. Diese neue Gesellschaft bezeichnet Hitler als „gläubige Gemeinschaft" (Z. 24), deren Aufgabe es sei, „den Kampf für die Erhaltung unserer Rasse aufzunehmen" (Z. 26 f.). Nur eine geschlossene Gemeinschaft besitze die notwendige Stärke, gegen alle Feinde zu bestehen. Hitler appelliert also an das durch Kriegsniederlage und wirtschaftliche Krise beeinträchtigte National- und Gemeinschaftsgefühl der Deutschen. Zudem deutet er an, wer in seinen Augen die Schuld am angeblichen Niedergang des Reiches trägt: Marxisten und Juden.

5. *In der Beschreibung sollen – als notwendige Voraussetzung für die Erläuterung der Inhalte (Gestaltung, Funktion und beabsichtigte Wirkung) – die konkreten Bild- und Textelemente vorgestellt werden. Die Bildbeschreibung soll dabei eine eigenständige Leistung sein. Eine Vermischung von Beschreibung und Erläuterung ist zulässig. (AFB II)*

Die auf der Titelseite dieser „Wahlnummer" des Kladderadatsch" am 29. März 1936 abgedruckte Karikatur zeigt eine junge Frau mit vielen Geschenkpackungen als „**Germania**". In ihrem Aussehen und ihrer Haartracht entspricht diese „Germania" dem **Idealbild der Nationalsozialisten von der „deutschen Frau**". Sie blickt dem Betrachter fest und direkt in die Augen. Hinter ihr, oberhalb ihrer rechten Schulter, von Kopf und Rücken teilweise verdeckt, aber doch eindeutig erkennbar, ist das Symbol des Nationalsozialismus, das Hakenkreuz, zu sehen. Die vielen Geschenkpackungen, auf die sich die links oben neben der „Germania" stehenden Worten „Reich beschenkt" beziehen, verweisen auf die angeblichen Leistungen des nationalsozialistischen Regimes zwischen 1933 und März 1936, z. B. den Abbau der

Arbeitslosigkeit, die Wiedereingliederung des Saarlandes und die Wiedererlangung der militärischen Souveränität 1935.
Der Zeichner greift mit der „Germania" eine in der ersten Hälfte des 19. Jahrhunderts aufgekommene, in allen sozialen Schichten bekannte **Mystifizierung des deutschen Reichsgedankens** auf, durch die das Reich in eine lange germanisch-deutsche Tradition gestellt wurde und die zugleich die Abwehr gegenüber den „Welschen", besonders gegenüber Frankreich, symbolisierte. Hier ist die „Germania" eindeutige Trägerin eines Wahlaufrufes zugunsten Hitlers, ohne dass sein Name direkt genannt wird. Aber die „Germania", Teil des Reichsmythos, verstärkt den Appell an das deutsche Volk, geschlossen Hitler zu wählen: „Meine Stimme hat er!". Wer also nicht für Hitler stimmt, steht außerhalb der Nation, die ja von der „Germania" verkörpert wird.
Der Zeichner macht auch deutlich, dass es bei der Wahl um eine **Abstimmung zugunsten Hitlers als „Führer" der Nation** geht, nicht aber um eine wirkliche Wahl, denn die gab es in Deutschland nicht mehr. Betont wird zudem, dass die Entscheidung für Hitler auch ein „Dank" für die angeblichen Wohltaten des Dritten Reiches an das Volk ist. Somit entlarvt sich das Bild als bloße **Propaganda**, um die Wähler für Hitler zu mobilisieren. Der Karikatur selbst fehlt das Eigentliche einer Karikatur: die hintersinnige, verschlüsselte Kritik.

6. *Der Operator „erklären" verlangt von Ihnen, dass Sie Ihr historisches Wissen über die Innen- und Außenpolitik Hitlers bis 1936 strukturiert darstellen und schlüssig auf die Fragestellung konzentrieren bzw. reduzieren können. (AFB II)*

Die von Hitler in seiner Wahlrede (M 2) propagierte nationalsozialistische Ideologie von einer „**Volksgemeinschaft**", in der alle „**Klassengegensätze" und sozialen Unterschiede aufgehoben** sein würden, kam den Ängsten der Bürger vor gewaltsamen Auseinandersetzungen, „Klassenkampf" und vor einer Revolution sowie dem ausgeprägten Bedürfnis nach Harmonie, innerem Frieden, nach Schutz und Geborgenheit entgegen. Nach den Jahren der inneren Zerrissenheit und bürgerkriegsähnlicher Zustände zwischen 1930 und 1933 sehnten sich viele Menschen in Deutschland nach Frieden und Ruhe. Den noch stark in der obrigkeitsstaatlichen Tradition stehenden Deutschen waren die Auseinandersetzungen in einer pluralistischen Gesellschaft, besonders aber der „Parteienstreit", ohnehin als nationale Bedrohung vorgekommen; Einheit und Einigkeit waren in ihren Augen notwendige Grundlagen für Aufstieg, Erhalt und Stärke der Nation. Indem Hitler gerade dies versprach, machte er sich die Wünsche der meisten Deutschen zu eigen.
Aus der Karikatur (M 3) geht hervor, dass die Nationalsozialisten Lösungen für die zentralen Probleme anboten, die von den meisten Deutschen als vorrangig und dringlich angesehen wurden: Die **Bewältigung der Arbeitslosigkeit**, eine der Massenverarmung entgegenwirkende **Sozialpolitik**, die **Abwehr des „Bolschewismus"** und die **Überwindung des** als nationale Demütigung empfundenen **Systems von Versailles**, dem die Schuld am deutschen „Elend" gegeben wurde.
Die erhebliche Verbesserung auf dem Arbeitsmarkt bis 1936 zeigte in den Augen der meisten Deutschen, dass das nationalsozialistische Regime, anders als die Regierungen zuvor, in der Lage war, der Massenarbeitslosigkeit Herr zu werden. Dies unterstützte die Wirkung der nationalsozialistischen Propaganda von der „neuen" nationalen Einheit in der „Volksgemeinschaft".
Bereits seit Juni 1933 schienen Aktivitäten der Regierung deren wirtschaftliche Kompetenz und Fähigkeit, die Wirtschaftskrise zu überwinden, zu beweisen: Es wurden populäre Maßnahmen zur Ankurbelung der Bauindustrie sowie zur Förderung von Investitionen zur Innovation technischer Anlagen erlassen. Durch die Abschaffung der Kfz-Steuer sollte die Automobilindustrie angekurbelt werden. Weitere Gesetze sollten die Krise der Landwirtschaft überwinden und die Versorgung mit Nahrungsmitteln sichern. Die Arbeitslosen sollten durch den „**Reichsarbeitsdienst**" (1935) in den Arbeitsprozess integriert werden. Vor allem durch die Wiederaufrüstung ab 1935 erfuhr die Wirtschaft einen starken Aufschwung, der schon

1936 deutlich spürbar war. Zugleich verringerten sich die Arbeitslosenzahlen beträchtlich, da die Soldaten in der Arbeitsmarktstatistik nicht mehr als Arbeitslose geführt wurden. Die Nationalsozialisten profitierten aber auch von den positiven Maßnahmen der Weimarer Zeit: Produktionskosten und Löhne waren in der Krise deutlich gesunken, konjunkturfördernde Maßnahmen wie der staatlich finanzierte Ausbau der Infrastruktur vorbereitet worden.

Die Propaganda betonte einseitig die „Leistungen" des NS-Regimes und lenkte die Deutschen mittels „Feindbilder" von eigenen Problemen und Missständen ab, wobei dem Regime das **Informationsmonopol** entgegenkam. Tatsächlich stiegen die Preise für landwirtschaftliche Produkte vor allem bis 1934 stark an, während die Löhne aber auf dem niedrigen Stand der Jahre 1930 bis 1932 stagnierten. Doch die Verbesserungen auf dem Arbeitsmarkt verdrängten dies.

Die propagierte „Volksgemeinschaft" aller Deutschen, aus der jedoch Regimegegner und vor allem die deutschen Juden ausgeschlossen waren, zeigte sich äußerlich in der „**Deutschen Arbeitsfront**" (DAF) und in ihrer Organisation „**Kraft durch Freude**". Durch ein großes Angebot an Freizeitgestaltungsmöglichkeiten sollten die Arbeiter für das Regime gewonnen werden. Besonders die organisierten Urlaubsreisen trugen viel zur Popularität des NS-Regimes bei.

Die Rückgewinnung der **vollen Souveränität** durch die „**Wehrhoheit**" 1935 war in den Augen der meisten Deutschen ein bedeutender Schritt auf dem Weg zur alten Großmachtstellung und Größe des Reiches und wurde daher als besondere Leistung des Regimes gewürdigt.

Dennoch ließen sich nicht alle Deutschen von den „Leistungen" des Dritten Reiches blenden, sodass das Regime auf den **Auf- und Ausbau des Zwangsstaates** nicht verzichten konnte und wollte. Der durch die „**Reichstagsbrandverordnung**" vom 28. Februar 1933 legitimierte Ausnahme- und „**Terrorstaat**" bedrohte permanent seine Bürger, für die es in Deutschland keine Rechtssicherheit und keinen Schutz vor dem Staat mehr gab. Die in der Öffentlichkeit bekannten Konzentrationslager und die Drohung mit KZ-Haft bewirkten Angst, zumal hier eine richterliche Nachprüfung des Einlieferungsgrundes nahezu unmöglich war. Zudem lagen Haftdauer und Haftbedingungen allein im Ermessen der SS.

Ab 1936 unterstand dem Reichsführer SS als Chef der Deutschen Polizei der gesamte Polizeiapparat im Reich; er verfügte damit über ein allumfassendes Netzwerk der Kontrolle, Überwachung und Erfassung.

M 1: Aus einem Wahlwerbeschreiben Konrad Adenauers (August 1957)

Meine lieben Landsleute,

seit acht Jahren trage ich die Verantwortung für die deutsche Politik. Heute wende ich mich an Sie, um Ihnen für das Vertrauen zu danken, das Sie mir in dieser langen und schicksalsschweren Zeit geschenkt haben. […]

Im Jahre 1949 waren wir noch ein verarmtes und rechtloses Volk. Die Schatten des verlorenen Krieges verdunkelten unser Leben.

Sie haben es miterlebt, wie sich die Dinge Schritt für Schritt zum Besseren gewendet haben. Heute stehen wir wieder fest auf eigenen Füßen. Die Bundesrepublik ist ein souveräner, gleichberechtigter Staat. Unsere Stimme wird gehört: in Washington, London, Paris und in Moskau. <u>Wir sind nicht mehr allein</u>. Die Mächte der freien Welt sind unsere Freunde; sie verbürgen unsere Sicherheit. Sie haben auch unsere Forderung auf Wiedervereinigung unseres zerrissenen Vaterlandes, die wir aus eigener Kraft nicht durchsetzen können, zum Ziel ihrer Politik gemacht.

Die deutsche Wirtschaft hat einen großen Aufschwung genommen. Die D-Mark ist stabil, sie ist mit dem Dollar und dem Schweizer Franken die <u>beste Währung der Welt</u>. […]

Der Lebensstandard in der Bundesrepublik ist von Jahr zu Jahr gestiegen; jeder hat seinen Teil davon bekommen. Wir haben über die Sorge für die Schaffenden in Stadt und Land auch das Alter nicht vergessen: die Rentenreform sichert heute allen, die nicht mehr im Berufsleben stehen, einen sorgenfreien Lebensabend.

Glauben Sie, daß dieser Aufstieg aus dem Nichts ein Zufall war? Gewiß, Sie haben oft über Ihre Kräfte hinaus gearbeitet. Aber auch unsere Brüder und Schwestern in der Sowjetzone sind in diesen Jahren fleißig gewesen. Wie sieht jedoch ihr Leben aus? Sie hatten nicht das Glück, in Freiheit eine Regierung zu wählen, die für das Wohl des gesamten Volkes arbeitet. Ein unbarmherziges System, das auf den Menschen und seine Bedürfnisse keine Rücksicht nimmt, hat sie um die Früchte ihres Schaffens betrogen. […]

Wenn unsere Gegner jetzt im Wahlkampf erklären, sie wollten aus der NATO, der als stärkste Macht die Vereinigten Staaten angehören, austreten, so kann ich nur hoffen, <u>daß Ihre Wahlentscheidung uns alle vor einem solchen Unheil bewahrt</u>. Ein Volk, das nicht bereit ist, seine Freiheit zu verteidigen, gibt sich selbst auf. Wie sollen wir von unseren Verbündeten erwarten, daß sie uns schützen, wenn wir nicht die gleichen Opfer auf uns nehmen wie sie? Der Wille der Sowjetunion, die Welt zu erobern, besteht nach wie vor. <u>Wir dürfen vor der kommunistischen Gefahr nicht die Augen verschließen</u>. […] Es liegt bei Ihnen, meine lieben Landsleute, ob die erfolgreiche Politik der Bundesregierung in den nächsten vier Jahren fortgesetzt werden kann oder nicht. Es erscheint mir ein Gebot der Klugheit, <u>jetzt keine Experimente zu machen</u>.

Original in Privatbesitz

Unterstreichungen entsprechen dem Original.

M 2: Ausgewählte Daten zur wirtschaftlichen Entwicklung der Bundesrepublik Deutschland

Durchschnittlich jährliche Zuwachsrate des Bruttoinlandsproduktes der westdeutschen Wirtschaft		
1948–1953	1954–1957	1958–1962
8,2 %	7,9 %	5,5 %

Nach: Statistisches Bundesamt: Datenreport 1992, Bonn 1992, S. 267.

Jahr	Arbeitslosenzahl absolut in 1 000	Arbeitslosenquote	Bruttolöhne und Gehälter	Industrielle Produktion
1950	1 580	10,3 %	Index 1950 = 100	Index 1950 = 100
1951	1 432	9,0 %	116	118
1952	1 379	8,4 %	125	126
1953	1 259	7,5 %	133	139
1954	1 221	7,0 %	140	155
1955	928	5,1 %	151	178
1956	761	4,0 %	163	192
1957	662	3,4 %	171	203
1958	683	3,5 %	182	209
1959	476	2,5 %	192	225
1960	235	1,2 %	205	249

Erhard, Ludwig: Deutsche Wirtschaftspolitik. Der Weg der sozialen Marktwirtschaft, Düsseldorf 1962, S. 623 f.

M 3: Aus der Erklärung von US-Außenminister George P. Shultz vor dem Außenpolitischen Ausschuss des Senats (15. 6. 1983)

Wir und die Sowjets haben völlig verschiedene Ziele und Vorstellungen von politischer und moralischer Ordnung; diese Unterschiede werden nicht bald verschwinden. Jede andere Annahme ist wirklichkeitsfremd. Gleichzeitig haben wir das grundlegende gemeinsame Interesse, Krieg zu vermeiden. Dieses gemeinsame Interesse veranlaßt uns, auf Beziehungen zwischen unseren Staaten hinzuarbeiten, die für die ganze Menschheit zu mehr Sicherheit in der Welt führen können.

Dies ist das zentrale Ziel, das wir angestrebt haben, seit diese Regierung im Amt ist. Wir wollen nicht – und wir müssen nicht – die Aussicht einer endlosen und gefährlichen Konfrontation mit der Sowjetunion als unausweichlich hinnehmen. Denn wenn wir das tun, dann werden viele der großen Ziele, die die Vereinigten Staaten in weltweiten Fragen anstreben – Frieden, Menschenrechte, wirtschaftlicher Fortschritt, nationale Unabhängigkeit –, ebenfalls außer Reichweite bleiben. […]

Die Entspannungspolitik stellte selbstverständlich einen Versuch dar, die Sowjets zu mehr Zurückhaltung zu veranlassen. […]

Anders als die Politik der Eindämmung geht unsere Politik von der klaren Erkenntnis aus, daß die Sowjetunion eine Supermacht mit weltweiten Interessen ist und bleiben wird. Als Reaktion auf die Lektionen, die uns durch das Verhalten dieser Supermacht in den letzten Jahren erteilt wurden, geht unsere Politik […] von der Annahme aus, daß es wahrscheinlicher ist, daß die Sowjetunion von unseren Maßnahmen, die ihr die mit einer Aggression verbundenen Risiken verdeutlichen, eher abgeschreckt wird als durch ein zerbrechliches Netz der Interdependenz*.

Unsere Politik beruht weder auf Vertrauen noch auf einem sowjetischen Sinneswandel. Sie beruht auf der Erwartung, daß die Sowjetunion, wenn sie sich der erneuerten Entschlossenheit des Westens zur Verstärkung seiner Verteidigungskraft, zur Förderung seines politischen und wirtschaftlichen Zusammenhalts und der Absage an politische Abenteuer gegenübersieht, Zurückhaltung als die vorteilhafteste oder auch als die einzige Option ansehen wird.

Wireless Bulletin No. 108 vom 15. Juni 1983, S. 1–6.

**wechselseitige Abhängigkeit*

Aufgaben:

1. Arbeiten Sie aus M 1 heraus, wie Adenauer um seine Wähler wirbt. — 10 VP
2. Beschreiben Sie die Statistiken (M 2) nach formalen und inhaltlichen Gesichtspunkten. — 08 VP
3. Erläutern Sie vier Ursachen der in M 1 und M 2 angesprochenen wirtschaftlichen und sozialen Entwicklungen in der BRD der 50er Jahre sowie politische Auswirkungen dieser Entwicklungen. — 12 VP
4. Beurteilen Sie Adenauers Behauptung, die Politik der Sowjetunion habe auf die Eroberung der Welt abgezielt (M 1 Z. 33 f.), vor dem Hintergrund der internationalen Konfliktlage zwischen 1945 und 1965. — 12 VP
5. Arbeiten Sie aus M 3 die außenpolitischen Ziele der Regierung Reagan heraus. — 08 VP
6. Vergleichen Sie ausgehend von M 3 das außenpolitische Handeln der Regierung Reagan mit der Außenpolitik früherer US-Regierungen seit 1945 anhand von zwei Beispielen Ihrer Wahl. — 10 VP

60 VP

Lösungsvorschlag

1. *Der Operator „herausarbeiten“ gehört in den Anforderungsbereich „Reproduktionsleistungen“ (AFB I). Er verlangt, dass Sie den Text nicht nur paraphrasieren, sondern die Inhalte unter bestimmten Gesichtspunkten wiedergeben.*

Konrad Adenauer (CDU) wirbt in dem vorliegenden Schreiben (M 1) vom August 1957 um das Vertrauen seiner Wähler für eine dritte Legislaturperiode. Er befindet sich zu diesem Zeitpunkt auf dem Höhepunkt seiner politischen Karriere. Insgesamt wirbt er mit vier Gesichtspunkten, die wesentliche Aspekte seiner Außen- und Innenpolitik beinhalten:

Zunächst stellt er heraus, dass die Bundesrepublik Deutschland inzwischen ein souveräner und geachteter Staat sei. Er hebt vor allem die **Westintegration** hervor: „Wir sind nicht mehr allein. Die Mächte der freien Welt sind unsere Freunde“ (Z. 10 f.). Zweiter Gesichtspunkt ist die **Wirtschaft**, genauer der wirtschaftliche Aufschwung („Wirtschaftswunder“), der mit der Stabilität der Währung und einer Steigerung des Lebensstandards in Zusammenhang gebracht wird. Adenauer nennt als dritten Gesichtspunkt die **soziale Sicherheit**. In diesem Zusammenhang verweist er auf die Rentenreform (Einführung der „dynamischen Rente" 1957), die einen „sorgenfreien Lebensabend" (Z. 20) gewährleiste, und die Verteilungsgerechtigkeit („jeder hat seinen Teil davon bekommen" Z. 17 f.).

Im Hinblick auf die Lage der „Brüder und Schwestern in der Sowjetzone" (Z. 22 f.) kommt der vierte Gesichtspunkt zum Tragen: der **Antikommunismus**, eine Gefahr, vor der nur die NATO und die Vereinigten Staaten – also die Westmächte – schützen könnten. Der Sowjetunion unterstellt er umstandslos, die Welt erobern zu wollen. Daraus ergibt sich der klare Appell seines Schreibens, wonach nur das Festhalten an der bisherigen Nachkriegspolitik die Gewähr biete, dass die Erfolge derselben nicht zur Disposition gestellt würden: „keine Experimente" (Z. 37), so lautete auch der wichtigste Wahlslogan im Jahr 1957.

Bei diesem Schreiben handelt es sich um eine **Identifikationskampagne**, wie sie für Regierungsparteien typisch ist. Der Erfolg des Landes wird mit dem erfolgreichen Wirken der Regierung gleichgesetzt. Dabei bedient sich Adenauer des Mittels der scharfen Kontrastierung, sodass die negative Darstellung der DDR das einseitig positive Bild der Bundesrepublik Deutschland zusätzlich betont. Von einem „verarmte[n] und rechtlose[n] Volk" (Z. 5) zu einem „souveräne[n], gleichberechtigte[n] Staat" (Z. 8 f.); die „Freiheit" des Westens steht gegen den Welteroberungswillen der Sowjetunion, der Wohlstand der Bundesrepublik gegen das System der „Sowjetzone", das seine Bürger „um die Früchte ihres Schaffens betrogen" (Z. 26) habe.

Im zweiten Teil des Schreibens wird hauptsächlich mit dem **Motiv der Angst** gearbeitet. Ein Regierungswechsel setze alles Erreichte aufs Spiel, da die politischen Gegner aus der NATO austreten wollten.

Auffällig an Adenauers Argumentation ist, dass er das Thema **Wiedervereinigung** nur am Rande thematisiert. Es taucht im Zusammenhang mit den „Mächte[n] der freien Welt" auf, die dieses Ziel der westdeutschen Politik zu ihrem eigenen gemacht hätten (Z. 10 ff.). Adenauer war sich allem Anschein nach bewusst, dass er mit diesem Thema nicht punkten konnte, da sich Westorientierung und Wiedervereinigung tendenziell eher auszuschließen schienen.

2. *Der Operator „beschreiben" gehört in den Anforderungsbereich „Reproduktionsleistungen" (AFB I). Die Aufgabenstellung verlangt von Ihnen, dass Sie die formalen und inhaltlichen Gesichtspunkte der Statistiken schlüssig wiedergeben.*

Die Statistiken M 2 zeigen, basierend auf amtlichen Daten, die wichtigsten **Kennziffern des ökonomischen Erfolgs** der Nachkriegszeit („Wirtschaftswunder") als Zahlenreihen in Tabellenform: Bruttoinlandsprodukt, Arbeitslosigkeit, Löhne/Gehälter und industrielle Produktion. Dabei wird auf die drei gängigsten Zahlenarten zurückgegriffen: absolute Zahlen, prozentuale Angaben und Indexzahlen. Prozentzahlen verdeutlichen besser als absolute Zahlen die Relevanz der jeweiligen Angaben. 662 000 Arbeitslose im Jahr 1957 mögen eine große Zahl darstellen, die dazugehörige Arbeitslosenquote von 3,4 % würde man aus heutiger Sicht dagegen als Vollbeschäftigung bezeichnen. Indexzahlen wiederum sind am besten geeignet, eine Entwicklung zu verdeutlichen. Hier beispielsweise die Verdoppelung der Löhne und Gehälter von 1950 bis 1960. Außerdem eignen sie sich besonders gut zum Vergleich verschiedener Dynamiken auf der Basis desselben Jahres. Die gewählten Zeitintervalle schwanken in der ersten Statistik zwischen vier und sechs Jahren, sind also scheinbar willkürlich gewählt. Die zweite Statistik betrachtet die einzelnen Jahre im Zeitraum von 1950 bis 1960.

Inhaltlich zeigt die zweite Statistik eine kontinuierliche Abnahme der Arbeitslosigkeit im ersten Jahrzehnt der Bundesrepublik, sodass man von **Vollbeschäftigung** sprechen kann. Die Wachstumsraten des BIP bewegen sich auf einem hohen, aber tendenziell fallenden Niveau. Löhne und Gehälter verdoppeln sich in zehn Jahren, wobei sich allerdings die industrielle Produktion im selben Zeitraum um das Zweieinhalbfache vergrößert. Damit zeigt die Statistik ein **einseitig positiv gefärbtes Bild der deutschen Nachkriegswirklichkeit**, was allerdings nicht verwunderlich ist, da Ludwig Erhard, der Verfasser des Buches, aus dem diese Zahlen stammen, als „Vater des Wirtschaftswunders" gilt. Bei genauerer Betrachtung fällt erstens auf, dass der Index der Bruttolöhne und Gehälter Steuern und Sozialabgaben enthält, die selbstverständlich auch gestiegen sind, ohne dass erkennbar wäre, ob sie proportional oder überproportional gewachsen sind. Zweitens fehlt jeglicher Hinweis auf die Preisentwicklung dieser Jahre, d. h., man kann aus den gegebenen Daten nicht ermitteln, ob und wie stark die Kaufkraft der abhängig Beschäftigten gestiegen ist.

Da sich die industrielle Produktion schneller vergrößert als die Bruttolöhne und Gehälter, lässt sich folgern, dass die Einkommen aus Unternehmertätigkeit und Vermögen, also die Gewinne und Zinsen, schneller gestiegen sind. Dies wiederum lässt auf eine **fallende Lohnquote** schließen, da man das BIP eines Jahres nach der Verteilungsrechnung nur in diese beiden Bestandteile aufteilen kann, sofern man nicht die Aufteilung in privaten Verbrauch, staatlichen Verbrauch und Investitionen wählt. Daraus kann man schließen, dass Adenauers Aussage, „jeder hat seinen Teil davon bekommen" (Z. 17 f.), dahingehend zu korrigieren wäre, dass die Arbeitnehmer durch gemäßigte Lohnforderungen einen kleiner werdenden Teil vom wirtschaftlichen Aufschwung abbekommen haben und damit erhöhte Gewinne bzw. Investitionen der Unternehmer erst ermöglicht haben.

3. *Der Operator „erläutern" verlangt, dass Sie über die Nennung der vier Ursachen hinaus Zusammenhänge herstellen und auf die politischen Auswirkungen des „Wirtschaftswunders" eingehen. (AFB II)*

Die **Ursachen** der in M 1 und M 2 angesprochenen wirtschaftlichen und sozialen Entwicklungen sind vielfältig. Bezogen auf den unverkennbaren wirtschaftlichen Aufschwung sind zunächst folgende Punkte zu nennen:
Die Rahmenbedingungen der „**Sozialen Marktwirtschaft**", wie sie von Ludwig Erhard, Alfred Müller-Armack und anderen in der ersten Nachkriegszeit eingeführt wurden, erlaubten der Bevölkerung in den Westzonen und in der späteren Bundesrepublik nach der Währungsreform 1948 eine **schnelle Wiederbelebung der ökonomischen Aktivitäten**. Dasselbe Ziel verfolgte der amerikanische **Marshallplan**, der für die Bundesrepublik bis 1952 eine Liquidität von 1,39 Mrd. US-Dollar in Form von Krediten bereitstellte. Die Stabilität der D-Mark wurde durch die Gründung einer von der Politik unabhängigen Bundesbank garantiert, die über eine restriktive Zinspolitik inflationäre Tendenzen bekämpfte, die in Deutschland nach den Inflationserfahrungen von 1923 und 1948 besonders gefürchtet waren.
Zwar gab es Einschränkungen durch alliierte Auflagen zur Zerschlagung wirtschaftlicher Monopole (z. B. IG-Farben-Konzern) und Schwierigkeiten bei der Beschaffung von Produktionsmaterialien, aber die Bundesrepublik hatte trotz der offensichtlichen Zerstörung der Städte eine gute Ausgangsposition. Die Bevölkerung war qualifiziert und motiviert zum wirtschaftlichen Erfolg, Millionen Flüchtlinge ergänzten das Potenzial an **willigen Arbeitskräften**. Der Neuanfang brachte zudem den **Einsatz neuester Produktionstechnologien** mit sich – im Unterschied beispielsweise zu England, wo man mit Vorkriegsmaschinen so lange weiter produzierte, bis man nach gewonnenem Krieg „den Frieden verlor". Die Angebotsbedingungen waren somit besser, als man beim Anblick der zerstörten Städte vermuten konnte.
Gleichzeitig bestand ein großer Nachfragestau, ein Nachholbedarf der Bevölkerung, der zu regelrechten „**Konsumwellen**" („Fresswelle", „Reisewelle" etc.) führte. Westdeutschland erreichte mit dreißigjähriger Verspätung im Vergleich zu den USA das Stadium des Massenkonsums, elektrische Haushaltsgeräte wie Staubsauger, Waschmaschinen, Kühlschränke usw. wurden zum Standard. Auch die durchschnittliche Wohnfläche pro Kopf wurde durch massiven Wohnungsbau kontinuierlich erweitert.

Schon frühzeitig setzten sich **Produkte „Made in Germany"** wieder auf den Exportmärkten durch (Autoindustrie, Maschinenbau, Chemie, Elektroindustrie usw.) und brachten damit die notwendigen Devisen ins Land, um Rohstoffe zu importieren. Da wichtige Konkurrenten auf dem Weltmarkt, u. a. durch den Korea-Krieg, noch stark mit der Herstellung von Rüstungsgütern beschäftigt waren, konnten die deutschen Exporteure deren „Angebotslücke" im Bereich der zivilen Produktion ausnutzen.
Außerdem wurden die Gewerkschaften und Arbeitnehmervertreter durch Mitbestimmungsmodelle eingebunden, sodass vieles, was im benachbarten Ausland zu Arbeitskämpfen führte, in der Bundesrepublik im Konsens entschieden wurde. Sozialer Friede durch Ausgleich war somit das Erfolgsmodell der Bundesrepublik.
Nicht zuletzt spielt bei hohen Wachstumsraten, wie wir sie heutzutage aus China kennen, der **Basiseffekt** eine große Rolle. Auf der Grundlage einer niedrigen Ausgangsproduktion wirkt ein gegebener Zuwachs prozentual immer größer als auf der Grundlage einer hohen Ausgangsposition. Allein schon aus diesem Grund sind Wachstumszahlen im zweistelligen Bereich, wie wir sie 1950 in der Bundesrepublik hatten, heute nicht mehr vorstellbar.

Die **sozialen Entwicklungen**, die im Rahmen der „Sozialen Marktwirtschaft" eingeleitet wurden (soziale Sicherheit, gerechte Einkommens- und Vermögensverteilung), waren ein Zugeständnis an linke Kapitalismuskritiker bis weit in die CDU hinein, die in der unmittelbaren Nachkriegszeit noch auf dem Standpunkt gestanden hatten, dass der „Kapitalismus den Lebensinteressen des deutschen Volkes nicht gerecht" geworden sei (Ahlener Programm der CDU, 1947). Man konnte sich in der ersten Nachkriegszeit kaum vorstellen, dass Industriegrößen, die eng mit dem NS-System kollaboriert hatten, wie z. B. F. K. Flick, bald wieder in leitender Position tätig sein würden. Die SPD passte ihre Vorstellungen eines „demokratischen Sozialismus" erst im Godesberger Programm (1959) an die inzwischen geschaffenen Realitäten an, während das Grundgesetz in seinen Artikeln 14, 15 und 21 wirtschaftspolitisch „blind" ist und sich auch mit einer anderen Wirtschaftsordnung hätte vereinbaren lassen.

Welche **politischen Auswirkungen** hatten die genannten Entwicklungen? Zunächst trugen sie wesentlich zur **Akzeptanz** der neuen wirtschaftlichen, sozialen und politischen Ordnung bei. Wahlbeteiligungen bei Bundestagswahlen von über 80 % kann man in diese Richtung deuten, wenn auch Akzeptanz nicht unbedingt Identifikation bedeutete, dazu beschäftigten sich die meisten Deutschen viel zu wenig mit Politik. In dem Maße, wie die Westintegration in NATO und EWG selbstverständlicher Bestandteil der bundesdeutschen Realität wurde, nahm der **Stellenwert der Wiedervereinigung** ab. Die Nähe zu den „Brüdern und Schwestern" in der DDR wurde zwar anlässlich diverser Gedenkfeiern, z. B. am „Tag der deutschen Einheit" (17. Juni), regelmäßig beschworen, aber angesichts der Blockbildung in Ost und West konnte sich kaum jemand einen konkreten Weg zur Erreichung der Einheit vorstellen. Bereits Anfang der 60er Jahre regten sich zunehmend Stimmen, die eine Aufgabe der Hallstein-Doktrin (Alleinvertretungsanspruch der Bundesrepublik für alle Deutschen) und letztlich eine Anerkennung der DDR forderten.

Die Beschäftigung mit Wiederaufbau und Wirtschaftsentwicklung lenkte auch von der **NS-Vergangenheit** ab, deren Zeugnissen man noch auf Schritt und Tritt begegnete. Erst Mitte der 50er Jahre waren die letzten Kriegsgefangenen aus russischen Straflagern entlassen worden, Widerstandskämpfer gegen das NS-Regime wurden immer noch unter den Generalverdacht des Landesverrates gestellt, während Bundeswehrkasernen nach hohen NS-Offizieren benannt wurden. Eine Auseinandersetzung mit dieser Vergangenheit wurde weitgehend vermieden. Die Generation der Täter oder potenziellen Täter hatte sich zunächst unbemerkt in „Wiederaufbau-Giganten" (Hellmuth Karasek) verwandelt, die man tunlichst nicht kritisieren sollte, wollte man nicht darauf verwiesen werden, doch besser „nach drüben", d. h. in die DDR, zu gehen. Linke Bewegungen und Parteien hatten es vor diesem Hintergrund naturgemäß schwer, ein sogenannter dritter Weg zwischen Kapitalismus und Sozialismus schien immer weniger realisierbar. So war das **Interesse an politischer Partizipation und zivilgesellschaftlichem Engagement** bis Mitte der 60er Jahre gering sowie auf Minderheiten und wenige Themenbereiche (z. B. Anti-Atomtod-Bewegung und Ostermarschierer) **begrenzt**. Die organisierte Arbeiterschaft gab sich mit kontinuierlichen Lohnerhöhungen, „dynamischer Rente" und – etwas später – 40-Stunden-Woche, 5-Tage-Woche („samstags gehört der Papa mir") sowie Lohnfortzahlung im Krankheitsfall weitgehend zufrieden.

4. *Der Operator „beurteilen" verlangt von Ihnen, dass Sie Adenauers Behauptung vor dem Hintergrund der internationalen Konfliktlage auf ihre Stichhaltigkeit überprüfen. (AFB III)*

Adenauers Behauptung einer Welteroberungsabsicht der Sowjetunion war zu seiner Zeit die vorherrschende Meinung im Westen und entspricht der **traditionellen Theorie** der Geschichtswissenschaft zum Thema: „Wie entstand der Kalte Krieg?". Der **Westen** befand sich nach dieser Vorstellung in einer **Verteidigungsposition**, deren Erfolg maßgeblich die USA zu garantieren hätten. In der Phase des Auseinanderbrechens der „unnatürlichen Koalition" zwischen den Westmächten und der Sowjetunion 1945–1947 sah man sich mit dem Niedergehen eines „eisernen Vorhangs" (Churchill 1945) über Osteuropa konfrontiert. Hinter diesem begünstigte die Sowjetunion ihr genehme prokommunistische Regierungen, mischte sich in den griechischen Bürgerkrieg und im Iran ein und versuchte generell, ihr System zu verbreiten. Dazu kam ab 1947 eine aggressive Rhetorik der Kominform, in der die Welt als in zwei unversöhnliche Lager aufgeteilt beschrieben wurde. George F. Kennan, US-Diplomat und Berater des Präsidenten Truman, vermittelte den Eindruck, die Sowjetunion verstehe nur die Sprache der Macht und müsse in ihrem Expansionsstreben eingedämmt werden.

Zur **Beurteilung** der Adenauer-These können verschiedene Ereignisse herangezogen werden: Das Verhalten der Sowjetunion in der Deutschland-Frage, der Koreakrieg, die Aufstände in der DDR 1953 und in Ungarn 1956, das Berlin-Ultimatum Chruschtschows 1958, der Mauerbau 1961 und die Kubakrise 1962.

Stalins Angebot eines neutralen Gesamtdeutschlands von 1952 kann zunächst als Störmanöver gegen die Pläne zur Schaffung einer Europäischen Verteidigungsgemeinschaft (EVG) verstanden werden. Es war aber vermutlich insofern ernst gemeint, als die sowjetische Regierung auf die DDR verzichtet hätte, wenn der Westen auf die Bundesrepublik verzichtet hätte. Von daher kann man nicht zwangsläufig Eroberungspläne unterstellen.

Die Erhöhung der Arbeitsnormen in der **DDR** führte zu Protesten, die sich am **17. Juni 1953** zu einem **Volksaufstand** ausweiteten, der letztlich durch sowjetische Panzer niedergeschlagen wurde. Der sowjetischen Führung ging es dabei darum, die SED-Regierung und die Parteiführung in Ostberlin an der Macht zu halten, um die DDR als sozialistischen Verbündeten zu erhalten. Wie man heute weiß, waren nach Stalins Tod (März 1953) in der sowjetischen Führung Bestrebungen im Gang, den SED-Generalsekretär Ulbricht durch einen weniger stalinistischen Parteiführer zu ersetzen. Nach dem Aufstand wäre ein solcher Wechsel aber als Erfolg der Aufständischen missverstanden worden und unterblieb daher.

Auch der **Ungarn-Aufstand 1956** ist in engem Zusammenhang mit der Entwicklung in der Sowjetunion zu sehen. Nach dem XX. Parteitag der KPdSU, dem „Entstalinisierungs-Parteitag", machte sich unter Ungarns Studenten Hoffnung auf eine Änderung der Parteilinie der ungarischen KP breit. Nach heftigen bürgerkriegsähnlichen Auseinandersetzungen schienen sich die Hoffnungen zunächst zu erfüllen. Der Reformkommunist Imre Nagy forderte den Austritt Ungarns aus dem Warschauer Pakt und die Neutralität Ungarns. Der Aufstand wurde jedoch durch die Rote Armee blutig niedergeschlagen. Durch die Einsetzung des moskautreuen Janos Kadar wurde aus sowjetischer Sicht eine Konterrevolution beendet und der Status quo in Osteuropa gesichert. Diese **Eingriffe im Ostblock** machen deutlich, dass die sowjetische Regierung bezüglich der Anwendung von Gewalt einerseits wenig Skrupel zeigte, andererseits aber in erster Linie auf Bestandssicherung abzielte. Ein einmal gewonnener Verbündeter durfte dem Sozialismus nicht mehr abtrünnig werden.

Am **Koreakrieg** war die Sowjetunion indirekt beteiligt, vermied aber jede Konfrontation mit den USA, die den Krieg gegen Nordkorea im Auftrag der UN führten. Auch die zweite **Berlin-Krise**, die durch Chruschtschows Ultimatum von 1958 ausgelöst und durch den

Mauerbau 1961 beendet wurde, zeigt, dass die Sowjetunion auf dem Höhepunkt des Kalten Krieges zwar bis an die Grenzen einer atomaren Auseinandersetzung ging, diese selbst aber vermied. Die Mauer diente eindeutig der Stabilisierung des Vasallenstaates DDR, der durch eine ungehinderte Fluchtbewegung auszubluten drohte.
Den Höhe- und Schlusspunkt des Kalten Krieges stellte die **Kuba-Krise** dar. Auf Kuba (1962) wollte Chruschtschow mit der Stationierung von Mittelstreckenraketen eine Parität der Bedrohungen herstellen. Die Waffen sollten ein Gegengewicht zu den in Europa und in der Türkei stationierten US-Raketen bilden und die Logik der Abschreckung verdeutlichen. Damit überschritt Chruschtschow jedoch eine Grenze des aus der Sicht der USA Tolerierbaren, indem er sich in deren „Hemisphäre" einmischte. Der erzwungene Rückzug leitete das Ende Chruschtschows als Parteichef und die **Wende zur Entspannungspolitik** ein.

Zusammenfassend lässt sich sagen, dass die **Sowjetunion** während des Kalten Krieges **eher eine reagierende als eine agierende Macht** darstellte, dass sie zur Welteroberung aufgrund ihrer ökonomischen Schwäche nicht in der Lage war und ihre militärische Stärke teilweise auf Bluff beruhte. So rühmte sich Chruschtschow, die Sowjetunion produziere Raketen „wie Würstchen", obwohl er wissen musste, dass ein Krieg gegen den Westen damit nicht zu gewinnen war. Politiker und Militärs im Westen hatten wenig Interesse daran, dieser Selbstdarstellung entgegenzutreten, da sie zur Rechtfertigung der eigenen Rüstungsbemühungen nützlich war. Kennedy behauptete im Wahlkampf 1959 wider besseres Wissen eine „hoffnungslose Unterlegenheit" amerikanischer Raketenwaffen. Allerdings zeigte die Sowjetunion wenig Skrupel, Gelegenheiten zur Einflussnahme zu nutzen, und war in ihrer Rhetorik äußerst aggressiv. So unterstützte die Sowjetunion die kommunistische Regierung Nordvietnams nach der Niederlage der Franzosen (1954); auch im Kongo (1960) war sie finanziell und militärtechnisch engagiert, vermied aber eine direkte Auseinandersetzung mit den ebenfalls präsenten Westmächten. Mögliche Gründe für dieses Verhalten waren die Angst, die nach dem Zweiten Weltkrieg errungene Stellung wieder zu verlieren, mangelndes Verständnis für die Funktionsweise der westlichen Politik und Bedrohungsvorstellungen im Hinblick auf die ökonomische und technologische Überlegenheit des Westens.

5. *Die Aufgabenstellung mit dem Operator „herausarbeiten" verlangt von Ihnen, dass Sie die außenpolitischen Ziele der Regierung Reagan nennen. (AFB I)*

Die großen außenpolitischen Ziele der Regierung Reagan (1981–1989), wie sie von Außenminister Shultz dargestellt werden, sind folgende: „Frieden, Menschenrechte, wirtschaftlicher Fortschritt, nationale Unabhängigkeit" (M 3, Z. 11 f.).

Auffallend ist, dass im Bereich der **Sicherheitspolitik** eine **Umorientierung** stattgefunden hat. Frieden soll nicht mehr allein durch Eindämmung der Sowjetunion (Truman) oder durch „ein zerbrechliches Netz der Interdependenz" (M 3, Z. 21), wie es die Entspannungspolitiker der 60er und 70er Jahre zu knüpfen versuchten, gewährleistet werden. Ausgehend von der Anerkennung der Sowjetunion als Supermacht und den „Lektionen, die uns durch das Verhalten dieser Supermacht in den letzten Jahren erteilt wurden" (M3, Z. 17 f.), will die Reagan-Administration vielmehr auf eine Verstärkung der Verteidigungskraft bauen, um die Sowjetunion zur Zurückhaltung zu zwingen. Auffällig ist, dass beiden Supermächten ein Interesse an der Kriegsvermeidung unterstellt wird (vgl. M 3, Z. 4). Gleichzeitig ist von der Entspannungspolitik im Präteritum die Rede (vgl. M 3, Z. 13), was bedeutet, dass sich die Reagan-Regierung von diesem Begriff distanziert. Die Sowjetunion soll durch eine **neue Politik der Stärke** von „politische[n] Abenteuer[n]" (M 3, Z. 25 f.) abgehalten werden. Es wird dabei nicht auf den guten Willen der Sowjetunion, sondern auf ihre rationale Interessenabwägung vertraut.

Hintergrund dieser neuen Sichtweise ist die Überschreitung der bisherigen Einflussgrenzen der Sowjetunion durch den Einmarsch in Afghanistan (1979) und die militärische Unterstützung der Rebellenbewegungen in Afrika.

6. *Der Operator „vergleichen" verlangt von Ihnen, dass Sie Gemeinsamkeiten und Unterschiede gewichtend gegenüberstellen und ein Ergebnis formulieren. Wegen der Vielzahl der möglichen Beispiele kann das Thema hier nicht erschöpfend behandelt werden. Eine Schwierigkeit der Aufgabenstellung besteht darin, dass Außenminister Shultz in M 3 die Ziele der Regierung Reagan in sehr moderater und unvollständiger Form dargestellt hat. (AFB II)*

Aus einer Vielzahl möglicher Vergleiche mit den US-Präsidenten von 1945 bis 1981, Truman, Eisenhower, Kennedy, Johnson, Nixon, Ford und Carter, gilt es eine Auswahl zu treffen. Ansatzpunkte liefert der Text M 3 selbst, da indirekt auf **Trumans Eindämmungstheorie** und auf die **Entspannungspolitik** beispielsweise von Reagans Vorgänger **Jimmy Carter** verwiesen wird. Als mögliche Leitkategorie könnte die Frage gelten, inwiefern die Politik Reagans **Kontinuität** bzw. **Diskontinuität** zu diesen Präsidentschaften aufwies.

Wie der demokratische **Präsident Truman** (1945–1953) zeichnete sich Reagan (Republikaner) durch eine **antikommunistische Grundhaltung** aus. Entsprechend der „**traditionellen" Sichtweise** bewertete er die Sowjetunion als prinzipiell expansionistischen Gegner, den es in Schranken zu halten galt. Die „**Reagan-Doktrin**" von 1986 unterstellt der Sowjetunion ein unverändertes Streben nach Weltherrschaft, dem nur durch eine offensive Politik zu begegnen sei. Auch Trumans 1947 propagierte Containment-Politik ging davon aus, dass man Eindämmung offensiv betreiben müsse, wenn sie erfolgreich sein sollte. Truman zeigt wie Reagan wenig Skrupel im Einsatz der militärischen Machtmittel der USA, wie beispielsweise die Atombombenabwürfe auf Hiroshima und Nagasaki zeigen. Reagans Versuch einer „**Strategischen Verteidigungsinitiative**" im Weltraum (SDI) zielte letztlich darauf, den alten technologischen Vorsprung gegenüber der Sowjetunion aus der Zeit Trumans wiederherzustellen und das „**Gleichgewicht des Schreckens**", also die Abschreckungslogik des Kalten Krieges, zu **überwinden**. Denn wenn die USA aufgrund ihrer Unverwundbarkeit und Überlegenheit keinen sowjetischen Atomschlag zu fürchten hätten, wäre die Logik der beiderseitigen gesicherten Vernichtung außer Kraft gesetzt gewesen und die USA hätten eine ähnliche Vormachtstellung wie zu Zeiten ihres Atomwaffenmonopols gehabt. Obwohl Außenminister Shultz erklärt, den Supermachtstatus der Sowjetunion anerkennen zu wollen, geht es der Reagan-Administration doch letztlich wie Truman um Überlegenheit und Eindämmung, wenn auch unter veränderten Bedingungen.

Die **Absage** der Reagan-Regierung **an die Politik der Entspannung**, wie sie von den verschiedensten Vorgängern im Amt seit Kennedy verfolgt wurde, zeigt auf den ersten Blick eine große **Diskontinuität in der US-Außenpolitik**. Reagan trat mit dem Anspruch einer grundsätzlichen konservativen Wende aller Politikbereiche, ähnlich derer, die Margret Thatcher in Großbritannien betrieben hatte, an. In der Außenpolitik bedeutete dies eine Rückkehr zur Konfrontation, wenn auch im Text von Shultz nur von einer „erneuerten Entschlossenheit des Westens zur Verstärkung seiner Verteidigungskraft" (M 3, Z. 23 f.) die Rede ist.

Hintergrund dieser Entwicklung sind die scheinbaren Niederlagen während der Präsidentschaft **Jimmy Carters** (1977–1981), der es nicht schaffte, das Teheraner Geiseldrama zu beenden (revolutionäre iranische „Studenten" hatten die US-Botschaft besetzt und hielten zwischen 1979 und 1981 über 100 US-Diplomaten 444 Tage gefangen), und der auch kein Mittel fand, die Sowjetunion daran zu hindern, in Afghanistan einzumarschieren (1979). Zwar erreichte er 1980 einen Boykott der Moskauer Olympiade durch den Westen und setzte die **Abrüstungsverhandlungen mit der Sowjetunion** unter dem Titel SALT II fort, doch verweigerte ihm der Kongress die Ratifizierung der Verträge. Carter forderte 1979 eine jährliche Erhöhung des Verteidigungsetats um 5 %, er verkündete 1980 die „**Carter-Doktrin**", der zufolge Versuche ausländischer Mächte, am Golf von Persien Einfluss zu gewinnen, als Angriffe auf die lebenswichtigen (Öl-)Interessen der USA gewertet wurden, und er nahm diplomatische Beziehungen zu China auf, um ein Gegengewicht zur Sowjetunion zu bilden. Da er jedoch die Erfolge dieser Politik nicht ernten konnte, haftete an ihm das Image eines außenpolitisch unschlüssigen Präsidenten. Der **NATO-Doppelbeschluss** von 1979 gegen die Erneuerung der sowjetischen Mittelstreckenraketen in Europa (SS-20) kam nicht auf seine Initiative, sondern auf Vorschlag des deutschen Bundeskanzlers Schmidt zustande.

Auch **Reagan** baute auf **militärische Aufrüstung** in einem bis dahin nicht gekannten Ausmaß, nur setzte er sie auch durch. Er unterstützte die Widerstandskämpfer in Afghanistan und Saddam Husseins Regime in Irak – weitreichende Fehlentscheidungen, die spätere Präsidenten zu korrigieren versuchten. Es ist umstritten, ob die Wende in der Sowjetunion durch deren faktischen ökonomischen Bankrott als Folge des Wettrüstens zustande kam. Sicher ist jedoch, dass Reagan die Gelegenheit des **Politikwechsels in Moskau** („Perestroika") nutzte. Bedeuteten bis dahin Abrüstungsverträge eigentlich nur Begrenzungen der beiderseitigen Aufrüstung auf das Niveau des höher Gerüsteten, so erreichte Reagan mit Gorbatschow im **INF-Abkommen**, dass die Mittelstreckenraketen in Europa komplett abgebaut wurden. Auch die Gespräche über Interkontinental-Raketen – START genannt – wurden zu einem positiven Ende geführt. Reagan war nun von der Friedensabsicht der Sowjetunion überzeugt. So erreichte der „kriegerische" Reagan mehr im Hinblick auf Entspannung als alle seine entspannungspolitisch geprägten Vorgänger. Die Carter-Administration blieb letztlich erfolglos, wobei die Frage offenbleiben muss, ob dies eine Folge weltpolitischer Umstände war, die Carter gar nicht beeinflussen konnte.

Insgesamt zeigt die **Politik der Reagan-Administration** also eine **große Kontinuität** zu den Regierungen Truman und Carter. Wenn auch unter stark veränderten internationalen Bedingungen die Erfolgsaussichten amerikanischer Außenpolitik differieren, sind doch **zwei Konstanten** erkennbar: Es gibt **keine Rückkehr zum Isolationismus** früherer Zeiten und die USA versuchen, gestützt auf militärisch-technologische Überlegenheit **als stärkste Weltmacht zu agieren**.

Schriftliche Abiturprüfung Geschichte (Baden-Württemberg) 2010
Aufgabe 1

M 1: Am 6. Dezember 1897 hält der einflussreiche Staatssekretär des Auswärtigen Amtes und spätere Reichskanzler (1900–1909), Bernhard Freiherr (später Fürst) von Bülow, seine erste Rede im Reichstag:

In Ostasien schien der Herr Abgeordnete Dr. Schoenlank *[Bülows Vorredner]* zu fürchten, daß wir uns in Abenteuer stürzen wollten. Fürchten Sie gar nichts, meine Herren! Der Herr Reichskanzler ist nicht der Mann und seine Mitarbeiter sind nicht die Leute, irgend unnütze Händel zu suchen. Wir empfinden auch durchaus nicht das Bedürfniß, unsere Finger in jeden Topf zu stecken. Aber allerdings sind wir der Ansicht, daß es sich nicht empfiehlt, Deutschland in zukunftsreichen Ländern von vornherein auszuschließen vom Mitbewerb anderer Völker. (Bravo!) Die Zeiten, wo der Deutsche dem einen seiner Nachbarn die Erde überließ, dem anderen das Meer und sich selbst den Himmel reservirte, wo die reine Doktrin thront (Heiterkeit – Bravo) – diese Zeiten sind vorüber. Wir betrachten es als eine unserer vornehmsten Aufgaben, gerade in Ostasien die Interessen unserer Schiffahrt, unseres Handels und unserer Industrie zu fördern und zu pflegen.

Die Entsendung unserer Kreuzerdivision nach der Kiaotschaubucht und die Besetzung dieser Bucht ist erfolgt einerseits, um für die Ermordung deutscher und katholischer Missionare volle Sühne, andererseits für die Zukunft größere Sicherheit als bisher gegen die Wiederkehr solcher Vorkommnisse zu erlangen. […]

Wir müssen verlangen, daß der deutsche Missionar und der deutsche Unternehmer, die deutschen Waren, die deutsche Flagge und das deutsche Schiff in China geradeso geachtet werden, wie diejenigen anderer Mächte. (Lebhaftes Bravo.) Wir sind endlich gern bereit, in Ostasien den Interessen anderer Großmächte Rechnung zu tragen, in der sicheren Voraussicht, daß unsere eigenen Interessen gleichfalls die ihnen gebührende Würdigung finden. (Bravo!) Mit einem Worte: wir wollen niemand in den Schatten stellen, aber wir verlangen auch unseren Platz an der Sonne. (Bravo!)

In Ostasien wie in Westindien werden wir bestrebt sein, getreu den Überlieferungen der deutschen Politik, ohne unnötige Schärfe, aber auch ohne Schwäche unsere Rechte und unsere Interessen zu wahren. (Lebhafter Beifall.)

Stenographische Berichte über die Verhandlungen des Reichstags, IX. Legislaturperiode, V. Session, 1897/98. Erster Band, Berlin 1898, S. 60.

M 2: Hitler schreibt 1928 in einem Zweiten Buch zu „Mein Kampf"

Die nationalsozialistische Bewegung [unterscheidet sich außenpolitisch] von den bisherigen bürgerlichen Parteien etwa in Folgendem: Die Außenpolitik der nationalen bürgerlichen Welt ist in Wahrheit stets nur eine Grenzpolitik gewesen, die der nationalsozialistischen Bewegung wird demgegenüber immer eine Raumpolitik sein. Das deutsche Bürgertum wird in seinen kühnsten Plänen etwa bis zum Zusammenschluss der deutschen Nation gelangen, in Wirklichkeit aber meist in stümperhaftem Grenzregulieren aufgehen.

Die nationalsozialistische Bewegung wird dem gegenüber stets ihre Außenpolitik von der Notwendigkeit bestimmen lassen, dem Leben unseres Volkes den nötigen Raum zu sichern. Sie kennt kein Germanisieren oder Deutschisieren, wie dies beim nationalen Bürgertum der Fall ist, sondern nur eine Ausbreitung des eigenen Volkes. Sie wird im unterworfenen, sogenannten germanisierten Tschechen oder Polen niemals eine nationale oder gar völkische Stärkung erblicken, sondern eine rassische Schwächung unseres Volkes. Denn ihre Nationalauffassung wird nicht bestimmt von bisherigen patriotischen Staatsgedanken, als vielmehr von völkischen, rassischen Erkenntnissen. [...]

Die Erweiterung des Lebensraumes eines Volkes zur Brotgewinnung wird aber auch in alle Zukunft den gesamten Krafteinsatz eines Volkes erfordern. Wenn es die Aufgabe der Innenpolitik ist, diesen Krafteinsatz vorzubereiten, dann ist es die Aufgabe der Außenpolitik, ihn so zu führen, dass ein möglichst hoher Erfolg gesichert erscheint. [...]

Blutswert, Persönlichkeitsgedanke und Selbsterhaltungstrieb drohen dem deutschen Volk langsam abhanden zu kommen. Statt dessen triumphiert der Internationalismus und vernichtet unsere Volkswerte, breitet sich die Demokratie aus, indem sie den Persönlichkeitsgedanken erstickt, und vergiftet endlich eine üble pazifistische Jauche die Denkart einer kühnen Selbsterhaltung. [...] In der Beseitigung dieser allgemeinen Verfallserscheinungen unseres Volkes liegt die große innerpolitische Aufgabe der Zukunft. Dies ist die Mission der nationalsozialistischen Bewegung. Aus dieser Arbeit muss ein neuer Volkskörper entstehen, der auch den schwersten Schaden der Gegenwart, die Klassenspaltung, an der Bürgertum und Marxismus gleichmäßig schuld sind, überwindet.

Hitlers Zweites Buch. Ein Dokument aus dem Jahr 1928. Eingeleitet und kommentiert von Gerhard L. Weinberg. Mit einem Geleitwort von Hans Rothfels. Stuttgart 1961, S. 78ff., 106f.

M3: „S. M. Adolf“ – Photomontage, John Heartfield, vom 21. August 1932

S. M. = Seine Majestät

Die Unterschrift lautet: „Ich führe Euch herrlichen Pleiten entgegen!“ Sie spielt auf den Ausspruch Wilhelms II. an: „Ich führe euch herrlichen Zeiten entgegen.“

Aufgaben:

1. Arbeiten Sie unter übergeordneten Gesichtspunkten die Grundlinien der neuen deutschen Außenpolitik unter Wilhelm II. heraus, wie sie von Bülow in M 1 formuliert. 08 VP

2. Erläutern Sie, inwiefern die Außenpolitik unter Wilhelm II. eine grundlegende Veränderung des Kurses von Bismarck bedeutet. 10 VP

3. Arbeiten Sie aus M 2 heraus, von welchen Leitgedanken Hitlers politische Vorstellungen geprägt sind. 08 VP

4. Hitler spricht in M 2 von der „großen innerpolitischen Aufgabe" (Z. 26). Erläutern Sie anhand dreier unterschiedlicher Beispiele, wie diese Aufgabe nach 1933 umgesetzt wurde. 12 VP

5. Analysieren Sie die Bild- und Textelemente der Fotomontage (M 3) vom August 1932 und überprüfen Sie deren Aussage. 10 VP

6. Erörtern Sie unter Einbeziehung von M 3, ob von einer Kontinuität in der deutschen Außenpolitik zwischen dem Kaiserreich und dem Dritten Reich gesprochen werden kann. 12 VP

60 VP

Lösungsvorschlag

1. *Der Operator „herausarbeiten" verlangt von Ihnen, dass Sie Informationen und Sachverhalte aus dem vorgegebenen Material in eigenen Worten und unter bestimmten Gesichtspunkten gegliedert wiedergeben. Eine bloße Paraphrase oder eine Aneinanderreihung von Zitaten wird der Aufgabenstellung nicht gerecht. (AFB I)*

Der damalige Staatssekretär des Auswärtigen Amts und spätere Reichskanzler Bernhard von Bülow erklärt in seiner ersten Rede vor dem Reichstag (M 1) die **Grundlinien der neuen deutschen Außenpolitik unter Wilhelm II.**
Zunächst beruhigt Staatssekretär von Bülow die Abgeordneten des Reichstags, indem er erklärt, das Deutsche Reich werde sich auch künftig nicht in alle internationalen Fragen einmischen (vgl. Z. 1–5). Anschließend zeigt er deutlich auf, dass sich Deutschland zwar lange Zeit im Wettbewerb der Mächte um den Besitz der „zukunftsreichen Länder[…]" (Z. 6), sprich Kolonien, zurückgehalten habe, es aber nun an der Zeit sei, die berechtigten Ansprüche nach Gleichberechtigung anzumelden (vgl. Z. 5–10). Deutschland wolle dabei die **Ansprüche der anderen Großmächte gebührend würdigen**, zugleich aber die Wahrung der eigenen Interessen speziell in Ostasien und generell zu Land und zu Wasser einfordern (vgl. Z. 19–22). Die deutsche Außenpolitik strebe jedoch nicht nur nach einer **Präsenz des Reiches in Übersee**, es gehe vielmehr um die **volle Gleichberechtigung seiner Interessen des Reiches als Großmacht**. Dabei appelliert der Staatssekretär publikumswirksam an den **deutschen Nationalstolz** (vgl. Z. 7–10).
Als Gründe für die Aktivitäten des Reiches nennt von Bülow die **Wahrung der berechtigten wirtschaftlichen Interessen** der Industrie und des Handels sowie die notwendige Garantie der Sicherheit für Missionare, Unternehmer, deutsche Waren und Schiffe im Ausland (vgl. Z. 17 ff.). Das Reich sei gewillt, diese **Sicherheit** gewaltsam durchzusetzen, wie die Reaktion auf die Ermordung von Missionaren in China deutlich gemacht habe (vgl. Z. 13–16).

2. *Die Aufgabe verlangt von Ihnen eine anschauliche Erläuterung der Frage, inwieweit sich die Außenpolitik unter Wilhelm II. gegenüber der Bismarcks veränderte. Dabei sollen Sie den Sachverhalt nicht nur beschreiben und darstellen, sondern auch erklären. (AFB II)*

Zum Zeitpunkt der Rede von Bülows hatte bereits eine deutliche **Abkehr von der gemäßigten europäischen Kontinentalpolitik der Bismarck-Ära** eingesetzt. Bismarcks Ziel war es gewesen, nach dem Sieg über Frankreich und der nationalstaatlichen Einigung Deutschlands 1871 die eben errungene **Hegemonie auf dem Kontinent zu festigen** und gleichzeitig das **Reich im Innern zu stabilisieren**. Dieser Aufstieg des Deutschen Reiches wurde von den anderen Großmächten mit Misstrauen beobachtet, insbesondere Frankreich verfolgte eine Revanchepolitik. Bismarck musste daher die übrigen Mächte der alten Pentarchie davon überzeugen, dass das **Reich saturiert** sei, dass es keine Expansionsgelüste habe, um so ein gegen Deutschland gerichtetes Bündnissystem zu verhindern. Angesichts der Mittellage Deutschlands war es in den Augen Bismarcks oberstes Gebot für die deutsche Außenpolitik, unter allen Umständen einen Krieg in Europa zu vermeiden.
Bismarcks Hauptanliegen war folglich die unbedingte Erhaltung des Friedens in Europa, seine instrumentellen Ziele waren die **Verhinderung eines antideutschen Bündnissystems**, die **Isolierung Frankreichs** und die **Vermeidung einer Zweifrontenbedrohung**. Verbunden war diese Politik mit kolonialer Zurückhaltung und einem auf Österreich und Russland ausgerichteten Vertragssystem. Dennoch wollte sich das Reich unter Bismarck außenpolitisch seine Bewegungsfreiheit bewahren, ohne dabei die anderen Großmächte zu provozieren. Die dem deutschen Nationalismus Rechnung tragende **Kolonialpolitik** war deshalb **stark eingeschränkt** und musste sich den europäischen Interessen der deutschen Politik unterordnen. Dabei war die Vertragspolitik Bismarcks nicht frei von Widersprüchen. Vor allem die Verträge mit Österreich-Ungarn (Zweibund 1879) und Russland (Rückversicherungsvertrag 1887) standen in einem deutlichen Spannungsverhältnis, das von seinen Nachfolgern zugunsten einer einseitigen Bindung an Österreich-Ungarn gelöst wurde. Da weder Bismarck noch seine Nachfolger eine Verständigung mit Frankreich anstrebten und eine solche wegen des französischen Revanchismus auch nicht vorstellbar war, hingen der Frieden in Europa und die Sicherheit des Reiches vom Verhältnis Deutschlands zu Russland ab. Dies erkannten die Reichskanzler nach Bismarcks Entlassung 1890 aber nicht.
Zum Zeitpunkt der Rede von Bülows war der „**Neue Kurs**" in der deutschen Außenpolitik, der geprägt war vom ungehemmten Machtanspruch und vom pompösen Auftreten Kaiser Wilhelms II., bereits eingeleitet. Dieser stellte die Weichen für einen grundlegenden Wandel in den internationalen Beziehungen: An die Stelle der Gleichgewichtspolitik Bismarcks traten militärische Blockbildung, ein ungehemmter Rüstungswettlauf zwischen den Großmächten, vor allem zur See, und eine **aggressive deutsche Welt- und Kolonialpolitik**. **Caprivis Politik der „freien Hand**" scheiterte jedoch, und die Nichtverlängerung des Rückversicherungsvertrages führte Russland 1892 an die Seite Frankreichs (Militärkonvention). Damit hatte sich **Frankreich aus seiner Isolation befreit**. Für Deutschland bestand seitdem die **Gefahr eines** existenzbedrohenden **Zweifrontenkrieges**. Nach 1894 verschlechterte sich die Lage des Reiches durch die Entfremdung von Großbritannien zusehends; ein Zick-Zack-Kurs zwischen England und Russland machte die deutsche Politik unberechenbar.
Die Rede Bernhard von Bülows am 6. Dezember 1897 markierte schließlich den endgültigen Wandel in der deutschen Außenpolitik hin zur „**Weltpolitik**" unter dem Schlagwort ein „**Platz an der Sonne**". Offensiv begann das Reich die Erweiterung und die innere Organisation eines Kolonialreiches in Afrika und Asien (Enklave Tsingtau/Qingdao 1898 in China) sowie im Pazifik. Die deutsche Interessensphäre wurde auf das Osmanische Reich ausgedehnt (Bau der „Bagdad-Bahn") und die Türkei durch eine umfassende Finanz- und Militärhilfe an das Reich gebunden. Diese Wende ging einher mit dem **Bau einer großen deutschen Schlachtflotte**, die insbesondere das deutsch-britische Verhältnis nachhaltig störte und letztlich England an die Seite Frankreichs (1904) und Russlands (1907) trieb. Die deutsche Führung glaubte dennoch an eine „Politik der freien Hand" und überschätzte

realitätsfremd die bestehenden Rivalitäten zwischen den anderen Großmächten. Verhängnisvoll war die Meinung der Reichsregierung, trotz des russisch-französischen Bündnisses und der daraus entstandenen Zweifrontenbedrohung zwischen „Walfisch" (England) und „Bär" (Russland) wählen zu können und die besonderen britischen Interessen an sicheren, von der britischen Flotte garantierten Handelswegen vernachlässigen zu können. Anders als von Bülow in seiner Rede bekundete, erschien für die anderen Großmächte die **deutsche Außenpolitik unter Wilhelm II.** im Gegensatz zu der Bismarcks **aggressiv** und **chauvinistisch**. In ihren Augen strebte Deutschland eine Hegemonialstellung an. Neue Allianzen entstanden (1902: japanisch-britischer Neutralitätspakt, italienisch-französisches Neutralitätsabkommen; 1904: britisch-französische Entente cordiale; 1907: französisch-britisch-russische Triple-Entente), durch die **Deutschland** de facto **isoliert** und an seinen **einzigen Bündnispartner Österreich-Ungarn** gebunden wurde. Die deutsche Politik, die von „Freund-Feind-Bildern" geprägt war, wurde zudem immer mehr von militärischen Erwägungen und strategischen Planungen dominiert. Sicherheitsdenken ersetzte das bisherige Bemühen um einen Interessenausgleich der Großmächte. In ganz Europa suchte man die Stärkung des eigenen Machtblocks und die enge Bindung an den/die jeweiligen Bündnispartner ohne Rücksicht auf die Wirkung nach außen, was zu einer Erhöhung der weltpolitischen Spannungen führte.

3. *Der Operator „herausarbeiten" verlangt von Ihnen, dass Sie die Leitgedanken, die Hitlers politische Vorstellungen prägen, in eigenen Worten wiedergeben. (AFB I)*

Hitler äußert sich in einem Zweiten Buch zu „Mein Kampf" (M 2) zu seinen politischen Vorstellungen, die von **Lebensraum- und Rassegedanken** geprägt sind. Er wendet sich dabei gegen die „Außenpolitik der nationalen bürgerlichen Welt" (Z. 2 f.), der es in seinen Augen nur um eine Veränderung der Grenzen im Sinne von Korrekturen gegangen sei. Stattdessen propagiert er eine „Raumpolitik" (Z. 4), die dem deutschen Volk den ihm zustehenden, notwendigen Lebensraum verschaffen solle – Außenpolitik solle nichts anderes sein als **Lebensraumpolitik**. Man wolle fremde Völker nicht germanisieren oder in den deutschen Staat integrieren, sondern fremde Räume erobern, deren Bewohner wegen ihrer angeblichen rassischen Minderwertigkeit unterjochen und diese Gebiete mit Deutschen neu besiedeln (**„Raumpolitik" als „Siedlungspolitik"**) (vgl. Z. 10–15). Die dazu nötigen Grundlagen müsse die Innenpolitik schaffen, die Außenpolitik habe diese nach außen hin abzusichern.
Notwendig sei die Beseitigung der das Volk „vergiftenden" Demokratie und des mit ihr verbundenen Pazifismus, der den Selbsterhaltungstrieb eines Volkes lähme (vgl. Z. 21–25). An die Stelle von Internationalismus und Marxismus solle Rassenbewusstsein treten. Ziel sei die **Überwindung der „Klassenspaltung"** (Z. 29) und die Herausbildung einer **rassisch gereinigten Volksgemeinschaft**.
Der Text macht sowohl das Streben nach einer **totalitären, rassistischen Diktatur im Innern** als auch das nach einer **aggressiven Eroberungspolitik** nach außen sehr deutlich.

4. *Der Operator „erläutern" verlangt, dass Sie ausgehend von einem Zitat an drei Beispielen erläutern, wie die Nationalsozialisten nach 1933 innenpolitisch ihre Macht festigten. Im Folgenden werden die Beispiele „Errichtung der nationalen Diktatur", „Der nationalsozialistische Terrorstaat" und „Die NS-Rassenpolitik" erläutert. Andere Beispiele, z. B. aus den Bereichen Propaganda und Wirtschaftspolitik, sind möglich. (AFB II)*

Gemäß der Aussage des Textes (M 2) war die „große innerpolitische Aufgabe" (Z. 26) der Nazis die völlige **Neugestaltung von Staat und Gesellschaft**. Ohne diese war das von Hitler angestrebte Ziel der Eroberung von neuem Lebensraum nicht durchführbar. Gleich zu Beginn seiner Regierungszeit erklärte Hitler vor Militärs, dass die **Errichtung einer nationalen Diktatur** erstes Ziel seiner Politik sei. Auch sollte das ganze Volk dahingehend erzogen werden, dass der Krieg für die Existenz des Volkes notwendig sei. Im Folgenden werden die Maßnahmen und deren Zielsetzung zur **Schaffung eines „neuen Volkskörpers"** an drei unterschiedlichen Beispielen erläutert.

Beispiel 1: Errichtung der „nationalen Diktatur“ 1933 bis 1934

Als Hitler am 30. 1. 1933 zum Reichskanzler ernannt wurde, hatten er und die NSDAP nicht die alleinige Macht im Staat inne. Die neue Reichsregierung war eine Koalitionsregierung (NSDAP, DNVP) und als Minderheitsregierung ein „Präsidialkabinett“ wie die anderen Kabinette seit 1930. Dennoch gelang es Hitler, bis zum Sommer 1934 das konservative „Zähmungskonzept“ ad absurdum zu führen und einen diktatorischen „**Führerstaat**“ zu errichten. Mittel dazu war eine Kombination von offenem, staatlich gedecktem Terror, massiver Volksbeeinflussung durch eine zentral gelenkte Propaganda und scheinlegalen Maßnahmen. Basis für die Erlangung der uneingeschränkten Macht war die „**Verordnung zum Schutz von Volk und Staat**“ vom 28. 2. 1933. Da diese Notverordnung die wichtigsten in der Weimarer Verfassung garantierten **Grundrechte außer Kraft** setzte und sie keiner zeitlichen Begrenzung unterworfen war, gilt die „Reichstagsbrandverordnung“ als das „Grundgesetz“ des Dritten Reiches. Deutschland wurde in einen **permanenten Ausnahmezustand** versetzt und es wurde ein willkürlicher **Unrechtsstaat** etabliert.

Ein weiterer wichtiger Schritt auf dem Weg zur schrankenlosen Führerdiktatur erfolgte durch die Selbstausschaltung des Reichstags als legislative Gewalt durch das „**Ermächtigungsgesetz**“ vom 23. 3. 1933. Das Gesetz räumte der Regierung zunächst für vier Jahre das Recht ein, Gesetze ohne Mitwirkung des Reichstags und des Reichsrats zu erlassen, darunter auch solche, die von der Verfassung abwichen. Reichstag und Reichsrat als Institutionen sowie die Stellung des Reichspräsidenten sollten „unberührt“ bleiben. **Mit diesem Gesetz wurde die für eine Demokratie notwendige Trennung von Legislative und Exekutive beseitigt** und dem Parlamentarismus in Deutschland bis 1945 ein Ende bereitet. Das Gesetz wurde 1937 und 1939 verlängert und war ab 1943 unbefristet gültig.

Die **Gleichschaltung der Länder** wurde entgegen den Zusagen zum „Ermächtigungsgesetz“ betrieben. Ein Gesetz verfügte am 31. 3. 1933, dass die Landtage entsprechend den Ergebnissen der Reichstagswahlen vom 5. 3. 1933 neu zusammengesetzt werden mussten (die Sitze der KPD entfielen). Im Widerspruch zur noch geltenden Weimarer Verfassung verloren die Länder ihren Rang als selbstständige politische Körperschaften und wurden zu reinen Verwaltungsbezirken. Das „Gesetz über den Neuaufbau des Reiches“ (30. 1. 1934) vollendete mit der Beseitigung der Landtage die Entmachtung der Länder (Abschaffung des Föderalismus). Im Widerspruch zum „Ermächtigungsgesetz“ wurde auch der Reichsrat per Gesetz aufgelöst. 1935 hob man das Selbstverwaltungsrecht der Gemeinden auf.

Die politische Gleichschaltung wurde durch die (Selbst-)**Auflösung der politischen Parteien** und Organisationen außerhalb der NSDAP bis Ende Juli 1933 vollzogen. Das „Gesetz gegen die Neubildung von Parteien“ (14. 7. 1933) erklärte die NSDAP zur einzigen Partei in Deutschland, jede Wieder- oder Neugründung von Parteien war streng verboten. Der **Einparteienstaat** ersetzte die parlamentarische Demokratie auf der Basis konkurrierender Parteien; der **Reichstag** wurde zum bloßen **Akklamationsorgan** für die Regierung Hitler.

Innerhalb der NS-Bewegung gab es mit der „**Sturmabteilung**“ (**SA**) einen Machtfaktor, der Hitler gefährlich werden konnte, wie innerparteiliche Putschversuche, z. B. 1932, bewiesen. Da die SA-Führung (Ernst Röhm) nicht nur eine politische, sondern auch eine „soziale Revolution“ verlangte und zudem eine Umgestaltung der Reichswehr in eine „braune“ Volksmiliz anstrebte, ließ Hitler die oberste SA-Führung und mit ihr viele Regimegegner in einer reichsweiten Mordaktion (30. 6. bis 2. 7. 1934) beseitigen. Die Mordaktionen wurden am 3. 7. 1934 nachträglich per Gesetz legalisiert, und Hitler deklarierte sich selbst vor dem Reichstag zum „obersten Gerichtsherrn“. Damit war die **Rechtsstaatlichkeit beseitigt**, der Willkürstaat errichtet. An die Stelle der unabhängigen Justiz trat der „**Führerwille**“ Hitlers.

Nun konnte nur noch die **Reichswehr** Hitler gefährlich werden, deren konservative Generäle der NSDAP kritisch bis ablehnend gegenüberstanden. Doch nach der Ausschaltung der SA als wehrpolitischer Rivale unterwarf sich auch die Reichswehr widerstandslos dem Machtanspruch Hitlers. Nach dem Tod von Reichspräsident Hindenburg wurde die Armee am 2. 8. 1934 unmittelbar auf die Person Adolf Hitlers als „Führer und Reichskanzler“ vereidigt. **Damit hatte Hitler die Machtzentren des Staates in seiner Hand**.

Beispiel 2: Der nationalsozialistische Terrorstaat
Ausgangspunkt des Terrorstaats war die „**Reichstagsbrandverordnung**" vom 28. 2. 1933, die die wichtigsten Grundrechte außer Kraft setzte und eine flächendeckende Gewaltwelle gegen politische Gegner, Andersdenkende und Juden formal legal auslöste. Politische Gegner wurden oft nur aufgrund eines Verdachts in „**Schutzhaft**" genommen, wo sie der Brutalität von SA- und SS-Leuten hilflos ausgeliefert waren. Die „Schutzhaft" lag außerhalb der gesetzlichen Regelungen, war willkürlich und unterlag keiner gerichtlichen Kontrolle.
Instrument des nationalsozialistischen Terrors war neben der SA die „**Schutzstaffel**" (SS) unter Heinrich Himmler. Seit 1934 gelang es der SS, alle staatlichen und gesellschaftlichen Bereiche zu durchdringen und zu kontrollieren. Sie und ihre zahlreichen Untergliederungen waren dabei von nahezu allen staatlichen Normen befreit und ausschließlich an den „Führerwillen" gebunden. 1936 wurde die willkürliche Gewalt der SS weiter legitimiert: Das „**Gestapogesetz**" löste die Geheime Staatspolizei aus der staatlichen Verwaltung und entzog ihre Maßnahmen jeglicher richterlichen Kontrolle. Heinrich Himmler wurde im selben Jahr unmittelbar Hitler unterstellt. Die deutsche Polizei wurde den Ländern endgültig entzogen und durch die SS vereinnahmt. Damit gehörten nun auch die normalen Polizeieinheiten zum ideologisch motivierten Unterdrückungssystem, das alle Lebensbereiche erfasste.
Bereits im Frühjahr 1933 hatte die SA erste Konzentrationslager (KZ) eingerichtet, die zunächst als Arbeitslager gedacht waren, dann aber vor allem dazu dienten, die willkürlich Verhafteten psychisch und physisch zu brechen. Musterlager war das KZ Dachau. Nach dessen Vorbild überzog schließlich ein **System von Konzentrationslagern** Deutschland. 1934 übernahmen die „Totenkopfverbände" der SS die Lager, die aus diesen durchorganisierte Terroreinrichtungen machten. Die Konzentrationslager fielen unter die Verwaltung des „SS-Wirtschafts- und Verwaltungshauptamtes", denn die Lager dienten auch der ökonomischen Ausbeutung der Häftlinge. Zu diesem Zweck errichtete die SS im ganzen Reich in der Nähe von Rüstungsindustrien „Außenlager" als „Arbeitslager" oder eigene Produktionsstätten, in denen die Häftlinge als Sklaven der SS unter schlechtesten Bedingungen arbeiten mussten („**Vernichtung durch Arbeit**") – Albert Speer sprach nach dem Krieg vom „Sklavenstaat" der SS. Mit diesen Betrieben strebte die SS eine wirtschaftliche Autarkie von privater und öffentlicher Industrie an. Besondere Lager wie Auschwitz-Birkenau, Treblinka, Majdanek, Sobibor waren „Vernichtungslager" und die Orte des Massenmords an den europäischen Juden, an Zigeunern, russischen Kriegsgefangenen, der polnischen Intelligenz und anderen Menschen, die in den Augen der Nazis kein Recht auf Leben hatten.
Die SS war aber auch ein wichtiges Instrument zur nationalsozialistischen „**Volkserziehung**", z. B. in den „Nationalsozialistischen Erziehungsanstalten" (Napola), in denen die zukünftigen Führungskräfte der NSDAP herangezogen werden sollten.

Beispiel 3: Die NS-Rassenpolitik
Unter den Nationalsozialisten wurde der **Rassenantisemitismus** zur **Staatsdoktrin**. Daher begannen sie bereits kurz nach der Machtübernahme mit **ersten Aktionen gegen die deutschen Juden**. Die NS-Rassenpolitik radikalisierte sich in mehreren Phasen bis zum **systematischen Mord an den europäischen Juden** ab 1941, um die programmatisch für notwendig erklärte „Rassenreinigung" zur Schaffung eines „neuen Volkskörpers" durchzusetzen.
Am Beginn standen **Diskriminierung** und **Boykottmaßnahmen**, begleitet von einer Diffamierungskampagne, deren Träger das NS-Hetzblatt „Der Stürmer" des Gauleiters Julius Streicher war. Am 1. April 1933 fand ein reichsweit organisierter Boykott aller jüdischen Kaufleute, Ärzte und Rechtsanwälte statt. Nur wenige Tage später, am 7. April, begann mit dem „**Gesetz zur Wiederherstellung des Berufsbeamtentums**" die Ausschaltung der Juden aus allen Bereichen des öffentlichen Lebens auf formal legalem Weg.
Mit den „**Nürnberger Gesetzen**" von 1935 begannen die rechtliche Deklassierung der deutschen Juden und die Enteignung jüdischen Besitzes unter dem Schlagwort „**Arisierung**". Juden galten nicht mehr als Staatsbürger und verloren daher alle staatsbürgerlichen Rechte. Eheschließungen zwischen Juden und „Ariern", sog. „Mischehen", waren verboten. Alle

Juden wurden aus dem öffentlichen Dienst entlassen, und in fast allen Bereichen wurde der „Ahnenpass" eingeführt („**Arierparagraph**"). 1937 setzte die systematische Ausschaltung der deutschen Juden aus dem Wirtschaftsleben ein. Der Druck auf die Juden zur Emigration, durch die man den jüdischen Bevölkerungsanteil vermindern wollte, nahm drastisch zu. 1938 folgte ein Berufsverbot für jüdische Ärzte und Rechtsanwälte.
Im November 1938 trat die NS-Judenpolitik mit dem **organisierten „Reichspogrom"** („**Reichskristallnacht**") in ein neues, radikaleres Stadium. Jüdische Wohnungen, Häuser, Geschäfte und Synagogen wurden geplündert und zerstört, über 26 000 Menschen wurden verhaftet und in KZs eingeliefert. Alle jüdischen Einrichtungen wurden in der Folgezeit verboten, jüdische Kinder durften keine nicht-jüdischen Schulen besuchen, Schmuck, Gold und Kunstgegenstände mussten zwangsweise und weit unter Preis verkauft werden. Der Kriegsbeginn am 1. September 1939 brachte die Massenflucht von Juden praktisch zum Erliegen. Viele Juden wurden zur Zwangsarbeit in die Fabriken gebracht. Weitere Einschränkungen im Leben der jüdischen Bevölkerung folgten gleich nach Kriegsbeginn (Verbot von Radios, Ausgehverbote, Einrichtung von Sperrzonen und „Judenhäusern").
1939/40 fanden erste **Deportationen von deutschen und österreichischen Juden nach Ostpolen** statt, und die SS entwickelte nach dem Sieg über Frankreich den Plan für eine Aussiedlung der Juden auf die Insel Madagaskar. 1941 wurde die Auswanderung verboten und für alle Juden der „Judenstern" als Kennzeichnung eingeführt. Mit dem Überfall auf die Sowjetunion trat die NS-Judenpolitik unter dem Decknamen „**Endlösung der Judenfrage**" in ihre letzte Phase ein: die Vernichtung der europäischen Juden (**Shoa**).
Aber nicht nur die Juden waren Opfer der NS-Rassen- und Vernichtungspolitik, auch **Sinti und Roma** waren in die „Endlösung" einbezogen. Seit Februar 1943 wurden nahezu 23 000 Sinti und Roma nach Auschwitz-Birkenau deportiert und dort ermordet. Viele Sinti und Roma kamen in „Zigeunerlagern" der SS um, andere in kommunalen Internierungslagern.
Eng verbunden mit der Vorstellung der Nazis, dass es Hauptaufgabe des Staates sein müsse, einen „gesunden Volkskörper" zu schaffen, war das „**Euthanasie-Programm**", die Ermordung körperlich und geistig behinderter Menschen. Bereits 1933 begannen die Nazis die sozialdarwinistische Forderung mit dem „Gesetz zur Verhütung erbkranken Nachwuchses" umzusetzen. Dieses sah die Zwangssterilisierung bei Verdacht auf unheilbare Erbkrankheiten vor. Letztlich aber war das Ziel, Erbkranke, die als „lebensunwert" galten, aus der „Volksgemeinschaft" zu beseitigen, d. h. zu töten. Seit Sommer 1939 mussten auf Führerweisung und ohne gesetzliche Grundlage Ärzte, Hebammen und Krankenschwestern geistig behinderte und missgebildete Neugeborene melden. Diese Aktion, der bis Kriegsende über 5 000 Kinder zum Opfer fielen, war der Beginn der Massentötungen.

5. *Der Operator „analysieren" verlangt sowohl eine Beschreibung des vorliegenden Bildes als auch eine Erklärung der Bild- und Textelemente und ihre Wertung. (AFB II)*

Bei dem Bild handelt es sich um eine Fotomontage, die Hitler als deutschen Kaiser analog zu Wilhelm II. zeigt. Hitler wird in der für Wilhelm II. typischen Pose dargestellt. Die Uniform weist die damals üblichen Orden, Schulterstücke und Kordeln auf. Auf dem Kopf trägt Hitler eine preußische Pickelhaube mit Federbusch, am Arm aber eine Hakenkreuzbinde. Hitlers ansonsten kleiner Schnurrbart ist hier dem Bart Wilhelms II. nachgebildet. Dass die Pickelhaube schief auf seinem Kopf sitzt, ist ein wichtiges ironisches Element des Bildes.
In den Textelementen wird Hitler wie einst der Kaiser als „Seine Majestät" („S. M. Adolf"), d. h. als zukünftiger Alleinherrscher Deutschlands, angesprochen. Das geflügelte Wort Wilhelms II. bei seiner Thronbesteigung, „Ich führe Euch herrlichen Zeiten entgegen.", wird auf dem Bild in Bezug auf das zu erwartende Ergebnis der Politik Hitlers parodiert: „Ich führe Euch herrlichen Pleiten entgegen!", d. h., Hitlers Politik wird in die Katastrophe führen. Das Prädikat ironisiert Hitlers Anspruch und seine Titulierung „Führer".
Durch die Fotomontage zeigt Heartfield, dass für ihn **Hitler und seine Politik in einer Linie mit der des wilhelminischen Deutschland** stehen. Vor allem betont er die Kontinuität des

preußisch-deutschen Militarismus des Kaiserreichs. Er verkennt aber, dass es Hitler und den Nazis weder um eine Restauration der Monarchie, schon gar nicht der der Hohenzollern, noch um eine dauerhafte Zusammenarbeit mit den alten Eliten, die Hitler nur zum Machterwerb benötigte, ging. Dass die Nazis eine rassisch begründete „Volksgemeinschaft" unter Ausschaltung der alten Eliten und Klassenschranken wollten, wird ebenso ausgeblendet wie ihre Affinität zu den plebejischen Unterschichten, wie sie sich z. B. in der SA zeigte. Den konservativen Kräften, auch in der Armee, stand Hitler generell misstrauisch gegenüber.

6. *Der Operator verlangt von Ihnen ein Abwägen von Für- und Wider-Argumenten sowie ein begründetes persönliches Urteil über die in der Aufgabe aufgestellte Behauptung. Herausgearbeitet und gegenübergestellt werden sollen Gemeinsamkeiten und Unterschiede in der jeweiligen Außenpolitik. (AFB III)*

Es lässt sich durchaus eine Kontinuität in der deutschen Außenpolitik zwischen dem Kaiserreich und dem Dritten Reich erkennen. Hierzu gehören die **rhetorische Aggressivität** (z. B. Wilhelms berüchtigte „Hunnenrede" 1901 bei der Verabschiedung deutscher Truppen anlässlich des „Boxeraufstands" in China, die einen radikalen Rassismus zeigte), der **imperialistische Gedanke** verbunden mit dem **sozialdarwinistischen Überlegenheitsdenken** und einem **nationalistisch-chauvinistischen Sendungsbewusstsein**, das **Expansionsstreben** sowie das **Übergewicht des militärischen** gegenüber dem zivilen Bereich der Politik. Hinzu kam die Rücksichtslosigkeit gegenüber anderen Mächten, die sich u. a. in den Überfällen auf das neutrale Belgien 1914 und 1940 unter Bruch internationaler Verträge zeigte. Militärische Machtdemonstrationen und Drohgebärden waren sowohl im wilhelminischen Deutschland als auch im Dritten Reich Mittel der Außenpolitik.
Dennoch darf die NS-Politik nicht als Fortsetzung der wilhelminischen Politik gedeutet werden. Hitlers außenpolitisches Programm und seine Umsetzung stellten eine neue Form der Politik dar. Während das kaiserliche Deutschland vor allem nach **Gleichstellung im Kreis der imperialistischen Staaten** und damit nach einem Kolonialreich in Übersee strebte und sich in der Begründung dieser Politik nicht von den anderen Mächten unterschied, betrieb das Dritte Reich eine rassistisch begründete **Lebensraum- und Vernichtungspolitik in Osteuropa**. Die in Reden von Hitler häufig erhobenen Ansprüche auf die Rückgabe der 1919 verlorenen Kolonien in Übersee waren rhetorischer Art, da Hitler in einem Kolonialreich in Übersee keine Lösung der von ihm behaupteten Lebensraumprobleme des deutschen Volkes sah. Diese konnten nur durch die Gewinnung von „Lebensraum im Osten" behoben werden. Zudem warb Hitler bis 1939 um ein Bündnis mit Großbritannien, und dafür musste Deutschland auf Kolonien verzichten. Hitler ging es um die Vernichtung der Juden und die Beseitigung des Bolschewismus sowie um die Versklavung der Nachbarvölker im Osten, die als rassisch minderwertig eingestuft wurden. **Hitlers Außenpolitik** bestand bis 1939 aus zahlreichen **Vertragsbrüchen und Täuschungen**. Verträge besaßen für ihn den Charakter von jederzeit durch ihn aufkündbaren Geschäften, die nur dazu dienten, die eigene Politik zu fördern. So erfuhren Italien und Japan, Partner Deutschlands im „Antikominternpakt", erst nach Abschluss des deutsch-sowjetischen Nichtangriffspakts 1939 von Hitlers Annäherung an die Sowjetunion. Entgegen bestehender Abmachungen marschierten im März 1939 deutsche Truppen in die damalige „Resttschechei" ein. Polen wurde trotz eines Nichtangriffspakts mit Deutschland ebenso überfallen wie 1941 die Sowjetunion. Hitler handelte stets nach dem Motto, dass der Sieger das Recht vorgebe. So setzte er anders als das kaiserliche Deutschland das **Völkerrecht außer Kraft**, etwa bei der Behandlung der polnischen und sowjetischen Soldaten und Bevölkerung. Ein Befehl zur Ermordung von sowjetischen Kommissaren wäre im Kaiserreich ebenso undenkbar gewesen wie die Ermordung von Kriegsgefangenen. Für Hitler war der Krieg als Rassenkrieg eine absolute Notwendigkeit, die er bewusst anstrebte. Wilhelm II. war dagegen trotz seines martialischen, bisweilen rücksichtslosen Verhaltens kein wirklicher „Kriegstreiber". Während 1914 die Militärführung den Krieg wollte, war es 1939 die politische Führung, d. h. Hitler.

M 1: Karikatur von Wilhelm Hartung aus der Tageszeitung „Die Welt" (1. 1. 1964)

„Setz dich doch, Brüderchen – Michel bezahlt!"

Bei den abgebildeten Personen handelt es sich um den US-Präsidenten Lyndon B. Johnson (links) sowie um den sowjetischen Partei- und Regierungschef Nikita Chruschtschow (Mitte).

Wilhelm Hartung/CCC, www.c5.net

M 2: Aus einer Rede Michail Gorbatschows vom 25. 12. 1991 anlässlich seines Rücktritts als Präsident der UdSSR

Ich spreche zu Ihnen das letzte Mal als Präsident der UdSSR. Deshalb halte ich es für notwendig, meinen seit 1985 gegangenen Weg einzuschätzen. Und dies um so mehr, da es darüber nicht wenig oberflächliche, widersprüchliche und nicht objektive Wertungen gibt. Das Schicksal hat es so gefügt, daß es sich bereits bei meiner Amtsübernahme zeigte, daß es im Land Probleme gab. Gott hat uns viel geschenkt: Land, Erdöl, Gas und andere Naturreichtümer. Und auch viele talentierte und kluge Menschen. Und dabei leben unsere Menschen schlechter als in den anderen entwickelten Ländern. Wir bleiben sogar immer weiter hinter ihnen zurück. Der Grund dafür war schon zu sehen – die Gesellschaft befand sich in der Schlinge eines bürokratischen Kommandosystems. Die Gesellschaft mußte der Ideologie dienen und dabei die furchtbare Last des Wettrüstens tragen. Die Gesellschaft gelangte an die Grenze ihrer Möglichkeiten. […]

Der Prozeß der Erneuerung des Landes und der grundlegenden Veränderungen in der Weltgemeinschaft hat sich komplizierter erwiesen, als man das voraussagen konnte. […]

Wir leben in einer anderen Welt: Der „kalte Krieg“ ist vorbei. Das Wettrüsten wurde gestoppt. Die wahnsinnige Militarisierung unseres Landes, die unsere Wirtschaft, das gesellschaftliche Bewußtsein und die Moral zu Grunde richtete, wurde beendet. Die Gefahr eines Weltkrieges wurde beseitigt. Ich möchte noch einmal betonen, daß von meiner Seite in der Übergangsperiode alles für eine zuverlässige Kontrolle der Kernwaffen getan wurde. Wir öffneten uns der Welt und verzichteten auf die Einmischung in fremde Angelegenheiten sowie auf den Einsatz von Truppen außerhalb unseres Landes. Und man antwortete uns mit Vertrauen, Solidarität und Respekt. Wir wurden zu einer der wichtigsten Stützen bei der Umgestaltung der modernen Zivilisation auf friedlicher und demokratischer Basis. Die Völker und Nationen haben die reale Freiheit erhalten, den Weg ihrer Entwicklung selbst zu bestimmen.

Sowjetunion heute/Wostock, Nr. 1 vom Februar 1992.

M 3a: Arbeitsproduktivität der DDR-Wirtschaft in Prozent der Arbeitsproduktivität in der BRD

	1970	1976	1980	1983
Landwirtschaft	58	57	47	42
Energiewirtschaft/Kohlenbergbau	66	50	46	48
Chemie/Kunststoffe	35	42	46	50
Metallurgie	39	45	42	47
Stahl/Maschinen- und Fahrzeugbau	43	47	51	56
Elektrotechnik/Feinmechanik/Optik	40	41	47	52
Textilien	52	52	55	56
Sonstige Verbrauchsgüter	54	53	56	57
Gesamte Industrie	48	48	49	52

Bundesministerium für innerdeutsche Beziehungen: Materialien zum Bericht zur Lage der Nation im geteilten Deutschland, Bonn 1987, S. 390, 707

M 3b: DDR-Subventionswirtschaft

Von je 100 Mark Kosten für Produktion und Bereitstellung werden in der DDR 1989 …	**… durch Subventionen gedeckt**	**… vom Verbraucher bezahlt**
bei Nahrungsmitteln	46	54
bei Verkehrsleistungen	65	35
bei Wohnungsmieten	70	30

Quelle: Statistisches Bundesamt

Aufgaben:

1. Analysieren Sie die Karikatur (M 1). 08 VP

2. a) Arbeiten Sie aus M 2 heraus, wie Gorbatschow seine Politik rückblickend beurteilt. 08 VP

2. b) Erörtern Sie ausgehend von M 2 die Behauptung, die Außenpolitik Gorbatschows habe den Ost-West-Konflikt überwunden. 12 VP

3. Erläutern Sie, wie die Bundesregierungen in den 1960er- und 1970er-Jahren auf die Veränderung im Verhältnis der beiden Supermächte zueinander reagiert haben. 10VP

4. Beschreiben Sie mit Hilfe der Statistiken (M 3 a, M 3 b) die wirtschaftliche Lage der DDR in den 1970er- und 1980er-Jahren. 10VP

5. Erläutern Sie anhand von drei selbst gewählten Beispielen, wie die Bevölkerung der DDR auf die wirtschaftlichen, gesellschaftlichen und politischen Verhältnisse in der Ära Honecker reagierte. 12 VP

60 VP

Lösungsvorschlag

1. *Die systematische Analyse einer Karikatur erfolgt sinnvollerweise in drei Schritten: inhaltliche Beschreibung, Erläuterung der wichtigen Bildelemente und historische Einordnung der Karikatur. (AFB II)*

Die Karikatur aus der überregionalen Tageszeitung „Die Welt“ vom 1. Januar 1964 zeigt eine Art Gasthaus-Szene mit drei Protagonisten, die um einen runden Tisch (eigentlich ein Zeichen von Gleichrangigkeit) versammelt sind. Dabei wird durch die Größenverhältnisse verdeutlicht, dass US-Präsident **Johnson**, erkennbar an seinem texanischen Cowboy-Hut, und der sowjetische Parteichef **Chruschtschow** die Hauptfiguren sind, während der **deutsche Michel** mit seiner charakteristischen Zipfelmütze als Kind dargestellt ist und nur eine Nebenfigur zu sein scheint.
Chruschtschows ausladende Gestik, kombiniert mit seinem Ausspruch: „Setz dich doch, Brüderchen – Michel bezahlt!“, zeigt, dass sein eigentlicher Ansprechpartner der US-Präsident ist, während dem deutschen Michel nur eine dienende Rolle zugedacht ist. Das bereits geleerte Glas vor Chruschtschow mit der Aufschrift „Neiße“ deutet darauf hin, dass er es sich schon vor einiger Zeit an diesem Tisch bequem gemacht hat, während sein amerikanischer Ansprechpartner sich abwartend verhält, indem er die Stuhllehne im Stehen ergreift. Außerdem ist sein Glas, beschriftet mit „Oder“, noch voll. Für Michel ist weder ein Glas noch ein Stuhl vorgesehen. Er präsentiert eine dreifach geteilte Wurst mir den Aufschriften „**Bundesrepublik**“, „**Berlin**“ und „**DDR**“.
Die Bierkrüge „**Oder**“ und „**Neiße**“ repräsentieren die nach dem Zweiten Weltkrieg durch die Westverschiebung Polens entstandene neue **Ostgrenze Deutschlands**. Diese wurde von den Alliierten im Rahmen des Potsdamer Abkommens am 2. August 1945 vorbehaltlich einer verbindlichen Regelung durch einen späteren Friedensvertrag festgelegt. Von der 1949 gegründeten Bundesrepublik wurde die Grenze jedoch erst 1970 im Warschauer Vertrag mit Polen anerkannt. Die zerstückelte Wurst zeigt die innere Aufteilung Deutschlands in einen westlichen und einen östlichen Staat sowie in eine ehemalige Hauptstadt unter Viermächteverantwortung. Deutschland zahlt also nach Meinung des Karikaturisten mit der Verfestigung der deutschen Teilung und der Anerkennung der Oder-Neiße-Grenze die Zeche.

Hintergrund für die fröhliche Stimmung Chruschtschows ist die neue **Entspannungspolitik** zwischen den beiden Supermächten. Nach dem Ende der beiden „Kraftproben ohne Sieger" um Berlin und Kuba begann eine Phase der Annäherung, in der elementare Voraussetzungen zur Kriegsvermeidung im atomaren Zeitalter geschaffen wurden. Ein „heißer Draht" zwischen Washington und Moskau ermöglichte erstmals eine unmittelbare Kommunikation, verschiedene Abkommen versuchten, das Wettrüsten in geordnete Bahnen zu lenken. Nach dem Attentat auf den amerikanischen Präsidenten Kennedy (1963) war sein demokratischer Vizepräsident Lyndon B. Johnson ins Amt gekommen, während sich die Amtszeit seines russischen Kontrahenten Chruschtschow dem Ende zuneigte, da er einigen führenden Kräften der Sowjetunion als Verlierer der Kuba-Krise galt. Der Laune des in der Karikatur dargestellten Russen scheint dies aber keinen Abbruch zu tun.

Die **Karikatur kritisiert die internationale Entspannungspolitik** aus konservativer deutscher Sicht. In der Bundesrepublik galt noch im Wesentlichen der Konsens der Nichtanerkennung der territorialen Veränderungen nach dem verlorenen Weltkrieg, insbesondere was die Oder-Neiße-Grenze zu Polen und den damit einhergehenden Verlust der ehemaligen Ostgebiete betraf. Die Staatlichkeit der DDR wurde nicht akzeptiert. Die bis dahin gültige Leitlinie westdeutscher Politik, die **Hallstein-Doktrin**, wurde zunächst nur vereinzelt, etwa durch den Vordenker der SPD, Egon Bahr, infrage gestellt. Eine solche Denkweise grenzte in den Augen der konservativen Presse, wozu die Springer-Zeitung „Die Welt" gehörte, an Landesverrat. Mitarbeitern des Springer-Verlages war es beispielsweise ausdrücklich verboten, das Kürzel „DDR" ohne Anführungszeichen zu schreiben. Von daher war der ablehnende Standpunkt des Karikaturisten mit dem seines Mediums völlig übereinstimmend.

2. a) *Der Operator „herausarbeiten" verlangt eine selbstständige, gegliederte Textwiedergabe; eine reine Textparaphrase wird dem Operator nicht gerecht. Sie sollen aus dem vorgegebenen Material entnehmen, wie Gorbatschow rückblickend seine Politik beurteilt. (AFB I)*

Der scheidende Parteichef der KPdSU und Präsident der Sowjetunion **Michail Gorbatschow** nutzte seine **Rücktrittsrede** (M 2) zur Rechtfertigung seines seit 1985 gegangenen Weges, da er sich offensichtlich von manchen falsch verstanden fühlte. 1985 war Gorbatschow nach einer langen Stagnationsphase unter Breschnew und dem kurzen Interregnum unter Tschernenko und Andropow vom völlig überalterten Zentralkomitee zum Parteichef der KPdSU gewählt worden.
Gorbatschow stellt in seiner Rede heraus, dass sich das Land bei seinem Amtsantritt trotz der natürlichen Reichtümer und menschlichen Ressourcen in einer schwierigen Lage befunden habe (vgl. Z. 4 ff.). Den **Kern des Problems** sieht er darin, dass sich die Gesellschaft „in der Schlinge eines **bürokratischen Kommandosystems**" (Z. 9) befunden habe. Das **Wettrüsten und der Kalte Krieg** hätten die Sowjetunion an die Grenzen ihrer Leistungsfähigkeit gebracht, und der Lebensstandard sei schlechter als der anderer entwickelter Länder (vgl. Z. 6 f., 10 f.). Deshalb seien grundlegende politische und gesellschaftliche Veränderungen notwendig gewesen. Er hält sich zugute, diese **negativen Entwicklungen gestoppt** und damit auch den Kalten Krieg und generell die „Gefahr eines Weltkrieges" (Z. 18) beseitigt zu haben. Durch den Verzicht auf „Einmischung in fremde Angelegenheiten" (Z. 20 f.) hätten die Völker reale Freiheit erhalten, wodurch die **sowjetische Politik international an Ansehen** gewonnen habe (vgl. Z. 24 f.). Gorbatschow erwähnt allerdings auch unerwartete Schwierigkeiten, die sich bei der Umsetzung der neuen Politik ergeben hätten, da man manche weltpolitischen Entwicklungen nicht habe voraussehen können (vgl. Z. 12 f.).

b) *Der Operator „erörtern" verlangt von Ihnen, dass Sie ausgehend von der Rede Gorbatschows ein differenziertes, begründetes und abgewogenes Urteil fällen. (AFB III)*

Die Frage, ob Gorbatschows Außenpolitik den Ost-West-Konflikt beendet habe, macht zunächst eine knappe begriffliche Klärung notwendig: Der **Ost-West-Konflikt** zwischen den Supermächten des 20. Jahrhunderts, den USA und der UdSSR, gilt als fundamentaler Konflikt, der sich aus gegensätzlichen und unvereinbaren Wirtschafts- und Gesellschaftsordnungen sowie entsprechend verschiedenen Wertvorstellungen ergeben hat. Dieser Grundkonflikt wurde durch das Zwischenspiel der „unnatürlichen Allianz" während des Zweiten Weltkrieges nur unterbrochen. Demgegenüber bezeichnet der verwandte Begriff **„Kalter Krieg"** lediglich die Nachkriegsphase, in der die Anti-Hitler-Koalition ihren Daseinsgrund verloren hatte und die alte Konfrontation unter dem neuen Vorzeichen des atomaren Patts wieder aufgenommen wurde.

Gorbatschow verfolgte seit 1985 als Generalsekretär der KPdSU eine **Politik des „neuen politischen Denkens"**. Diese ging davon aus, dass die Welt nicht mehr von zwei großen politischen Lagern dominiert werde, die sich als Todfeinde gegenüberstünden, sondern dass die Staaten Europas trotz der Zugehörigkeit zu unterschiedlichen gesellschaftlichen und politischen Systemen ein „gemeinsames Haus" bildeten. Die bereits seit Lenin propagierte **„friedliche Koexistenz"** interpretierte Gorbatschow insofern neu, als er sie nicht als eine vorübergehende taktische Variante im Kampf um die Weltrevolution verstand, sondern tatsächlich als Angebot, den **Wettbewerb der beiden entgegengesetzten Systeme nur noch mit friedlichen Mitteln auszutragen**. Dafür nahm er ein Auseinanderbrechen des Ostblocks genauso in Kauf wie Austritte einzelner Staaten aus der Sowjetunion, die laut Unionsvertrag eigentlich immer schon möglich gewesen wären, unter seinen Vorgängern aber unweigerlich zur militärischen Einmischung der Sowjetarmee geführt hätten. Von daher war es nur konsequent, dass Gorbatschow 1990 mit dem Friedensnobelpreis ausgezeichnet wurde.
Da die expansive Außenpolitik und die ständige Aufrüstung seiner Vorgänger die wirtschaftliche Kraft der Sowjetunion überfordert hatten, verfolgte Gorbatschow eine neue Außenpolitik, die 1987 in der **Aufgabe der Breschnew-Doktrin** gipfelte. Diese hatte bis dahin zur Rechtfertigung sämtlicher Eingriffe in den Staaten des Warschauer Paktes unter der Prämisse gedient, dass jede Abweichung vom sowjetischen Kurs als Konterrevolution zu betrachten und notfalls mit militärischer Gewalt rückgängig zu machen sei. An die Steller dieser Doktrin trat die **Unabhängigkeit der sowjetischen Satellitenstaaten**, denen jetzt Entscheidungsfreiheit eingeräumt wurde.
Bereits 1986 hatte Gorbatschow auf dem XXVII. Parteitag der KPdSU den „Freunden in der Dritten Welt" erklärt, dass sie nun ihren „Sozialismus hauptsächlich aus eigener Kraft aufbauen" müssten, womit die Reduzierung russischer Unterstützung in Afrika (Angola), Asien und der Karibik (Nicaragua) gemeint war. 1988 begann Gorbatschow die erfolglose **Armee aus Afghanistan zurückzuziehen** und schaffte so einen Konfliktpunkt aus der Welt, der 1980 zum Boykott der Olympischen Spiele von Moskau geführt hatte.
Einschränkend kann allerdings bemerkt werden, dass die ökonomische Lage der Sowjetunion, auf die der Text M 2 Bezug nimmt, Gorbatschows Handeln deutlich einengte und ihn somit zu einer Abkehr von der expansiven Politik zwang – die Frage nach dem Anteil der eigenen Einsicht Gorbatschows lässt sich dabei nicht eindeutig klären.
Nach der langen Stagnationsperiode unter Breschnew waren die beiden Vorgänger Gorbatschows im Amt des Parteichefs, Andropow (1982–84) und Tschernenko (1984–85), nicht in der Lage gewesen, den verkrusteten und veralteten Parteiapparat zu reformieren. Gorbatschows Versuche, mit **„Glasnost"** (Offenheit) und **„Perestroika"** (Umbau) die sowjetische Wirtschaft und Gesellschaft zu reformieren, scheiterten letztlich an der **Nichtreformierbarkeit des sozialistischen Systems**, insbesondere am Widerstand in Partei und Armee. Die Wiedereinführung des Kapitalismus führte nach 70-jährigem Umweg über bolschewistische Revolution, Bürgerkrieg und sozialistischen Aufbau

schließlich zum Ende der Sowjetunion sowie zum Verlust der Weltgeltung Russlands. Überspitzt ausgedrückt könnte man also auch sagen, Gorbatschow habe den Ost-West-Konflikt nicht „überwunden“, sondern „verloren“.

Darüber hinaus darf aber bei der Überwindung des Ost-West-Konflikts die **Rolle des Westens** nicht vernachlässigt werden: Gorbatschows Gegenspieler und späterer Partner auf amerikanischer Seite war der republikanische Präsident und politische Hardliner **Ronald Reagan**, der in Bezug auf die **Sowjetunion** gerne vom „**Reich des Bösen**“ sprach und im **Kalten Krieg** einen **Kampf zwischen „Recht und Unrecht**“ sah. Er plante eine gigantische Raketenabwehr im Weltraum (SDI), die das „Gleichgewicht des Schreckens“ zulasten der Sowjetunion außer Kraft zu setzen versprach. Dieses drohende technologische und militärische Übergewicht der USA, dem die Sowjetunion angesichts ihrer wirtschaftlichen Schwäche nur wenig entgegenzusetzen hatte, veranlasste Gorbatschow schließlich zum Einlenken. Mit seiner schlichten Einsicht, dass bei Abrüstungen der, der mehr habe, auch mehr abgeben müsse – was für die Sowjetunion bei bestimmten Waffensystemen zutraf –, schuf Gorbatschow die Basis für Verhandlungen auf den **sowjetisch-amerikanischen Gipfeltreffen** in **Reykjavik** (1986) und **Washington** (1987) mit Ronald Reagan. Damit war erstmals der Weg frei für echte Abrüstungsschritte in der Frage der europäischen Mittelstreckenwaffen (INF) und später der Reduzierung der strategischen (START) und der konventionellen (KSE) Waffensysteme.
Aber auch die 1969 unter der sozialliberalen **Regierung Brandt-Scheel** begonnene „**Neue Ostpolitik**“ könnte in diesem Zusammenhang genannt werden, da nach den Verträgen von Moskau, Warschau und Prag sowie dem Grundlagenvertrag der Bundesrepublik mit der bis dato geächteten DDR von den Deutschen, die an der Nahtstelle des Konflikts in der Mitte Europas saßen, keine Störfeuer gegen die internationale Ost-West-Verständigung mehr zu erwarten waren. (Dieser Aspekt wird in Aufgabe 3 erläutert.)

Zwar hat Gorbatschows Außenpolitik ohne Zweifel maßgeblich zur Überwindung des Ost-West-Konflikts in Form des Kalten Krieges beigetragen, doch darf dabei nicht vernachlässigt werden, dass auch der Westen seinen Teil dazu beigesteuert hat. Auch wenn der Kalte Krieg 1990 auf der Konferenz über Sicherheit und Zusammenarbeit in Europa (KSZE) in Paris für beendet erklärt wurde, ist das Verhältnis der Russischen Föderation zum Westen und insbesondere zu den USA in den letzten beiden Jahrzehnten immer wieder angespannt. Dies verwundert nicht, erheben doch die USA als einzige verbleibende Supermacht Anspruch auf eine uneingeschränkte internationale Führungsrolle. Diesen Bemühungen stellt sich Russland als alte Großmacht mit neuen globalen Ambitionen entgegen, die ihre zukünftige Position in der Weltpolitik noch nicht gefunden hat.

3. *Die Aufgabe verlangt von Ihnen eine anschauliche, mit Beispielen versehene Erklärung der Reaktionen der Bundesregierungen auf das veränderte Verhältnis der Supermächte USA und Sowjetunion. Dabei müssen Sie auf die CDU-Regierungen Adenauer (1949–1963) und Erhard (1963–1966), die Große Koalition (1966–1969) unter Kiesinger (CDU) und Vizekanzler Brandt (SPD) sowie die sozialliberalen Koalitionen ab 1969 mit ihrer „Neuen Ostpolitik“ unter Brandt und Schmidt (beide SPD) eingehen. (AFB II)*

Zunächst soll kurz die **Veränderung im Verhältnis der beiden Supermächte USA und Sowjetunion** charakterisiert werden. Diese hatten in der Doppelkrise um Berlin und Kuba 1962 in den Abgrund eines Dritten Weltkrieges geblickt und erkannt, dass es im Atomzeitalter nur eine Überlebenschance gibt, wenn die Atommächte über ausreichende Kommunikationsmittel zur Vermeidung eines ungewollten Atomschlags verfügten, wenn die Rüstung der beiden Supermächte derart begrenzt würde, dass keine der beiden über eine solche Übermacht verfügte, die der Gegenseite keinen Zweitschlag mehr erlauben würde („mutual assured destruction“) und wenn die Verbreitung der Atomwaffen möglichst eingeschränkt würde. Diesen Zielen folgte die **Entspannungspolitik** ab 1963 mit diversen Verhandlungsprozessen und Verträgen, wie beispielsweise dem „Heißen-Draht-Abkommen“ (1963), dem

Atomwaffensperrvertrag (1963) und dem Teststoppabkommen (1963). Später kamen noch die SALT-Verhandlungen (1972) und die KSZE-Schlussakte von Helsinki (1975) hinzu.

Die Position der deutschen Regierungen war nach dem Krieg vor allem durch **Adenauers** Strategie der **Westbindung** und die gleichzeitige Politik der Offenhaltung der deutschen Frage gekennzeichnet. Die **Hallstein-Doktrin** war seit 1955 grundlegend für den Umgang mit der DDR. Danach beanspruchte die Bundesrepublik, international für alle Deutschen zu sprechen (**Alleinvertretungsanspruch**), solange den Bewohnern der DDR das Selbstbestimmungsrecht verweigert würde, womit der DDR jede Staatlichkeit abgesprochen wurde. Jeder Staat, der die DDR als solchen anerkannte, sollte von der westdeutschen Diplomatie isoliert werden. In Übereinstimmung mit der Präambel des Grundgesetzes wurde die Wiedervereinigung aller Deutschen angestrebt, ohne dass jedoch konkrete Schritte in diese Richtung unternommen wurden. Es zeigte sich sogar immer mehr, dass die Praxis der Westbindung in der EG und NATO der in vielen Feiertagsreden beschworenen Einheit der Nation eher abträglich war. Mit zunehmender Entspannung auch in Europa erwiesen sich das Festhalten der Bundesrepublik am Alleinvertretungsanspruch und die gleichzeitige Nichtanerkennung der Oder-Neiße-Grenze als Störfaktoren in den internationalen Beziehungen.

Die rasche Zunahme souveräner Staaten als Folge der Entkolonialisierung der 60er-Jahre bewirkte eine vermehrte Anerkennung der DDR durch Staaten der sogenannten Dritten Welt, die damit als Partner der Bundesrepublik verloren zu gehen drohten. An eine aktive Ostpolitik gegenüber den Staaten des Warschauer Paktes war kaum zu denken, da diese Staaten sämtlich die DDR anerkannt hatten. Eine von Anfang an unvermeidbare Inkonsequenz im Zusammenhang mit der Hallstein-Doktrin war, dass **Adenauer diplomatische Beziehungen zur östlichen Vormacht Sowjetunion** aufgenommen hatte, ohne die nicht einmal die Rückführung der deutschen Kriegsgefangenen möglich gewesen wäre. Adenauer schlug der **Sowjetunion** bereits 1962 einen „**Burgfrieden**" vor, demzufolge die politischen Verhältnisse in der DDR vorerst bleiben könnten, wie sie waren, wenn den Menschen in der DDR Erleichterungen zugestanden würden.

Auch die **Regierungen Erhard und Kiesinger** bemühten sich um eine **aktive Ostpolitik**. So schickte Ludwig Erhard 1966 eine „**Friedensnote**" an alle Staaten des Warschauer Paktes – außer der DDR – und an die Staaten, mit denen die Bundesrepublik diplomatische Beziehungen unterhielt. In dieser erklärte Erhard die Bereitschaft der Bundesrepublik zum Gewaltverzicht und zum Ausgleich mit Polen. Kiesinger entfernte sich schrittweise von der Hallstein-Doktrin, indem er **Handelsniederlassungen in Ostblockstaaten** einrichten ließ und mit **Rumänien** sogar **diplomatische Beziehungen** (1967) aufnahm.

Letztlich war diesen Bemühungen aber aus zwei Gründen kein Erfolg beschieden: Erstens war es nicht möglich, eine Ostpolitik „um die DDR herum", d. h. ohne deren Beteiligung, aufzubauen, da sich die Warschauer-Pakt-Staaten nicht auseinanderdividieren ließen. Zweitens erwies sich der Gedanke als falsch, Fortschritte in der Entspannung von Zugeständnissen des Ostens bezüglich der deutschen Frage abhängig zu machen. Die umgekehrte Denkrichtung erwies sich als notwendig: Eine Beteiligung an der Entspannungspolitik sollte die Einheit der Nation trotz ihrer Aufteilung in zwei Staaten wahren.

Die Wende kam mit der „**Neuen Ostpolitik**" der **sozialliberalen Koalition Brandt-Scheel** (1969). Gemäß der Devise des SPD-Strategen und Unterhändlers Egon Bahr „**Wandel durch Annäherung**" sollte eine weitere Auseinanderentwicklung der Nation dadurch verhindert werden, dass unhaltbare Rechtspositionen, wie die Hallstein-Doktrin und die Nichtanerkennung der Oder-Neiße-Grenze, aufgegeben würden und im Gegenzug ein Geflecht aus Beziehungen zum Osten, speziell zur DDR, geschaffen würde. Dadurch sollte schließlich ein langsamer Wandel und langfristig eine Wiedervereinigung ermöglicht werden. Die „Neue Ostpolitik" wurde von den USA zunächst skeptisch beurteilt, da man in Brandt und Bahr verkappte deutsche Nationalisten vermutete. Durch Einbeziehung der vier Siegermächte in die Vertragspolitik wurde die DDR via Moskau zu einer Zusammenarbeit gezwungen, und die Bedenken der USA (Henry Kissinger: „Wenn schon Entspannung, dann machen wir sie.") gegenüber den Deutschen konnten zerstreut werden.

Die **Vertragspolitik der 70er-Jahre** folgte einem Grundmuster: Zunächst wurde ein allgemeiner **Gewaltverzicht** ausgesprochen, danach wurde (ganz im Sinne der Sowjetunion) der **Status quo in Europa** nach dem Zweiten Weltkrieg anerkannt, zuletzt wurde vermehrte Zusammenarbeit auf den verschiedensten Gebieten (Wirtschaft, Kultur, Sport etc.) vereinbart. Auch die Reihenfolge der Verträge war nicht beliebig: Der **Moskauer Vertrag** (1970) legte zunächst die Grundstruktur fest, an der sich die anderen Ostblockstaaten wegen der Vorherrschaft der Sowjetunion orientieren mussten. Der **Warschauer Vertrag** mit Polen (1970) bezeichnete die Oder-Neiße-Grenze als „westliche Staatsgrenze Polens", die zwar als „unverletzlich", aber nicht als „unveränderlich" bezeichnet wurde. Das **Viermächteabkommen über Berlin** (1971) ermöglichte freien Zugang zur geteilten ehemaligen Hauptstadt und bestätigte die Bindungen Westberlins an die Bundesrepublik. Erst unter diesen Voraussetzungen wurde mit der DDR der **Verkehrsvertrag** und der **Grundlagenvertrag** (beide 1972) abgeschlossen. Während es der BRD hauptsächlich um menschliche Erleichterungen und Kontakte ging (Reiseerleichterungen, Telefonverbindungen usw.), erhoffte sich die Regierung der DDR hauptsächlich internationale Anerkennung. 1973 folgte nach dem bewährten Muster der **Prager Vertrag** mit der Tschechoslowakei.
Um den Bedenken der Opposition und den Anforderungen der Verfassung zu entsprechen, vermied die Bundesregierung eine völkerrechtliche Anerkennung der DDR und eine endgültige Festlegung der Ostgrenze, die einer friedensvertraglichen Beendigung des Zweiten Weltkrieges vorbehalten blieben. In **Begleitbriefen zu den Ostverträgen** wurde die entsprechende Rechtsposition verdeutlicht. Infolge dieser Vertragspolitik, die das Verhältnis der beiden deutschen Staaten mit dem Stand des Ost-West-Verhältnisses insgesamt synchronisierte, wurden **beide deutschen Staaten 1973 in die UNO** aufgenommen, obwohl sie dort immer noch als „Feindstaaten" galten. Auf dieser Grundlage stand auch einer gleichberechtigten Beteiligung der beiden deutschen Staaten an der 1973 in Helsinki beginnenden Konferenz über Sicherheit und Zusammenarbeit in Europa (KSZE) nichts mehr im Wege.
Bei allem Wandel der bundesdeutschen Ostpolitik in den beschriebenen Jahrzehnten muss aber als Kontinuität festgehalten werden, dass der „Interzonenhandel" bzw. später der „innerdeutsche Handel" zwischen der BRD und der DDR seit 1949 zollfrei abgewickelt wurde, und dass alle Bundesregierungen der DDR einen zinslosen Überziehungskredit, den „Swing", gewährten. Ebenso kontinuierlich wurde von den verschiedenen Bundesregierungen seit 1964 der Freikauf von Flüchtlingen und anderen in der DDR Inhaftierten praktiziert, was sich für die DDR neben dem Zwangsumtausch, zu dem westliche Besucher verpflichtet wurden, zu einer ihrer wichtigsten Devisenquellen entwickelte.

4. *Der Operator „beschreiben" verlangt eigentlich keine systematische Analyse des vorliegenden Materials. Es ist aber trotzdem sinnvoll, die vorgegebenen Daten etwas genauer zu untersuchen, bevor Sie sie mit Ihrem Wissen über die Wirtschaft der DDR in den 1970er- und 1980er-Jahren ergänzen. (AFB I)*

Insgesamt kann man anhand von M 3a feststellen, dass die **Arbeitsproduktivität der DDR-Wirtschaft** im dargestellten Zeitraum von 1970 bis 1983 trotz Verbesserungen weit **hinter der Produktivität der bundesrepublikanischen Wirtschaft zurückblieb**. Dabei lässt sich nach Bereichen differenzieren: Es gab solche, in denen ein gewisser Aufholprozess stattfand, was in diesem Fall die verarbeitenden Industrien betraf (Chemie, Metall, Maschinen, Elektro, Textil), solche, die eher stagnierten (Industrie gesamt und Verbrauchsgüter), und Bereiche, in denen sich der Rückstand sogar vergrößerte (Landwirtschaft, Energiewirtschaft). Bei den Subventionen (M 3b) fällt auf, dass die sogenannte **Grundversorgung** der Bevölkerung (Nahrung, Verkehr, Wohnung) **hoch subventioniert** war, wobei die Wohnungsmieten mit 70 % Subventionsanteil an der Spitze lagen. Zudem kann man – über die Statistiken hinaus – ergänzen, dass es **in der DDR offiziell keine Arbeitslosigkeit** gab.
Politischer Hintergrund der genannten Zahlen ist die Ablösung des Parteichefs Ulbricht, der in sowjetischer Tradition auf den Ausbau der Schwerindustrie gesetzt hatte, durch den

„Konsumsozialisten" **Honecker**. Auf dem VIII. Parteitag der SED wurde die „**Einheit von Wirtschafts- und Sozialpolitik**" propagiert, und in der Folge kam es zu Lohn- und Rentenerhöhungen, einem Ausbau verschiedener Sozialleistungen (Einrichtung von Kinderkrippen und Vorschulklassen, Einführung eines bezahlten Babyjahrs, Familiendarlehen) und zu einer Förderung des Wohnungsbaus (standardisierte „Plattenbauten"). Die durchschnittliche Ausstattung der DDR-Haushalte mit langlebigen Gebrauchsgütern (Fernseher, Waschmaschine, Kühlschrank, Auto) erhöhte sich, wobei die Wartezeit auf einen „Trabant" immer noch ca. 12 Jahre betrug. Trotz allem gab es aber auch in den 70er- und 80er-Jahren immer wieder **gravierende Versorgungsengpässe**. Im Vergleich mit den übrigen Staaten des „Ostblocks" (RGW) erreichte die DDR allerdings ein hohes Wohlstandsniveau.
Die **mangelnde Wettbewerbsfähigkeit** gegenüber dem Westen lässt sich durch die schlechte Kapitalausstattung der Betriebe und den erhöhten Einsatz menschlicher Arbeitskraft erklären. Dadurch wurde eine **verdeckte Unterbeschäftigung** kaschiert. DDR-Arbeiter wurden durch das staatliche Plansystem relativ ineffektiv eingesetzt und waren bei häufig vorkommenden Stillständen aus Materialmangel bei vollem Lohn beschäftigungslos. Die Motivation sollte zwar durch „**sozialistische Wettbewerbe**" gesteigert werden, blieb aber wegen mangelnder materieller Anreize im Durchschnitt eher gering. Gerade in der unterdurchschnittlich produktiven Landwirtschaft (M 3 a) waren in den 70er-Jahren **Produktionsgenossenschaften** – offenbar erfolglos – zu noch größeren Einheiten zusammengeschlossen worden. Halbstaatliche Betriebe waren in den 70er-Jahren verstaatlicht worden, sodass sich der Anteil der Privatwirtschaft auf ca. 1 % reduzierte. Die gleichzeitige Anhebung von Löhnen und Renten, sowie die in M 3 b dargestellte Subventionierung von Waren des täglichen Bedarfs überstieg die Leistungsfähigkeit der DDR-Wirtschaft bei Weitem, sodass sich der Staat hoch verschuldete. Zwischen 1970 und 1988 stieg die Verschuldung durch Subventionen von 11,4 auf 61,6 Milliarden Mark.
Auch vom „Großen Bruder" Sowjetunion war keine Hilfe zu erwarten. In der ersten Hälfte der 70er-Jahre wurde die DDR zu einer Erhöhung ihrer Exporte in die Sowjetunion gezwungen, wofür die DDR aber nur „Transferrubel" statt harter Devisen wie bei Westexporten erhielt. Anfang der 80er-Jahre reduzierte die Sowjetunion ihre Erdöllieferung, da sie selbst große ökonomische Probleme hatte (Ölkrise, Afghanistan-Krieg). Schließlich stand die **DDR** 1983 **am Rande der Zahlungsunfähigkeit**, die nur durch Kredite des „Klassenfeinds" BRD abgewendet werden konnte. Honeckers Versuch, die Zustimmung der Bevölkerung zum Sozialismus durch Wohlstand zu erkaufen, war an zwei Punkten gescheitert: Zum einen an seiner ökonomischen Ignoranz, mit der er den Zusammenhang zwischen ökonomischer Leistungsfähigkeit und sozialpolitischen Verteilungsspielräumen als kapitalistisches Märchen bezeichnet hatte, und an einer Bevölkerung, die nicht aufhörte, ihren Lebensstandard mit dem der Westdeutschen statt dem der östlichen Bündnisgenossen zu vergleichen.

5. *Bei dieser sehr offenen Aufgabenstellung sind Sie bei der Wahl Ihrer drei Beispiele frei. Sie sollten allerdings darauf achten, dass diese in gewisser Weise repräsentativ oder gar idealtypisch für die DDR-Bürger sind. (AFB II)*

Von den vielen möglichen Reaktionsweisen der DDR-Bevölkerung seien folgende genannt:

Kritische Intellektuelle, Schriftsteller und Künstler
Diese Gruppe lässt sich nicht leicht auf einen Nenner bringen. Vielfach zeigt sich eine durchaus **linke politische Grundeinstellung**, ein Bekenntnis zum Sozialismus, teils sogar – wie im Fall des Schriftstellers und Sängers **Wolf Biermann** – eine ursprünglich freiwillige Übersiedlung in die DDR. Gerade solche Intellektuelle waren aber auf Dauer nicht bereit, die mangelnde Meinungsfreiheit und fehlende Toleranz des DDR-Regimes zu ertragen, und gerieten sehr schnell in **Opposition**. Als sog. **Dissidenten** erreichten sie große Bekanntheit – wie z. B. der Physikprofessor **Robert Havemann**, der von 1976 bis 1979 unter Hausarrest gestellt wurde. Biermann wurde jahrelang mit einem Auftrittsverbot belegt und bei seiner ersten genehmigten Westtournee 1976 gegen seinen Willen ausgebürgert. Die damit

gezeigte Schwäche des SED-Regimes wurde zum Kristallisationskern von Solidarisierungen und Ausreiseanträgen prominenter DDR-Künstler und Schriftsteller (Manfred Krug, Reiner Kunze usw.). Selbst im „Apparat" der SED gab es kritische Geister, die Fehlentwicklungen der Wirtschaftsplanung nicht mehr tatenlos mit ansehen wollten und ihre Kritik über westliche Medien verbreiteten, wie das Beispiel **Rudolf Bahro** 1977 zeigte.

Kirchenkreise und Friedensbewegung

Trotz der prinzipiell atheistischen Staatsphilosophie und vieler Versuche, christliche Bräuche durch weltliche Riten, wie zum Beispiel die „Jugendweihe", abzulösen, ließen sich kirchliche Bindungen der DDR-Bevölkerung, die traditionell besonders im Protestantismus verwurzelt war, nicht einfach verbieten. Im Jahr 1978 vereinbarte Honecker mit der evangelischen Kirchenleitung Grundsätze der Zusammenarbeit, die der Kirche gewisse Freiheiten erlaubten. So wurden **christliche Friedensinitiativen** geduldet, da sie der SED im Sinne ihrer eigenen Propaganda als nützlich erschienen. Anfang der 80er-Jahre entwickelte sich in diesem Milieu jedoch eine Basis für Oppositionelle und Kritiker der Menschenrechtsverletzungen in den Ostblockstaaten. Der Slogan „Schwerter zu Pflugscharen" wurde ab 1983 von der DDR-Führung als Kritik an der eigenen Rüstungspolitik verstanden und bekämpft. Bis zum Ende der DDR waren die **Kirchengemeinden Rückzugsmöglichkeiten und Unterstützer einer Opposition aus Friedens- und Umweltgruppen**. Evangelische Pfarrer (Rainer Eppelmann, Friedrich Schorlemmer, Joachim Gauck usw.) waren prominente Verfechter gesellschaftlicher Reformen. Selbstverständlich wurden Kirchenkreise aber auch bevorzugt vom Staatssicherheitsdienst (Stasi) der DDR bespitzelt und unterwandert, bekennende Christen in der Gesellschaft überall benachteiligt.

Die „Nischengesellschaft"

Die **Mehrheit der DDR-Bürger** lässt sich wohl so charakterisieren: Man beteiligte sich am „sozialistischen Aufbau" und an seinen Ritualen (z. B. an den Aufmärschen zum 1. Mai) soweit es erwartet wurde und dem eigenen Fortkommen diente. Man leistete die üblichen Lippenbekenntnisse zum Sozialismus, wie sie zum Beispiel im Schulfach „Staatsbürgerkunde" verlangt wurden. Darüber hinaus versuchte man, sich **in seiner Freizeit** so weit wie möglich **vom sozialistischen Alltag abzuschotten** bzw. daraus zu entfliehen, indem man Westfernsehen empfing und sich am Wochenende in sein Ferienhäuschen („Datsche") begab oder sich mit Gleichgesinnten traf. Mängel in der Versorgungslage, mangelnde Reisefreiheit und fehlende demokratische Rechte wurden in Witzen und Redensarten angeprangert, ohne dass dies zu weiterreichenden politischen Konsequenzen geführt hätte. Mit zunehmenden Auflösungserscheinungen des Sozialismus in den späten 80er-Jahren zeigte sich, **wie gering die Loyalität dieser Bevölkerungsgruppe gegenüber ihrem Staat war**. Bei erstbester Gelegenheit verließ sie massenhaft die DDR.

Funktionselite der DDR

Die führenden Kräfte der DDR, die sogar in der Verfassung als solche bezeichnet wurden, waren die **SED** und die damit verbundenen **Massenorganisationen** (FDGB, FDJ usw.). Diese verstanden sich im leninschen Sinne als „**Avantgarde des Proletariats**". Wegen der übermäßigen Bürokratisierung der DDR und des gigantisch ausgebauten Spitzelapparats der Stasi boten sich hier mannigfaltige **Karrieremöglichkeiten für „überzeugte Kommunisten**". Die SED allein hatte 2,2 Millionen Mitglieder, denen das Parteiabzeichen die entscheidenden Gramm mehr Gewicht im gesellschaftlichen Leben, d. h. Einfluss und Zugang zu seltenen Gütern und Privilegien, verlieh. Die führenden „Kader" in den Staatsbetrieben rekrutierten sich fast ausschließlich aus Parteimitgliedern. Verständlich ist, dass diese Gruppe im Zuge der Wende ihre Felle davonschwimmen sah und an einer wie auch immer gearteten Form des Sozialismus festhalten wollte, um ihre Privilegien und Karrierechancen nicht einbüßen zu müssen. Noch heute stammen etwa zwei Drittel der Mitglieder der Partei „Die Linke", einer Vereinigung der WASG („Arbeit & soziale Gerechtigkeit – Die Wahlalternative") und der aus der SED hervorgegangenen PDS, aus den neuen Bundesländern, darunter sind auch ehemalige Parteimitglieder der PDS und der SED.

Schriftliche Abiturprüfung Geschichte (Baden-Württemberg) 2011
Aufgabe 1

M 1: Aus einer Rede Philipp Jakob Siebenpfeiffers (1834)

Was mich betrifft, ich bin Republikaner von ganzer Seele; nicht bloß der Theorie nach, sondern ich halte die Repräsentativ-Republik für die einzige Staatsform, die einem größern Volk, das seine Würde fühlt, geziemt, für die alleinige, die heute möglich. Sie allein kann freies Denken, freies Handeln geben, somit den Zweck der Völkerbewegung erfüllen. […] Die Repräsentativ-Republik aber stellt nur einen Willen auf, den der Gesamtheit. Parteien können entstehen, Bewegungen, Kämpfe mögen kommen, sollen kommen, denn sie bewahren den Staat vor Fäulnis; aber sie zeigen sich nur, wo wesentliche Gebrechen, wo ernste Interessen verletzt, nicht alle Kräfte zu freiem Spiele gelassen sind; und es besteht ein gesetzliches Organ für jedes solches Interesse, die Gesamtheit kann das Gebrechen heilen. […] Ungleichheit des Besitzes liegt in der Natur, welche die Menschen mit ungleichen Kräften und Neigungen ausstattet. Eine Gütergemeinschaft wäre der höchste Triumph der Gesetzgebung, denn sie würde dem Staat eine unveränderliche Grundlage geben, die Quelle von tausend Unsittlichkeiten und Verbrechen stopfen, alle vereinzelte Bestrebungen guter und schlimmer Leidenschaften in einen Brennpunkt sammeln und sie auf *ein* Ziel, das Heil der Gesamtheit hinleiten! – Allein – die Gütergemeinschaft ist eine Chimäre[1]. Soll man aber darum einer anderen Staatsordnung das Wort reden, wo die Gesamtheit nur für etliche Familien keucht und schwitzt […], indes die Minderzahl in Müßiggang, im Übermut des Überflusses schwelgt. […] Nein, eine solche Staatsordnung ist naturwidrig, ist gottlos! Darum will ich eine andere […], die jedem das Seinige sichert, die jene Ruh' und Ordnung gibt, […] die jene Freiheit und Gesetzlichkeit verschafft, deren die heutigen Völker bedürfen […]. *Welche Staatsform, welches Gesetz jeweils einem Volke fromme, das bestimme dies Volk selbst.* […] Die monarchischen Gewalthaber behaupten ihre Systeme mit Kanonen; Marat und Robespierre wollten Republikaner mit der Guillotine machen; sind die einen im Unrecht, warum nicht die andern? So weit ist man jetzt einig in der denkenden Welt, dass der Mensch religiöse Gewissensfreiheit als ein Recht anspricht; warum wollt ihr nicht die politische Gewissensfreiheit anerkennen? Nationen sind wie Individuen: jede nach eigner Weise bilde sich durch freie lichtvolle Verständigung ihren politischen Glauben, denke sich ihre politische Gottheit […]! Dies ist's, was ich Volkshoheit nenne. *(Hervorhebungen im Original)*

Lautemann, Wolfgang/Schlenke, Manfred: Geschichte in Quellen. Das bürgerliche Zeitalter. 1815–1914, München 1980, S. 850.

Anmerkung

1 Wahngebilde

M 2: Der Bundespräsident Gustav W. Heinemann 1971 in einer Rede zum 100. Jahrestag der deutschen Reichsgründung

Unsere Geschichte ist in vieler Hinsicht anders verlaufen als die unserer Nachbarn. Man hat uns eine „verspätete Nation" genannt. In der Tat haben wir unsere nationale Einheit 1871 später und unvollkommener erlangt als andere Nationen. Der Ruf nach Einheit erhob sich in den Befreiungskriegen gegen Napoleon, bei den unruhigen Studenten auf dem Wartburgfest 1817, in der großartigen Volksfeier 1832 auf dem Hambacher Schloss und sonderlich im Sturm und Drang der Jahre 1848/49. Aber ein jedes Mal wurde der Ruf von jenen Dutzenden von Fürstenstaaten erstickt, in die Deutschland zerrissen blieb.

[…]

Bismarck als Schöpfer der Einheit mit Blut und Eisen – so wurde es gelehrt und in der Fülle der ihm gewidmeten Denkmäler in den deutschen Landschaften dargestellt. Wir müssen erkennen, dass dieses eine Vereinfachung ist, bedenklich wie jede Vereinfachung, richtig und falsch zugleich. Bismarck erzwang 1871 den kleindeutschen fürstlichen Bundesstaat unter Ausschluss auch der Deutschen in Österreich – das ist richtig. Aber Bismarck gehört nicht in die schwarz-rot-goldene Ahnenreihe derer, die mit der Einheit des Volkes zugleich demokratische Freiheit wollten. Wer also die Linie von den Befreiungskriegen und der Wartburg über Hambach, Frankfurter Paulskirche und Rastatt[2] als Endstation der Revolution von 1848/49 bis nach Sedan[3] und Versailles zieht, verzerrt den Gang der Geschichte.

[…]

Als das Deutsche Reich vor 100 Jahren in Versailles ausgerufen wurde, war keiner von den 1848ern zugegen. Ja, Männer wie August Bebel und Wilhelm Liebknecht und andere Sozialdemokraten, die sich gegen den nationalistischen Übermut des Sieges über Frankreich geäußert hatten, saßen in Gefängnissen. Um den Kaiser standen in Versailles allein die Fürsten, die Generäle, die Hofbeamten, aber keine Volksvertreter. Die Reichsgründung hatte die Verbindung von demokratischem und nationalem Wollen zerrissen. Sie hat das deutsche Nationalbewusstsein einseitig an die monarchisch-konservativen Kräfte gebunden, die in den Jahrzehnten vorher dem demokratischen Einheitswillen hartnäckig im Wege gestanden hatten. […] Was 1871 erreicht wurde, war eine äußere Einheit ohne volle innere Freiheit der Bürger.

Heinemann, Gustav W.: Allen Bürgern verpflichtet. Reden des Bundespräsidenten 1969–1974, Frankfurt a. M. 1975, S. 46 f.

Anmerkungen

2 Ort der endgültigen Niederlage der Revolution 1849
3 Ort des entscheidenden deutschen Sieges über Frankreich 1870

M3: Karikatur von Karl Arnold aus der Zeitschrift „Simplicissimus“ vom 28. April 1930

Die Bildunterschrift lautet: „Kaum erblüht – schon naht der vernichtende § 48“

Aufgaben:

1. Arbeiten Sie aus M 1 die politischen und gesellschaftlichen Prinzipien der Ordnung heraus, die der Autor anstrebt. 10 VP
2. Stellen Sie an zwei Beispielen Ihrer Wahl dar, welche Rolle die republikanischen Kräfte im Verlauf der Revolution 1848/49 spielten. 08 VP
3. Arbeiten Sie aus der Rede M 2 heraus, wie Gustav Heinemann die Reichsgründung von 1871 bewertet und wie er seine Bewertung begründet. 08 VP
4. „Was 1871 erreicht wurde, war eine äußere Einheit ohne volle innere Freiheit" (Z. 29 f.): Überprüfen Sie diese Aussage Heinemanns anhand von zwei Beispielen aus der politischen Kultur des Kaiserreichs. 12 VP
5. Analysieren Sie die Karikatur M 3. 10 VP
6. Erörtern Sie, ausgehend von M 3, ob die Weimarer Republik bereits 1930 zerstört worden ist. 12 VP

60 VP

Lösungsvorschlag

1. *Der Operator „herausarbeiten" verlangt, dass Sie Informationen und Sachverhalte aus dem vorgegebenen Material in eigenen Worten wiedergeben. Sie sollen Ihre Argumente nach politischen und gesellschaftlichen Prinzipien strukturieren. Eine bloße Paraphrase oder eine Aneinanderreihung von Zitaten wird der Aufgabenstellung nicht gerecht. (AFB I)*

   Siebenpfeiffer nennt sich selbst einen „Republikaner von ganzer Seele" (Z. 1). Dementsprechend geht er in seiner Rede von den Grundsätzen der **Volkssouveränität** – er spricht von „Volkshoheit" (Z. 30) – und vom allgemeinen **Selbstbestimmungsrecht der Völker** (vgl. Z. 22 f.) aus. Beide Prinzipien stellt er den angemaßten Machtansprüchen der herrschenden Obrigkeiten gegenüber.
   Konkret spricht er sich für eine **Republik** aus, die auf dem **repräsentativen System** beruht (vgl. Z. 1 f.), da dieses der „Würde" (Z. 3) eines Volkes am ehesten entspräche. Nur in einer solchen Republik könne sich ein **Volk souverän als Nation** organisieren; nur hier könnten sich alle gesellschaftlichen Kräfte frei entfalten; nur eine Republik verfüge über die notwendigen Institutionen, um die partikularen Parteiinteressen auszugleichen und zu einem nationalen Gesamtwillen, der zur Lösung der „Gebrechen" (Z. 10) der Nation notwendig sei, zusammenzuführen. Zwar sei die Konkurrenz partikularer Kräfte für eine freiheitliche Republik notwendig und legitim, denn sie bewahre „den Staat vor Fäulnis" (Z. 7), aber immer müsse das **Gesamtinteresse des Volkes im Mittelpunkt der Politik** stehen. Der neue **Staat solle sozial gerecht sein und das Recht wahren**; er solle zwar für Ruhe und Ordnung sorgen (vgl. Z. 20 f.), dabei aber unbedingt die **Freiheit der Menschen** sichern und auf die **Legalität seiner Maßnahmen** achten. Gewalt lehnt Siebenpfeiffer ab.
   Er erklärt, dass die Grundlage einer freiheitlichen Republik eine **gerechte Verteilung des Eigentums** sei. Eine „Gütergemeinschaft" (Z. 12) sei zwar wünschenswert, weil sie das Ende aller Konflikte bedeuten würde, angesichts der realen menschlichen Natur mit ihren „ungleichen Kräften und Neigungen" (Z. 11) sei dieser Wunsch aber eine Utopie. Allerdings widerspräche eine Staatsform mit Besitzverhältnissen, in denen die Mehrheit des Volkes von einer Minderheit ausgebeutet werde, dem Naturrecht und der göttlichen Ordnung. Stattdessen gelte es, einen Staat zu schaffen, in dem der Besitz gerecht verteilt werde, der „jedem das Seinige sichert" (Z. 20). Nur eine solche auf **Gerechtigkeit** aufbauende Ordnung **ermögliche dem Volk ein Höchstmaß an Freiheit und Eigenständigkeit**.

2. *Der Operator „darstellen“ verlangt von Ihnen, Strukturen und Zusammenhänge zu beschreiben und zu verdeutlichen. Dazu dürfen Sie sich auf zwei selbstgewählte Beispiele beschränken. Mögliche Beispiele sind: die Rolle der republikanisch-demokratischen Kräfte für den Ausbruch der Revolution; die heterogene Zusammensetzung der revolutionären Bewegung und die daraus resultierende Programmvielfalt; Ziele und Ausgang des sog. „Hecker-Aufstandes“; die Auseinandersetzungen in der Paulskirche und deren konkrete Ergebnisse; die Tendenzen zu einer „zweiten Revolution“ im Herbst 1848; das Ende der Revolution in Baden. Im Folgenden werden der Hecker-Aufstand und die Auseinandersetzungen in der Paulskirche näher ausgeführt. (AFB II)*

Die **Republikaner** waren innerhalb der revolutionären Bewegung zahlenmäßig zwar in der **Minderheit**, gehörten aber zweifellos zu den die Revolution **vorantreibenden Kräften**, da sie die Volksmassen zu mobilisieren verstanden. Für die Republikaner stand die alte Welt der Fürsten vor ihrem notwendigen Ende. Im Verlauf der Revolution verloren sie wegen ihrer **radikalen politischen und sozialen Forderungen** immer mehr an Einfluss und konnten ihre Ziele daher nur bedingt durchsetzen. Es war aber ein Verdienst der radikalen Kräfte, den **revolutionären Ideen eine breite Öffentlichkeit verschafft** und die liberalen Ideale eines freiheitlichen Nationalstaates sowie die Grundprinzipien einer freien und gerechten Gesellschaft (politische und soziale Grundrechte) populär gemacht zu haben. Vor allem in den Unterschichten hatten die Radikalen zahlreiche Anhänger, sodass die Herrschenden ihre letzte Rettung in den „**Märzministerien**“, d. h. in einer begrenzten Zusammenarbeit mit den gemäßigten Kräften der liberalen Bewegung, sahen. Zwar waren es die Demokraten und Republikaner, die der Revolution erst ihre Schubkraft gegeben hatten, aber in der Frage der Staats- und Regierungsform sowie in Fragen des Eigentumsrechtes gingen die **Forderungen von Gemäßigten und Republikanern zu weit auseinander**, um eine Einheit zu bilden.

Der Aufstand des badischen Revolutionsführers Hecker im April 1848 („Heckerzug“)
Friedrich Hecker war **Republikaner** sowie Verfechter des Prinzips der **uneingeschränkten Volkssouveränität und der Rechtsstaatlichkeit**. Zunächst versuchte er, seine Ziele auf friedliche, parlamentarische Weise durchzusetzen. Es gelang ihm, auf Volksversammlungen die Massen für die Revolution und seine demokratischen Ziele zu begeistern. Ein **allgemeines und gleiches Wahlrecht** sollte die politische Macht vom Besitz befreien. Seine Hoffnungen setzte er auf das **Frankfurter Vorparlament**, da er glaubte, dass die Republikaner dort die Mehrheit haben würden. Doch es scharten sich nur etwa 40 Mann um Hecker und seinen Verbündeten Gustav von Struve. Zwar lösten die beiden charismatischen Volksführer stürmische Debatten aus, aber gegenüber den gemäßigten Kräften der Liberalen, den „Konstitutionellen“ um Heinrich von Gagern, die an einer vertraglichen Lösung mit den Fürsten interessiert waren, und den gemäßigten Demokraten um Robert Blum blieben die **radikal-demokratischen Republikaner im Hintertreffen**.
Daher wollten die Radikalen den **Systemwandel mit Waffengewalt** erzwingen. Nach Abschluss des Vorparlaments forderten Hecker und Struve, dass in Baden „**Urversammlungen**“ der volljährigen Staatsbürger zusammentreten sollten, um im Sinne einer **Basisdemokratie** über die Errichtung einer Republik oder einer konstitutionellen Monarchie abzustimmen. Eine **Volksversammlung** in Donaueschingen **verlangte** ultimativ den **Rücktritt der gemäßigt-liberalen Regierung** in Karlsruhe und die **allgemeine Volksbewaffnung**.
Die badische Regierung mobilisierte daraufhin ihre Truppen. Unterstützt von württembergischen Truppen gelang es, einige führende Köpfe der radikalen Republikaner zu verhaften oder außer Landes zu treiben. Dennoch wagte Hecker im April 1848 in Konstanz den **Putsch**, um mit Freischärlern Baden zu erobern. Doch der erhoffte **Zulauf der Volksmassen blieb aus**. Am 20. April 1848 **scheiterte der Aufstand bei Kandern** an badischen Truppen, die von Truppen des Deutschen Bundes unterstützt wurden.

Die Auseinandersetzungen in der Paulskirche

Die Debatten in der Paulskirche waren im Wesentlichen von der **nationalen Frage** und der **Suche nach einem politischen Grundkonsens** geprägt. In beiden Fragen war das **revolutionäre Lager gespalten:** vor allem in konstitutionelle und parlamentarische Monarchisten sowie in demokratische Republikaner. Einig war man sich darin, dass das Parlament in Bezug auf die Neugestaltung Deutschlands die Führungsrolle übernehmen sollte, wobei die Republikaner weitere revolutionäre Akte zur Durchsetzung der Volkssouveränität und der Freiheit nicht ausschlossen. Dies brachte sie in Gegensatz zu den anderen Kräften. Die Tatsache, dass die materielle Not der Volksmassen nicht behoben oder zumindest gemindert wurde, brachte den **Republikanern und Demokraten** mit ihrer **Forderung nach einer sozial-egalitären und demokratischen Republik** große Popularität ein.

Bei den Diskussionen in der Paulskirche über die politische, soziale und territoriale Struktur eines geeinten Deutschlands bildeten sich zahlreiche lockere politische Gruppierungen. Während die **Konservativen** eine grundlegende Veränderung des Status quo ablehnten, aber im Gegensatz zu den Reaktionären zu einer Reform des Deutschen Bundes bereit waren, verlangten die **Demokraten** das Ende des Partikularismus zugunsten einer zentralistischen demokratischen Republik. Die **Radikalen** verlangten darüber hinaus die **Gewährung sozialer Rechte** wie das Recht auf Arbeit, soziale Gerechtigkeit und das Ende jeglicher Form von Ausbeutung. Differenzen gab es bezüglich des Militärs, denn die Einzelstaaten widersetzten sich der Forderung der Paulskirche, dem Reichsverweser zu huldigen. Im Parlament war man sich aber einig, dass ein **zukünftiger deutscher Staat eine der Zentralgewalt unterworfene Armee** haben sollte. Zugleich entsprach man der Forderung des liberalen Lagers, eine „**Volksarmee**" zu schaffen.

Kontrovers war die Diskussion über die in die Verfassung aufzunehmenden **Grundrechte**, wobei die Parlamentsmehrheit es vermied, von Menschen-, Bürger- oder Freiheitsrechten zu sprechen, was ihr die Kritik der Republikaner einbrachte. Die von allen revolutionären Kräften begrüßte **Gleichheit vor dem Gesetz** bedeutete die Abschaffung des Adels als politischer Stand und zielte auf einen grundlegenden Wandel in Deutschland ab. Allerdings blieben die Forderungen der Demokraten nach **sozialen Grundrechten** zulasten des Eigentumsrechts und zum Schutz der sozial Schwachen **unberücksichtigt**.

Eine klare Niederlage erlitten die Republikaner in der Frage der Staatsform, denn die **Mehrheit** entschied sich für eine konstitutionelle, wenn auch **parlamentarische Monarchie** mit einem Erbkaiser an der Spitze, der Kompetenzen in allen Bereichen des staatlichen Lebens besaß. Eine solche Machtbündelung lehnten die Republikaner und Demokraten ab; sie entsprach aber dem Wunsch der meisten Liberalen nach einer starken Exekutive im Krisenfall.

Einig waren sich Liberale und Demokraten/Republikaner, dass die **gewählte Volksvertretung eine dominierende Rolle** spielen sollte. Allerdings lehnten die Republikaner, die für einen Zentralstaat eintraten, die Aufteilung des Reichstags in Staatenhaus und Volkshaus vergeblich ab. Weitgehende Einigkeit bestand auch bezüglich des **demokratischen Wahlrechts**, der **Regierungskontrolle** sowie der Bindung der Minister, Beamten und des Militärs durch einen Eid an die Verfassung. Anders als eine Minderheit der Liberalen lehnten Demokraten und Republikaner eine großdeutsche Lösung unter Einbezug der nichtdeutschen Gebiete rundweg ab.

Angesichts der sich **abzeichnenden Annäherung der liberalen Mehrheit**, v. a. der Besitzbourgeoisie, **an die Konservativen und die Regierungen** verloren Demokraten und **Republikaner** das Vertrauen in eine Zusammenarbeit mit den Liberalen und gingen auf **offenen Konfrontationskurs**.

3. *Herausgearbeitet werden soll die Einstellung des damaligen Bundespräsidenten Gustav Heinemann gegenüber der Reichsgründung von 1871. Ihre Argumentation soll die dialektische Struktur der Rede deutlich herausstellen und nach den Aspekten „Einheit" und „Freiheit" strukturiert sein. Eine rein paraphrasierende Darstellung entspricht nicht der Aufgabenstellung. (AFB I)*

Heinemann ordnet die Reichsgründung in den Verlauf der **deutschen Geschichte** von den Freiheitskriegen gegen Napoleon über die Revolution von 1848 bis zum Geschehen 1871 ein. Er sieht diese Entwicklung als „**Sonderweg**", der die deutsche Geschichte von der anderer europäischer Nationen unterscheide. Zudem sei Deutschland eine „**verspätete Nation**" gewesen (Z. 2), deren **freiheitliche und nationale Bewegungen immer wieder unterdrückt** worden seien.
Bismarck und sein Einigungswerk 1871 müssten dialektisch bewertet werden: Dass die deutsche Einheit 1871 von Bismarck durch „Blut und Eisen" (Z. 10) erreicht worden sei, sei eine unzulängliche Vereinfachung. Zwar habe Bismarck die Wünsche des größten Teils der deutschen Liberalen nach einem **kleindeutschen Nationalstaat** unter Ausschluss des habsburgischen Vielvölkerstaates erfüllt, aber die **Bismarck'sche Reichsgründung** war ein **einseitiger Akt von oben durch ein Übereinkommen der deutschen Fürsten**, also die Schöpfung jener Kräfte, welche die liberalen Forderungen nach Einheit *und* Freiheit immer abgelehnt hatten. Das Volk und seine Vertreter waren an der Gründung des Reiches nicht aktiv beteiligt; Freiheit und Demokratie seien durch die Einigung nicht verwirklicht worden. Stattdessen sei das **demokratische und nationale Streben getrennt** worden. Der Nationalismus als Einheitsgedanke sei „einseitig an die monarchisch-konservativen Kräfte gebunden" (Z. 27 f.) worden.
Von den Befreiungskriegen bis zur Reichsgründung von 1871 gebe es daher keine Linie, denn das von Bismarck geschaffene **Kaiserreich** stünde nicht in der freiheitlich-liberalen Tradition der deutschen Nationalbewegung des 19. Jahrhunderts, sondern **in der Tradition des Obrigkeitsstaates**.

4. *Die Aufgabenstellung verlangt, dass Sie die These Heinemanns an konkreten Sachverhalten überprüfen. Da es sich gemäß den Vorgaben des Bildungsplans um eine „offene Aufgabenstellung" handelt, sind Sie in der Wahl der zwei Beispiele weitgehend frei. Ausgangspunkt ist, dass Heinemann auf den Dualismus von äußerer, nationaler Einheit und fehlender innerer Einheit durch Herstellung einer Demokratie abhebt. (AFB III)*

Die Verfassung des Reiches
Schon die Zeitgenossen haben das Kaiserreich, wie es 1871 geschaffen worden war, unterschiedlich beurteilt. Die **Liberalen** waren in ihrer Bewertung gespalten, wobei die **Mehrheit** in der Reichsgründung die **Erfüllung ihrer alten nationalen Forderungen** sah. Auch werteten sie die Verfassung von 1871 als bedeutenden Fortschritt gegenüber der 1815 geschaffenen und bis 1866 herrschenden partikularistischen und dynastischen Tradition. Eine **Minderheit kritisierte** aber ganz im Sinne Heinemanns den **Mangel an Demokratie und Partizipation**; für sie war das Kaiserreich nur eine Spielart des alten monarchischen Prinzips. Insgesamt wies die politische Ordnung ein ambivalentes Bild auf.
Da das Reich von 1871 ein **Bund der deutschen Fürsten** und kein Staat war, der aus einer freien Willensäußerung des Volkes hervorgegangen war, war das Hauptmerkmal der Verfassung ein klares **Übergewicht des „monarchischen Prinzips"**, denn der Kaiser besaß die politische und militärische Führung (Bürokratie, Diplomatie, Armee). Er stand zudem an der Spitze des den Fürstenbund dominierenden Einzelstaates Preußen. Der vom Volk gewählte **Reichstag hatte keine Möglichkeit einer wirksamen Kontrolle der allein vom Kaiser abhängigen Regierung**. Damit war eine der **zentralen Forderungen der Liberalen** vor und während der Revolution von 1848/49 zur Sicherung der Volkssouveränität und der politischen Freiheit nicht erfüllt worden.
Verfassungsrechtlich besaß der **Bundesrat**, die Vertretung der Einzelländer, ein deutliches **Übergewicht**, sodass man anstelle von Volkssouveränität von einer „**Fürstensouveränität**" in einem „Fürstenbund" sprechen kann. Der Bundesrat spielte eine Doppelrolle: Er übernahm Regierungsfunktionen, da er allein über die zur Durchführung der Gesetze notwendigen Verwaltungsvorschriften entschied, und er war notwendiger Teil der Legislative, da er dem Reichshaushalt und den vom Reichstag verabschiedeten Gesetzen zustimmen musste.

Das Reich war eine **konstitutionelle, keine parlamentarische Monarchie**. Die Verfassung gewährte zwar Gewaltenteilung, das Rechenschafts- und Informationsrecht der Regierung gegenüber dem Reichstag, die demokratische Wahl der Reichstagsabgeordneten für Männer und die Beteiligung der Volksvertretung an der Gesetzgebung, v. a. an der Verabschiedung des Haushalts, von einer Volkssouveränität konnte man aber nicht sprechen. **Nicht das Volk war Träger der Souveränität, sondern die deutschen Fürsten** und an ihrer Spitze der preußische König und deutsche Kaiser.
Wenn die Verfassung von 1871 auch **keinen Grundrechtskatalog** wie die Verfassung von 1849 enthielt, gab es doch eine Reihe von Einzelgesetzen, die wichtige **Freiheitsrechte** sicherten: u. a. den Schutz der persönlichen Freiheit, der Wohnung und des persönlichen Besitzes vor staatlicher Willkür (1877), die Freizügigkeit beim Reisen, Gewerbefreiheit, Glaubensfreiheit, Pressefreiheit (1874) außer bei „Majestätsbeleidigung“, die Wahrung des Briefgeheimnisses (1871), die Unabhängigkeit der Gerichte (1877) und seit 1870 das Verbot rückwirkender Gesetze. Nach damaliger Auffassung fielen diese Rechte in die alleinige Zuständigkeit der Länder.
Das **demokratische Wahlrecht für Männer** erfüllte die Grundforderung der Demokraten von 1848/49. Nach Bismarcks Vorstellungen diente es auch als einheitsstiftendes Band und als Mittel zur Identifikation mit dem Reich.

Die Politik der „negativen Integration“

Gustav Heinemann betont in seiner Rede, dass Bismarck 1871 lediglich die „äußere Einheit“ (Z. 30), nicht aber die „innere Freiheit der Bürger“ (Z. 30) erreicht habe. In der Tat war die fehlende innere Einheit ein zentrales Problem des Kaiserreiches. Daher sollte ein **Reichspatriotismus** als Ersatz für die verweigerte volle politische Freiheit und Gleichheit geschaffen werden, was aber bis zum Ende des Kaiserreiches nie wirklich gelang.
Ein bedeutendes Mittel zur Herstellung der **inneren Reichseinheit**, die für Bismarck existenzielle Bedeutung hatte, da er den Bestand des Reiches als latent gefährdet sah, war die Politik der „negativen Integration“. Auch hier war die Politik des Reiches ambivalent. Einerseits genossen die **religiösen und nationalen Minderheiten** – auch die Bürger jüdischen Glaubens – volle **Gleichberechtigung und Rechtsgleichheit**, andererseits waren aber gerade sie im Deutschen Reich wie im übrigen Europa z. T. **chauvinistischen Gegenbewegungen ausgeliefert**. Dennoch stand die Aufhebung der Rechtsgleichheit, z. B. für Juden, nie ernsthaft in Betracht.
Allerdings war die **konfessionelle Spaltung des Reiches ein beträchtliches Hindernis** auf dem Weg zur „inneren Reichseinheit“. Bismarcks Formel vom **protestantischen Kaisertum** sollte eine neue **Reichsidentität** stiften. Doch gerade dies bewirkte das Gegenteil, denn sie spaltete Protestanten und Katholiken und erklärte Letztere sogar zu **Reichsfeinden**, die es mit den Machtmitteln des Staates notfalls gewaltsam zu integrieren galt. Diese **Politik der „negativen Integration“**, d. h. mithilfe von **Feindbildern** oder des Schürens von Ängsten die Menschen zu sammeln und die innere Einheit herzustellen, schlug jedoch fehl.
Im **politischen Katholizismus**, der sich mit der Zentrumspartei ein politisches Organ geschaffen hatte, sah Bismarck eine **Bedrohung für die innere Stabilität des Reiches**, denn diese Partei fand nicht nur bei vielen süddeutschen Katholiken, sondern auch bei Polen, Elsässern und Welfen (Anhänger des alten Königtums Hannover, das 1866 von Preußen annektiert worden war) großen Anklang. An einer Integration des politischen Katholizismus durch Beteiligung am Staatswesen waren Bismarck und die protestantischen Eliten nicht interessiert.
Bismarck fand bei den Liberalen Unterstützung, die sich besonders durch das päpstliche Unfehlbarkeitsdogma und die Forderung des Papstes nach Unterordnung von Staat und Wissenschaft unter die Kirche herausgefordert sahen. Für sie war die Nation das Maß aller Dinge; eine übernationale Bindung, und sei es eine religiöse, lehnten sie wie Bismarck ab. Damit war das **Zentrum** zu einer die **Reichseinheit gefährdenden Partei** geworden. So kam es zum **Kulturkampf** (1871–1878), der vor allem in Preußen und Baden ausgefochten

wurde. Doch anders als von Bismarck erhofft, wurde diese Politik der „antikatholischen Sammlung" (V. Ullrich) zu einem **Fehlschlag**, der die **innere Reichseinheit eher gefährdete als stabilisierte**. Das Verhältnis zwischen Protestantismus und Katholizismus blieb über das Ende des Kaiserreichs hinaus von Misstrauen geprägt und belastete das innenpolitische Klima nachhaltig. Die Katholiken fühlten sich als Bürger zweiter Klasse, schlossen sich enger zusammen und entwickelten ein eigenes politisches und soziokulturelles Bewusstsein.

Viel mehr als der politische Katholizismus schien sich der **Kampf gegen die deutsche Sozialdemokratie** als Instrument zur Stabilisierung des Reiches und seiner inneren Einheit zu eignen. Denn in den Augen des nationalen Bürgertums aller Konfessionen und des Adels galt die Sozialdemokratie als „vaterlandslos", war sie doch international ausgerichtet; auch hatten sich ihre Vertreter gegen die Annexion Elsass-Lothringens ausgesprochen. Die Sozialdemokraten standen in Widerspruch zu allen anderen politischen Kräften im Reich:

- zu den Liberalen wegen ihrer antikapitalistischen Forderungen und der Propagierung des Klassenkampfes;
- zu den Konservativen und Monarchisten wegen ihrer revolutionär-republikanischen Einstellung;
- zu den nationalen Kreisen wegen des „proletarischen Internationalismus";
- zu den religiösen Kräften wegen ihrer Religionsfeindlichkeit.

Durch das „**Gesetz gegen die gemeingefährlichen Bestrebungen der Sozialdemokratie**" (1878) wurde die **Arbeiterbewegung** der Willkür von Justiz und Polizei ausgeliefert und **weitgehend entrechtet**; ihre Anhänger wurden als **Reichsfeinde** geächtet. Dabei war diese Politik widersprüchlich, denn sie schuf einen „Zustand der Halblegalität" (V. Ullrich): Die Arbeiterpartei wurde nicht verboten und durfte weiterhin an Wahlen teilnehmen, allerdings ohne Wahlkampf und Kundgebungsrecht.

Doch auch diese **Unterdrückungspolitik** des monarchischen Obrigkeitsstaates **scheiterte** und wurde 1890 aufgegeben. Letztlich blieb **Deutschland eine gespaltene Nation**, was auch der das Reich überhöhende Reichspatriotismus, in dem sich Vaterlandsliebe, Patriotismus und Chauvinismus vereinten, nur künstlich überdecken konnte.

5. *Der Operator „analysieren" verlangt von Ihnen eine Beschreibung der Bildelemente der Karikatur und eine Erklärung des Dargestellten. Beides kann getrennt voneinander oder aber in einem Arbeitsschritt erfolgen. (AFB II)*

Die Karikatur von Karl Arnold aus der Zeitschrift „Simplicissimus" vom 28. 4. 1930 wird von einer großen, kräftigen, dunklen, maskierten Figur beherrscht, die eine Säge und ein Beil in den Händen hält. Die Maske weist die **Gestalt als Henker** aus. Auf dessen Brustband kann man die **Aufschrift „§ 48"** lesen. Unmittelbar vor dem Henker und offensichtlich von ihm bedroht steht ein **zart erblühtes Bäumchen in Gestalt eines jungen Mädchens**, das vor dem Henker zurückweicht und beinahe umzufallen droht. In der aus den Armen wachsenden, noch dünnen Baumkrone sitzen zahlreiche Vögel mit geöffneten Schnäbeln. Die Mädchengestalt hat ihren Blick auf das Brustband des vor ihr stehenden Henkers gerichtet. Rechts im Hintergrund sind Kirchtürme und Fabrikschlote zu erkennen.

Die Karikatur ist überschrieben mit „Der junge Parlamentarismus"; untertitelt ist sie mit den Worten: „Kaum erblüht – schon naht der vernichtende § 48".

Der Karikaturist der politisch kritischen Zeitschrift klagt in Gestalt des Henkers die Anwendung des Artikels 48 der Weimarer Reichsverfassung („Notstandsartikel") als Missbrauch der darin enthaltenen Befugnisse des Reichspräsidenten an. Das dadurch seit 1930 installierte **Präsidialsystem** führe in seinen Augen **zur Zerstörung der noch jungen deutschen Demokratie**. Der Zeichner drückt durch die zarte, noch nicht erwachsene Mädchengestalt aus, dass man den Parlamentarismus zerstört, bevor er sich wirklich entwickeln konnte. Indirekt fordert er dazu auf, sich gegen die Zerstörung der demokratisch-parlamentarischen Ordnung in Deutschland zu wehren.

Der Karikaturist zeigt durch die Fabrikschlote und Kirchen deutlich, wer seiner Meinung nach **hinter dieser zerstörerischen Politik steht: das Großkapital und die Kirchen**. Der Zeichner spielt damit auf die **Rolle der DVP beim Bruch der Großen Koalition** 1930 unter Hermann Müller (SPD) an, die im Sinne ihrer industriellen und freiberuflichen Klientel eine Senkung des Arbeitslosengeldes gefordert hatte – ihr weist der Zeichner ein großes Maß an Schuld zu. Die Kirchtürme spielen auf die **Politik des Zentrumspolitikers Heinrich Brüning** (Reichskanzler 1930–1932) an, mit dem die Präsidialkabinette und die von Hindenburg geplante Umwandlung der Weimarer Republik in einen autoritären Staat ihren Anfang nahmen.

6. *In einer abwägenden Gegenüberstellung von Pro- und Kontra-Argumenten sollen Sie die gestellte Frage schlüssig beantworten. (AFB III)*

In der Tat bedeutete das Jahr 1930 eine Art **Wendepunkt** in der Geschichte der Weimarer Demokratie: In diesem Jahr scheiterte die letzte parlamentarisch legitimierte Regierung. Sie wurde ersetzt durch „**Präsidialkabinette**", die sich vor allem auf das Vertrauen des Reichspräsidenten und seine verfassungsrechtlichen Befugnisse, hauptsächlich auf Artikel 48 der Weimarer Reichsverfassung, stützten. Damit war der Übergang von der parlamentarischen Demokratie zu einer autoritären, antiparlamentarischen Regierungsweise (**Präsidialdiktatur**) vollzogen. Die demokratischen Kräfte waren nun endgültig in der Defensive.
Nach dem **Bruch der Großen Koalition** an inneren Spannungen und am gegenseitigen Misstrauen im Jahr 1930 geriet das parlamentarische System in eine existenzielle Krise. Diese wurde durch die **Auswirkungen der Weltwirtschaftskrise** erheblich verstärkt. Angesichts der zunehmenden wirtschaftlichen und sozialen Krise wurde der **politische Systemkonsens vor allem von DNVP und DVP aufgekündigt**. Hindenburg wollte die Gunst der Stunde nutzen, um im Bündnis mit den alten Eliten das ungeliebte demokratische System mit seinem in seinen Augen verhängnisvollen Pluralismus durch eine neue **autokratisch regierte Volksgemeinschaft** zu ersetzen; dazu ernannte er zunächst 1930 Heinrich Brüning zum Reichskanzler, es folgten 1932 v. Papen und Schleicher sowie 1933 Adolf Hitler.
Schon Brüning sollte nach dem Willen des Reichspräsidenten ohne und wenn nötig auch gegen das Parlament regieren. Die neue Politik sollte streng antimarxistisch sein, und die Regierung sollte einen politischen Wechsel im SPD-regierten Preußen herbeiführen.
Das Jahr 1930 zeigte aber auch die verhängnisvolle **Krise des Parteiensystems** der Weimarer Republik: Im **Reichstag** fand sich **keine Mehrheit mehr**, die eine Regierung hätte bilden können. Vor allem die Reichstagswahl im September 1930 verhinderte eine demokratische Mehrheitsregierung, zumal die SPD als stärkste Partei an einer Regierungsübernahme kein Interesse zeigte. Stattdessen unterstützte die Partei wider besseres Wissen aus Furcht vor Hitler und den Kommunisten Brüning. **Bis 1932 entmachtete sich das Parlament somit selbst.** Dennoch behielt es formal das Recht zur Regierungsbildung und Kontrolle der Regierung – es konnte Notverordnungen durchaus mit Mehrheit außer Kraft setzen. Allerdings besaß die Regierung dagegen ein wirksames Instrument: Der Reichspräsident konnte das Parlament auflösen und Neuwahlen ausschreiben, was Hindenburg 1932/33 mehrfach tat. Angesichts der Bedrohung von rechts und links verzichtete das Parlament während der Kanzlerschaft Brünings auf seine Macht.
Die **Verfassung bestand jedoch bis 1933 formal unverändert** fort, sodass kein Verfassungsorgan in seinen Befugnissen beschränkt wurde. Die demokratischen Rechte und die Grundrechte der Bürger behielten bis zum 28. Februar 1933 ihre Gültigkeit. Bis zur Machtübernahme durch Hitler fanden in Deutschland freie Wahlen statt. Somit bestand bis 1933 jederzeit die **Möglichkeit einer Rückkehr zur parlamentarisch-demokratischen Regierungsweise**, wenn Reichspräsident Hindenburg dies gewollt hätte.

Schriftliche Abiturprüfung Geschichte (Baden-Württemberg) 2011
Aufgabe 2

M 1: Peter Christ in einem Artikel der Wochenzeitung DIE ZEIT vom 4. Juli 1986

Die DDR ist in den vergangenen Jahren technisch vermutlich weiter zurückgefallen. Heute liegt sie etwa vier bis sieben Jahre hinter der Entwicklung der führenden westlichen Industriestaaten zurück – beim Tempo des technischen Wandels ein immenser Abstand, der nur bei Konzentration aller Kräfte auf die modernen Schlüsseltechniken aufzuholen ist. Es wäre angebracht, die Investitionen zu erhöhen, mehr Geld für Forschung und Entwicklung auszugeben, weil für technischen Fortschritt große Vorleistungen erbracht werden müssen. In der DDR geschieht das Gegenteil. Im Jahre 1970 lag die sogenannte Akkumulationsrate – frei übersetzt: der Anteil der Investitionen am Bruttosozialprodukt – bei 23 Prozent. Im vergangenen Jahr investierte die DDR nur noch fünfzehn Prozent ihres Bruttosozialprodukts, etwa fünf Prozentpunkte weniger als die Bundesrepublik. Wie das andere Deutschland es schaffen will, den Anschluß an das technische und damit ökonomische Niveau des Westens zu erreichen, bleibt rätselhaft. Schon heute muß sie für ihren relativen Rückstand büßen. Die Industrie arbeitet mit veralteten Maschinen. Öffentliche Einrichtungen – das Straßennetz, die Reichsbahn und das Telephonsystem – erreichen nicht annähernd den Stand hochindustrialisierter Staaten. Der schwerfällige Staats- und Planungsapparat potenziert diese Schwächen. Das deutsche Institut für Wirtschaftsforschung in West-Berlin veranschlagt für die DDR-Wirtschaft (im Vergleich zur Bundesrepublik) einen Produktivitätsabstand von rund fünfzig Prozent. Jeder DDR-Arbeitnehmer produziert also pro Stunde nur die Hälfte an Waren und Dienstleistungen wie sein Kollege im Westen. Außerdem geht es in den Fabrikhallen und Büros im anderen Deutschland gemächlicher zu als bei uns. […]

Offensichtlich kann nicht einmal ein autoritärer sozialistischer Staat seine Arbeiter zur Leistung zwingen. Vermutlich scheut die DDR-Führung auch zu viel Druck. Der 17. Juni 1953, als Bauarbeiter wegen zu hoher Arbeitsnormen den Aufstand wagten, ist ebenso unvergessen wie die Arbeiterunruhen in Polen. […]

Gewiß, fast alle Produkte, die zum Leben unerläßlich sind, gibt es reichlich. Brot, Milch und Kartoffeln sind billig. Ein Brötchen kostet fünf Pfennig, ein Kilo Schweinefleisch etwa zehn Mark. Die Mieten liegen selten über hundert Mark im Monat, dieser Betrag reicht in der Bundesrepublik nicht aus, um die Kosten für Heizung und Warmwasserversorgung zu decken. Strom kostet acht Pfennig pro Kilowattstunde, bei uns fast das Dreifache. Die öffentlichen Verkehrsmittel sind spottbillig. Diese politischen Preise subventioniert der Staat […].

Die ZEIT vom 4. 7. 1986.

M 2: Anzahl der atomaren Sprengköpfe: USA und Sowjetunion/Russland 1947–1997

Jahr	USA	Zuwachs/ Abnahme	Sowjetunion/ Russland	Zuwachs/ Abnahme
1947	32	+ 26[1]	0	0
1952	1 005	+ 973	50	50
1957	6 444	+ 5 439	660	+ 610
1962	27 387	+ 20 943	3 322	+ 2 662
1967	31 233	+ 3 846	8 339	+ 5 017
1972	27 912	− 3 321	14 478	+ 6 139
1977	25 722	− 2 190	23 044	+ 8 566
1982	23 708	− 2 014	33 952	+ 10 908
1987	24 344	+ 636	43 000	+ 9 048
1992	14 747	− 9 597	33 000	− 10 000
1997	10 950	− 3 797	24 000	− 9 000

Robert S. Norris, Hans M. Kristensen: Global nuclear stockpiles, 1945–2006, in: Bulletin of the Atomic Scientists, July/August 2006, S. 64–66, hier: S. 66.

Berechnet nach Schätzungen der Nichtregierungsorganisation „Natural Resources Defense Council", Washington D.C.

Anmerkung
1 Zuwachs seit 1945

Aufgaben:

1. Arbeiten Sie aus M 1 heraus, mit welchen Problemen die DDR-Wirtschaft aus Sicht des Autors in der Ära Honecker konfrontiert war. — 08 VP

2. Peter Christ misst den Zustand der DDR an dem der Bundesrepublik. Erläutern Sie, ausgehend von M 1, anhand von drei selbst gewählten Beispielen, wie die DDR-Führung in der Zeit von 1949 bis 1986 versuchte, sich im Wettlauf der Systeme durchzusetzen. — 12 VP

3. Erörtern Sie, ob die Deutschlandpolitik verschiedener Bundesregierungen von 1949 bis in die 1980er-Jahre dazu beigetragen hat, die deutsche Teilung zu vertiefen. — 12 VP

4. a) Beschreiben Sie die Statistik M 2 nach formalen und inhaltlichen Gesichtspunkten und beurteilen Sie ihre Aussagekraft. — 08 VP
   b) Erklären Sie auffallende Zahlenbewegungen in M 2 durch Ereignisse oder Entwicklungen in der internationalen Politik zwischen 1947 und 1997. — 08 VP

5. Überprüfen Sie anhand von drei Beispielen Ihrer Wahl, inwieweit die politische Entwicklung im Innern der Bundesrepublik von 1949 bis in die 1980er-Jahre vom Ost-West-Konflikt bestimmt wurde. — 12 VP

60 VP

Lösungsvorschlag

1. *Der Operator „herausarbeiten" verlangt von Ihnen eine strukturierte Vorgehensweise. Sie müssen den Text „unter bestimmten Gesichtspunkten" wiedergeben und dürfen ihn nicht einfach paraphrasieren. (AFB I)*

   Peter Christ beschreibt in einem Artikel der Wochenzeitung DIE ZEIT vom 4. 7. 1986 die Probleme der DDR-Wirtschaft folgendermaßen: **Technologisch** sieht der Verfasser einen **Rückstand** von vier bis sieben Jahren gegenüber den westlichen Industriestaaten. Maschinenpark und Infrastruktur seien veraltet, der Staat investiere zu wenig in Forschung und Entwicklung moderner Schlüsseltechniken, sodass auch kein Aufholprozess zu erwarten sei.
   Der **Staat** sei durch einen **„schwerfällige[n] Staats- und Planungsapparat"** (Z. 16) gekennzeichnet. Die öffentlichen Einrichtungen erreichten nicht das für einen modernen Industriestaat erforderliche Niveau. Zudem sei die autoritäre Führung der DDR nicht in der Lage, Druck auf die Arbeitnehmer auszuüben, da sie angesichts eigener Erfahrungen mit dem Aufstand von 1953 und der gegenwärtigen Arbeiterunruhen in Polen mit Widerstand rechne. Der Staat garantiere zwar die Grundversorgung der Bevölkerung auf niedrigem Preisniveau, doch handele es sich dabei um **subventionierte Preise** (Z. 27 ff.).
   Der Anteil der **Investitionen** am Bruttosozialprodukt sei von 23 auf 15 % gesunken und liege damit unter dem Niveau der Bundesrepublik. So sei an einen Aufholprozess nicht zu denken. Unter dem Aspekt der **Produktivität** spiele neben der veralteten Ausstattung mit Maschinen auch die Arbeitsmotivation eine Rolle: In den DDR-Fabrikhallen gehe es „gemächlicher zu als bei uns" (Z. 21). Insgesamt erreiche die Produktivität nur 50 % des bundesrepublikanischen Niveaus.

2. *In dieser Aufgabe sollen Sie anschaulich darstellen, mit welchen Maßnahmen die DDR-Regierungen versuchten, sich im Wettlauf der Systeme durchzusetzen. Dabei ist es wichtig, auch auf die Ursachen und Absichten der jeweiligen Maßnahmen einzugehen. (AFB II)*

   Als erstes Beispiel kann der **Aufbau des Sozialismus** genannt werden. Wichtige Weichenstellungen fanden zwar schon vor 1949 statt (Bodenreform, SED-Gründung, eigene Währung), doch nach der Staatsgründung versuchte die DDR-Führung vor allem durch den Aufbau einer eigenen **Schwerindustrie**, eine Basis für den wirtschaftlichen und sozialen Aufbau zu schaffen.
   Das System der **Zentralverwaltungswirtschaft** nach sowjetischem Vorbild wurde 1951 mit dem **ersten Fünfjahresplan** eingeführt. Dieser sah eine Verdoppelung der Industrieproduktion und eine Erhöhung der Arbeitsproduktivität um 60 % vor. Ausgehend von einer niedrigen Basis, wurden diese Ziele zunächst auch erreicht bzw. leicht übertroffen. Ab dem **ersten Siebenjahresplan** (1959–1965) zeigten sich deutliche Defizite in der Planerfüllung. Die Landwirte wurden nun durch Druck in die **landwirtschaftlichen Produktionsgenossenschaften** gezwungen. 1962 proklamierte die Parteiführung den „Sieg der sozialistischen Produktionsverhältnisse", d. h., der private Sektor der Wirtschaft tendierte abgesehen von Kleinhandel und Handwerk gegen Null.
   Dieser Aufbau verhinderte indes nicht, dass sich die **Bevölkerung der DDR am schneller wachsenden Lebensstandard in der Bundesrepublik orientierte**. Ausgelöst durch eine Normenerhöhung kam es 1953 zum **Volksaufstand in der DDR**, der nur mithilfe sowjetischer Truppen unterdrückt werden konnte. Damit war allen klar geworden, dass sich die SED-Führung letztlich nicht auf die Zustimmung ihrer Bevölkerung verlassen konnte. Auch die **zyklisch ansteigende Fluchtbewegung** in die BRD konnte in letzter Konsequenz nur durch den **Bau der Mauer** (1961) und ein **rigides Grenzregiment** mit Stacheldraht, Todesstreifen und Schießbefehl gestoppt werden. Dadurch wurde ein „Ausbluten" der DDR durch den Verlust ihrer Facharbeiter verhindert. Die DDR-Führung schaffte es zwar, ihre Vorstellungen vom Sozialismus durchzusetzen, aber sie konnte damit nur im Vergleich der sozialistischen Partnerstaaten bestehen.

Ein zweites Beispiel ist die Ideologisierung des Alltags. Das 1950 gegründete „**Ministerium für Staatssicherheit**" gewann im Laufe der DDR-Geschichte immer größere Bedeutung und verfügte am Ende über 85 000 feste und mindestens 109 000 inoffizielle Mitarbeiter. Damit dürfte die DDR einer der Staaten mit der höchsten „Spitzeldichte" bezogen auf die Bevölkerung gewesen sein. Als „Schwert und Schild der Partei" setzte sich die Stasi mit allen Mitteln für die **Überwachung der Bevölkerung und die Bekämpfung von Parteigegnern** ein. Der **ideologische Kampf gegen den „imperialistischen Westen"** begann aber schon bei der staatlichen Erziehung im Schulsystem, in besonderen Vereinen und paramilitärischen Organisationen („Gesellschaft für Sport und Technik" usw.) und machte auch vor dem Arbeitsplatz nicht Halt. Dieser ideologische Kampf wurde auch mit dem Beginn der Entspannungspolitik nicht abgeschwächt. Im Gegenteil: Vermehrte Westkontakte nach dem Grundlagenvertrag (1972) machten aus Sicht der Stasi den ideologischen Kampf und die Prävention gegen Fluchtversuche notwendiger denn je. Letztlich führte die **Ideologisierung des Alltags** aber dazu, dass der größte Teil der DDR-Bevölkerung weniger aus Überzeugung als aus Opportunismus seine Lippenbekenntnisse zum Sozialismus leistete und sich ansonsten bei jeder Gelegenheit in seine „Nische" zurückzog.

Ein drittes Beispiel für den Versuch der DDR-Führung, im Wettlauf der Systeme zu bestehen, ist die „**Einheit von Wirtschafts- und Sozialpolitik**". Der neue Generalsekretär der SED Erich Honecker versuchte ab 1971 im Rahmen einer Doppelstrategie, nicht nur den repressiven Herrschaftsapparat zu unterstützen, sondern auch durch neue soziale Errungenschaften die Zufriedenheit der DDR-Bürger mit dem sozialistischen System zu erhöhen. Der **Lebensstandard der Bevölkerung** wurde durch Lohn- und Rentenerhöhungen **verbessert**, der Wohnungsbau vorangetrieben („Plattenbau" durch standardisierte Fertigung) und gleichzeitig die Arbeitszeit verkürzt. In den 70er-Jahren verbesserte sich auch die Ausstattung der Haushalte mit langlebigen Gebrauchsgütern erheblich. Für Familien wurde ein **flächendeckendes System der Kinderbetreuung** eingeführt, berufstätige Mütter konnten ein „Babyjahr" nehmen.
Allerdings nahm die Produktivität nicht in dem erwarteten Ausmaß zu, sodass die DDR sich den neuen Wohlstand eigentlich gar nicht leisten konnte. In den 80er-Jahren nahm die **Verschuldung der DDR** dramatisch zu und brachte sie an den Rand der **Zahlungsunfähigkeit**. Lediglich durch die **Sonderbedingungen im Handel mit der BRD** („Swing") und durch Milliardenkredite vom „Klassenfeind" konnte, zunächst von der Bevölkerung und sogar von höchsten Parteikadern unbemerkt, der Zusammenbruch vermieden werden.

3. *Der Operator „erörtern" verlangt von Ihnen ein Abwägen von Für- und Wider-Argumenten sowie ein begründetes Urteil darüber, inwieweit die verschiedenen Bundesregierungen zur Vertiefung der deutschen Teilung beigetragen haben. (AFB III)*

Obwohl jede Bundesregierung für sich in Anspruch nahm, die deutsche Teilung überwinden zu wollen, wie es die Präambel des Grundgesetzes forderte, ist im Einzelfall bis heute strittig, ob sie nicht tatsächlich eher eine Vertiefung der Spaltung Deutschlands erreicht hat.
Besonders deutlich wird das bei den ersten Bundesregierungen unter **Konrad Adenauer** (**CDU**). Adenauer wollte durch eine bedingungslose **Westorientierung** den Aufbau der Bundesrepublik garantieren und beschleunigen, ohne sich auf „Experimente" im Umgang mit dem Osten einzulassen. Lediglich die zur Rückführung der deutschen Kriegsgefangenen unerlässlichen diplomatischen Beziehungen zur Sowjetunion ging er ein. Gegenüber allen anderen Staaten galt die **Hallstein-Doktrin**, wonach diplomatische Beziehungen zur DDR als „unfreundlicher Akt" gegenüber der Bundesrepublik gewertet und mit Abbruch der Beziehungen zur BRD bestraft wurden. Die Bundesrepublik sah sich als alleinige rechtmäßige Vertretung aller Deutschen (**Alleinvertretungsanspruch**). Von daher trug sie eher zu einer **Vertiefung der Spaltung als zu einer Überwindung der Teilung** bei.
Die Einheit wurde regelmäßig – besonders am 17. Juni, dem „Tag der Deutschen Einheit" – in feierlichen Reden beschworen, ohne dass konkrete Schritte zu ihrer Wiederherstellung

erkennbar gewesen wären. Allerdings verfolgte Adenauer ein langfristiges Ziel: **Durch Aufbau und Stärkung des Weststaates sollte eine Anziehungskraft auf den Osten ausgeübt werden**, die im Falle einer Krise des Ostblocks zur Wiederannäherung des östlichen Teilstaates führen sollte („**Magnettheorie**"). Auch gewährten die Adenauer-Regierungen, wie alle späteren Bundesregierungen, der DDR das Privileg des **zollfreien Interzonenhandels mit der BRD**. Adenauer lehnte 1952 Stalins Angebot eines geeinten, aber neutralen Deutschlands zwar ab, doch ist festzuhalten, dass dieses Angebot gar nicht an die bundesdeutsche Regierung, sondern an die Westalliierten gerichtet war. An diesem Beispiel wird auch der **begrenzte Handlungsspielraum der westdeutschen Regierungen im Ost-West-Konflikt** erkennbar.

Die Regierung der **Großen Koalition unter Kurt Georg Kiesinger** (**CDU**) richtete ein Gewaltverzichtsangebot an die DDR, ohne diese jedoch völkerrechtlich anzuerkennen. Dieser Vorstoß blieb ebenso erfolglos wie der Versuch, mit den Staaten des Ostblocks Abkommen unter Ausschluss der DDR zu erzielen. Das sowjetische Veto gegen solche Vorstöße zeigt einmal mehr den begrenzten Spielraum der deutschen Politik.

Eine Wende stellte die **Neue Ostpolitik der sozialliberalen Koalition unter Willy Brandt** (**SPD**) dar. Brandt kam dem Wunsch der DDR nach Anerkennung weitgehend entgegen und damit gleichzeitig dem Bedürfnis der Sowjetunion nach endgültiger Akzeptanz des Status quo aus dem Zweiten Weltkrieg. Durch die **Anerkennung der Oder-Neiße-Linie** als neuer Ostgrenze Deutschlands verzichtete die Bundesregierung auf Gebiete, die nach dem Krieg an Polen gefallen waren. Im Gegenzug erreichte die Bundesrepublik gesicherte Zugangswege nach Westberlin (**Viermächte-Abkommen**) und einen verstärkten Kontakt zwischen den Bevölkerungen in Ost- und Westdeutschland (Besucherregelungen, Telefonverbindungen usw.). Eine **formelle Anerkennung der DDR unterblieb** jedoch; die **Option auf die Wiedervereinigung blieb erhalten**. Damit wurde zwar dem Verfassungsrecht und dem Wunsch vieler Deutscher Genüge getan, doch hatte auch der Versuch eines „**Wandels durch Annäherung**" seine unerwünschte, aber gleichwohl logische Konsequenz: Gerade weil sich die Westkontakte der DDR-Bevölkerung vermehrten, wurden die ideologische Abgrenzung und die Bespitzelung der DDR-Bürger durch die Stasi weiter verschärft.

In den 80er-Jahren versprach die **Kohl-Regierung** (**CDU/FDP**) zwar einen radikalen Wandel, weil ihrer Meinung nach die Leistungen der Bundesrepublik in keinem vernünftigen Verhältnis zu den Gegenleistungen der DDR standen. In der Praxis betrieb die Regierung Kohl aber eher eine **Politik in der Kontinuität der Ostverträge** ihrer Vorgängerinnen.
SED-Parteichef **Honecker** erlebte seinen größten „außenpolitischen" Triumph beim **Staatsbesuch in der Bundesrepublik** 1987 und auch die **Milliardenkredite** zur Überbrückung der Zahlungsprobleme der DDR fielen in die Zeit der konservativ-liberalen Koalition. **Kohl** wurde schließlich der „**Kanzler der Einheit**", weil er die Gelegenheit des zusammenbrechenden Ostblocks nutzte, um Gorbatschow zu den entscheidenden Zugeständnissen in der Deutschlandfrage zu bringen. Auch hier zeigt sich, dass die **internationalen Rahmenbedingungen letztlich entscheidenden Einfluss** hatten. Allerdings war durch die wirtschaftliche Stärke der Bundesrepublik und ihre wesentliche Rolle beim Prozess der europäischen Integration auch ihr internationales Gewicht und Ansehen gewachsen. Beide wurden im entscheidenden Zeitraum 1989/90 eingesetzt. Ohne hohe Ausgleichszahlungen an die Sowjetunion und gute transatlantische Beziehungen zu den USA wäre die Zustimmung der wichtigsten Mächte zur deutschen Einheit vermutlich nicht erreicht worden.

4. a) *Zunächst verlangt der Operator „beschreiben" von Ihnen, die wesentlichen Aussagen der Tabelle in Textform zusammenhängend wiederzugeben (AFB I). Anschließend sollen Sie die Aussagekraft der Statistik beurteilen. Hier gibt es verschiedene Ansatzmöglichkeiten. (AFB III)*

Beschreibung: Die Statistik M 2 stammt aus regierungsunabhängigen amerikanischen Quellen. Sie stellt **Anzahl und Veränderung der atomaren Sprengköpfe der USA und der Sowjetunion/Russland** zwischen 1947 und 1997 dar. Die Zahlen sind durchweg absolut und in Fünf-Jahres-Intervallen angegeben.
Inhaltlich zeigt sich, dass die **USA** zunächst über das **Monopol dieser Waffensysteme** verfügten und bis 1962 enorme Zuwächse aufwiesen. Zwischen 1962 und 1967 verlangsamte sich der Zuwachs jedoch und in allen weiteren Intervallen – abgesehen von den Jahren 1982 bis 1987 – sind sogar Rückgänge zu verzeichnen. Die **sowjetische Atomrüstung stieg** dagegen bis 1987 **kontinuierlich** an und erreichte 1977 einen annähernden Gleichstand mit den USA, das sogenannte „**atomare Patt**". Ab 1982 ist eine numerische Dominanz der Sowjetunion zu beobachten, die bis 1997 anhält. Auf beiden Seiten zeigt sich nach 1987 jedoch ein starker Rückgang der Potenziale.

Beurteilung: Zunächst kann quellenkritisch bemerkt werden, dass die Verfasser als Angehörige wissenschaftlicher Kreise („Atomic Scientists") und einer Nichtregierungsorganisation („Natural Resources Defense Council") nicht unbedingt Zugang zu den geheimen Daten der Militärs hatten. Insbesondere die **sowjetischen Rüstungsinformationen wurden als Staatsgeheimnisse** höchsten Grades behandelt, offizielle Angaben beider Seiten konnten im Interesse **gezielter Desinformation** verfälscht sein. Mit Beginn der Auflösungserscheinungen im Sozialismus zeigen die auffällig „glatten Zahlen" der Sowjetunion (ab 1987), dass es sich, wie auch in der Legende vermerkt, lediglich um Schätzungen handelt.
Ein zweiter Ansatz der Beurteilung ist qualitativer Art: **Die Zahl der Sprengköpfe sagt nichts über die Zielgenauigkeit und die Reichweite der jeweiligen Trägersysteme aus.** Es ist auch nicht erkennbar, ob es sich um Systeme mit Mehrfachsprengköpfen oder um einfache Systeme mit einem Sprengkopf pro Trägerwaffe handelt.
Nicht zuletzt spielt die **Dislozierung**, also die Stationierung an Land, die Bestückung von Flugzeugen oder die Stationierung auf Schiffen und U-Booten, eine wesentliche Rolle, wenn es darum geht, das jeweilige Drohpotenzial zu beurteilen. Ein Beispiel: Die Stationierung sowjetischer Mittelstreckenraketen auf Kuba stellte für die USA einen massiven Eingriff in ihre „Hemisphäre" dar, der beinahe zum Krieg geführt hätte, während eine Überzahl sowjetischer Mittelstreckenraketen in Europa (SS-20) jahrelang hingenommen wurde, bis es zur „Nachrüstung" der NATO kam. Bezeichnend für die Geheimhaltungspolitik der Sowjetunion ist, dass die USA selbst bei der Bezeichnung dieser Systeme auf westliche Angaben zurückgreifen mussten, weil die Sowjetunion weder Existenz noch Namen ihrer Systeme bekanntgab: „SS-20" ist einfach der amerikanische Name für eine russische Mittelstreckenrakete und bedeutet „surface to surface", also landgestützte Rakete.
Ein letzter Gesichtspunkt betrifft die Frage, welche **ökonomischen Ressourcen** die jeweilige atomare Rüstung verschlang, wie lange sich die Kontrahenten also einen Rüstungswettlauf leisten konnten. Hier zeigte sich nach dem Zusammenbruch der Sowjetunion, dass diese am Ende ökonomisch kaum mehr in der Lage gewesen wäre, den Wettlauf fortzuführen. Die Arsenale insgesamt hätten vermutlich schon in den 60er-Jahren zur mehrfachen Vernichtung beider Seiten, also zum sogenannten „**Overkill**" ausgereicht.

b) *Bei der „Erklärung" auffallender Zahlenbewegungen sollten Sie berücksichtigen, dass die Fünfjahres-Intervalle der Statistik willkürlich gewählt sind und sich bestimmte Ereignisse unter Umständen erst im folgenden Jahrfünft widerspiegeln. (AFB II)*

Nachdem sich die **USA** zunächst im Bewusstsein ihres Atomwaffenmonopols relativ sicher gefühlt hatten, zeigte einerseits der **Korea-Krieg** 1950, dass man jederzeit mit einem Umschlagen des „Kalten Krieges" in einen „heißen" rechnen musste. Andererseits offenbarte der „**Sputnik-Schock**" 1957, dass die **Sowjetunion anscheinend in der Lage** war, dem **Westen in technologischer Hinsicht Paroli zu bieten**. Von daher ist der enorme und später nie wieder erreichte Anstieg der US-Potenziale bis 1962 zu erklären. Die darauf folgende Verlangsamung der Zuwächse bzw. die leichte Reduzierung der US-Sprengköpfe in den 70er-Jahren kann mit dem Beginn der **Entspannungspolitik nach der Kuba-Krise** in Verbindung gebracht werden. Die entsprechenden **SALT-Abkommen** zur Rüstungsbegrenzung wurden in den Jahren 1972 und 1979 abgeschlossen. Nach 1982 zeigt sich ein erneuter Zuwachs, der mit Beginn einer zweiten Phase des Kalten Krieges in Verbindung steht. Nach dem **Einmarsch der Sowjetunion in Afghanistan** 1979 und der fortdauernden Stationierung der SS-20-Raketen in Europa, kam es zum **NATO-Doppelbeschluss**, der die Stationierung von amerikanischen Mittelstreckenwaffen in Europa vorsah und auch zur Folge hatte. Insbesondere **Präsident Reagan** (1981–1989) **forcierte neue Rüstungsmaßnahmen** gegen die mittlerweile atomar führende Sowjetunion, wobei das Ungleichgewicht bei Einbeziehung französischer und britischer Systeme geringer ausgefallen wäre als in M 2 dargestellt.

Der ursprüngliche Rückstand der **Sowjetunion** kann mit den Zerstörungen im Zweiten Weltkrieg erklärt werden. Die **lange Dauer des Aufholprozesses** hat auch mit der **Schwerfälligkeit des planwirtschaftlichen Systems und mangelnden Ressourcen** wegen fehlender Integration der Sowjetunion in das internationale Wirtschaftssystem zu tun. Der Versuch, sich zur Zeit der Kuba-Krise als gleichrangiger Rivale der USA zu präsentieren, beruhte zu einem gewissen Teil auf einem „Bluff" Chruschtschows, der behauptete, „Raketen wie Würstchen" zu produzieren. Angesichts des Sputnik-Schocks wurde ihm auch weitgehend geglaubt. Die **Führung der Sowjetunion** war sich aber **ihrer technologischen Unterlegenheit durchaus bewusst**, wodurch sich die **massive Weiterrüstung nach dem Erreichen des nuklearen Patts** erklären lässt. Quantitative Überlegenheit sollte qualitative Mängel und Nachteile bei den Stationierungsmöglichkeiten kompensieren. Die massive Abnahme der Sprengköpfe nach 1987 ist die Folge der neuen Politik Gorbatschows seit 1985, die unter anderem zum INF-Abkommen über die Abrüstung nuklearer Mittelstreckenwaffen 1987 führte.

5. *Der Operator „überprüfen" setzt im Grunde genommen voraus, dass die These im Wesentlichen als richtig angesehen wird. Es geht nun darum, konkrete Sachverhalte darzustellen, die zeigen, „inwieweit" die behauptete Wirkung nachzuweisen ist. Vorsicht: Die wiederholte Darstellung der unter 4b genannten Ereignisse bringt keine Punkte. Es kommt auf die Wirkung im Inneren der Bundesrepublik an. (AFB III)*

Es gibt viele Möglichkeiten, die Wirkung des Ost-West-Konflikts auf die innenpolitische Entwicklung der BRD zu zeigen, da dieser im politischen und gesellschaftlichen Alltag überaus präsent war. Selbst in scheinbar politikfernen Bereichen, wie dem Sport oder der Fernsehunterhaltung, spielten die Konkurrenz der Systeme und die Abgrenzung vom System der DDR eine bedeutende Rolle.

Einer der umstrittensten Bereiche der **Innenpolitik der Adenauer-Ära** war die Frage der **Wiederbewaffnung**, also der Gründung der Bundeswehr. In zweierlei Hinsicht motivierte der Ost-West-Konflikt die Kontrahenten: Die Befürworter konnten auf die militärische Stärke des Ostblocks verweisen, die Gegner wollten nicht eines Tages gegen die „Brüder und Schwestern" aus der DDR Krieg führen müssen. Die mit den **Ostermärschen** einset-

zende **erste Friedensbewegung der Bundesrepublik** wurde innenpolitisch vonseiten der Regierung gerne als „Fünfte Kolonne Moskaus" diskreditiert. Die **zweite Friedensbewegung**, die verstärkt nach dem **NATO-Doppelbeschluss** einsetzte, nachdem die Stationierungsorte der amerikanischen Pershing-Raketen und Cruise-Missiles bekannt geworden waren, erreichte zwar eine bisher nie dagewesene Massenmobilisierung, konnte sich aber mangels politischer Unterstützung aus dem Lager der etablierten Parteien nicht durchsetzen. Die **Gründung der Grünen** und damit die dauerhafte Erweiterung des Parteienspektrums der BRD ist größtenteils Folge dieser innenpolitischen Wirkung des Ost-West-Konflikts.
Während der **Studentenbewegung** seit 1968 zeigte sich ein Grundmuster des **Umgangs mit linker Kritik:** In eindimensionaler Verkennung der Motive des Großteils der aufmüpfigen Jugend, die keineswegs die Zustände des „real existierenden Sozialismus" befürwortete, war man schnell dabei, Kritikern die Auswanderung in die DDR zu empfehlen („geht doch nach drüben"). Die SPD schloss den sozialistischen Studentenbund (SDS) aus der Partei aus und die Regierung Brandt leitete per Radikalenerlass (1972) zusammen mit den Ministerpräsidenten der Länder eine Gesinnungsprüfung aller Bewerber für den öffentlichen Dienst per Regelanfrage an den Verfassungsschutz ein.
Am Beispiel der **Wirtschafts- und Sozialpolitik** kann gezeigt werden, dass der Konflikt einerseits grundsätzlich prägend war, andererseits aber durchaus Spielräume zwischen Ost und West zuließ. So war eine Grundentscheidung für die Marktwirtschaft westlicher Prägung bereits im Frankfurter Wirtschaftsrat und mit der Einführung der DM 1948 gefallen, doch zeigte die konkrete Ausgestaltung der Marktwirtschaft durchaus eigenständige Züge. Das westdeutsche System der konsensorientierten „**Sozialen Marktwirtschaft**" (Ludwig Erhard) mit starken Gewerkschaften und gut organisierten Unternehmerverbänden sowie **gut ausgebautem Sozialsystem** unterschied sich erheblich vom angelsächsischen Kapitalismus nach dem Modell der USA.
Freilich war die Differenz zum ostdeutschen System der planwirtschaftlichen Lenkung bedeutend größer. Der Staat sollte lediglich den Ordnungsrahmen der Marktwirtschaft garantieren, aber nicht die Marktmechanismen selbst durch eigene Planung ersetzen. Als nach der Strukturkrise im Ruhrgebiet die Regierung Erhard 1966 durch die Große Koalition abgelöst wurde, setzte unter Wirtschaftsminister Karl Schiller und Finanzminister Franz Josef Strauß zwar eine **verstärkte keynesianische Nachfragepolitik** (Stabilitätsgesetz 1967) ein, doch war deren Anliegen immer, „die Pferde zur Tränke zu führen" (Helmut Schmidt), also z. B. günstige Investitionsbedingungen und Anreize für Unternehmen zu schaffen bzw. die Kaufkraft der Bevölkerung zu beeinflussen, nicht aber, ihnen „das Saufen abzunehmen". Mit der **neoliberalen Wende der 80er-Jahre** näherte sich das Wirtschaftsmodell stärker dem angelsächsischen an, ohne jedoch den Sozialstaat aufzugeben.

Schriftliche Abiturprüfung Geschichte (Baden-Württemberg) 2012
Aufgabe 1

M 1: Aus einer Rede des sozialistischen Abgeordneten Wilhelm Liebknecht vor dem Reichstag des Norddeutschen Bundes im Dezember 1870

[Eine Einigung Deutschlands] kann nicht bewerkstelligt werden durch die Fürsten, sondern bloß gegen die Fürsten, denn die deutschen Fürsten sind das Hindernis dieser Einheit. Es wurde von dem deutschen Volke vor jetzt 21 Jahren ein Versuch gemacht, die deutsche Einheit von unten herauf zuwege zu bringen; das Parlament, gewählt von dem deutschen Volk, suchte eine Vermittlung anzubahnen zwischen der fürstlichen Souveränität und der Volkssouveränität. Es kam die sogenannte Reichsverfassung zu Stande. Wie dieselbe zu Grunde ging, das ist Ihnen allen bekannt. Es war gerade diejenige Dynastie, der damals die Kaiserkrone angeboten wurde und die auch heute die Kaiserkrone aufsetzen soll, welche ihre Soldaten [...] schickte, um die Reichsverfassung, um die deutsche Einheit und Freiheit, in deren Namen jetzt dieses neue Werk errichtet werden soll, zusammenzuschießen und die Vorkämpfer deutscher Freiheit und Einheit, die dem Schlachtfeld entronnen waren, durch das Standrecht niederzumetzeln. [...]

Es ist eben zwischen Volkssouveränität und Fürstensouveränität eine Harmonie nicht herzustellen, und an dieser Unmöglichkeit ging die Reichsverfassung zu Grunde. Kurz, eine Einigung des gesamten Deutschlands ist bloß möglich ohne die Fürsten und gegen die Fürsten, durch eine Aktion des Volkes von unten.

Es gibt aber noch eine andere Einigung Deutschlands, eine mechanische, möchte ich sagen, anstatt der organischen durch das Volk, d. h. eine Einigung von oben her [...]. Dies Werk ist das Produkt der realen Verhältnisse; es ist aus den Machtverhältnissen hervorgegangen; die Macht liegt aber in Versailles[1], nicht hier; das Resultat wird dasselbe sein, ob Sie Ja oder Nein sagen [...]. Wenn es Ihnen gelingt, Frankreich niederzuwerfen, die Republik zu besiegen, nun gut, [...] dann werden wir den krassesten Absolutismus haben, und der neue Bund wird dann in krassester Form das, wozu er bestimmt ist: eine fürstliche Versicherungsanstalt gegen die Demokratie. [...]

Die Krönung des neuen Kaisers, meine Herren, um ihr eine würdige symbolische Bedeutung zu geben, sie wäre vorzunehmen da draußen, auf dem Gendarmenmarkt[2]; das ist der passendste Ort für die Krönung des modernen Kaisers, denn dieses Kaisertum kann in der Tat nur durch den Gendarmen aufrecht erhalten werden.

Stenographische Protokolle des Reichstages des Norddeutschen Bundes, 1. Legislaturperiode, 3. Sitzungsperiode 1870, Bd. 19, S. 152–154.

Anmerkungen

1 Deutsches Hauptquartier im Krieg gegen Frankreich 1870/71
2 Platz in Berlin; Gendarm (frz.) = Polizist

M 2: Der Historiker Heinrich August Winkler über die Revolution 1918/19

Die Revolution von 1918/19, mit der die Republik ins Leben trat, gehört nicht zu den großen Revolutionen der Weltgeschichte. Dass sie keine klassische […] Revolution war, lag, so paradox das klingen mag, an dem bereits erreichten Grad an Demokratie. Nach dem Zusammenbruch des Kaiserreichs konnte es nur um mehr Demokratie gehen, also um das Frauenwahlrecht, die Demokratisierung des Wahlrechts in den Einzelstaaten und Gemeinden, die konsequente Parlamentarisierung in Reich und Ländern. Eine Verfassunggebende Nationalversammlung musste nach dem Sturz der Monarchie zum frühestmöglichen Zeitpunkt gewählt werden: Darin war sich die große Mehrheit der Deutschen einig. Parolen wie „Alle Macht den Räten" oder „Diktatur des Proletariats" fanden nur bei einer kleinen Minderheit Anklang.

Wer solche Parolen ausgab, propagierte damit, ob er es wollte oder nicht, den Bürgerkrieg. […] Ein deutscher Bürgerkrieg hätte sofort die Alliierten auf den Plan gerufen, also zur Erneuerung des Weltkriegs geführt. Das konnten die gemäßigten Kräfte in Arbeiterschaft und Bürgertum nicht wollen und weil sie es nicht wollten, mussten sie miteinander zusammenarbeiten.

[…] Ende 1918 aber war die Sozialdemokratie längst gespalten in die Mehrheitssozialdemokraten, die dem Reich bis zuletzt Kriegskredite bewilligten, und die Unabhängigen Sozialdemokraten, die die Kriegskredite ablehnten. Hätte sich die Partei nicht wegen der Kriegskredite gespalten, dann wegen eines Eintritts von Sozialdemokraten in ein Koalitionskabinett. Eine Koalition zwischen den Mehrheitssozialdemokraten und den Parteien der liberalen und katholischen Mitte setzte, marxistisch gesprochen, die wechselseitige Bereitschaft zum Klassenkompromiss voraus. Ohne diese Bereitschaft konnte es keine parlamentarische Demokratie geben, sondern nur den Bürgerkrieg. Daraus lässt sich ein weiteres Paradoxon ableiten: Die Spaltung der marxistischen Arbeiterbewegung war nicht nur eine schwere Vorbelastung der ersten deutschen Demokratie, sondern zugleich eine Vorbedingung derselben.

Die Zusammenarbeit zwischen den gemäßigten Kräften in Bürgertum und Arbeiterschaft ist einer der Gründe, warum es beim Übergang von der Monarchie zur Republik so viel gesellschaftliche Kontinuität gab. Keine der kaiserlichen Machteliten wurde 1918/19 entmachtet: nicht der Großgrundbesitz, nicht die Schwerindustrie, nicht das Militär, nicht das hohe Beamtentum, nicht die Justiz. Die Republik musste folglich mit Machteliten leben, die ihr reserviert bis feindlich gegenüberstanden.

Heinrich August Winkler: Weimar – Bonn – Berlin. Die Entwicklung der deutschen Demokratie im 20. Jahrhundert. In: Die zweite gesamtdeutsche Demokratie. Ereignisse und Entwicklungslinien, Bilanzierungen und Perspektiven. Hg. von Peter März. München: Bayerische Landeszentrale für Politische Bildungsarbeit 2001, S. 12 f.

M3: Wahlen in Deutschland 1912, 1919, 1924 (Mai)

	Wahlen zum Reichstag 1912		**Wahlen zur Nationalversammlung 1919**	**Wahlen zum Reichstag 1924 (Mai)**
Wahlberechtigte (in Mio.)	14,4	Wahlberechtigte (in Mio.)	36,8	38,4
Wahlbeteiligung (%)	84,9	Wahlbeteiligung (%)	83,0	77,4
Parteien (Stimmanteile in %)		**Parteien (Stimmanteile in %)**		
		Nationalsozialistische Deutsche Arbeiterpartei (NSDAP)	–	6,5
Konservative Parteien	12,2	Deutschnationale Volkspartei (DNVP)	10,3	19,5
Nationalliberale	13,6	Deutsche Volkspartei (DVP)	4,4	9,2
Linksliberale	12,3	Deutsche Demokratische Partei (DDP)	18,6	5,7
Zentrum	16,4	Zentrum / Bayerische Volkspartei (BVP)	19,7	16,6
Sozialdemokraten	34,8	Sozialdemokratische Partei (SPD)	37,9	20,5
		Unabhängige Sozialdemokratische Partei (USPD)	7,6	0,8
		Kommunistische Partei (KPD)	–	12,6
Sonstige	10,7		1,6	8,6

1920 fand eine weitere Reichstagswahl statt, die hier nicht aufgeführt ist.

Die Angaben basieren jeweils auf den Werten der amtlichen „Statistik des Deutschen Reiches“.

Gerhard Ritter, Merith Niehuss: Wahlgeschichtliches Arbeitsbuch. Materialien zur Statistik des Kaiserreichs 1871–1918. München 1980, S. 42.
Jürgen W. Falter u. a.: Wahlen und Abstimmungen in der Weimarer Republik. Materialien zum Wahlverhalten 1919–1933. München 1986, S. 41, 44.

Aufgaben:

1. Arbeiten Sie aus M 1 heraus, welche Wege zur deutschen Einheit seit 1848 Wilhelm Liebknecht unterscheidet und wie er diese beurteilt. 08 VP

2. Erläutern Sie an zwei Beispielen, welche Fehler oder Schwächen der revolutionären Bewegung zum Scheitern der Revolution von 1848/49 beigetragen haben. 08 VP

3. Überprüfen Sie an drei Beispielen die Behauptung, das Kaiserreich sei „eine fürstliche Versicherungsanstalt gegen die Demokratie" (M 1, Z. 24) gewesen. 12 VP

4. Arbeiten Sie aus M 2 heraus, wodurch nach Meinung des Historikers Heinrich August Winkler die politischen Handlungsspielräume 1918/19 eingeschränkt wurden und welche Belastungen sich daraus für die Weimarer Republik ergaben. 08 VP

5. Beschreiben Sie die Statistik M 3 nach formalen und inhaltlichen Gesichtspunkten und erklären Sie die Statistik im historischen Kontext. 12 VP

6. Erörtern Sie unter Berücksichtigung von M 2 und M 3, ob die politischen Weichenstellungen der Jahre 1918/19 für den Untergang der Weimarer Republik verantwortlich gemacht werden können. 12 VP

60 VP

Lösungsvorschlag

1. *Der Operator „herausarbeiten" verlangt in diesem Fall, dass Sie zwischen den drei von Wilhelm Liebknecht herausgestellten Wegen unterscheiden und deren jeweilige Beurteilung darlegen. Eine bloße Textwiedergabe muss unbedingt vermieden werden. Die Aufgabe gehört zum Anforderungsbereich (AFB) I.*

   In seiner Rede von 1870 (M 1) unterscheidet Liebknecht in der Frage, wie die Einigung Deutschlands erfolgen könne, drei Möglichkeiten: Die erste ist eine **Einigung „von unten" durch das Volk** und ohne Beteiligung der Fürsten, die sogar gegen die Fürsten gerichtet sein müsse, denn diese seien das eigentliche Hindernis für eine staatliche und innere Einheit. Diesen Weg bezeichnet Liebknecht als „**organischen**" (Z. 18) **Weg**, d. h. als den richtigen, weil das Volk ihn gewollt habe.
   Die zweite Möglichkeit der Einigung Deutschlands sieht Liebknecht im **Kompromiss zwischen Fürstensouveränität und Volkssouveränität**. Dies sei in der Revolution 1848/49 versucht worden und habe 1849 zur Paulskirchenverfassung geführt. Der Vorstoß, die deutsche Einheit in Freiheit zusammen mit den Fürsten zu gestalten, sei aber am **Widerstand der Fürsten**, besonders Preußens, gescheitert; Volkssouveränität und Fürstensouveränität seien nicht in Einklang zu bringen.
   Als dritte Möglichkeit nennt Liebknecht die **Einigung „von oben"**; diese bezeichnet er als eine rein „**mechanische**" (Z. 17), hervorgegangen „aus den Machtverhältnissen" (Z. 19) und **basierend auf Waffengewalt**, nicht auf dem Willen des Volkes. Er beurteilt diesen Weg negativ, weil er nicht zur Herrschaft des Volkes, sondern zu einem absolutistischen Fürstenbund führen würde. Angesichts der militärischen Erfolge über Frankreich sei dieser undemokratische Weg aber wahrscheinlich. Die Kaiserkrönung sollte daher auf dem Gendarmenmarkt in Berlin stattfinden, denn das Kaiserreich könne dann nur durch polizeiliche Gewalt Bestand haben.

2. *Gemäß den Vorgaben des Bildungsplanes handelt es sich hier um eine „offene Aufgabenstellung“, die es Ihnen überlässt, welche Beispiele Sie für die notwendige Beschreibung und Erklärung heranziehen. Allerdings sollten sie für die „Fehler oder Schwächen der revolutionären Bewegung“ charakteristisch sein. Sie können bei Ihrer Erläuterung zwischen unverschuldeten Schwächen und selbstverschuldeten Fehlern der revolutionären Bewegung unterscheiden. Eine Bewertung ist ebenso wenig verlangt wie eine Aufzählung von Faktoren, die zum Scheitern der Revolution geführt haben. Die Aufgabe gehört zum AFB II.*

Als Schwäche der revolutionären Bewegung kann zunächst einmal deren **soziale Heterogenität** genannt werden. Diese führte dazu, dass Bürger, Arbeiter und Bauern nur zu Beginn der Revolution im März 1848 ein gemeinsames Ziel hatten: die Beseitigung der Reste des alten Feudalstaates und der hervorgehobenen Stellung des Adels. Bei anderen sozialen und wirtschaftlichen Zielen unterschieden sich diese Schichten aber erheblich. Nach der Erfüllung der „Märzforderungen“ schieden die Bauern aus der Phalanx der Revolutionäre aus. Das **Bildungsbürgertum bestimmte die Arbeit der Nationalversammlung** in der Paulskirche. Arbeiter, Handwerker und Kleinbauern waren im Parlament nicht vertreten; ihre Interessen spielten daher nur eine untergeordnete Rolle, obgleich sie zahlenmäßig im Volk das Übergewicht besaßen.
Eine weitere nachhaltige Schwäche der revolutionären Bewegung war, dass die **Bourgeoisie** aus **Furcht vor einer sozialen Umwälzung**, die ihre wirtschaftliche und soziale Stellung gefährdet hätte, zum Kompromiss und letztlich zum Zusammengehen mit den alten Mächten bereit war. Zudem mangelte es der revolutionären Bewegung **an geeigneten politischen Führern**, die die revolutionäre Kraft hätten zusammenfassen können. Gerade hier erwiesen sich die Zersplitterung Deutschlands und die Kraft des traditionellen Partikularismus, die auch die Revolutionäre prägte, als nachteilig.
Die **politische Unerfahrenheit** und **Heterogenität** der Revolutionäre, v. a. aber die **Spaltung der revolutionären Bewegung** u. a. in Liberale und Demokraten verhinderte eine grundlegende politische Umgestaltung Deutschlands. Die unerfahrenen Abgeordneten schätzten die machtpolitischen Verhältnisse in Deutschland und Europa sowie die Haltung der Fürsten falsch ein. Sie werteten in Verkennung der Realitäten das scheinbare Nachgeben der Fürsten im März und April 1848 als Erfolg und glaubten, das **neue Deutschland gemeinsam mit den Fürsten** gestalten zu können. Daher ließen sie die **Machtstrukturen unangetastet:** Die Monarchie blieb bestehen und in den größeren Staaten, v. a. in Preußen und Österreich, behielten die Fürsten weiterhin die Stützen ihrer Macht, das Beamtentum und das Militär. Den Revolutionären fehlten somit die Machtmittel, um die Errungenschaften der Revolution zu sichern.
Die tief greifenden **Interessengegensätze** zwischen Liberalen und Demokraten sowie zwischen Anhängern der konstitutionellen Monarchie und den parlamentarischen Republikanern waren unüberbrückbar und führten zu **langwierigen Verhandlungen in der Paulskirche**. In zeitraubenden Verhandlungen wurde zunächst ein Grundrechtskatalog erarbeitet, anstatt die errungene Machtstellung zu sichern. So fehlten dem Parlament Zeit und Mittel, sich gegen die Fürsten durchzusetzen.
Die **liberale Mehrheit** lehnte Gewalt ab. Ihre Ziele (**Verfassungsstaat** mit Gewaltenkontrolle, rechtliche und politische **Emanzipation**) sollten auf dem **Verhandlungsweg** erreicht werden. Die Demokraten wollten die Revolution dagegen bis zum Erreichen der demokratischen Republik fortsetzen. Diese Uneinigkeit konnten die Herrschenden für ihre Ziele ausnutzen.
Auch unterschätzten die Revolutionäre die Haltung des Auslands, v. a. Frankreichs und Russlands, die **an einem geeinten Deutschland in der Mitte Europas kein Interesse** hatten. Das autokratisch regierte Russland bekämpfte darüber hinaus alle revolutionären und demokratischen Tendenzen in Europa.

3. *Der Operator verlangt von Ihnen eine kritische Auseinandersetzung mit der von Wilhelm Liebknecht aufgestellten Behauptung. Sie sollen anhand von Ihnen gewählter Beispiele klären, ob die Behauptung zutrifft oder nicht. In der Wahl Ihrer drei Beispiele sind Sie frei. Eine reine Darstellung von Sachverhalten entspricht nicht der Aufgabenstellung. Die Aufgabe gehört zum AFB III.*

In seiner Rede behauptet Liebknecht, das Kaiserreich werde nicht die Verwirklichung eines demokratischen Einheitsstaates sein, vielmehr werde es einzig dazu dienen, die Macht der Fürsten gegenüber dem Volk abzusichern. Anhand von drei Beispielen lässt sich belegen, dass das Kaiserreich zwar weitgehend ein **monarchischer Obrigkeitsstaat** mit einem deutlichen **Übergewicht der Fürsten**, v. a. Preußens, war. Dieser wies aber auch Elemente auf, welche der monarchischen Gewalt entgegenstanden und die im Oktober 1918 zu einer Parlamentarisierung führten.

Als erstes Beispiel für die These Liebknechts kann die Entstehung des Deutschen Reiches angeführt werden, die äußerst **ambivalent** war. So erfüllte die **Reichsgründung** zwar die Forderung der Nationalliberalen nach nationaler Einheit, aber die **Einheit** kam **durch Kriege und Verträge** der deutschen Einzelstaaten mit dem Norddeutschen Bund unter Führung Preußens zustande, nicht durch einen Willensentscheid des deutschen Volkes in Form einer konstituierenden Nationalversammlung.
Nicht das Volk trug dem preußischen König die Kaiserkrone an wie 1849, sondern der bayerische König, noch dazu gezwungenermaßen. Der **Kaisertitel war umstritten**, denn die deutschen Fürsten lehnten einen Titel, der eine Oberhoheit des Kaisers über das Reich ausdrückte bzw. die „Nation" zum tragenden Element des Staates erklärte, strikt ab.
Ein weiteres Beispiel, das Liebknechts Behauptung stützt, ist die **Reichsverfassung** von 1871. Danach war das Kaiserreich keine parlamentarische Demokratie, sondern eine **konstitutionelle Monarchie**, bei der die Staatsgewalt beim Bund der 22 Monarchen, bei drei Freien Städten und dem Reichsland Elsass-Lothringen lag, nicht aber beim Volk. Auch die Länderverfassungen waren in der Regel konstitutionell geprägt. Daher überwog das „**monarchische Prinzip**". Hinzu kam, dass der Kaiser, zugleich König von Preußen, Chef eines **vom Reichstag nicht kontrollierbaren Staatsapparates** (Armee, Diplomatie, Bürokratie) war. Auch konnte das vom Volk gewählte Parlament den nur dem Kaiser verantwortlichen Reichskanzler nicht absetzen, weil es **kein** Recht auf ein **Misstrauensvotum** besaß. Die **Regierung** hatte lediglich eine **Informationspflicht**, die aber in Fragen der Sicherheit umgangen werden konnte.
Das neue Reich war kein Einheitsstaat, sondern ein **Fürstenbund**, in dem die fürstlichen Bundesstaaten ihre eigene politische Ordnung und zahlreiche „**Reservatrechte**" behielten, die einer Einheit im Wege standen. Der Bundescharakter des Reiches zeigt sich an der **Dominanz des föderativen Gedankens** gegenüber dem von den Liberalen einst vertretenen Unitarismus. Die Fürsten bildeten das Fundament des Kaiserreiches. Deutlich erkennbar ist dies am Übergewicht der Ländervertretung, des **Bundesrats**. Dieser war der eigentliche **Träger der staatlichen Souveränität**, da er zum einen **Regierungsfunktionen** übernahm – er bestimmte über die zur Durchführung der Reichsgesetze notwendigen Verwaltungsvorschriften –; zum anderen war er wesentlicher **Teil der Legislative**, da er dem Reichshaushalt und den vom Reichstag verabschiedeten Gesetzen zustimmen musste. Auch entschied er über Krieg und Frieden. Noch deutlicher wird der Vorrang der Fürsten dadurch, dass das Reich „Kostgänger" der Länder war, da es über fast keine eigenen Steuereinnahmen verfügte. In diesem Sinne schützte die Verfassungsordnung die Fürsten vor der Demokratie.
Die Reichsverfassung enthielt aber auch Elemente, die einem reinen Obrigkeitsstaat im Wege standen: Zu nennen sind hier das **allgemeine, gleiche und geheime Wahlrecht** für Männer zum Reichstag (Mehrheitswahl), die Rechenschafts- und Informationspflicht der Regierung gegenüber dem Parlament sowie die **Beteiligung des Reichstags an der Gesetzgebung**; denn ohne die Zustimmung der Reichstagsmehrheit konnte kein Gesetz, v. a. kein Staatshaushalt, in Kraft treten. Damit war die Reichsregierung von dem vom Volk gewähl-

ten Parlament abhängig, wenn auch nicht vollständig. Aber das deutsche **Volk** war **nicht der Träger der Souveränität**, das waren allein die Fürsten. Verstärkt wurde dies noch dadurch, dass in Preußen, dem deutschen Hegemonialstaat, das „Abgeordnetenhaus", die Volksvertretung, nach dem undemokratischen „Dreiklassenwahlrecht" gewählt wurde, sodass die Vorherrschaft der alten Eliten gesichert war.
Die Reichsverfassung war ein „Organisationsstatut" und enthielt keine Bestimmungen über die Grundrechte. Allerdings waren die **Grundrechte in den Verfassungen der Bundesstaaten** enthalten und es gab ein hohes Maß an **persönlicher Freiheit**, die durch eine Reihe von Einzelgesetzen geschützt war. Zu nennen sind die Freizügigkeit beim Reisen, die Gewerbefreiheit, die Glaubens- und Gewissenfreiheit sowie der Schutz der Wohnung und des Eigentums. Eingriffe waren nur durch vom Parlament verabschiedete Ausnahmegesetze möglich. Die Presse unterlag keiner grundsätzlichen Zensur. Zwar war es möglich, die **Pressefreiheit** unter dem Deckmantel der angeblichen Majestätsbeleidigung einzuschränken, aber viele Richter fällten positive Urteile für die Presse, auch wenn diese am Staat Kritik übte. 1870 wurde ein Verbot rückwirkender Strafen gesetzlich verankert und 1877 wurde sogar die **Unabhängigkeit der Justiz** garantiert. Daher galt die Reichsverfassung damals in Europa als vergleichsweise liberal, aber nicht als demokratisch.

Als drittes Beispiel sei die politische Kultur des Kaiserreiches angesprochen. Die politische Realität war von **antidemokratischen und antiparlamentarischen Bestrebungen** geprägt. Dazu gehörten das Vorgehen gegen die Sozialdemokratie durch die **Sozialistengesetze** und der **Kulturkampf** gegen den politischen Katholizismus (Zentrum) als Säulen der „**negativen Integration**" der Bismarck-Ära. Der Obrigkeitsstaat stand im Widerspruch zu emanzipatorischen und demokratischen Bemühungen, die auf die Stärkung der Rolle der Parteien, auf eine Parlamentarisierung des Staates und auf den Ausbau des Sozialstaates drängten.

Anders als von Liebknecht prophezeit, war das **Kaiserreich keine ausschließliche „Versicherungsanstalt"** des fürstlichen Obrigkeitsstaates „gegen die Demokratie" (M 1, Z. 24). Selbst die Sozialistengesetze und die damit verbundene Willkür von Polizei und Justiz konnten den Aufstieg der Sozialdemokratie zur stärksten Kraft im Reich nicht verhindern. Bismarcks patriarchalische Sozialgesetzgebung bewirkte nicht, dass die Arbeiter von der Sozialdemokratie Abstand nahmen.
Die sich abzeichnende Niederlage im Ersten Weltkrieg zwang die Herrschenden sogar zu einer Reform der Reichsverfassung („**Oktoberverfassung**"), die den Übergang zur parlamentarischen Monarchie vollzog und die bisherige außerparlamentarische Sonderstellung der Armee und der Diplomatie aufhob.

4. *Gemäß dem zum AFB I („Reproduktionsleistungen") gehörenden Operator wird lediglich eine gegliederte Wiedergabe der im Text M 2 angeführten Inhalte verlangt. Eigenes Wissen darf bei dieser Textarbeit nicht einfließen.*

Für Heinrich August Winkler handelte es sich bei der **Revolution von 1918/19 nicht** um eine „**klassische [...] Revolution**" (Z. 2), die etwas völlig Neues hätte schaffen müssen. Dies lag seiner Meinung nach daran, dass im Kaiserreich schon vor der Revolution ein hohes Maß an Demokratie erreicht worden war. 1918/19 konnte es somit nur um die **Vollendung der Demokratie**, v. a. durch die Ausweitung des Wahlrechts auf die Frauen und die Einführung des demokratischen Wahlrechts in den Ländern, gehen. Ein radikaler Systemwandel etwa durch die Errichtung einer sozialistischen Republik nach russischem Vorbild, wie ihn die Parolen „Alle Macht den Räten" oder „Diktatur des Proletariats" ausdrückten, sei nicht im Sinne der Mehrheit des deutschen Volks gewesen. Von daher sei der Spielraum der Revolutionäre, insbesondere der MSPD, erheblich eingeschränkt gewesen.
Die Furcht vor einem zerstörerischen **Bürgerkrieg** und einer darauf folgenden **Intervention der Alliierten** für den Fall, dass es zu einem sozialistischen Systemwechsel gekommen wäre, habe einen grundlegenden Systemwandel nicht zugelassen. So seien **Arbeiterbewegung und Bürgertum zu Kompromissen und zur Zusammenarbeit gezwungen** gewesen.

Erschwerend habe sich ausgewirkt, dass die Sozialdemokratie gespalten war. Zwar seien die Mehrheitssozialdemokraten zu einer Koalition mit „den Parteien der liberalen und katholischen Mitte" (Z. 21) bereit gewesen, weil nur so die Probleme hätten gelöst und ein demokratisches System hätte geschaffen werden können. Doch hätten die Unabhängigen Sozialdemokraten den notwendigen „Klassenkompromiss" abgelehnt, ohne den eine parlamentarische Demokratie unmöglich war. Die **Spaltung der deutschen Arbeiterbewegung** aber habe sich als **Nachteil für die Entwicklung der Weimarer Demokratie** herausgestellt.
Als große Belastung hätte sich gezeigt, dass die **alten Eliten**, Großgrundbesitzer, Großindustrielle, Militär, Justiz und „das hohe Beamtentum" (Z. 31), durch die Revolutionäre **nicht entmachtet** wurden. Auf ihre Loyalität konnte sich die Republik nicht verlassen, da diese der **demokratischen Republik „reserviert bis feindlich gegenüberstanden**" (Z. 32).

5. *Der Operator „beschreiben" gehört in den AFB I („Reproduktionsleistungen"). Daher verlangt die Aufgabenstellung in ihrem ersten Teil von Ihnen, dass Sie die formalen und inhaltlichen Gesichtspunkte der Wahlstatistik zunächst schlüssig in eigenen Worten wiedergeben. Im zweiten Teil wird dann von Ihnen eine Erklärung anhand des historischen Kontextes verlangt. Dieser Teil der Aufgabe gehört zum AFB II.*

M 3 ist eine **Darstellung der Reichstagswahlen** 1912 und im Mai 1924 sowie der **Wahlen zur Nationalversammlung** 1919 in **Tabellenform**. Die Anzahl der Wahlberechtigten wird in absoluten Zahlen (in Mio.), die Wahlbeteiligung und die Stimmenanteile der Parteien werden dagegen jeweils in Prozent angegeben. Die Angaben beruhen auf den Werten der amtlichen „Statistik des Deutschen Reiches" und können daher als zuverlässig gelten.

Zunächst fällt bei der Betrachtung der Tabelle die deutliche **Zunahme der Wahlberechtigten** 1919 gegenüber 1912 um mehr als das 2,5-Fache auf. Dieser Anstieg ist hauptsächlich Folge der Einführung des **Frauenwahlrechts** und der **Herabsetzung des Wahlalters** von über 25 Jahre (1912) auf über 20 Jahre. Bemerkenswert ist ferner das **hohe Maß an politischer Mobilisierung** der jeweils Wahlberechtigten Staatsbürger/-innen von über 80 %; bei den Maiwahlen 1924 ist jedoch ein Rückgang der Wahlbeteiligung um 5,6 % zu erkennen.
Im Kaiserreich bestimmten fünf Parteien den Reichstag, während in der Weimarer Republik neu gebildete Parteien und einige Parteiabspaltungen hinzukamen. Bei den Reichstagswahlen 1912 und 1924 sowie bei den Wahlen zur Nationalversammlung 1919 wurde jeweils die **SPD stärkste politische Kraft**. 1912 folgten das katholische Zentrum und die beiden liberalen Parteien. Schon bei den Reichstagswahlen 1912 entfielen fast zwei Drittel aller Stimmen auf die Gegner des bestehenden kaiserlichen Regimes.
Bei der Wahl am 19. Januar 1919 erreichten die demokratischen Parteien SPD, DDP, Zentrum („**Weimarer Koalition**") über 76 % der abgegebenen Stimmen – ein klares **Bekenntnis der Wähler für die parlamentarische Demokratie**; den Kräften des alten Systems, Konservative und Nationalliberale, wurde dagegen eine Abfuhr erteilt. Bei den Wählern war einerseits der Wunsch nach einem **demokratischen Neuanfang** übermächtig, andererseits lehnten sie die Kräfte ab, die in ihren Augen versagt und die ihnen über Jahrzehnte die demokratische Mitbestimmung verweigert hatten. Auch die Linke hatte keine Chance; die Mehrheit der Wähler wollte **keine sozialistischen Experimente** und fürchtete zudem Zustände wie im bolschewistischen Russland.
Doch bis 1924 änderte sich das Bild grundlegend: Die **„Demokraten" verloren ihre Mehrheit** und erlangten sie im Verlauf der Weimarer Republik nicht wieder. Dabei erwies sich das **katholische Lager** (Zentrum, BVP) **am stabilsten**. Dies lag an der Geschichte des politischen Katholizismus, der sich in der Auseinandersetzung mit dem protestantisch geprägten Kaiserreich einerseits und dem antiklerikalen Sozialismus andererseits eng zusammengeschlossen hatte. Diese Zusammengehörigkeit bewahrte er auch in der Weimarer Republik.
Im Lager der „Demokraten" büßte die linksliberale **DDP** prozentual gesehen am stärksten Stimmen ein. Ihr Anteil sank von 18,6 % (1919) auf nur noch 5,7 % (1924); sie war und blieb eine „**Honoratiorenpartei**", der es nie gelang, die Massen zu mobilisieren.

Auch die **SPD** verlor deutlich von 37,9 % auf 20,5 %. Der **Verlust der Mehrheit** ging v. a. auf die verhängnisvolle **Spaltung der Arbeiterbewegung** zurück. Zwar waren die meisten Abgeordneten der USPD schon 1920 wieder zur SPD zurückgekehrt (formelle Wiedervereinigung 1922), aber eine Gruppe der USPD schloss sich der bis dahin kleinen KPD an, deren Stimmenanteil ab 1924 (12,6 %) bei jeder Reichstagswahl anstieg. Der **Erfolg der KPD** lag hauptsächlich daran, dass ein Teil der Arbeiterschaft den Sozialdemokraten die Zusammenarbeit mit den alten Eliten vorwarf; auch hatte die SPD es in ihren Augen versäumt, durch Sozialisierung eine Demokratisierung der Wirtschaft herbeizuführen.
Im Gefolge des **Hitler-Putsches** (November 1923) errang die **NSDAP als rechtsradikale Flügelpartei** 6,5 % der Stimmen. Auch die andere antirepublikanische Partei, die **DNVP**, ging aus den Maiwahlen 1924 gestärkt hervor, konnte sie doch ihren Stimmenanteil von 10,3 % (1919) auf 19,5 % deutlich steigern. Die **DVP**, ebenfalls keine Anhängerin der parlamentarischen Demokratie, gewann 4,8 % hinzu, konnte aber den Stimmenanteil der Nationalliberalen im Kaiserreich nicht mehr erreichen.
Das Wahlergebnis spiegelt die **schwierige Lage in Deutschland** wider: Vor allem die innenpolitischen Spannungen verschärften sich vor dem Hintergrund des demütigenden **Versailler Vertrags** erheblich. Die Rechte griff wirkungsvoll die „**Dolchstoßlegende**" auf und benutzte sie für ihren Kampf gegen die Demokraten, besonders gegen die SPD.
Ausdruck der rechtsradikalen Opposition waren gewaltsame Angriffe auf die Republik und ihre führenden Repräsentanten (Matthias Erzberger, Walther Rathenau). Der folgenschwerste Angriff auf die Demokratie war der sog. **Kapp-Lüttwitz-Putsch** (13.–16. März 1920), den eine Gruppe von Rechtsextremisten um den hochrangigen ostpreußischen Verwaltungsbeamten und militanten Deutschnationalen Kapp und General von Lüttwitz versuchten, der aber am entschlossenen Widerstand besonders der Gewerkschaften scheiterte.
Die **extreme Linke** bekämpfte die parlamentarische Demokratie als „Klassenherrschaft der Bourgeoisie" und als Ausbeutung der Arbeiter. Der Sozialdemokratie warf sie „Verrat an der Arbeiterklasse" vor; sie sei zum „Handlanger" des Großkapitals herabgesunken. Diese Angriffe fielen bei vielen ehemaligen Anhängern der SPD angesichts der schwierigen Wirtschaftslage und der zunehmenden Aushöhlung des Sozialstaates auf fruchtbaren Boden.
Die **Wahlen 1924** bildeten einen **Wendepunkt in der Geschichte der Weimarer Republik:** Die Demokratie besaß im Volk keine Mehrheit mehr und erlangte sie auch nicht mehr, sodass man von einer „**Republik ohne Republikaner**" sprechen kann.

6. *Die Aufgabenstellung „erörtern" verlangt von Ihnen durch ein Abwägen von Für- und Wider-Argumenten die Klärung der indirekten Frage, ob „die politischen Weichenstellungen der Jahre 1918/19" für das Scheitern der Weimarer Republik verantwortlich gemacht werden können. Sie müssen hierbei die Aussagen von M 2 und 3 berücksichtigen. (AFB III)*

Zunächst kann von der Behauptung Winklers (M 2) ausgegangen werden, dass 1918/19 die Handlungsspielräume begrenzt gewesen seien, weil sich bereits im Oktober 1918 die gemäßigten Kräfte durchgesetzt hatten. Damit war der Übergang zur **parlamentarischen Republik** vorherbestimmt. Angesichts der Kriegsniederlage, der Versorgungskrise und der Gräuel der bolschewistischen Revolution in Russland ging die MSPD unter Friedrich Ebert ein **Bündnis mit den alten Eliten** (Ebert-Groener-Pakt) ein. Dies war in der Ausnahmesituation des Jahres 1918 zwar verständlich, erwies sich aber wegen deren **antidemokratischen Einstellungen** als falsch. Die traditionellen autoritären Strukturen, insbesondere im Staatsapparat, verhinderten nämlich eine demokratische Umgestaltung der Gesellschaft. Dies galt besonders für die **Justiz**, die „**auf dem rechten Auge blind**" war. Zwar stellte sich die Verwaltung bis auf wenige Ausnahmen in den Dienst der Republik, verteidigte diese aber nicht aktiv. Die **Reichswehr** konnte nicht in den demokratischen Staat integriert werden und bildete quasi einen „**Staat im Staat**". Die republikfeindlichen Kräfte gingen dann ab 1930 daran, die durch die ausbrechende **Wirtschaftskrise** angeschlagene Republik durch eine **Politik der „autoritären Wende"** (D. Peukert) zu zerstören.

Besonders die **strukturellen Schwächen der Verfassung** trugen zum Scheitern des demokratischen Systems bei. Dazu gehörte die verfassungsmäßige Stellung des **Reichspräsidenten** als „**Ersatzkaiser**", zumal seit 1925 mit dem ehemaligen kaiserlichen Feldmarschall Paul von Hindenburg ein Monarchist und kein Demokrat Reichspräsident war. Durch die **direkte Volkswahl** besaß der Reichspräsident eine **plebiszitäre Stellung**, die ihm und seinem Handeln ein überaus hohes Maß an Legitimität verlieh. Zudem besaß der Reichspräsident durch die **Kumulierung von Kompetenzen** eine herausgehobene Machtstellung: Art. 53 Weimarer Reichsverfassung (WRV) sprach dem Reichspräsidenten das ausschließliche Recht zu, den Reichskanzler und die Reichsminister zu ernennen, ohne dass der Reichstag als Volksvertretung diese aus seiner Mitte vorher gewählt oder vorgeschlagen hätte. Gegenüber einem ihm unangenehmen Parlament besaß der Reichspräsident nach Art. 25 WRV das Auflösungsrecht. Besonders folgenreich war **Art. 48 WRV**, der dem Reichspräsidenten nicht nur das **Notverordnungsrecht** übertrug, sondern auch das Recht auf **Reichsexekution**. Diese drei Artikel (25, 53, 48) boten dem Reichspräsidenten die Möglichkeit, auf formal legalem Weg den demokratisch gewählten Reichstag auszuschalten. Daher kam alles darauf an, ob ein Demokrat Reichspräsident war oder nicht.
Die **Verfassung von 1919** war eine der **freiheitlichsten der damaligen Zeit**; sie bot Möglichkeiten für alle, auch für die Feinde der Demokratie. Der Erfolg der Demokratie hing davon ab, ob sich der Reichspräsident als überparteiliches Machtzentrum im Sinne der Demokratie verhielt. Der erste Reichspräsident **Friedrich Ebert** war **überzeugter Demokrat** und handelte entsprechend. Anders war es dagegen bei **Paul von Hindenburg**, der 1925 und 1932 zum Reichspräsidenten gewählt wurde und dessen Rolle bei der Zerstörung der Weimarer Republik nicht unterschätzt werden darf. Hindenburg war **kein Anhänger der Demokratie** und der Parteien, die in seinen Augen Ausdruck des partikularistischen und die Nation zerstörenden Egoismus war. Er wollte eine in sich geeinte nationale „**Volksgemeinschaft**" ohne Parteien. Schon während des Ersten Weltkriegs hatte er deutlich gemacht, dass er ein militärisch dominierendes und siegreiches Reich wollte, das im Innern den westlichen „Irrlehren" von Demokratie, Parlamentarismus und Pluralismus keinen Platz bot; als Reichspräsident ließ sich Hindenburg von dieser Auffassung leiten; eine **Demokratie westlicher Prägung** war für ihn „**undeutsch**" und für das Reich schädlich.
Daher bemühte er sich ab 1930 auch nicht mehr um eine parlamentarische Regierung, sondern wählte den Weg der **Präsidialkabinette**, die überparteilich über dem Reichstag stehen und autoritär regieren sollten. Vor allem lehnte Hindenburg eine Regierungsbeteiligung der SPD oder auch nur eine Zusammenarbeit mit ihr ab; dies aber wäre angesichts der Mehrheitsverhältnisse im Reichstag für den Erhalt der Demokratie notwendig gewesen.

Die Verfassung enthielt zwei weitere Belastungen für die demokratische Ordnung: das reine **Verhältniswahlrecht** und das **Fehlen einer 5%-Sperrklausel**, was zu einer **Parteienzersplitterung** des Reichstags und zu **instabilen Mehrparteienregierungen** führte. Durch das Kaiserreich an ihre Oppositionsrolle gewöhnt, fehlte es den demokratischen Parteien am Machtwillen und oft an der Einsicht, dass eine Regierung nicht für die Parteiklientel, sondern für die Gesamtheit der Bürger arbeiten muss. Die **Parteien** erwiesen sich zunehmend als **kompromissunfähig**. Für sie galt **Parteienpatriotismus** statt Verfassungspatriotismus. Zu einer wirksamen Gegenwehr gegen die antidemokratischen Kräfte waren sie daher nicht fähig, und letztlich „flohen sie aus der Verantwortung" zugunsten der Präsidialherrschaft.
Außerdem war das Prinzip einer „**wehrhaften Demokratie**" **nicht** in der Verfassung **verankert**. Die „Wertneutralität" der Verfassung ermöglichte es deren Gegnern, „formal legal" gegen die Verfassungsordnung zu agieren. Die durch die Verfassung gesicherten Freiheiten konnten sogar gegen die Demokratie eingesetzt werden. Durch das Fehlen des „konstruktiven Misstrauensvotums" ermöglichte die Verfassung zudem das destruktive **Zusammenspiel antidemokratischer Mehrheiten** im Reichstag.
Die **Kriegsniederlage** und die mit dem **Versailler Vertrag** verbundene **nationale Demütigung** (Art. 231, der „Kriegsschuldparagraph"; Abrüstung und Verlust der Wehrhoheit) so-

wie die materiellen und v. a. psychologischen Folgen der Gebietsabtretungen und der Reparationen belasteten die Weimarer Demokratie von Anfang an. „Versailles“ wurde zum Synonym für Niederlage, nationale Unterdrückung, „Versklavung“ und Verlust der Großmachtstellung. So wurden einerseits **nationalistische und völkische Tendenzen** gefördert, andererseits aber auch jede Form einer gemäßigten und auf Ausgleich bedachten Außenpolitik als „Verrat“ an Deutschland diffamiert, obgleich es keine Alternative gab. Während die Demokratiegegner einen Zusammenhang von Kriegsniederlage, alliiertem Friedensdiktat und der Demokratie konstruierten und die Weimarer Republik mit Erfolg als Folge von Verrat an der Front, am Volk und an der Nation diffamierten („**Dolchstoßlegende**“, „**Novemberverbrecher**“), gelang es den Demokraten nicht, dieses negative Bild zu berichtigen.

Allerdings wäre es falsch, allein in den Entscheidungen 1918/19 einen geraden Weg in den Untergang der Weimarer Republik zu sehen. Denn auch die **politische Kultur der Kaiserzeit** belastete die Weimarer Republik erheblich: z. B. der **Chauvinismus** als „Reichspatriotismus“, der in den Bildungsstätten des Reiches und von zahlreichen Vereinigungen (z. B. „Flottenverein“, „Alldeutscher Verband“) verbreitet wurde; die Bürokratie, die sich im Kaiserreich als **Interessenvertretung zugunsten der alten Eliten**, mit denen sie personell eng verbunden war, verstanden hatte und die nach 1918 zum großen Teil weiterwirkte; die hohe Wertschätzung der Ehr- und Wertvorstellungen des Militärs, das schon im Kaiserreich eine Sonderstellung eingenommen hatte; die fehlende Schulung der Parteien in Regierungsarbeit sowie die mangelnde Einsicht der Parteien, dass für eine konstruktive Zusammenarbeit Kompromisse notwendig sind und dass diese nichts Negatives sein müssen.
Nicht vergessen werden dürfen die hohen finanziellen **Belastungen** durch den Ersten Weltkrieg. So führte die Finanzierung des Krieges zum größten Teil über Kriegsanleihen, d. h. über staatliche Schuldenaufnahme, zur Nachkriegsinflation und mit zur **Inflationskrise** 1923, die wesentlich zum Bruch des Mittelstandes mit der Demokratie beitrug.

Es gab aber zu Beginn der Weimarer Republik durchaus auch **Faktoren, die stabilisierend wirkten:** Die Wahlen zur Nationalversammlung 1919 zeigten, dass die demokratischen Kräfte („**Weimarer Koalition**“) mit ca. drei Viertel der abgegebenen Stimmen über einen großen **Rückhalt in der Bevölkerung** verfügten, der erst durch die Entwicklungen seit 1920 wieder verlorenging (Versailler Vertrag, andauernde Kämpfe innerhalb der Arbeiterbewegung). Mit dem „**Stinnes-Legien-Abkommen**“ wurden die **Gewerkschaften** und das Koalitionsrecht durch die Arbeitgeber **anerkannt**. Das Verhältnis zwischen Gewerkschaften und Arbeitgebern wurde tarifrechtlich geregelt und paritätisch besetzte Schlichtungsinstanzen sollten durch Schiedssprüche im Tarifkonflikt eingreifen. Das „**Betriebsrätegesetz**“ 1920 regelte die Mitwirkung von Betriebsräten bei sozialen Maßnahmen in den Unternehmen. Die Einführung des **Acht-Stunden-Tags** symbolisierte für die Gewerkschaften wie kaum eine andere Maßnahme den Sieg der Revolution und eine sozialpolitische Wende zum sozialgerechten Interessenausgleich von Arbeitnehmern und Arbeitgebern.
Die **Sozialpolitik** des Kaiserreiches verlor ihren patriarchalisch-fürsorgerischen Charakter als „Geschenk“ des Obrigkeitsstaates und wurde zum **Postulat der Verfassung** der Weimarer Republik. Die Grundrechte sozialen Charakters zeigten, dass die Wirtschaft nicht mehr reine Privatangelegenheit war; der Staat benutzte die Sozialpolitik, um im Sinne des Gemeinwohls in die Wirtschaft einzugreifen. Wäre dieser soziale Interessenausgleich auch in den Wirtschaftskrisen fortgesetzt worden, hätte dies die Weimarer Republik gestärkt; die Weichen dazu waren 1919 gestellt worden.

Die **Weimarer Demokratie scheiterte nicht allein an den Weichenstellungen der Jahre 1918/19**; sie scheiterte u. a. auch am mangelnden demokratischen Bewusstsein eines Großteils der Bevölkerung, an den wirtschaftlichen Belastungen und Krisen, an der Unfähigkeit der Parteien, ihren Egoismus im Interesse des Gesamtwohls zu überwinden, und am politischen Treiben der alten Eliten. Die von Winkler beklagte Spaltung der Arbeiterbewegung erleichterte es Hindenburg, ab 1930 mit seiner Politik der „autoritären Wende“ das Ende der Weimarer Demokratie einzuläuten.

M 1: Aus einem Artikel von Sebastian Haffner in der englischen Wochenzeitung „Observer" vom 1. Februar 1959

Jetzt ist Westdeutschland in jeder Hinsicht, außer in militärischer, wieder eine wichtige Macht, vergleichbar mit Großbritannien und Frankreich. In Ostdeutschland ist der Versuch des kommunistischen Zwangsregimes, sich zu verankern, unübersehbar und ein für allemal misslungen; der kränkelnde ostdeutsche Staat, von der eigenen Bevölkerung abgelehnt, wird nur durch die russische Macht künstlich am Leben erhalten. Andererseits ist diese Macht nun der Amerikas ebenbürtig – oder so weitgehend ebenbürtig, dass der Unterschied keine Rolle spielt. Die Giganten, beide in der Lage, sich gegenseitig in Schutt und Asche zu legen, können weder vor noch zurück. Weder in Deutschland noch anderswo kann der eine den anderen zum Nachgeben zwingen.

Die Folgen dieser beiden Entwicklungen sind nicht angenehm. Je stärker Russland wurde, desto hartnäckiger forderte es von Deutschland und dem Westen, seinen ostdeutschen Marionettenstaat als eigenständig zu akzeptieren und anzuerkennen. Von 1952 bis 1955 bot es noch an, ihn durch freie Wahlen auf dem Altar der deutschen Wiedervereinigung zu opfern. Heute scheint es dieses Zugeständnis kategorisch zu verweigern. […]

So verführerisch ein Truppenabzug ist, er würde zu einem schlimmeren Zustand führen als zuvor, wenn ihm nicht ein von allen vier Mächten und Deutschland aufrichtig akzeptierter Deutschlandvertrag vorausginge. […] Wenn ein Abkommen über Deutschland überhaupt eine Chance haben soll, angenommen und eingehalten zu werden und einen Beitrag zum Weltfrieden zu leisten, muss es die beiden wichtigen und widersprüchlichen Realitäten berücksichtigen: Insgesamt gibt es zwischen Ost und West ein Gleichgewicht, doch ein innerdeutsches Gleichgewicht zwischen Ost- und Westdeutschland gibt es nicht. Russland ist genauso stark wie Amerika. Doch Ostdeutschland ist nicht so stark wie Westdeutschland. Diese komplizierte Gleichung in konkrete Vereinbarungen zu übertragen ist offensichtlich eine verzwickte und bestenfalls sehr langwierige Angelegenheit. Vermutlich macht sie zwei verschiedene Komplexe von Abkommen oder Verträgen nötig: einen zwischen den vier Mächten selbst und einen zwischen den vier Mächten und Deutschland. […]

Der Status quo in Deutschland und Europa ist zwar unbefriedigend, wird aber sicher nicht zu einem Weltkrieg führen. Ja, er sorgt dafür, dass ein Weltkrieg in Europa gerade nicht beginnen kann – es sei denn, eine der beiden Großmächte will es ausdrücklich. Es besteht kein Grund zu Panik oder Ungeduld. Wir müssen uns ehrlich und intensiv bemühen, die gegenwärtige Lage zu verbessern.

Sebastian Haffner: Was in Deutschland geschehen sollte. In: Die deutsche Frage 1950–1961: Von der Wiederbewaffnung bis zum Mauerbau. Hg. v. Rainer Nitsche. Übersetzt von Sigrid Ruschmeier. Berlin: Transit Buchverlag 2003, S. 150–154.

M 2: Karikatur von Alois Kuhn (DDR 1978)

Alois Kuhn wurde 1979 verhaftet, nachdem er diese und andere Karikaturen öffentlich zugänglich gemacht hatte.

In der linken oberen Ecke der Karikatur befindet sich der Stempel der Bundesbehörde für Stasiunterlagen (BStU), der bei der Inventarisierung der Karikatur nach der Wiedervereinigung angebracht wurde.

M 3: Aus den „Autobiographischen Notizen" (1995) von Gregor Gysi, Vorsitzender der Bundestagsfraktion „DIE LINKE"

Ich bestreite nicht, dass sich diese DDR – als sozialistisches Ideal gedacht und als Alternative zu dem kapitalistischen deutschen Staat begonnen – im Verlaufe von vier Jahrzehnten immer mehr von ihren ursprünglichen Ansätzen entfernte und zur schlechten Ausgabe einer staatskapitalistischen Gesellschaft verkam. Ich bestreite nicht, dass uns, ihren Bürgerinnen und Bürgern, elementare Menschenrechte und demokratische Grundrechte vorenthalten oder diese oft verletzt wurden, dass man Menschen entmündigte und demütigte und dass „der Staat" in ihre individuelle Lebensplanung mitunter unzulässig eingriff. Etlichen widerfuhr Unrecht.

Ich bestreite jedoch entschieden, dass dieser Versuch DDR keine historische Legitimation besessen hätte. […]

Ferner gebe ich zu bedenken, dass es in der DDR möglich war, unbestritten großartige und weltweit anerkannte Leistungen auf dem Gebiet der Kultur oder der Wissenschaft zu vollbringen; und nicht jeder Weltrekord ist auf Doping zurückzuführen. Es gab weder Obdach- noch Arbeitslose (und selbst wenn die Arbeitslosigkeit verdeckt gewesen sein sollte, diese Form ist allemal erträglicher als die offene). Existentielle Not litt niemand, und soziale Gleichheit und Gleichstellung der Geschlechter war vergleichsweise weit entwickelt. […]

Die DDR war, bei allen begründeten Einschränkungen, historisch und im Weltmaß gesehen, obzwar eine Diktatur, auch schon eine humanistische Gesellschaft. Sie hat weder Eroberungskriege geführt noch Menschen wegen ihrer politischen Überzeugung, ihrer religiösen Herkunft oder eines nichtdeutschen Stammbaums ausgerottet. Sie kannte einen relativ hohen Standard an kulturellen und sozialen Rechten. Und wenn auch der Stand der Verwirklichung der politischen Menschenrechte deutlich unter dem Niveau westlicher Demokratien lag, so war er, im Weltmaßstab gesehen, immer noch überdurchschnittlich.

Gregor Gysi: Das war's. Noch lange nicht. Autobiographische Notizen. Düsseldorf: Econ 1995, S. 241–243.

Aufgaben:

1. Arbeiten Sie aus M 1 heraus, wie Sebastian Haffner die Lage der beiden deutschen Staaten im internationalen Spannungsfeld beurteilt und welche Folgerungen er daraus ableitet. — 10 VP

2. „Insgesamt gibt es zwischen Ost und West ein Gleichgewicht" (M 1, Z. 21 f.). Charakterisieren Sie, wie es vom Kriegsende 1945 bis zum Zeitpunkt des Artikels zu diesem Gleichgewicht gekommen ist. — 08 VP

3. Erörtern Sie, ob sich zwischen 1959 und 1979 die internationalen und die deutsch-deutschen Beziehungen verbessert haben. — 12 VP

4. a) Analysieren Sie die Karikatur M 2. — 08 VP
   b) Vergleichen Sie die Aussage von M 2 mit den Ausführungen von Gregor Gysi in M 3. — 10 VP

5. Überprüfen Sie an drei Beispielen Ihrer Wahl, ob sich Bürgerbeteiligung und politischer Protest in der Bundesrepublik von den 1950er- bis in die 1980er-Jahre verstärkt haben. — 12 VP

60 VP

Lösungsvorschlag

1. *Die Aufgabenstellung verlangt nach einer deutlichen Differenzierung zwischen der Beurteilung der Lage durch den Autor und den Folgerungen, die er daraus ableitet. (AFB I)*

Sebastian Haffner (M 1) beschreibt die Lage der deutschen Staaten im internationalen Spannungsfeld differenziert: Während der **westdeutsche Teilstaat** es – abgesehen vom militärischen Aspekt – geschafft habe, eine mit Frankreich oder Großbritannien vergleichbare **Machtposition** zu erreichen, sei es dem „**kommunistischen Zwangsregime**[…]" (Z. 3) nicht gelungen, sich in **Ostdeutschland** zu etablieren, da es von der eigenen Bevölkerung abgelehnt werde. Der Verfasser spielt damit auf die Niederschlagung des Volksaufstandes im Jahr 1953 an, der letztlich durch die Präsenz russischer Truppen in der DDR erzwungen wurde. Im Gegensatz zu diesem **deutsch-deutschen Ungleichgewicht** stehen sich laut Haffner die ehemaligen Alliierten **USA und UdSSR** in einer **Pattsituation**, also gleichgewichtig, gegenüber: „Insgesamt gibt es zwischen Ost und West ein Gleichgewicht, doch ein innerdeutsches Gleichgewicht zwischen Ost- und Westdeutschland gibt es nicht. Russland ist genauso stark wie Amerika." (Z. 21 ff.) Zusammenfassend hält Haffner den **Status quo** in Deutschland und Europa zwar für „**unbefriedigend**" (Z. 29), er sieht davon aber **keine Kriegsgefahr** ausgehen.

Haffner folgert aus dieser Lage, dass die Zeit vorbei sei, in der Russland bereit war, die DDR einer wie auch immer gearteten Wiedervereinigung zu opfern. Er erwähnt den Zeitraum zwischen 1952 und 1955 und spielt damit auf die **Stalin-Note** vom 10. März 1952 mit dem **Angebot eines vereinigten neutralen Deutschlands** und auf ein deutschlandpolitisches Verhandlungsangebot der Sowjetunion vom 15. Januar 1955 zur Verhinderung der Ratifizierung der Pariser Verträge an. Russland bestehe mittlerweile auf **unbedingter Anerkennung** seines „**ostdeutschen Marionettenstaat[s]**" (Z. 11 f.)
Eine Lösung der deutschen Frage sei von einem Truppenabzug nicht zu erwarten, sondern nur dann, wenn sich die vier Siegermächte und Deutschland über einen **Deutschlandvertrag** geeinigt hätten (vgl. Z. 16 ff.). Laut Haffner seien angesichts der komplizierten Verhältnisse vermutlich zwei Abkommen notwendig: eines, das die Probleme zwischen den Alliierten selbst löse und eines das das Verhältnis zwischen den Alliierten und den beiden deutschen Teilstaaten regle.

Abschließend plädiert Haffner dafür, sich intensiv um eine Verbesserung der gegenwärtigen Lage zu bemühen.

2. *Der Operator „charakterisieren" verlangt, dass Sie die Entwicklung des Gleichgewichts zwischen Ost und West zwischen 1945 und 1959 mit ihren typischen Merkmalen beschreiben und in ihren Grundzügen bestimmen. (AFB I)*

Das von Haffner konstatierte Gleichgewicht der beiden Blöcke in Ost und West entwickelte sich aus dem **Zerfall der Anti-Hitler-Koalition**, die letztlich nur eine „unnatürliche" Unterbrechung des für das 20. Jahrhundert fundamentalen Ost-Westkonflikts darstellte. 1945 waren die USA der UdSSR in militärtechnischer und ökonomischer Hinsicht noch weit überlegen. Die Kriegsfolgen waren für die Sowjetunion, die über 20 Millionen Menschen verloren hatte, dramatisch. Die **USA** waren mit relativ geringen Verlusten und im Bewusstsein des **Atomwaffenmonopols** aus dem Krieg hervorgegangen. Einzig die Zahl der noch nicht demobilisierten Soldaten in Europa wies ein sowjetisches Übergewicht auf.
Über wachsende **Differenzen in der Besatzungspolitik** und im Hinblick auf die Vorgänge jenseits des „eisernen Vorhangs", wo die Sowjetunion bestrebt war, kommunistische Regime an die Macht zu bringen, kam es 1947 zum Bruch zwischen den neuen Supermächten, der auch **ideologisch untermauert** bzw. überhöht wurde. Während der Westen im Sinne George F. Kennans von der Notwendigkeit einer „**Eindämmung" des sowjetischen Einflusses** im Namen der Freiheit sprach, wurde von den Ideologen der Sowjetunion die „**Zwei-Lager-Theorie**" begründet, die einen unüberbrückbaren Gegensatz zwischen dem „ausbeuterischen Imperialismus" des Westens und dem „sozialistischen Lager" behauptete. Folgerichtig beteiligte sich der Osten nicht am europäischen Wiederaufbauprogramm (**Marshall-Plan**) und konterte den wirtschaftlichen Zusammenschluss der Westzonen (**Währungsreform** 1948) durch die Einführung einer eigenen Währung in der Ostzone. Durch die gleichzeitige Sperrung der Zugangswege nach Berlin (**Berlin-Blockade**), die durch eine **amerikanisch-britische Luftbrücke** unterlaufen wurde, deutete sich bereits das Grundmuster der folgenden Jahrzehnte an: **Konfrontation der beiden Blöcke** an der Nahtstelle Deutschland bzw. Berlin und zunehmende Solidarisierung der Westdeutschen mit dem neuen Verbündeten USA.
Die **doppelte Staatsgründung** 1949 legte den Grundstein zur **Westintegration der Bundesrepublik** in der Ära-Adenauer und den zur spiegelbildlichen **Ostintegration der DDR** in der Ära-Ulbricht. Zum Zeitpunkt von Haffners Artikel 1959 waren die beiden deutschen Staaten in die jeweiligen ökonomischen, politischen und militärischen Bündnissysteme integriert: EWG und NATO im Westen sowie Rat für gegenseitige Wirtschaftshilfe (RGW) und Warschauer Pakt im Osten. Auf internationaler Ebene manifestierte sich der Ost-West-Konflikt im **Korea-Krieg** 1950, der formal zwar ein regionaler asiatischer Konflikt war, im Hintergrund aber einen Kampf zwischen den kommunistisch orientierten Mächten Russland und China auf der einen sowie den USA auf der anderen Seite darstellte (Stellvertreterkrieg).

Durch den erfolgreichen Test ihrer ersten Atombombe zog die Sowjetunion 1949 auch technologisch mit den USA gleich. Der „**Sputnik-Schock**" von 1957 ließ sogar eine Überlegenheit des Ostens vermuten, da dieser als erster einen Satelliten im Weltall hatte. Von einem wirklichen „Gleichgewicht" kann man zum Zeitpunkt des Haffner-Artikels aber noch nicht sprechen, da die USA im Hinblick auf die Zahl der atomaren Sprengköpfe noch eine zehnfache Überlegenheit aufwiesen.

3. *Der Operator „erörtern" verlangt, dass Sie nach Abwägung verschiedener Fakten und Argumente zu einem begründeten Urteil darüber kommen, inwieweit sich die internationalen und die deutsch-deutschen Beziehungen verbessert haben. (AFB III)*

Der Sprachgebrauch in Ost und West legt nahe, die Periode zwischen 1959 und 1979 als eine Zeit der Verbesserung der **internationalen Beziehungen** anzusehen. Während der Osten bereits in der Phase des „Tauwetters" nach Stalins Tod 1953 von „**Friedlicher Koexistenz**" sprach, prägte man im Westen den Begriff der „**Entspannungspolitik**" für die Zeit nach 1963. Zuvor hatten allerdings die beiden „Kraftproben ohne Sieger" um Berlin und Kuba die Welt an den Rand eines dritten Weltkriegs gebracht. Kennedy und Chruschtschow zogen daraus die Konsequenz, dass ein Atomkrieg, da er in seinen Auswirkungen nicht einzugrenzen sei, auf jeden Fall vermieden werden müsse. Dazu wurde zunächst die Kommunikation durch das Abkommen über den „**heißen Draht**" 1963 zwischen den beiden Hauptkontrahenten USA und UdSSR verbessert. In der weiteren Folge der Entspannung einigte man sich auf Einschränkungen im Hinblick auf Raketentests (**Teststoppvertrag** 1963), auf die Nichtverbreitung von Atomwaffen (**Atomwaffensperrvertrag** 1968) und auf die Stationierungen von Nuklearwaffen (**Meeresbodenvertrag** 1971). Die **SALT-Abkommen** ab 1972 kann man zwar nicht als Abrüstungsverträge ansehen, doch dienten sie immerhin der Rüstungskontrolle, wenn auch bis Ende der 70er-Jahre auf immer höherem Niveau der jeweiligen Atomwaffenarsenale. Von daher kann man bis zur Unterzeichnung der **Helsinki-Schlussakte** 1975, dem Resultat des KSZE-Prozesses, trotz vielfacher „Overkill"-Kapazitäten in Ost und West durchaus von einer **Verbesserung der internationalen Beziehungen** sprechen.
Die „gegenseitige gesicherte Vernichtung" als Grundlage einer **funktionierenden Abschreckung** in Europa und Amerika verhinderte allerdings nicht, dass sich die beiden Blöcke in der Dritten Welt in sog. **Stellvertreterkriegen** gegenüberstanden. Der bedeutendste dieser Kriege, der **Vietnam-Krieg**, hatte zugleich die erste militärische Niederlage der USA zur Folge. 1975 markiert somit einen **Wendepunkt:** Der überstürzte Abzug der USA aus Vietnam wurde von der **Sowjetunion** als Gelegenheit gesehen, eigene **Ambitionen in der Dritten Welt** geltend zu machen und beispielsweise in Angola, Mosambik und am Horn von Afrika einzugreifen.
Einen tiefen Einschnitt gab es 1979: Der **NATO-Doppelbeschluss** zur Stationierung neuer Mittelstreckenwaffen in Europa, die Auseinandersetzung der USA mit dem revolutionären Iran des Ayatollah Khomeini und besonders der **Einmarsch der Russen in Afghanistan** führten zu einer derartigen Verschlechterung der internationalen Beziehungen, dass man von einem „**neuen Kalten Krieg**" sprach.

Über den gesamten Zeitraum betrachtet kann man daher nicht von einer Verbesserung der internationalen Beziehungen sprechen, zumal jetzt auch die Entwicklungsländer, allen voran die **Erdölexporteure der OPEC** und die **Volksrepublik China** (Atommacht seit 1964) als **neue weltpolitische Akteure** ihre Interessen geltend machten, was sich in bewaffneten Auseinandersetzungen zwischen China und der Sowjetunion am Grenzfluss Ussuri (1969) und in den **Ölkrisen** (ab 1973) zeigte. **Verbessert** hatten sich allerdings die **Strukturen der internationalen Politik**. Die **UNO** und ihre Unterorganisationen, die **KSZE** und viele andere Foren waren zwar nicht in der Lage, verbindliche Entscheidungen gegen den Willen einer Supermacht zu treffen, aber die Weltöffentlichkeit brachte auch die **Supermächte** zunehmend in **Rechtfertigungszwang**.

Das **Verhältnis der beiden deutschen Staaten** war in den 50er- und 60er-Jahren von der **Hallstein-Doktrin** geprägt. **Die Nichtanerkennung der DDR** als Staat gehörte zu den fundamentalen Prinzipien der westdeutschen Politik, die auch das Verhältnis zu Drittstaaten berührte. Wer die DDR anerkannte, musste mit dem Verlust seiner Beziehung zur Bundesrepublik rechnen. Schon Anfang der 60er-Jahre erwies sich diese Position als immer schwerer haltbar, da viele neu entstandene Staaten der Dritten Welt Beziehungen zur DDR aufnahmen. Die DDR wiederum erstrebte nichts mehr als außenpolitische Anerkennung. Die **Sicherung der innerdeutschen Grenze** und der **Mauerbau** 1961 waren zwar zur **Stabilisierung der DDR** unerlässlich, wurden aber im Westen als Zeichen einer endgültigen **Abschottung des ostdeutschen Teilstaates** gesehen.
Ausgehend von dieser schlechten Lage konnten sich die Beziehungen zunächst nur verbessern. Die Regierungen Adenauer und Erhard hinkten insofern hinter der weltpolitischen Entwicklung her, als sie sich der allgemeinen Tendenz zur Entspannung zu Beginn der 60er-Jahre zunächst widersetzten. Der Versuch der Regierung der Großen Koalition (Kiesinger/Brandt 1966–1969), mit den Ländern des Ostblocks eine Ostpolitik ohne Anerkennung der DDR und möglichst an der DDR vorbei zu beginnen, scheiterte. Erst die sozialliberale **Regierung Brandt/Scheel** ab 1969 erreichte eine weiter gehende **Zusammenarbeit mit der DDR**, indem diese **zwar nicht völkerrechtlich, aber de facto anerkannt** wurde. Es war jetzt von „**zwei Staaten in Deutschland**" die Rede, im **Grundlagenvertrag** mit der DDR (1972) wurden Gewaltverzicht und menschliche Erleichterungen sowie der Austausch von Botschaftern vereinbart, die allerdings nur „**ständige Vertreter**" genannt wurden. Man wollte dem Wiedervereinigungsgebot des Grundgesetzes entsprechen und trotzdem der faktischen Zweistaatlichkeit Rechnung tragen. Die vermehrten Kontakte zwischen Ost und West verhinderten zwar das weitere Auseinanderleben der Nation, konnten aber nicht die fortgesetzte Systemkonkurrenz verringern. Häufigere Kontakte der Bevölkerungen in Ost und West waren aus der Sicht der **DDR** sogar Anlass zu **verstärkter ideologischer Schulung und Überwachung** der eigenen Bevölkerung mithilfe der allgegenwärtigen **Stasi**.

Im ökonomischen Bereich bestand die Kooperation v. a. in Zulieferungen ostdeutscher Kombinate an westdeutsche Versandhäuser und Möbelfirmen, während sich die DDR aus Devisenmangel nur in sehr beschränktem Maße mit Produkten aus Westdeutschland versorgen konnte. Unabhängig von der jeweiligen politischen Großwetterlage gewährte die Bundesrepublik der DDR über den gesamten Zeitraum einen zinslosen Überziehungskredit im Handel der beiden deutschen Staaten (**Swing**). Auch der **Freikauf politischer Gefangener der DDR** durch die BRD gehörte zu den Konstanten des deutsch-deutschen Verhältnisses.

Die Enttarnung des DDR-Spions Guillaume, der ein enger Mitarbeiter Willy Brandts (SPD) war, führte zu dessen vorzeitigem Rücktritt als Bundeskanzler und belastete die Beziehungen der beiden Staaten. Brandts Nachfolger **Helmut Schmidt** (SPD) betrieb eine pragmatische **Ostpolitik der „kleinen Schritte"**. Dutzende **Abkommen über Handelserleichterungen, verkehrspolitische und humanitäre Fragen** wurden abgeschlossen. Aus DDR-Sicht hatte sich die internationale Lage entscheidend gebessert: 1973 wurde man gleichzeitig mit der BRD in die **UNO** aufgenommen und 1975 war man gleichrangiger **Unterzeichner der KSZE-Schlussakte** von Helsinki.

Über den gesamten Zeitraum kann also durchaus von einer **Intensivierung der Beziehungen** gesprochen werden, wobei in der zweiten Hälfte der 70er-Jahre die Aufbruchstimmung der „neuen Ostpolitik" einer realistischeren Einstellung wich.

4. a) *Der Operator „analysieren" verlangt von Ihnen eine Beschreibung der Bild- und Textelemente der Karikatur sowie eine Auswertung des Dargestellten. (AFB II)*

   Die Karikatur (M 2) zeigt einen Apparat, der vorne und hinten jeweils von einer Zugmaschine angetrieben wird. Man erkennt eine Straße, auf der sich eine Art **Konvoi**, bestehend aus einer Limousine und begleitenden Motorrädern, bewegt. Bei genauerer Betrachtung fällt auf, dass sich der Konvoi auf einem Laufband befindet, das seinerseits wieder auf der Straße fährt. In der Limousine, die durch ihre Standarten als **Staatskarosse** identifizierbar ist, sitzt hinter dem Chauffeur ein breit grinsender Mann. Das Transparent hinter der Limousine zeigt eine **schematisch dargestellte Menschenmasse mit Fähnchen in Jubelpose**, über der die Parole „**Es lebe der Jubel!**" angebracht ist. Durch die Art der Konstruktion wird klar, dass dieses Transparent den Konvoi immer begleiten wird, da es direkt mit der Apparatur des Laufbands verbunden ist. Im Bildhintergrund befinden sich schematisch angedeutete Gebäude, an denen Transparente mit der Aufschrift „**Jubel**" befestigt sind.

Die Karikatur stammt von **Alois Kuhn** und wurde 1978 in der DDR gezeichnet. Da der Verfasser 1979 wegen dieser und anderer Karikaturen verhaftet und die Karikatur selbst bei der Staatssicherheit der DDR gefunden wurde, liegt es nahe, einen Bezug zur **DDR-Wirklichkeit Ende der 70er-Jahre** herzustellen. Demnach sind die Begleiter auf den Motorrädern **Volkspolizisten**, wozu auch die Form der Helme passt, und der grinsende Mann in der Limousine ein **Parteifunktionär der SED** bzw. Staatsfunktionär der DDR. Der Hintergrund kann als eine Mischung aus Plattenbauten, Gefängnis- und Industriearchitektur der DDR identifiziert werden.
Im kritischen Appell der Karikatur dürfte gleichzeitig der Grund für die Kriminalisierung des Karikaturisten zu finden sein. Die **Führung der SED ist von der sozialen und politischen Wirklichkeit der DDR** derart **abgeschottet**, dass sie nicht erkennen kann, in welchem Zustand sich das Land wirklich befindet. Gleichzeitig scheint die **Bevölkerung keine Möglichkeit der Einflussnahme** auf die politische Führung zu haben, da sie in der Karikatur lediglich in Form von „Pappkameraden" in Erscheinung tritt.

Den gesellschaftlichen und historischen Hintergrund dieses Verhältnisses bildet die permanente **Mobilisierung der Bevölkerung bzw. der Parteikader**, die per **Akklamation** zur Bestätigung des Kurses der SED bzw. der Staatsführung der DDR aufgerufen wurde. Wahlen in der DDR dienten beispielsweise lediglich dazu, die Zustimmung der Bevölkerung durch die Wahl der Kandidaten der Nationalen Front zu demonstrieren bzw. vorzutäuschen. Wer eine Auswahl der Parteikandidaten oder eine geheime Abstimmung verlangte, machte sich verdächtig, ein Oppositioneller zu sein. Auch die üblichen **Paraden** zum 1. Mai oder zu den jeweiligen „Geburtstagen" der DDR wurden als Ausdruck des Volkswillens dargestellt. Die vorherrschende Reaktion der Bevölkerung war allerdings bis Ende der 80er-Jahre nicht der Protest, sondern die **routinierte Erfüllung der „Jubelpflicht"** und der **Rückzug in die „Nischengesellschaft"**. Dass die Plakate der Karikatur nur „Jubel" ohne inhaltliche Begründung ausdrücken, zeigt, wie **inhaltsleer** diese **Rituale** dem Karikaturisten erschienen. Die von Erich Honecker 1971 auf dem 8. Parteitag der SED propagierte „Einheit von Wirtschafts- und Sozialpolitik" brachte in den Folgejahren zwar manche soziale Verbesserung für die DDR-Bürger, wie höhere Grundlöhne und Renten oder mehr Urlaubstage. Der Parteiführung wurde aber erst viel zu spät bewusst, dass sich die DDR wegen ihrer geringen Wirtschaftsproduktivität diesen „Luxus" gar nicht leisten konnte. Zum Zeitpunkt der Karikatur zeigten Jugendkrawalle in Ostberlin und die vermehrte Abschiebung von Regimekritikern in den Westen, dass der **äußere „Glanz" der Republik**, wie ihn der 1976 eröffnete „Palast der Republik" verbreitete, **trügerisch** war. Auch darauf könnte die Karikatur anspielen.

b) *Der Operator „vergleichen" verlangt, dass Sie zunächst einmal Gemeinsamkeiten – in diesem Fall nicht ganz leicht – und Unterschiede gewichtend gegenüberstellen und ein Ergebnis formulieren. (AFB II)*

Gregor Gysi (M 3) stellt rückblickend die **historische Legitimität des „Versuch[s] DDR"** (Z. 9) in den Vordergrund seiner Betrachtung. Zwar sei die DDR im Lauf ihrer Geschichte mehr und mehr zu einer „schlechten Ausgabe einer staatskapitalistischen

Gesellschaft“ (Z. 4) verkommen und habe ihren **Bürgern elementare Menschenrechte und demokratische Grundrechte vorenthalten**, doch sei sie sogar in diesem Punkt „im Weltmaßstab […] immer noch überdurchschnittlich“ (Z. 24 f.) gewesen. Außerdem betont er, wohl in Abgrenzung zur NS-Diktatur, dass die DDR niemals Eroberungskriege geführt oder Menschen wegen ihrer Überzeugungen, ihrer Herkunft oder ihres Stammbaumes ausgerottet habe (vgl. Z. 19 ff.).

Positive Aspekte sieht Gysi im Bereich der **Kultur**, der **Wissenschaft** und – trotz der Doping-Problematik – auch des **Sports**. Er hebt besonders **soziale Standards** hervor, die im Westen nicht selbstverständlich waren und sind: Es habe **weder Obdachlosigkeit noch Arbeitslosigkeit** gegeben. „Existentielle Not litt niemand, und soziale Gleichheit und Gleichstellung der Geschlechter war vergleichsweise weit entwickelt“ (Z. 15 ff.). Die **DDR** sei also insgesamt „**historisch und im Weltmaßstab** gesehen“ (Z. 18 f.) eine „**humanistische Gesellschaft**“ (Z. 19) gewesen.
Gysis Ansichten treffen sich dort mit denen des Karikaturisten, wo er **unzulässige Eingriffe der DDR in die Lebensplanung ihrer Bürger** (vgl. Z. 7 f.), Entmündigung und Demütigung sowie die Verletzung elementarer Menschen- und Bürgerrechte beklagt. Die Karikatur weist darauf zwar inhaltlich nicht konkret hin, was auch durch das Medium bedingt sein kann. Allein die Tatsache, dass diese Art von Karikatur schon ausreichte, ihren Verfasser ins Gefängnis zu bringen, zeigt die Berechtigung der Kritik. Was die Karikatur aber nicht darstellt und vermutlich auch nicht darstellen soll, ist die bei **Gysi** angelegte **Relativierung seiner Kritik** durch den mehrfach erwähnten „Weltmaßstab“ bzw. Verweis auf den historischen Versuch, ein „sozialistisches Ideal“ auf deutschem Boden zu verwirklichen.

Gysis persönliche und politische Entwicklung vom Angehörigen der DDR-Nomenklatura (er war Vorsitzender des Kollegiums der Rechtsanwälte in Ost-Berlin) und vom SED-Mitglied zum PDS- bzw. LINKEN-Politiker zeigt, dass er sich der DDR-Vergangenheit immer noch verpflichtet und als einer ihrer „Nachlassverwalter“ fühlt. Seine mögliche Kooperation mit der Stasi war Gegenstand mehrerer Prozesse, ohne dass es deswegen zu einer Verurteilung kam. Obwohl Gysi als Anwalt viele Bürgerrechtler verteidigte, befand sich Alois Kuhn zu DDR-Zeiten offensichtlich eindeutiger auf der Seite der Opposition.

5. *Der Operator „überprüfen“ verlangt, dass Sie nicht nur Fakten aufzählen, sondern dass Sie diese auch mit der These in Verbindung bringen. Dabei können die Kriterien für eine erhöhte – oder gesunkene – Bürgerbeteiligung Ausmaß oder Häufigkeit der Beteiligung, Mobilisierungseffekte oder die tatsächliche Umsetzung von Bürgerprotesten in politische Entscheidungen sein. (AFB III)*

Die einfachste und naheliegendste Art der Bürgerbeteiligung in der Demokratie ist die **Wahlbeteiligung**. Die Beteiligung der Wahlberechtigten bei Bundestagswahlen der alten Bundesrepublik bewegte sich von 86 % im Jahr 1953 bis zu 84,3 % im Jahr 1987 leicht nach unten. Der Höhepunkt lag im Jahr 1972 bei 91,1 %. Daraus ist ersichtlich, dass die Politisierung der Bevölkerung besonders hoch war, als der Impuls zu Veränderung durch die Regierung Brandt/Scheel und die „Neue Ostpolitik“ auf der Kippe standen. Aus der Sicht der Bevölkerung gab es damals „echte“ Alternativen.

Da die Fragestellung „Bürgerbeteiligung“ im Zusammenhang mit „politischem Protest“ nennt, bieten sich die folgenden drei Themenbereiche zur Überprüfung an:
Die Frage der **Wiederbewaffnung der Bundesrepublik und die Friedensbewegung:** Schon bald nachdem Bundeskanzler Adenauer 1950 seine Bereitschaft erklärt hatte, einen deutschen Verteidigungsbeitrag zu leisten, wurden die Vorbereitungen zur **Gründung der Bundeswehr** getroffen. Nach dem Scheitern des Pleven-Plans zur Bildung einer europäischen Armee trat die Bundesrepublik 1955 der NATO bei. Diese **Politik der Remilitarisie-**

rung war in einem Land, das zwei selbst verschuldete Weltkriege verloren hatte, von Anfang an umstritten und wurde **von der SPD abgelehnt**. Nachdem 1957 die ersten Wehrpflichtigen einberufen worden waren, **kulminierten die Proteste gegen die Bundeswehr 1958 in Massenkundgebungen** (120 000 Menschen in Hamburg) **der Anti-Atomtod-Bewegung** in zahlreichen Städten der Bundesrepublik. Diese Bewegung wurde auch vonseiten renommierter Wissenschaftler (Aufruf der Professoren 1958) unterstützt. Die von englischen „war resisters" inspirierte **Ostermarsch-Bewegung** etablierte sich als fester Bestandteil der politischen Kultur der Bundesrepublik, allerdings mit je nach politischer „Großwetterlage" stark schwankender Beteiligung.
Die **Spiegel-Affäre** 1962 führte zu einer **breiten Solidarisierung mit den verhafteten Redakteuren** des Nachrichtenmagazins, denen Kanzler Adenauer wegen ihrer kritischen Berichterstattung zur Bundeswehr einen „Abgrund von Landesverrat" vorwarf. Auch die 1966 beginnenden **Studentenproteste gegen den Krieg der USA in Vietnam** sensibilisierten die Öffentlichkeit für Fragen von Krieg und Frieden und stellten das Verhältnis der Bundesrepublik zum „großen Bruder" USA auf den Prüfstand. Außerdem entwickelte die Studentenbewegung eine Kultur des Protests, von der auch die spätere Friedensbewegung profitierte. Nicht zuletzt stieg die Zahl der anerkannten **Kriegsdienstverweigerer** in den 70er-Jahren rasant an. Der **NATO-Doppelbeschluss** 1979 und die damit verbundenen Befürchtungen, dass eine westliche „Nachrüstung" mit atomaren Mittelstreckenraketen und Cruise Missiles das Gleichgewicht der Kräfte in Europa entscheidend destabilisieren könnte, brachten der **Friedensbewegung** zu Beginn der 80er-Jahre einen enormen Zulauf. Ihre Kundgebungen und Menschenketten gehörten mit bis zu 300 000 Beteiligten (Bonn 1981) zu den **größten Massendemonstrationen in der Geschichte der Bundesrepublik**. Gleichwohl gelang es nicht, die Regierung Kohl/Genscher von ihrem Kurs abzubringen. Die Fragen der Rüstung wurden erst durch Vereinbarungen zwischen den USA und der UdSSR unter der neuen Führung Gorbatschows (ab 1985) im Sinne der Friedensbewegung geregelt. Von daher kann also gesagt werden, dass diese Bewegung zwar einen **großen Mobilisierungseffekt**, **aber keine messbaren Erfolge** verbuchen konnte. Der **Pazifismus** in seinen verschiedenen Ausprägungen wurde allerdings ein **wichtiger Teil der politischen Kultur** und fand seine politische Heimat zeitweise bei den Grünen (Petra Kelly, Gert Bastian). Nicht zu unterschätzen ist auch der **indirekte Einfluss auf die DDR**, wo sich **im Schutz der Kirche eine eigene Friedensbewegung** (z. B. Pfarrer Eppelmann/Robert Havemann, Berliner Appell 1982) zu artikulieren begann, die zur Keimzelle der „friedlichen Revolution" in der DDR wurde.

Als Willy Brandt im Wahlkampf 1961 davon sprach, dass wieder „blauer Himmel über der Ruhr" zu sehen sein sollte, wurde er damit noch kaum ernst genommen. Umweltschutz war zunächst aus der Perspektive der Bevölkerung eine Mischung aus betulichem Naturschutz im Verein und technokratischen Visionen der Regierungen („saubere Kernkraft" als Inbegriff des Fortschritts und „Politik der hohen Schornsteine" zur Verbesserung der Luftqualität). 1972 wurde durch den Bericht internationaler Wissenschaftler des Club of Rome mit einem **Szenario über die Endlichkeit der Ressourcen** die Diskussion über die Notwendigkeit des Umweltschutzes und der nachhaltigen Entwicklung angestoßen. Der **Ölpreisschock** ab 1973 und **biologisch weitgehend tote Gewässer** in den 70er-Jahren zeigten, dass dringender Handlungsbedarf bestand. **Die Umwelt- und Bürgerinitiativen-Bewegung** entstand Anfang der 70er-Jahre, u. a. angestoßen durch Brandts Anspruch „mehr Demokratie wagen" und die späten Ausläufer der Studentenbewegung. **Proteste gegen den Bau neuer Kernkraftwerke** (Whyl 1974, Brokdorf 1976) gaben der Bewegung gewaltigen Auftrieb, weil die Unterstützer der Proteste nicht mehr nur aus dem studentischen Lager, sondern auch aus politisch „unverdächtigen" Bevölkerungsgruppen, wie z. B. den Landwirten, kamen. Die Bürger organisierten sich an den Parteien vorbei zunehmend selbst in **Bürgerinitiativen**, vorwiegend zur Verhinderung von bürokratisch geplanten Großprojekten, deren Sinn immer häufiger infrage gestellt wurde.

Der Versuch, die Bürgerinitiativen-Bewegung bundesweit zu koordinieren (Bundesverband Bürgerinitiativen Umweltschutz, BBU 1972), war zwar nicht besonders erfolgreich, da die Interessen divergierten und Bürgerinitiativen häufig kurzlebig waren. Trotzdem können dieser Bewegung sowohl in Bezug auf die **Mobilisierungseffekte als auch auf die tatsächlich erreichten Ziele Erfolge attestiert werden:** Ende der 70er-Jahre waren 1,8 Millionen Bürger in Bürgerinitiativen organisiert, so viele wie es insgesamt Parteimitglieder gab. Der „Schnelle Brüter" in Kalkar wurde genauso wenig fertiggestellt wie das atomare „Endlager" in Gorleben oder die „Wiederaufarbeitungsanlage" Wackersdorf. Der Bau von Kläranlagen wurde in Deutschland selbstverständlich und die Umweltstandards gehörten zu den strengsten der Welt. Freilich zeigte sich, dass es mit den Methoden des Bürgerprotests kaum gelingen konnte, eine in sich kohärente Politik zustande zu bringen. So verstärkte die **Atomkatastrophe von Tschernobyl** (1986) in der damaligen Sowjetunion zwar den Druck, aus der Atomenergie auszusteigen, konnte aber aus eigener Kraft keine wirkliche Energiewende, d. h. einen Umstieg auf nachhaltigere Energiequellen, bewirken. Die **Etablierung der Grünen** als dauerhafte politische Kraft (ab 1980) ist ohne die Bürgerinitiativen-Bewegung kaum vorstellbar, sie zeigt aber auch, dass zur längerfristigen Durchsetzung politischer Ziele wieder auf mehr oder weniger traditionelle Parteistrukturen zurückgegriffen wurde.

Die **Frauenbewegung** setzte sich zum Ziel, das vorherrschende Rollenklischee von der Frau als Hausfrau und Unterstützerin des Mannes, wie es in den 50er- und 60er-Jahren noch verbreitetes Leitbild war, zu verändern. Im Umfeld der Studentenbewegung der 60er- Jahre begannen Frauen im Sozialistischen Deutschen Studentenbund (SDS) schon früh, ihre eigenen **Emanzipationsinteressen** zu formulieren. Die „besondere Unterdrückung" der Frau, die bis dahin weder im Bildungssystem noch in der Berufswelt eine größere Rolle gespielt hatte, wurde thematisiert und angeprangert. Ein wichtiger Kristallisationspunkt weiblicher Proteste war zu Beginn der 70er-Jahre der **Kampf gegen den „Abtreibungsparagraphen" 218**, der im Namen weiblicher Selbstbestimmung geführt wurde. Unterstützung bekam diese Bewegung von Frauen, die im öffentlichen Leben exponierte Positionen einnahmen (etwa prominente Schauspielerinnen) und sich zum Teil selbst der Abtreibung bezichtigten.

Die **sozialliberale Reformpolitik nahm diese Impulse auf** und passte das bürgerliche Recht erstmals dem Gleichheitsgrundsatz des Grundgesetzes an, indem **Frauen in Fragen der Ehe und des Berufs gleichgestellt** wurden. Auch der § 218 des Strafgesetzbuchs wurde geändert, sodass eine Abtreibung innerhalb der ersten drei Monate einer Schwangerschaft straffrei blieb (Fristenlösung 1974). Diese Regelung wurde allerdings vom Bundesverfassungsgericht verworfen und durch eine Indikationslösung mit Beratungspflicht ersetzt. **Hilfsorganisationen** wie „**pro familia**" oder „**Frauen helfen Frauen**" ermöglichten vielen Frauen die aktive Beteiligung im Kampf für ihre Rechte. Die Expansion des Bildungssystems in den 70er-Jahren diente nicht zuletzt dazu, die bis dahin brachliegende „**Bildungsreserve Frau**" zu nutzen. Mit einer gewissen zeitlichen Verzögerung kann man, zumindest für das Schulsystem, sagen, dass dieses Vorhaben gelungen ist. Allerdings gelang es nicht, den Anteil von Frauen in Führungspositionen der Wirtschaft und Politik wesentlich zu erhöhen. 1961 wurde mit Elisabeth Schwarzhaupt erstmals eine Frau Bundesministerin, bei dieser einen „Alibifrau" pro Regierung blieb es im Wesentlichen bis in die 80er-Jahre hinein. Politisch erfolgreich waren die Frauen bei den Grünen, wo sie von Anfang an eine paritätische Besetzung der Parteiämter – also eine 50 %-Quote – durchsetzten.

Der **Wertewandel der 70er- und 80er-Jahre** („Silent Revolution"), der entscheidend durch die Studenten- und Frauenbewegung angestoßen wurde, führte zur Infragestellung der weiblichen wie auch der männlichen Rollenklischees mit weitreichenden Veränderungen, beispielsweise was die Leitbilder in der Erziehung betrifft.

Ihre Meinung ist uns wichtig!

Ihre Anregungen sind uns immer willkommen. Bitte informieren Sie uns mit diesem Schein über Ihre Verbesserungsvorschläge!

Titel-Nr.	Seite	Vorschlag

Bitte hier abtrennen

Lernen • Wissen • Zukunft
STARK

Bitte hier abtrennen

Zutreffendes bitte ankreuzen!

Die Absenderin/der Absender ist:

- ☐ Lehrer/in in den Klassenstufen: ______
- ☐ Fachbetreuer/in Fächer: ______
- ☐ Seminarlehrer/in Fächer: ______
- ☐ Regierungsfachberater/in Fächer: ______
- ☐ Oberstufenbetreuer/in
- ☐ Schulleiter/in
- ☐ Referendar/in, Termin 2. Staatsexamen: ______
- ☐ Leiter/in Lehrerbibliothek
- ☐ Leiter/in Schülerbibliothek
- ☐ Sekretariat
- ☐ Eltern
- ☐ Schüler/in, Klasse: ______
- ☐ Sonstiges: ______

Unterrichtsfächer: (Bei Lehrkräften!)

______

STARK Verlag
Postfach 1852
85318 Freising

22-VM8

Bitte ausfüllen und im frankierten Umschlag an uns einsenden. Für Fensterkuverts geeignet.

Kennen Sie Ihre Kundennummer?
Bitte hier eintragen.

Absender (Bitte in Druckbuchstaben!)

Name/Vorname

Straße/Nr.

PLZ/Ort/Ortsteil

Telefon privat

Geburtsjahr

E-Mail

Schule/Schulstempel (Bitte immer angeben!)

(Bitte blättern Sie um)